U0857905

走進中國
政治殿堂

请您循着中国政治的长河，开始我们的文明之旅……

现在，我们把开启政治宫殿之门的钥匙交给您，

您想了解中华民族的优秀传统和精神以及仁人志士的英勇壮举吗？

自强不息、前赴后继的风采。

成败得失的壮丽画卷，以及风流人物经邦治国、运筹帷幄、

本书以史为鉴，纵横方圆神州，力图再现历代王朝治乱兴衰、

欢乐与痛苦交织，矛盾错综，精彩纷呈。

惊心动魄的悲喜剧。繁荣与衰退更替，光明与黑暗搏击，

中国政坛风云变幻，拂去历史的尘埃，就会显露出一幕幕波澜壮阔、

# 走进中国政治殿堂

◎高　奇　等编著

山东大学出版社

图书在版编目（CIP）数据

走进中国政治殿堂／高奇编著．—济南：山东大学出版社，2014.7
（中华文明之旅）
ISBN 978-7-5607-5064-4

Ⅰ．①走…　Ⅱ．①高…　Ⅲ．①政治制度史—中国
Ⅳ．① D69

中国版本图书馆 CIP 数据核字（2014）第 135041 号

中华文明之旅丛书——走进中国政治殿堂

编　著：高　奇　任思亮　耿爱英　石少颖　姚　建
李传实　周长松　高　原　姚　晶　刘学方

策划编辑：刘旭东
责任编辑：朱以青
美术编辑：牛　钧
版式设计：王　钧

---

出版发行：山东大学出版社
社址：山东省济南市山大南路20号
邮编：250100
电话：市场部（0531）88364466
经销：山东省新华书店
印刷：山东华鑫天成印刷有限公司
规格：720毫米 × 1000毫米　1/16　137.75印张　3048千字
版次：2014年7月第1版
印次：2014年7月第1次印刷
定价：480.00元

---

# 目录

香港中国政治殿堂

# 第一章 从远古走来

泱泱中国，源远流长；巍巍华夏，万代仪邦。五千年前，灿烂的中华文明打破远古社会的沉寂，从一片混沌之中透射出东方文明的曙光。从此，华夏族告别了蒙昧，纵横驰骋，千载不绝，在古代世界历史长河中，绽放出一簇绚烂的奇葩。

沃野中原，千里平川，在历史上曾经留下了远古祖先的足迹。时近几千年，人类进入了氏族社会，共同的利益和血缘纽带把氏族成员维系在了一起。在最初的母系社会里，妇女得到了全社会的尊崇；这不仅受惠于原始部落形成中所留下的母系血统，也源自于她们在经济生活中最初发挥的历史作用。在这样的环境里，氏族成员共同劳动，构建着原始的"世外桃源"。然而，随着生产力的发展，男子开始主导社会，母权让位，财产私有等等一系列前所未有的社会历史现象开始萌芽；维系氏族的血缘纽带已不像从前那样稳固，为掠夺财物和人口而爆发的部落战争正愈演愈烈——"乌托邦"式的原始社会正在走向它的尽头。

随着部落首领控制权力的加强，阶级压迫充斥于整个氏族、部落乃至部落联盟之中，他们逐渐脱离原始的群体而凌驾于一般成员之上。部落和氏族首领积聚着财富，已将普通成员远远地甩开；氏族成员间原先所有的平等权利，此时已徒具虚名；上古时代选贤举能的传统，被氏族的首领们肆意践踏；先王开创的“禅让”体制，也随之步步走向终结。“牧歌式”的原始社会，在阶级的迅速分化中，平添了几分忧伤；人们的“大同”理想，在部落间的杀戮中，化作了几片历史残云。首领不再是氏族的守护者，争夺权位的斗争已经不断上演；部落联盟也不再是氏族成员的“乐园”，而是浸透着人们的泪水，正迅速地向国家机器转化。干戈之后，“家天下”的统治格局终于形成——然而，一个标志着人类历史进步的文明时代，也正大踏步地走来。

远古时代的人类，总会对世界充满着无限的好奇与幻想，中华民族的祖先也同样满载着多彩美丽的神话，盘古开天辟地，女娲炼石补天，勤劳睿智的华夏族祖先以其独特的想象，使中华民族的历史拥有了颇具魅力的东方色彩。在“人”与“神”的两重世界里，原始的先民努力地寻找着人与大自然的契合点，妄求“交相感应”，以期和谐发展。上古的圣贤——伏羲氏、燧人氏、仓颉以及华夏族的“人文初祖”黄帝、炎帝及其对手蚩尤部族，或为能工巧匠之杰出代表，或为氏族部落首领之化身；其故事在流传之中，都被祖先蒙上神秘的色彩和神话的意义。人们尊崇圣贤的功业，景仰圣人的品格。神话华美外观的背后，往往记述着一段段他们从蒙昧走向文明的坎坷经历；虚构的神话世界里，往往描述着混沌时代的过往烟云，残存着人类生活的模糊记忆，寄托着华夏祖先的无限憧憬。

## 一、中国猿人

北京人像

中国人来自何处？考古发掘证明：同世界人类形成的过程一样，中国人也经历了猿人、古人与新人三个阶段。猿人即直立人或直立猿人，约生活在距今300万年至30万年之间，其特征是会制造简单的劳动工具。在劳动实践中，猿人在手、脑方面同猿类相比有了较大发展，会用简单的语言，具有了初步的思维能力；但在骨骼结构和体质特征上还与古猿相似，如头顶低平，眉骨突出且左右相连，没有下巴颏等。

中国境内发现了很多猿人化石，北京、陕西、云南、山西、河南、辽宁、湖北、安徽等省市都已发现猿人生活的遗迹。元谋、蓝田猿人是目前在中国发现较早的猿人类型，元谋人生活在170万年以前，蓝田人生活年代距今约50万年至60万年前，北京人生活年代距今约50万年。北京人用原始的方法打制成各种石器来获取食物，他们已懂得用火，但还不会人工取火，仍处于保存天然火种的阶段。由于用火，他们扩大了食物种类，使生食变为熟食，走出了“茹毛饮血”的时代。

## 二、中国古人

距今20～30万年前，中国人的祖先在体质上又较猿人前进了一步，但比现代人要原始一些，这时的人类称为“古人”。古人，又叫早期智人，处在旧石器时代中期。中国境内的东北、西北、华中、华南等广阔区域里都留下了古人活动的足迹，主要有广东韶关的马坝人，湖北的长阳人，陕西的大荔人，山西的许家窑人等。

猿人用火图

古人的头骨比猿人薄，前额则高些，上颌骨不再显著前突，眉脊骨也较猿人进步，面部前伸，牙齿稍粗大。其特征更接近于现代人，猿的特征正逐渐衰退。古人使用的劳动工具依然为木器、石器、骨器，但种类、数量大为增加，劳动经验也大大丰富。古

人已摆脱了猿人的乱婚状态，进入了按辈区分的血缘婚姻阶段。

## 三、中国新人

山顶洞人像

在距今4～5万年前，人类由古人阶段迈入新人阶段。新人又称“晚期智人”，所处时期约相当于旧石器时代晚期。新人阶段的人类化石及其文化，在中国境内更是星罗棋布。代表性的有北京的山顶洞人、广西的柳江人、四川的资阳人、内蒙古河套人、山西峙峪人等。新人的体质形态完全脱离了猿的特征，同现代人相比已没有什么显著区别。不断的劳动使人的双手变得更加灵活，同时也促进了大脑的发育，新人的脑量已在现代人脑量的变异范围之内。

新人制造石器的办法更多也更先进，石器数量大增，种类繁多。石镞的出现表明已有了弓箭，这是那个时代狩猎中的尖端武器。生活在距今约18000年的山顶洞人已会用骨针和兽皮缝制衣服，他们已掌握了人工取火技术。新人过着狩猎、采集、渔捞的生活。氏族公社在此阶段慢慢形成。氏族成员一律平等，共同劳动和消费，已有按性别、年龄的简单分工。氏族公社实行族外婚，即一氏族的兄弟与另一氏族的姐妹交互群婚，氏族内不得通婚。

## 四、母系氏族

原始人生活图

母系氏族社会，又称母权制氏族公社，是氏族社会的前期形态，其时间跨度约相当于旧石器时代中期到新石器时代中期，距今约从五六万年前到五六千年前。

母系氏族公社的遗址在全国主要有裴李岗文化、磁山文化及仰韶文化等。在生产力的推动下，人类社会由血缘群婚逐步向氏族外婚转变，母系氏族是由一个女祖先繁衍下来的血缘集团。他

们以生产资料公有制为基础，集体生产，因劳动产品极少，氏族内部只得采取平均分配的原则，共同消费。由于生产力水平很低，随着人口增多，氏族日益扩大，生产、生活方面会出现无法克服的困难，于是便分裂成一个或几个女儿氏族。氏族以女系为核心，世系按母系计算，妇女掌握实权。

母系氏族的农业生产已开始成为重要生产部门和生活资料来源；家畜饲养开始出现，渔猎、采集活动还占有一定地位。宗教迷信和文化艺术在此时萌芽、产生，精神文化水平有所提高。仰韶文化是黄河中下游中国母系氏族公社繁荣时期的典型代表。这种文化又以彩色陶器为主要特征，故称彩陶文化。仰韶文化前后绵延2000年之久，在许多地方都有所发现，而以陕西西安半坡遗址最为典型。

## 五、父系氏族

在5000—6000年以前，中国原始社会发生巨变，新生的父系制推翻了母系制，进入了父系氏族公社时期。

随着生产工具的改进和生产技术经验的积累，男子逐渐成为生产中的主要劳动力，掌握了谋生手段；女子在社会生产中起的作用在减弱，家务劳动却在增多。由于男人们主导生产，拥有了更多的财富，便要把财产传给自己的后代，这就导致了血统由女系计算世系改由男系计算，最后父系制终于替代了母系制。与此同时，新的婚姻制度也随之出现了，一夫一妻的家庭逐步成为社会的细胞。在父系氏族中，氏族首领由男子担任，家族的家长也是男子，男尊女卑的现象开始出现。

在这一时期，原始人类过上了定居生活，出现了第一次社会大分工，畜牧业和农业相分离。随着原始农业的发展，在原始社会后期又发生了第二次社会大分工，手工业从农业中分离出来，成为一个以交换为目的的生产部门。随着生产力的提高，剩余产品出现，商品交换和私有制迅速发展，从而使社会发生了贫富分化，产生了阶级，最后使整个氏族制度土崩瓦解，进入了阶级社会，人类开始踏进文明社会的门槛。

大约在4000年前，黄河流域的母系氏族公社逐渐过渡到父系氏族公社。在山东泰安大汶口发现的大汶口文化便是典型的黄河下游新石器时代的考古文化。据测定，大汶口文化早期距今约五六千年，中晚期距今约四五千年，大体经历了2000年。大汶口文化早期受仰韶文化影响，可能是山东龙山文化的前驱，在晚期，私有制现象和原始社会解体的特征都很明显。发现于山东章丘的龙山文化是中国北方地区典型的新石器时代晚期的考古文化。它分布于黄河中下游地区，范围广，延续时间长。薄如蛋壳的黑陶是山东龙山文化的著名标志，表明了生产力发展水平的提高。中国原始社会的解体，大致始于夏禹。

## 六、古代传说

沧源岩画

在中国古代，流传着许许多多美好的传说，如伏羲、神农、黄帝、炎帝、唐尧、虞舜、夏禹等人物的事迹。这是因为在漫长的原始社会，缺乏文字记载，许多故事只能靠人们代代“口耳相传”而流传下来。这个时代，称为“传说时代”。中国古代传说反映的时代跨度很大，约从人类形成的几十万年前到阶级社会产生的四千年前。现代考古学证明：古代传说中的某些人物及其事迹并非无稽之谈，剔除后人附加的神秘色彩部分后，基本上反映了中国原始社会某些阶段的政治、经济、社会等方面的状况，例如有巢、燧人、伏羲、神农的传说显示了原始社会人们居住、用火、农业生产的情况，黄帝、炎帝、尧、舜、禹的传说则讲述了父系氏族公社的历史。这对了解和研究人类社会的进程大有裨益。

有巢氏，也称“大巢氏”，传说他发明了巢居。最初，先民穴居野处，受野兽侵害，有巢氏教民构木为巢，以避野兽。有巢氏“构木为巢”的传说反映了我们的祖先由穴居到巢居的变化过程。先民们从利用天然洞穴，到用木构巢，再到学会构筑房屋，其间历经艰辛。

伏羲女娲图

伏羲像

伏羲氏，又称庖牺氏，相传因“养牺牲以供庖厨”而得名。他是传说中“三皇五帝”中的三皇之首。相传伏羲形象带有龙的特征，史书上称之为“人首蛇身”、“头有犄角”，大约6500年前，伏羲氏定都宛丘（今河南周口淮阳）。伏羲氏先后征服了其他八大部落，取各个部落的图腾特

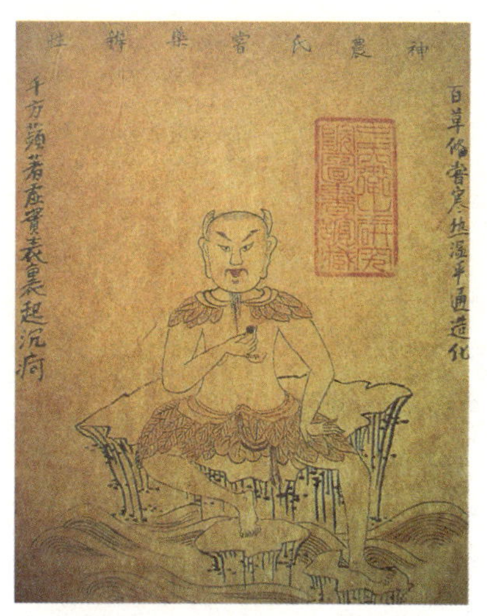

神农氏尝药辨性

黄帝像

征：鳄鱼的头、猛虎的眼、雄鹿的角、鲸的须、蛇的身、巨蜥的腿、苍鹰的爪、红鲤的鳞、白鲨的尾等组成了新的图腾——龙，然后“以龙纪官”，即以不同颜色的龙作为官员职位名称。这是中华民族龙图腾崇拜的起源。他还教人结绳捕鱼捕兽，驯养牲畜，制造武器。又传说他仰观苍穹，俯察地面，画八卦，刻文字，以代替结绳记事。另外，民间也传说着伏羲女娲兄妹结婚成为人类始祖的故事，在汉代画像石中也发现了伏羲女娲的人首蛇身交尾图。后来，伏羲氏确定姓氏，教民嫁娶，禁止族内近亲结婚。关于伏羲的这些传说反映了当时的生产和生活状况、中国古代文化的起源历程以及氏族内部群婚向族外婚的转变等，这是原始社会从愚昧向文明的跨越。

蚩尤始乱图　清

传说中的炎帝，又号神农氏。神农氏是中国古代传说中的农业神。相传他制造耒耜，教人种植五谷；又说他遍尝百草，发明医药；还传说他“耕而作陶”，发明了陶器。炎帝氏族以农业生产为主。炎帝后裔有四支，即四个部落。烈山氏、共工氏都是炎帝族的重要一支。

黄帝，号轩辕、有熊氏，是传说中中原各族的共同祖先。黄帝时，中原一带有了较大的发展，农业与家畜饲养业较前大有进步。传说中，黄帝的发明众多，不仅造车辆、舟船，发明指南车，而且凿井灌溉，划分地界，大兴农桑。黄帝时期，史官仓颉受鸟爪兽蹄痕迹的启发发明了文字，惊天地，泣鬼神。当时实行族外婚，黄帝本人娶西陵女嫘祖为妻。嫘祖教人种桑养蚕，成为丝织业鼻祖。把文字、历法、舟车、蚕丝等创造发明与黄帝一人联系在一起，从侧面反映出当时正是人类向文明转化过程中急剧变革的时代。

蚩尤是九黎族的部落首领，据说生性贪暴，骁勇善战，在春秋时曾被尊为战神。当时九黎族

黄帝勤政　明·仇英

大约聚居、活动在今山东、河南交界地区。当时炎帝部落向东迁移发展，被蚩尤打败。炎帝向黄帝求助。两家合兵一处，在涿鹿（今河北涿鹿东南）之野同蚩尤展开激战。开始蚩尤占据上风，黄帝抵挡不住。蚩尤又施展法术，施放浓雾围困黄帝军队，黄帝受北极星的启示发明了指南车，冲出重围，又召来旱神魃，消除浓雾，乘机进攻。蚩尤战败后南逃，被黄帝擒杀于冀州之野。蚩尤部落，一部加入了炎黄两族，一部南下与南方土著苗蛮集团所属部落杂居，因此，后人也认为蚩尤是南方苗蛮的祖先。

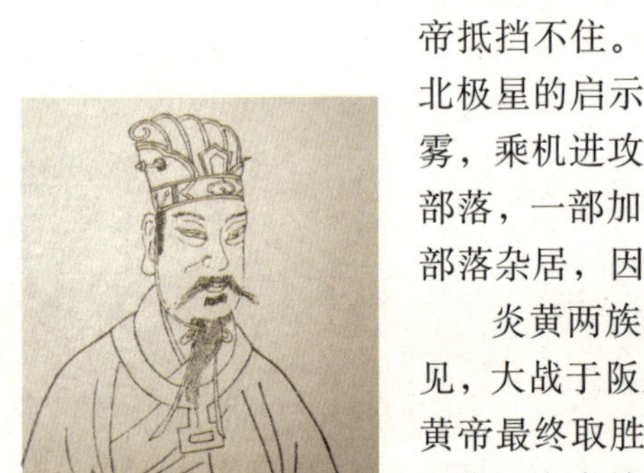

少昊像

炎黄两族战败蚩尤后不久，联盟发生破裂。最终双方兵戎相见，大战于阪泉(今河北涿鹿、怀来或山西运城)。经过三次鏖战，黄帝最终取胜，并乘机向南扩展，进居黄河流域，后又到了江、汉一带。炎帝族、黄帝族和九黎族的一部分在长期的相处中，渐渐融合，在中原地区定居下来，并共同开发了黄河中下游的两岸区域，使这里成为中国古代文明的摇篮，中华民族的发祥地。他们的后裔，将炎黄二帝奉为始祖，中国人也因此自称“炎黄世族”、“炎黄子孙”。

少昊是传说中古代东夷族的首领。他的部族以鸟为图腾，并以鸟名为官名，最高长官称凤凰，掌管刑罚的称鹰，执掌兵权者叫鹫。他设立了工正和农正官职，分管手工业和农业，反映了两大生产部门的分工现象。他的部落分24氏族，活动于今山东半岛一带，称为“少皞之国”。

颛顼像

颛顼，传说中炎黄联盟的重要首领之一。相传他生于若水，居于帝丘(今河南濮阳东南)，下辖8个氏族。传说他曾击败过共工氏，

逼其走投无路而撞断不周山，致使天塌地陷，一片汪洋。他袭位后，遵从黄帝的教化，禁绝所辖九黎族所信奉的巫教。他曾设南正和火正（一作北正）之职，分掌祭祀天神和民事管理，实行人神分职。这一传说反映了原始宗教向神教过渡的情况。

帝喾，传说中的古代部族首领，继颛顼后再次战胜共工氏。相传他任部落首领时，能掌日、月、星三辰以利民，取地之材而节用，并在“观时”、“治气”等方面有独到之处，反映了当时人们对天文的认识和利用有了进展。

尧像

“禅让制”是原始社会晚期在部落联盟内推举首领的一种制度。尧、舜、禹之间禅让的传说一直被传为美谈。尧又称帝尧，号陶唐氏，传说他是黄帝的玄孙，帝喾的儿子。他为人仁慈宽厚、聪明睿智。尧在位时遇上天灾人祸，十日并出，许多氏族部落首领为非作歹，祸害人间。他命令后羿等人射杀九日，除掉各部落的害民首领，被各氏族部落拥戴推举为部落联盟首领。相传尧年事已高，在部落联盟议事会上提出后继人的问题，众人竭力推荐共工，尧虽不同意，但还是让其担任工师之职加以考验。结果，共工难以胜任。于是大家又推举孝顺父母和爱护弟弟的舜。舜，号有虞氏，又称虞舜。他出身低微卑贱，但为人正直勇敢，亲善笃实。他早年耕于历山，渔于雷泽，用自己的高尚行为感化众人，德高望重。

舜像

尧起初对舜半信半疑，对舜进行了一系列的考验。尧以“二女（娥皇、女英）妻舜，以观其内，使九男与处，以观其外”，借以考察其品德；又以“烈风雷雨”和“虎狼虫蛇”考验他的勇气。结果，舜行为举措得体，进退有度，在森林中遇虫蛇毫不畏惧，遇暴风雨毫不迷惑。尧认定舜智勇双全、品德优良，遂加以重用。后来舜协助尧治理天下20年，又代尧摄行政事8年。这期间，他勤于政事，秉公执法，惩恶扬善，将犯有罪行的“四凶族”首领流

大禹像

大禹治水

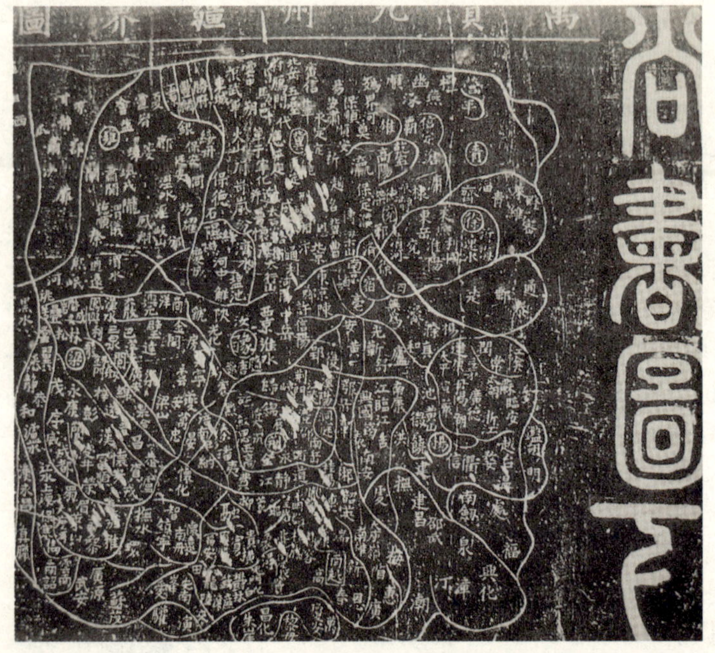

禹贡九州疆界图

放到边远地区，受到各方拥护。

尧死后，谦恭的舜让位于尧之子丹朱，自己则迁居到都城以南。但各部落不服丹朱管理，有事仍找舜决断，世人不歌颂丹朱而歌颂舜。丹朱见民心所向不在己而在舜，只好还位于舜。舜继位后，任贤选能，进行了一系列改革。这些举措促进了社会进步，出现了万民安居乐业、凤凰来朝、百兽起舞的盛世景象。后来舜外出巡视，死于南方苍梧。娥皇、女英悲恸欲绝，殉死于江湘之间。相传她们的眼泪染竹成斑，成为后来的“潇湘竹”。

相传尧舜在位时，天下洪水泛滥，百姓苦不堪言。尧在四岳(四方部落首领)的推举下，让鲧去治理洪水。鲧用堵塞之法防治水患，率领民众修堤筑坝，治水九年而毫无成效。鲧被流放到羽山，死在那里。舜继位后继续尧的未竟事业，又任命鲧的儿子禹去治水。禹，也称大禹、夏禹。他吸取父亲失败的教训，经实地考察，决定采取疏导方法，将洪水导向大海或者汇聚长江之中。经过13年苦战，终于治服了洪水。据说，禹在治水时兢兢业业，在外十数载，三过家门而不入。他栉风沐雨，奔波劳碌，以致把腿上的毛都磨光了。大禹治水的历史功绩和为公众尽职尽责的精神，得到了后人高度评价。

相传禹治服洪水后，将中原地区划分为冀、兖、青、徐、扬、荆、豫、梁、雍九个州，然后用各州进贡来的青铜铸成九座大鼎，置于九州，以保地方安宁，同时象征着天下的大一统。舜年老时，禹因治水有功而被众人推举为部落联盟领袖。禹所处的时代，正是部落联盟制由极盛走向解体的时期。禹死后，他的儿子启建立了中国历史上第一个奴隶制国家夏，“禅让制”至此结束。

# 第二章 夏商西周的更替

中华文明滥觞于三代，夏、商、西周三朝不仅在领土疆域上递进发展，而且在政治经济、伦理道德、礼仪风俗等诸多方面都一脉相承，谱写着华夏族的壮美篇章。

三代天下，万邦林立。中原南北，地旷人稀。在广大的地域内，星罗棋布地分散着不同的民族、部落和大小方国。夏代从部落联盟中脱胎而出，其国家结构及政体自然带有明显的原始痕迹；由于当时生产条件的限制，人们基本上仍旧按照族邦的形式生活，使三代社会呈现出“以族为本”的鲜明特色。然而，通过夏、商、西周三代在政治、经济乃至军事上的相互借鉴、传承相续，早期国家的发展亦初具规模，人们渐渐地走出了家族的藩篱，开始向着新的地域开拓，从而为中华民族早期版图的形成奠定了基础。

尚“礼”是中国古代政治的特色。这是人类文明发展的巨大进步。尤其是周人集夏、商二代之长，强化了“礼”制，其进步性更是被后人世代推崇。人们对“礼法”情有独钟，尤其对西周时期的“礼乐”津津乐道。这不仅影响了一个民族的政治文化，而且在古代世界各民族发展进程中也是一道绮丽的风景。

夏、商、西周“三代”是中国历史上的奴隶制时代。奴隶主拥有大量的土地和众多的奴隶，掌握着绝大部分的社会权力及财富。他们生前享乐淫逸，死后却要由奴隶来殉葬。奴隶主对奴隶和平民的残酷剥削及压榨，使奴隶社会的阶级矛盾空前尖锐。历史上，曾有无数史家以其悲愤的笔墨，无情地鞭挞过这一残酷的社会。但是，文明的进步总会带着辛酸与苦楚，奴隶社会榨尽了奴隶的血汗，却造就了一个璀璨的“青铜时代”，为中华历史带来了文明飞跃的欢歌。“三代”时期所形成的政治制度、军事制度以及礼乐制度，也对后世中华产生了深远影响。

“华夷”秩序亦滥觞于“三代”。中原文化长期领先，吸引着周边的民族膜拜及效仿，给中原历代统治者带来了至尊的地位和无上的荣光。在传统的中原地区，夏、商、西周“三代”曾先后建立起了各自的文化霸权。传说中的夏朝“涂山之会”，有万国诸侯持礼而来；周武王灭商，分封千国，拱卫中土，“以蕃屏周”。虽然，四夷民族常因“三代”之更迭而叛服不定，三代王朝与邻近方国之间的战争也时有发生，但是，正是在这一互动、共融的过程中，“夷夏”关系日益密切，彼此之间的经济文化交流也在相互接触中越来越频繁。黄河、长江流域的诸多部族，逐渐融合到以“夏、商、周”族为主体的华夏民族中来，促进了以中原地区为中心的“汉文化圈”之最终形成。华夏族在真正意义上进入了长久而统一的文明时代。

夏、商、西周三代，距今已是遥远的过去，波澜的历史和鲜活的人物已随着时间的推移，湮没于茫茫史海之中。然而，中华民族寻根溯源的历史情结，却总会激起人们对“三代”社会的联翩浮想。

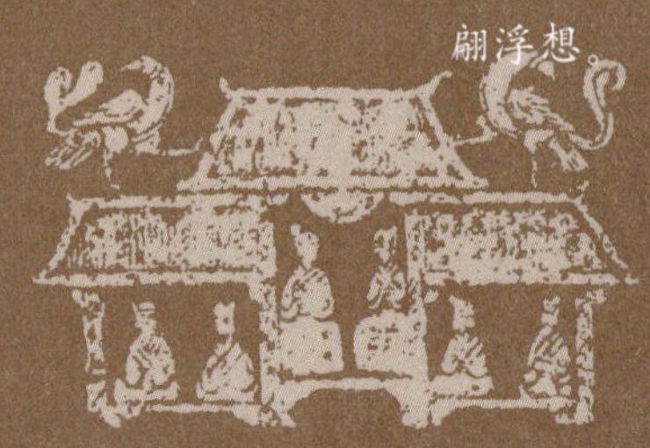

## 一、夏朝的建立

约在公元前21世纪，中国历史上第一个朝代夏朝建立了，这标志着中国从蒙昧野蛮的原始社会迈进了文明社会。夏也是中国最早的奴隶制国家。从启建国，到桀灭亡，夏共传13世16王，历时约470年。

夏部落为姒姓，相传为黄帝的后裔，其活动地区大体在黄河中游一带。夏部落首领禹因治水有功，得到其他部落首领拥护，继舜之后成为部落联盟的首领。随着私有制和阶级对立的发展，特别是经常进行对外掠夺战争，部落联盟首领的权力扩大，以致发展成个人专断。尧舜在位时，就同聚居在南方的“三苗”屡有冲突。“三苗”占据长江中游，是一个强大的部落。禹继任首领后，决定攻打“三苗”。在誓师大会上，禹登坛发表了誓词，他宣称所有的人必须听从他的命令。在激烈的战斗中，禹射中了“三苗”的作战首领，苗师大乱，一部分逃亡，一部分成为部落首领的奴隶。因三苗属黎人，故古代又把奴隶称为“黎民”。史学家们在谈到中国奴隶的产生时，总要追溯到禹伐三苗的战争。通过此战，禹大权在握。为巩固王权和扩大统治范围，他不断到各地巡行。有一次，他在淮水中游的涂山召集夷夏诸族的首领聚会，有万余人执玉帛前来朝贡。还有一次，禹在会稽（今浙江绍兴）召集各部落首领，有个叫防风氏的来迟一步，禹勃然大怒，当众就把他杀了。据说，今绍兴的刑塘就是当时筑高塘（台）杀防风氏的地方。就这样，禹一步步地掌握了政权，成了名副其实的“帝王”。据说，禹先建都阳城（今河南登封），后又迁都阳翟（今河南禹县）。这表明禹已经从部落联盟首领开始向国王转化，部落联盟也开始向国家机构演变。大禹是原始社会末期部落联盟的末代首领，又是奴隶制夏王朝的奠基人。

征苗誓师图　清

禹年老时，各部落首领仍按照传统惯例，举荐皋陶为王位继承人，可是皋陶先禹而死，大家又推荐东夷首领伯益为继承人。据说禹不让伯益干重要事情，却暗中培植自己的儿子启

**大战于甘图** 清

的势力。禹死后，夏族部落贵族反对伯益即位而拥护启。启杀掉伯益后夺得王位，并召集各部落首领在钧台（今河南禹县）聚会，宣布废除原有的禅让制，从而确立了王位传子的世袭制，史称“夏启有钧台之享”。这标志着奴隶制国家的形成。启自称“夏后”（即夏的帝王），成为中国历史上第一位国王。“禹传子”使“公天下”变为“家天下”。

夏朝建立后，遭到守旧势力的强烈反对。有个叫有扈氏的部落，为了维护禅让制，举兵反启。启为了巩固世袭政权，亲自率兵前去攻打有扈氏。双方在甘（今陕西户县西南）遭遇。临战前，启在军中宣布誓词，进行战争动员，这就是著名的《甘誓》。《甘誓》申述了征伐有扈氏的目的，强调了战斗纪律，形成了克敌制胜的统一意志。结果战斗打响后，启的士兵个个奋勇争先，最后讨灭了有扈氏，并将有扈氏的子孙罚做畜牧业的奴隶。此战的胜利，沉重打击了旧的传统势力，粉碎了他们恢复旧制度的企图。从此，“天下咸朝”，夏王朝的统治得到初步巩固。

**太康盘游图** 清

## 二、太康失国，少康中兴

启死后，其子太康即位。他终日奢侈淫乐，沉迷游猎而不问政事，启的五个儿子也相互争权夺利，国家政局混乱，人心紊乱。东夷的有穷氏首领后羿便趁机驱逐了太康，夺取了王位，史称“太康失国”。

虽然后羿箭术过人，但他也是沉溺于田猎游乐，而不顾百姓生计，远贤臣重小人，将朝政交由家臣寒浞处理。寒浞本是东夷伯明氏人，后来投奔了后羿，凭借谄媚之术博得了后羿的信任。然而，寒浞却暗中扶植自己的党羽，最终杀害了后羿，还残忍地把后羿的尸体煮熟，逼迫后羿之子吃下。他还霸占了后羿的家产和妻子，自立为王。

太康失国后，与其兄弟仲康流亡于洛水之滨，相继死去。仲康之子相逃到同姓的斟灌氏和斟鄩氏处避难，以后又被寒浞之子浇所攻杀。相之妻从墙洞逃归娘家有仍氏，生少康。少康长大后被有仍氏任命为牧正，管理畜牧，后因寒浞追捕被迫逃到有虞氏，充任庖正，主管膳食。虞君把两个女儿嫁给少康，封他于纶邑，“有田一成，有众一族”。他在纶招贤纳士，待兵精粮足，便集夏的遗臣伯靡和夏族有鬲氏、斟灌氏、斟鄩氏的余众，打败了寒浞的两个儿子，攻占了夏邑，恢复了王位和夏朝的统治。少康自幼历尽坎坷，深知民间疾苦，因此对各诸侯讲信修道，广施仁政，从此天下安定，文化昌盛，夏朝复兴，史称“少康中兴”。长期动乱之后，夏朝的统治趋于巩固，奴隶制度才得以完全确立起来。

少康死后，其子杼继位，在他统治下，夏朝国泰民安。杼是夏王朝的一代名君，相传他发明了甲，并在消灭寒浞时立有战功。《国语》中称他能继承禹的功业。杼在位时，大规模征伐东夷各部，兵锋直指东海，夏朝进入极盛时期。夏人以高规格的报祭礼来祭祀他。

## 三、夏朝的灭亡

少康之后，夏代政治一直相对稳定，到了杼的第五代孙孔甲时，夏王朝开始走向衰落。孔甲“好方鬼神，事淫乱”，一些诸侯逐渐背叛了夏朝。孔甲之后，三传到桀，夏自桀而亡，所以《国语·周语》称“孔甲乱夏，四世而陨”。

脯林酒池

桀是历史上有名的暴君。为了个人糜烂的生活，他广征徭役，大兴土木，营造倾宫（因从下朝上看有倾倒的感觉，故名）瑶台，又广收美女、伎乐之人，充陈后宫，尽情享受。夏桀曾攻打喜姓之国有施氏，有施氏不敌，进贡一美女妺喜。妺喜堪称国色天香，夏桀迷恋不拔，为讨妺喜欢心，竟不惜大量撕扯贵重的丝织品，甚至造酒池行舟。《史记·夏本纪》中云：“桀不务德，而武伤百姓，百姓弗堪。”也就是说，夏桀不修仁德，却大肆让百姓充当差役，老百姓深受压迫而不能忍受。不仅对于百姓，夏桀对于周边的诸侯国也是飞扬跋扈，动辄诉诸武力。夏桀为炫耀其宗主地位，曾命诸侯在有仍氏国盟会。有缗氏因不满于夏桀，中途回国。夏桀便立即征兵讨伐有缗氏，并将其击败。最后有缗氏献出琬、琰两名美女求和，才平息了此事。其他诸侯国的情景可想而知。一些爱国之士，如大臣关龙逄，对国家前途感到不安，便劝谏夏

关龙逄被杀

桀，认为这样下去会丧失人心。夏桀勃然大怒，把关龙逄杀了。

夏桀的暴行引起了诸侯国和百姓的强烈不满，致使众叛亲离。夏桀曾经自诩为“太阳”，但百姓们诅咒道：“这个太阳什么时候才会灭亡，我们宁愿跟你同归于尽。”夏桀王朝岌岌可危。太史令终古见夏气数已尽，不得已奔逃于商。公元前16世纪中叶，日益强大的东方商族在首领汤的率领下出兵伐夏，夏大败，桀被放逐而死，夏朝成为历史。

## 四、商族的兴起

商族是居住在黄河下游的一个古老部落，相传其祖先是契。契的母亲简狄是有娀氏之女，她天生丽质，每当春暖花开时节，就去河中沐浴。据说，有一次，她随两个女子又来到河边，有玄鸟(燕子)飞来，产下鸟卵，简狄因吞吃了玄鸟卵而怀有身孕，后来生下了契，故契又称玄王。契与禹是同时代的人，因协助禹治水有功，被舜任命为司徒，封于商，赐姓子氏。

汤聘伊尹于莘野

契的孙子相土在位时，商族的势力得到了进一步发展。当时夏朝正处于太康失位时期，无暇顾及东方，相土便趁机征服了附近许多部落，其势力可能已达到渤海沿岸。为了纪念相土的功绩，人们还将十头牛沉到河底，以此方式表达对他的敬意。这个时期，商代人还学会了使用畜力，有相土“乘马”之说，即以马匹驾车；相土的曾孙王亥已能“服牛”，即以牛来负重或拉车。相传王亥曾赶着牛车队，拉着货物，到易水去交易，但被有易氏酋长绵臣杀死，抢走了牛车和货物。王亥之子上甲微继位后，每日操兵练马、布阵，为父报仇，最后出兵杀了绵臣，夺回牛群。由于黄河下游经常发生水患，从契至汤十四世中，为了避开洪水灾害的困扰，商族迁徙了八次。活动的地区大部分在今山东、河北、河南一带。汤在位时，商族最后定居在亳（今河南商丘）。

商族原来臣服于夏朝，夏桀还曾因汤的规劝将汤

囚于夏都阳翟的夏台，后经进贡大量财宝才被释放。汤即位时，商族已进入奴隶制社会。商汤是一位有雄才大略的开明君王，他选择官吏，从不计较出身高低，一概量材录用。他曾任命奴隶出身的伊尹为右相，委以国政。在伊尹和左相仲虺的辅佐下，采用剪除夏羽翼，逐步削弱夏桀统治，然后取而代之的战略，商汤先灭掉葛等十几个部落小国，后又剪除了夏的三个盟国韦、顾、昆吾，控制了东部地区。商族迅速崛起，日益强盛。

夏桀对商汤的勃勃雄心和战略举动茫然无知，依旧醉生梦死，暴虐无道，人民怨声载道。商汤意识到伐桀的时机已到，便在伊尹的建议下，停止对夏桀纳贡。夏桀大怒，召集诸侯在有仍会盟，准备除掉商汤。无奈，各诸侯已不听其调遣。公元前16世纪，商汤联合同盟部落正式举兵伐夏。出征前，商汤依照当年夏启的做法，举行誓师大会，并发表誓词，这就是著名的《汤誓》。文中历数夏桀的罪行，申明自己是禀承天意征伐夏桀，旨在救民众于水火之中。他还宣布了严格的纪律和作战要领，发誓将论功行赏，不尽力者严惩不贷。这极大地振奋了商军士气！

伐夏誓师图 清

商汤和伊尹亲率商军伐桀，所到之处，四方百姓夹道欢迎，商汤大得民心，商军所向无敌，直捣夏都。夏桀这才如梦初醒，仓促应战，大败后逃出京都。为挽救败局，夏桀急忙拼凑残部，企图垂死挣扎。两军在鸣条（一说今河南封丘东）之野相遇，展开了一场战略大决战。商军个个斗志昂扬，如猛虎下山，杀得夏军尸横遍野，血流成河。最后，夏桀一败涂地，仓皇南逃，死于南巢（今安徽寿县东南）。商汤乘胜追击，剪除了夏朝的其他属国，扩展了商的版图，势力达到黄河上游，连西方的氐族和羌族也都臣服于商。

伊尹像

之后，商汤回师亳，召开了各方诸侯参加的“景亳之命”大会，取得了天下共主的地位，建立了中国历史上第二个奴隶制王朝——商朝，都于亳，史称“商汤革命”。《易经·革卦》中说：“汤武革命，顺乎天而应乎人。”

商汤在位时，注意吸取夏桀亡国的教训，主张“以宽治民”。他广施仁政，深得民心，四方安定。在商朝有“兄终弟及”的继承传统，即哥哥死后，由弟弟继承王位，弟弟死后，才是长兄之子继位。汤在位时，长子太丁已经去世，于是由太丁的弟弟外丙、仲壬相继即位。但他们在位时间都很短，朝中大权主要掌握在伊尹手中。伊尹扶植成汤的嫡长孙太甲继位，但太甲却“颠覆汤之

商汤像

桐宫思训图 清

典刑”，肆意妄为，于是伊尹便把太甲放逐桐宫，自己摄行国政。可敬的是，伊尹并没有趁机取而代之，而是积极地督促太甲自新，他写了《伊训》、《肆命》等训词，教育太甲为君之道。太甲呆在桐宫三年，最后终于悔过自新。伊尹闻讯后，亲往桐宫还政于太甲。太甲亲政后，政治清明，修德勤政，成为一代贤君。伊尹“放太甲于桐”的故事一直为后人称颂。

## 五、盘庚迁殷和武丁中兴

太甲之后，经沃丁、大庚、小甲至雍已时，商朝国运一度衰落。雍已死后，弟弟太戊继位。太戊是一个极有作为的国君，在大臣伊陟和巫咸的辅佐下，国力昌盛。但自第十个王仲丁后，王室内部长期争斗，致使国力衰弱，统治不稳；加之洪水泛滥，至第十八王阳甲时已迁都五次，社会动荡不安，各路诸侯都不来朝。商王朝处于内外交困之中。

大约在公元前14世纪中叶，阳甲之弟盘庚继位。为缓和社会矛盾，摆脱危机，盘庚力排众议，将国都由奄（今山东曲阜）迁至殷（今河南安阳小屯），使王室内部得以稳定。自此到商灭亡时的270多年中，商朝的都城一直在殷。所以自盘庚以后，商朝又称“殷”或“殷商”。盘庚迁殷后，经过几十年的辛苦经营，商王朝在第二十二个王武丁时达到鼎盛，史称“武丁中兴”。武丁是盘庚的侄子，少时曾生活于平民之中，深知民间疾苦。继位后，他敢于任用贤能。他想破格选拔出身刑徒的傅说来作相，又担心贵族反对，于是便

盘庚迁殷图 清

武丁梦贤

假借做梦，利用殷人的迷信心理将傅说招入宫中，并委以重任。出身低微的傅说用心辅政，促进了商朝的复兴，被誉为商的一代贤相。武丁不断对四周方国用兵，疆域不断扩大。武丁的妻子妇好是中国古代一位有名的女将，她曾率军南征北战，立下赫赫战功。

## 六、纣王暴政

武丁之后，商朝渐衰。商代后期，奴隶主贵族的生活更加荒淫腐朽。商的最后一个王是纣。纣王原本聪明能干，能言善辩，力大无穷，曾对东南地区的开发和经营作出了一定贡献。但他自恃聪敏，目中无人，为所欲为，耽于荒淫的生活。为了享乐，纣王役使成千上万的奴隶，在国都附近的朝歌，花了7年时间，建造了一座周长3里、高百丈的鹿台，用以囤积珍宝财富。在鹿台周围建了许多林苑，把搜集来的珍禽怪兽都养在里面。纣王在鹿台与他宠爱的美女妲己，终日寻欢作乐，朝歌暮舞。因此，人们才把此地称为“朝歌”。纣王还以酒为池，悬肉为林，使男女裸体在宫殿中相互追逐，为长夜之饮。

纣残暴无比，滥施酷刑。为镇压人民的反抗，他创制了许多残酷的刑具，其中有一种叫“炮烙之刑”。有些大臣对他的暴虐无道不满，诚心劝谏，结果被他剁成肉酱。纣王的叔父比干多次规劝他要修善行仁，惹得纣王恼羞成怒，竟挖了比干的心。纣王的另一个叔父箕子见状力谏，也被囚禁起来。纣王的异母哥哥微子见伴君如伴虎，只好逃走。太师、少师也带着殷朝祭器和乐器，投奔于周。殷商统治集团内部已经分崩离析，诸侯叛离。此时，兴起于西岐的周族联合一些部落举兵攻商，在牧野一战大败商军，纣王于鹿台自焚而死。商朝自公元前16世纪汤建国，到公元前11

商纣王迷恋酒色

炮烙之刑

世纪纣灭亡，共传17世30王，历时约550年。

## 七、周族的崛起

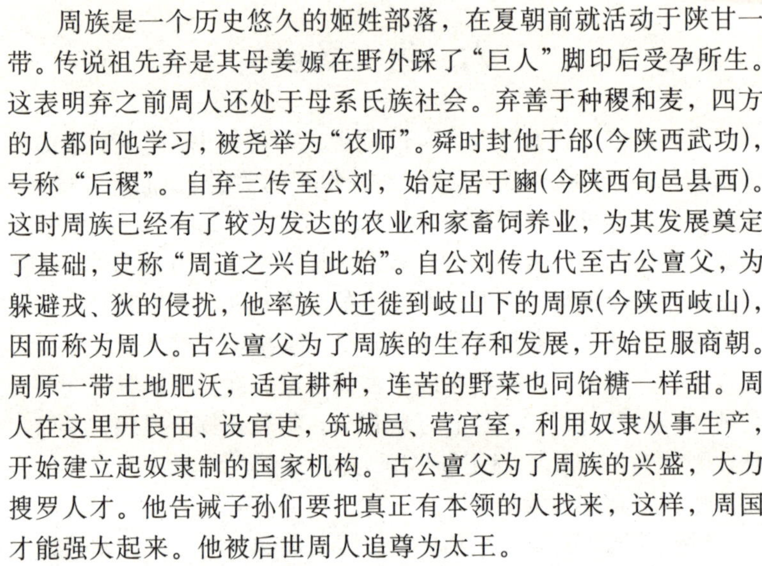

周族是一个历史悠久的姬姓部落，在夏朝前就活动于陕甘一带。传说祖先弃是其母姜嫄在野外踩了“巨人”脚印后受孕所生。这表明弃之前周人还处于母系氏族社会。弃善于种稷和麦，四方的人都向他学习，被尧举为“农师”。舜时封他于邰(今陕西武功)，号称“后稷”。自弃三传至公刘，始定居于豳(今陕西旬邑县西)。这时周族已经有了较为发达的农业和家畜饲养业，为其发展奠定了基础，史称“周道之兴自此始”。自公刘传九代至古公亶父，为躲避戎、狄的侵扰，他率族人迁徙到岐山下的周原(今陕西岐山)，因而称为周人。古公亶父为了周族的生存和发展，开始臣服商朝。周原一带土地肥沃，适宜耕种，连苦的野菜也同饴糖一样甜。周人在这里开良田、设官吏，筑城邑、营宫室，利用奴隶从事生产，开始建立起奴隶制的国家机构。古公亶父为了周族的兴盛，大力搜罗人才。他告诫子孙们要把真正有本领的人找来，这样，周国才能强大起来。他被后世周人追尊为太王。

弃像

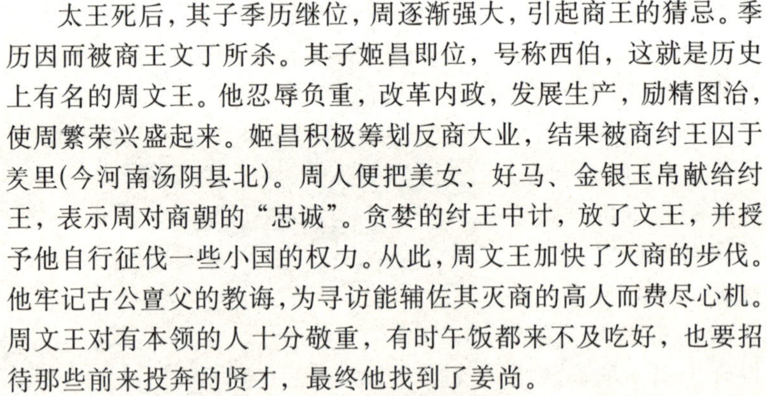

太王死后，其子季历继位，周逐渐强大，引起商王的猜忌。季历因而被商王文丁所杀。其子姬昌即位，号称西伯，这就是历史上有名的周文王。他忍辱负重，改革内政，发展生产，励精图治，使周繁荣兴盛起来。姬昌积极筹划反商大业，结果被商纣王囚于羑里(今河南汤阴县北)。周人便把美女、好马、金银玉帛献给纣王，表示周对商朝的“忠诚”。贪婪的纣王中计，放了文王，并授予他自行征伐一些小国的权力。从此，周文王加快了灭商的步伐。他牢记古公亶父的教诲，为寻访能辅佐其灭商的高人而费尽心机。周文王对有本领的人十分敬重，有时午饭都来不及吃好，也要招待那些前来投奔的贤才，最终他找到了姜尚。

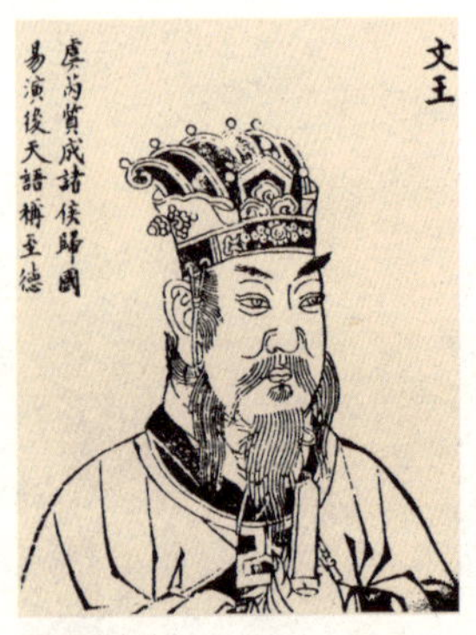

周文王像

姜尚姓姜名牙，人称姜子牙。他家住东方，祖先曾在舜时当过官，曾与禹一起治水，因有功被封在吕，所以又姓吕。后来家道败落，到姜尚时，已家徒四壁。为维持生计，他曾在朝歌屠牛卖肉，又在孟津卖过酒。虽满腹才学，在商朝却怀才不遇，年过花甲仍穷困潦倒，郁郁而不得志，但他还是一心想找一个施展才能的机会。后来听说周文王招贤纳士，便前去投奔。姜尚天天在岐山下渭水支流一条叫兹泉河的源头钓鱼，希望能遇上文王。据说他用直钩钓鱼，连钓几天几夜，也不见鱼儿上钩。有人取笑他

姜太公钓鱼

说，你这样怎么能钓上鱼呢？姜尚却回答，我钓当朝君与臣，而无意水中的鱼儿，鱼儿愿上钩，就当自己来。“姜太公钓鱼，愿者上钩”这一典故即来源于此。有一次，姬昌外出打猎路过此地，偶遇悠然垂钓的姜尚，二人相谈之后，文王被他治国安邦的文韬武略所深深折服，相识恨晚。文王心中大喜，说：“我先君太公早就盼望有贤人来辅佐，大概你就是他们渴求的贤人吧！”从此人们称姜尚为“太公望”。文王马上请他上车回朝，拜为专管军事的太师，委以国家大事。太公望不负众望，相继辅佐文王、武王，替他们出谋划策，倾尽心血。从此，周族的势力蒸蒸日上，逐渐压过了商朝。

渭水访贤 清河北年画

在姜尚的辅佐下，文王发展经济，富民强国，内政清明。他的“笃仁、敬老、慈少、礼下贤”的政策，赢得了广泛拥护。文王还亲率诸侯朝觐纣王，以示“忠诚”。他表面上装着贪图享乐，不思进取，以麻痹纣王，确保灭商战略的顺利进行。文王与周围小国结成联盟，扩大自己的力量，以与商对抗。他先灭掉了西戎、密须（今甘肃灵台），消除了后顾之忧，接着东渡黄河，灭掉了黎（今山西长治）、邘（今河南沁阳），然后回师灭掉了商西部重要的盟国崇（今陕西西安沣水），并在沣水岸边建都城丰京（今陕西西安西北），形成了“三分天下有其二”的局面。但是文王没来得及完成灭商夙愿，就因操劳过度而去世。文王之子姬发继位，即历史上有名的周武王。

## 八、武王伐纣

武王继承了父亲文王的未竟事业——讨伐纣王，匡扶正义。他迁都于镐，在军事上，由姜尚负责；在政事上，由弟弟周公旦负责。二人皆为其得力干将。大家众志成城，厉兵秣马，积极备战。武王九年，发兵东进，观兵于孟津（今河南孟津）。八百多诸侯前来盟会，众人一致要求讨伐商纣。但武王认为时机不到，决定暂时退兵，史称“孟津之盟”。盟兵孟津的第二年，商纣更加滥施刑罚，杀戮元老重臣，朝野危机四伏，众叛亲离。商军主力又

周武王像

纣王自焚

牧野之战

远征东夷，国都空虚。武王认为时机成熟，便亲率兵车300辆，虎贲（近卫军）3000人，士卒45000人，在孟津会合各路诸侯，浩浩荡荡，杀向朝歌。

在渡过黄河后，姜太公命人把船全部毁于河中，断然对部下说："我们是替民伐商，只有向前，宁死无回！"当伐纣大军乘虚进抵朝歌西南郊外的牧野（今河南淇县南）时，武王在此举行了誓师大会，历数商纣的罪恶，以激发士卒的斗志。武王还宣布了军事纪律，严令不杀降者，以瓦解敌军。这就是著名的《牧誓》。兵临城下，将至壕边，直到这时，纣王才停止歌舞宴会，与那些贵族宠臣们商议对策，想把主力调回勤王救驾，但为时已晚。他只好把京城的大批奴隶武装起来，前去抵挡周军，两军在牧野展开激战。由于商纣人心失尽，奴隶早就恨透了他，岂肯为他卖命？因此，双方刚一交锋，商军便掉转矛头，引导周军杀向朝歌（这就是历史上有名的"前徒倒戈"的故事）。纣王仓皇逃回朝歌，见大势已去，只好登上鹿台，放火自焚。周军攻占朝歌，商王朝灭亡。

武王灭商后，建立了中国历史上第三个奴隶制王朝，定都镐京，史称西周。其年代从大约公元前1046年至公元前771年。

周公像

## 九、周公辅政

周公是武王的弟弟，名姬旦，是中国历史上一位杰出的政治家。在武王伐纣时，他积极辅佐武王，为周朝的建立和巩固立下了赫赫功绩。

周朝之初，虽然周武王消灭了商汤，但当时的政治形势不容乐观。因为商朝历经数百年统治，根枝复杂，所以，如何安置大

批殷民，便成为一个难题。姜太公主张把人全部杀掉，以绝后患，但此法必然引起社会动乱。周公适时地提出以商治商、分化利用的办法。在周公的建议下，武王并未杀死纣王之子武庚，而将其封在商都，由他来统治商的遗民；又将商的王畿分成三个地区，分别由其弟管叔、蔡叔和霍叔管理，同时监视武庚，史称“三监”。通过这些措施缓和了商周之间的矛盾。

周朝建国后的第二年，武王病死，其子诵继位，是为成王。此时成王年幼，不懂世事，而天下初定，亟待巩固，周公只得代理政事。然而这招致了众人的猜疑，认为周公有篡位之嫌。管叔、蔡叔也颇为不满，散布谣言。武庚等残余旧势力便趁机串通了管叔、蔡叔，并联络其他方国起而叛周。内外交困之际，周公首先安定了王室内部。他找到太公望和召公奭二位元老，向他们耐心解释自己只是为大局着想，并无异心。周公的诚意打动了二人，获得了他们的理解和支持，从而稳定了朝廷内部。随后，周公毅然发动了平叛战争。经过三年东征，平定了叛乱，杀死了武庚和管叔，将蔡叔流放。东征的重要意义在于彻底扫除了商的顽固分子和东方诸多叛国，从而扩大和巩固了周王朝的统治。为控制东方地区，周公大力营建东都洛邑(今河南洛阳)，并把殷顽民迁居此地，驻扎八师兵监守。这样，周朝就有东、西两座都城：西部的镐京，称为“宗周”，东部的洛邑，称为“成周”。周公勤于政事，反对放荡佚乐的生活，他在《酒诰》中用殷朝贵族酗酒败事的例子来警告周朝的贵族，此所谓“殷鉴不远”。

罪人斯得图

平叛之后的周朝国土广大，为了便于管理，周公和成王采取了大规模地分封诸侯的政策，即所谓“封邦建国”的分封制，把京畿以外广大地区的土地和人分别授予自己的兄弟、亲戚、功臣、归附周朝的方国首领和先王后裔，使之成为诸侯，以拱卫周王室，史称“封建亲戚，以蕃屏周”。实际上，武王灭商后即开始分封，周公东征平叛后再次大分封，当时建立的71个封国中，姬姓就有53国。较重要的有：

卫国，武王弟康叔的封国，建都朝歌；

鲁国，周公长子伯禽的封国，建都奄（今山东曲

分封列国

周公辅成王

康王勤政图

阜）；

齐国，姜太公的封地，建都营丘（今山东临淄）；

宋国，商贵族微子启的封国，建都商丘；

晋国，成王弟虞叔的封国，建都唐（今山西翼城）；

燕国，召公奭的封国，建都蓟（今北京城西南）。

诸侯在其封国内，拥有政治、经济和军事大权，职位世代相袭，世卿世禄。但他们与直接管辖京畿的周王室保持臣属关系，周王是天下的共主。受封者对周王有定期纳贡、朝觐、出兵、戍守和服劳役的义务。诸侯在其封国内，也按照同一方式把大部分土地分封给卿大夫，作为采邑。卿大夫又把所封采邑的土地分封给士，作为禄田。《诗经·小雅·北山》中“溥天之下，莫非王土；率土之滨，莫非王臣”诗句反映的就是这一情况。土地中有着纵横交错的道路和沟渠，被分割成井字形的方块，所以叫做井田。诸侯百官所分井田可以世袭，但不准转让和自由买卖。

分封制进一步巩固了以姬姓为中心的宗法制度。宗法制的主要特点是以血缘为基础的嫡长子继承制和余子分封制。周王被称为天子，王位由嫡长子继承，是天下的大宗，其他诸子为小宗，周王封之为诸侯（也叫“公”）。诸侯及卿大夫也由嫡长子继位，在封国或采邑内为大宗，其他诸子为小宗，再分封为卿大夫或士。异姓贵族之间则利用婚姻关系联结起来。这种宗法制度构成了上自天子、下至士的等级从属关系，小宗必须服从大宗。宗法制解决了贵族之间财产、权位分配关系，因而在制度推行之初维护了内部团结，有利于国家的统治。

周公摄政7年，周王朝在周公的治理之下，国泰民安，这时成王也已经长大，于是周公还政于成王。后人赞之曰：“周公吐哺，天下归心。”成王以后是康王。他执政时期，基本上遵循周公制定的政策，社会稳定繁荣，国力强盛。这段历史后来被誉为“成康之治”。

## 十、西周六艺教育

西周中期，政局趋向稳定，在政治军事得到巩固的同时，西周的文化教育也获得历史性突破，形成了颇有东方特色的以“礼乐”为中心、兼倡文武的“六艺”教育。“六艺”教育萌芽于夏代，经商代，至西周而逐步完善。“六艺”是周代教育贵族子弟的六种科目，包括“礼”、“乐”、“射”、“御”、“书”、“数”六项内容。“六艺”教育的特点是文武并重、知能兼求，并因年龄差异及学科难易程度而教育有别。在“六艺”中，“礼”、“乐”、“射”、“御”，被称为“大艺”，是贵族子弟必修课程，“书”与“数”则被称为“小艺”，是民生日用之所需，是普通百姓的文化课。事实上，西周时，惟有贵族可以接受从“小艺”到“大艺”的全部教育过程，庶民子弟被排斥在“六艺”教育之外，这就突显了“六艺”教育的贵族性。

古人重礼，“六艺”教育以“礼”为重。“礼”注重人们的社交，是古代等级制度的灵魂和核心。由此扩展开去，就逐渐成为人们默许的社会规范，并上升为统治者所积极采纳的治国方略。“乐”即音乐，是古人的艺术教育，是一种综合素质，它关系到人们的情感理解和能力表达。“音之起，由人心生也。人心之动，物使之然也。感于物而动，故形于声，声相应，故生变，变成方，谓之音。”（《荀子 · 乐记》）于音乐之中塑造人的性格，陶冶人的情操，这就使古代的音乐教育兼备了更多的社会功能。西周社会重视礼乐，还有一个更重要的原因是，“审声以知音，审音以知乐，审乐以知政，而治道备矣”（《荀子 · 乐记》），就是说，让人们从音乐所表现的喜怒哀乐中，反观社会政治的兴衰成败。

“射”是与意志力培养相关的学问，但又不完全等同于打猎射击的训练方式。拿弓来并不完全为了“射”，而是要使习射者专注靶心，逐步培养一种平和的心态。所以，贵族练习“射”术，与狩猎或实际的军事战斗并无太大关系，而是一种身心修养。“御”是关于驾驭能力和实践能力的学问。古人以车作战，要求御者既能保持车体平衡，又能控驭马匹。实际上，“御”的技术同“射”技的培养目标是相一致的。练此术不仅只为打仗，而是要在练习中磨炼对纷繁事务的应变能力，这正好适应了统治阶级培养社会精英人才的需要。“书”着眼于记述，着重对子弟进行文字及文化知识方面的传授。“数”是关于数算能力的学问，是对人们思维分

析能力与综合能力的特殊训练。它具体培养人们在算术、测算等方面的能力，当然也有对其他自然科学技术的传授，可以说，“数”是中国古代某些自然科学的雏形。

西周“六艺”教育文武兼求，注重贵族统治所需，以伦理道德和实用知识来培养子弟们的心性，他们只有真正掌握了内外兼修、文质彬彬的“六艺”精髓，才能在各项事务中得心应手。

## 十一、国人暴动

西周将都邑称为“国”，都邑以外的地方称为“野”。住在“国”内的有贵族、平民以及为奴隶主服务的家内奴隶和工商奴隶，统称“国人”。而住在“野”的叫“野人”，主要是从事农业生产的奴隶(庶人)。“国”与“野”的区别，既反映了城乡对立，更反映了阶级对立。广大“野人”终日劳作，为奴隶主生产出数以万计的粮食，放牧成群的牛羊，奴隶主则派田官时刻监督着他们的劳动。广大奴隶衣不蔽体，食不果腹，随时都有冻死饿死的可能。他们还经常被奴隶主施以酷刑，还可能成为奴隶主的殉葬品。那时，奴隶的价值还不如牲畜。五名奴隶才换得一匹马和十把丝。为了生存，他们与奴隶主进行了坚决的斗争。他们怠工、破坏工具、逃亡，并强烈抨击奴隶主不劳而获的罪行。《诗经·魏风·伐檀》就表达了奴隶们的愤怒和控诉。除此以外，平民与贵族也存在着矛盾，平民是“国人”中的基本群众，他们虽然拥有小块土地，但要承担军赋和兵役。由于阶级分化和连年对外战争，平民的处境日益恶化，因而对周室非常不满。《诗经·唐风·鸨羽》中写到：“王事靡盬，不能艺稷黍。父母何怙，悠悠苍天，曷其有所？”西周后期，奴隶与奴隶主、平民与贵族、周族与被奴役的各部族之间的矛盾日趋尖锐，统治阶级内部为争夺土地也展开了互相兼并的激烈斗争，王室日趋衰落，西周统治出现了严重的危机。到第十王周厉王时，终于爆发了“国人暴动”。

厉王是历史上有名的贪婪暴虐的君主。他好利，任贪婪的荣夷公为卿士，实行“专利”政策，将原属国人公有的山林川泽占为己有。这既侵犯了中小贵族的利益，又断绝了广大平民的生路，激起了国人的不满，纷纷起来谴责他，即“国人谤王”。厉王不但不悔改，而且变本加厉，派卫国巫师监督人民的言行，一旦发现有诽谤自己的人，就马上处死。于是，“国人莫敢言，道路以目”(尽管人们再也不怨声载道，走在大街上不敢说话，只是相互张望一下，就赶快离开了，唯恐被朝廷官员发现）。周厉王认为自己的办法很有效，就得意地对大臣召穆公说："我能够制止诽谤，现在没人敢说我坏话了。"召穆公提醒他："用堵塞人民的嘴来治理国家，比起用堵塞的办法来治水更坏。水堵不通，就会冲垮堤岸，封住人民的嘴，就会引起反抗。"国人忍无可忍，于公元前841年发动武装暴动，包围了王宫，厉王狼狈逃至彘（今山西霍县），史称"厉王奔彘"。厉王之子太子静从王宫逃到召公家躲藏起来，国人又包围了召公家，要他交出太子。召公无奈，只好把自己的儿子假冒太子交给国人杀死，太子才保住性命。厉王逃走后，由诸侯共伯和摄行王政，史称"共和行政"（一说由周公即周定公和召公共同执掌政权）。共和元年，即公元前841年，是中国历史上有确切纪年的开始。共和十四年，厉王死于彘，太子静继位，即周宣王。

周宣王像

宣王励精图治，整顿内政，国力有所增强，各地诸侯纷纷来朝，史称"宣王中兴"。他还征伐猃狁、荆楚等，军事上获得了一定胜利，西周王朝得到一段时间的稳定。但随着战争的日益频繁，耗费了大量人力、物力。宣王三十九年，在伐姜氏之戎时，王师大败，国力日衰。西周王朝逐渐走向崩溃。

## 十二、烽火戏诸侯

褒姒像

宣王死后，其子幽王继位。幽王初年，发生旱灾，次年关中发生大地震，人民生活艰难，社会动荡不安。幽王昏庸残暴，不思进取，沉溺于声色犬马而不能自拔。他把朝政大权交给善谀好利的虢石父，肆意搜刮，引起国人的怨恨。幽王曾伐褒国，褒国战败献褒姒以求平息。褒姒貌若天仙，深得幽王宠爱，但她却不爱笑。为博她一笑，幽王出千金悬赏，后来幽王想出了"烽火戏诸侯"的办法。

烽火是古代边防使用的军事警报信号。在通往国都的沿途设有烽火台，一旦敌人来犯，就点

**幽王烽火戏诸侯** 《东周列国志》插图

起烽火，邻近的烽火台也立即举火。通过这个办法，当国都有难时，可以及时通知各地守军。周幽王下令点火，烽火台台相连，各路诸侯闻讯不敢怠慢，急忙率军前来救驾，却不见镐京有战事，只有幽王陪伴着褒姒在台上饮酒作乐。诸侯们知道受了愚弄，只好偃旗息鼓而去。褒姒见此情景，顿觉十分有趣，不由大笑起来，勾得幽王心旌荡漾。这就是历史上著名的“烽火戏诸侯”。

幽王欲立褒姒为后，立其子伯服为太子，就废了申后及太子宜臼，由此引起宫廷分裂和申后之父申侯的不满。公元前771年，申侯联合西方犬戎大举进攻周都。幽王势危，忙命人点燃骊山上的烽火告急，各地诸侯以为又是戏弄他们，都按兵不动。结果幽王大败，被犬戎杀于骊山之下，褒姒也被掳走，豪华的镐京被洗劫一空，西周灭亡。幽王死后，申侯等拥立太子宜臼为平王。因镐京已残破不堪，又处于犬戎的威胁之下，平王只好于公元前770年东迁洛邑，史称“平王东迁”。历史上将东迁以前的周朝叫西周，以后的周朝叫东周。西周从周武王伐纣灭商到幽王被杀灭亡，共延续了11代12王，约275年。

# 第三章 东周列国争雄

“大天大地大文章，大恶大善洗性灵。”这是史学家对东周风云的生动写照。在春秋战国的舞台上，诸侯争霸，净土难觅；沧海横流，尽显英雄本色。春秋五霸，战国七雄，你杀我伐，纷争不息。“千古留话柄，恨事满东周。”一个非凡的时代，不知汇聚了多少烽烟血泪！

人们常说“乱世出英雄”。众多巨人的出现，正是因为他们生在春秋战国这样一个剧烈变革的时代。西周末年，井田制遭到破坏，奴隶制趋向衰落。伴随着经济制度的巨大变革，整个社会的风貌也在瞬息万变。礼崩乐坏，文化下移，贵族政治文化受到严重冲击，普通的民间士人纷纷登上了王廷论争的舞台。正是为了挽救整个社会的宗法秩序，才会出现以儒家为代表的封建宗法观念。但是，儒家的努力依然阻挡不住社会前进的步伐。战国时代，战事频仍，人们的血亲观念随着宗法制度的崩溃，在这样一个思变的时代里正变得日趋淡薄。

由于春秋战国时期政治气候的变更，统治阶层的高压政策对一般的平民已不再具有从前的威严，下层国人参与政治，其思想仿佛在瞬间迸射出火花。一种不同于往昔的政治现象在春秋时代被搬上了历史的舞台——“大臣在朝堂公开辩论，国人也可议论国事”，一股颇具开放性的早期政治空气在社会上蔓延。新旧势力的权力斗争，使一批批旧贵族从历史舞台淡出，而新兴的封建地主阶级则走上了前台。为求生存，各国纷纷举起了“变法”的旗帜，掀起了横亘神州的变法运动。秦国商鞅革除弊政，力兴国家，播下了封建政治的希望。各派思想家也积极奔走，“合纵连横”，极尽能事，畅言治国主张。儒家倡言“克己复礼”；墨家力主“兼爱”、“非攻”；道家宣扬“小国寡民”，倾心于“无为而治”；法家韩非则集集权理论之大成。管仲、子产、李悝、苏秦、张仪也活跃在这个时代里！历史烟尘滚滚，湮灭不了悠悠千古风流人物。这些鲜活的名字至今仍在人们的眼前闪烁。

“春秋无义战”，史家如是感叹！在这纷扰的五百年中，国家从统一走向分裂。周朝王室衰微，天子权威也一落千丈。各国“尊王攘夷”、“挟天子以令诸侯”；一次次“盟会”之后，新的霸主交相产生，自春秋以来的“五霸”政治逐步走向终结；争霸战争终于上演为封建地主之间的兼并战争。通过变法运动的推波助澜，各国还纷纷建立起了一整套较为完善的君主集权政治体制，这些制度孕育了封建制度的最初形态。战国时期的变革，深深地影响着中华历史的发展进程。

春秋战国时期的兼并战争，确使无辜百姓身陷战乱；但是，跃进发展的社会生产力，也使人们品尝到了变革时代的甘露。中华几千年的农业社会在春秋战国时代取得长足的进步，一个大一统的封建国家正在无形之中开始酝酿，一个更具理性及文明色彩的崭新时代到来了！

# 一、管仲改革与齐桓公称霸

齐国是姜太公的封国，地处今山东半岛，在春秋前期已是东方大国。它土地广大，因沿海而有渔盐之利，生产比较发达，国力强盛。但在齐襄公时，政治黑暗，滥杀无辜，大臣纷纷出逃避难。襄公之弟公子小白在其师傅鲍叔牙的护卫下逃奔莒国（今山东莒县），齐襄公另一位弟弟公子纠在其师傅管仲的护卫下逃奔鲁国。

齐桓公像

后来齐国发生内乱，襄公死于非命。两个公子得知兄长被害，都急着回齐国争夺君位。管仲为阻止小白抢先回国，带领鲁国军队去拦截小白。管仲在莒国边境正好遇到小白和鲍叔牙，他拈弓搭箭向小白射去，小白大叫一声，倒在车里。管仲以为小白已死，就不紧不慢地护送公子纠回到都城临淄。谁知，小白并没有死，那支箭射中的只不过是小白的衣带钩，他顺势倒下装死，抢先回到齐国当了国君，这就是齐桓公。

桓公即位后，兴兵攻鲁，胜利后迫使鲁国杀掉公子纠，并把管仲押解回国。齐桓公想任用鲍叔牙为相，鲍叔牙却举荐自己的好友管仲。齐桓公不忘一箭之仇，哪肯任用管仲。鲍叔牙说："管仲当时是为了主子才射您一箭，今若得重用，他同样会对您尽忠。管仲之才远在我之上，欲称霸天下，非用管仲不可。"桓公认为鲍叔牙言之有理，就任管仲为相，主理国政。

齐桓公即位的第二年春天，齐桓公借口鲁国干涉齐国内政，再度举兵攻鲁。鲁庄公忍无可忍，决心前去迎战。这时一个叫曹刿的鲁国人请求谒见庄公。他一见庄公就问："齐军已经打来了，不知您凭什么同齐军作战。"鲁庄公回答："我常把吃的粮食、穿的衣服分给大家，从不敢独自享用。"曹刿说："这些小恩小惠，只有您身边少数人才能得到，老百姓是不会为您卖命的。"鲁庄公接着又说："祭祀用的牛羊、玉帛等贡品，我都按礼的规定供足，神灵会保佑我吧。"曹刿说："这种小的信用还不能取信于大众，神灵也是不会

管仲像

管仲拜相

长勺之战

保佑您的。”鲁庄公略一沉思，说：“大大小小的诉讼案件，我虽然不能每件都查得很清楚，但尽可能处理得合情合理。”曹刿点点头说：“关心百姓的疾苦，定会得到他们的拥护，我看凭这一点可以和齐国打一仗。”接着，曹刿请求跟庄公同去，君臣二人乘一辆战车奔赴战场。

齐鲁两军在长勺（今山东莱芜北）相遇，齐军仗着人多势众，擂响战鼓，发动进攻。鲁庄公也想擂鼓出击，曹刿连忙摆手：“且慢！”齐军又接连两次擂鼓冲锋，都被鲁军挡住。当齐军第三次冲锋被击退后，曹刿对庄公说：“可以击鼓进攻了。”刹那间，鲁军阵地上鼓声雷鸣，士兵像猛虎下山，潮水般杀向齐军。齐军早已疲惫不堪，一个个斗志全无，大败而逃。鲁庄公喜出望外，忙下令追击。曹刿说：“且慢！”他先下车仔细察看了齐军战车留下的车辙，又登上车瞭望败退的齐军后，点点头说：“现在可以追杀了！”鲁军乘胜猛追，把齐军赶出了国境。

胜利后，鲁庄公向曹刿询问取胜之道，曹刿回答说：“打仗全凭士气，第一次击鼓发起冲锋时，士气最旺；第一次进攻未胜，再听到第二次击鼓时，士气就衰减了不少；待第三通鼓响时，士气就衰竭了。（这就是“一鼓作气，再而衰，三而竭”这一成语的来历）而这时我军士气正盛，哪有不胜的道理？”曹刿接着说：“齐国是大国，其行动难以预料，我担心他们有埋伏。当我下车看到他们车辙很乱，上车后又看见他们的旗帜倒了，才料定齐军是真被打败了，所以才让您下令追击。”一番话说得鲁庄公心悦诚服。

长勺之战是中国古代战争史上著名的后发制人、以弱胜强的经典战例。从曹刿战前决策、战场指挥和战后分析的许多言行里，可以看到鲁军取胜的必然性。此战虽规模不大，却正确反映了弱军对强军作战的基本规律和原则，对后世具有极大的借鉴意义，一直为后人所称道。

长勺之战失败后，齐桓公决心整顿内政。他重用管仲大力推行变法改革。在管仲任齐相的40多年中，在经济、政治、军事等方面进行了一系列卓有成效的改革。他主张“政不旅旧”，对不合时宜的旧制要进行改革，“择其善者，举而严用之”。在经济方面，管仲大力发展农业、手工业、商业。他首先打破井田制的限制，采取“相地而衰征”的政策，把土地按好坏划分为不同等级，按等

级高低征收租税，扩大了财源。他还积极提倡渔盐之利，鼓励渔盐贸易。设置铁官，组织工匠开矿炼铁，并铸造和管理货币。由于政府的提倡，齐国的盐、渔、铁器、丝织品的产量猛增，远销他国。管仲设"轻重九府"来经营货物，以调剂物价的贵贱，为国家积累了大量财富。在内政方面，他采取把齐国国都及附近的地区分为21乡，郊外分为5属，使士农工商分居，职业世代相传的制度，既保证了社会生产，又促进了社会安定。在军事方面，"作内政而寓军令"，亦称兵民合一。即在15个士乡中，每家出1人，5乡1万人组成1军，15乡共组成3军。这样就把居民的组织和军队的编制统一起来，做到平时进行生产，战时可以打仗，加强了军队力量。

管仲不负所望，经过他的改革，齐国政令畅通，兵精粮足，民殷国富，很快强盛起来。随着经济实力和军事实力的大增，齐桓公决定向外扩展。在管仲的谋划下，提出了"尊王攘夷"的口号，以团结华夏各国，驱逐夷狄势力，达到自己号令各诸侯的目的。当时宋国内乱，新君刚即位，齐桓公便遣使请周王规定宋国君主的地位。早已失去实权的周天子见到齐国遣使朝贺，大喜过望，就请齐桓公代为宣布宋国国君的地位。公元前681年，齐桓公奉周天子之命，约诸国在齐国边境上的北杏（今山东东阿县北）会盟，齐、宋、陈、蔡、邾五国达成盟约。此后，鲁、曹、卫也加入进来，齐桓公初建霸业。

公元前664年，山戎侵燕，燕国告急，桓公率军北伐山戎。在追击山戎时，军队在荒漠中迷路，陷入绝境。管仲向桓公献计，让老马在前引路，军队在后面，最后终于走出迷谷。"老马识途"的成语即由此而来。公元前662年，狄人侵邢，桓公又去救援邢国，将邢人迁至中原，并给他们筑起一座新城。公元前660年，狄人侵卫，桓公又率军救援，并重建卫国。各诸侯都十分敬佩齐桓公救患扶危的行动，从此桓公的威信大增。

当时，南方的楚国不断北侵，兼并了许多小国，继而联合蔡国伐郑，严重地威胁了中原各国。公元前656年，桓公决定兴师问罪，他亲率齐、宋、陈、卫、郑、许、曹、鲁等国联军破蔡伐楚，进至召陵（今河南郾城东）。齐、楚在召陵订立盟约，双方均撤回军队。齐桓公

齐桓公伐楚

这次出兵，虽未与楚交兵，却暂时打消了楚国北犯之心。

公元前651年，齐桓公大会诸侯于葵丘（今河南兰考东），齐、鲁、宋、卫、郑、许、曹等国与周天子的代表参加了会盟。齐桓公的霸业达到顶峰。他在管仲辅佐下，先后灭掉了30多个国家，九次以盟主的资格大会诸侯，得以称霸中原，成为春秋时期的第一个霸主。齐桓公死后，诸公子争立，齐国大乱，公子昭逃到宋国。齐国从此失去霸主地位。

## 二、宋襄公欲霸不能

齐国公子昭逃到宋国后，宋襄公命人通知各诸侯，请他们共同护送公子昭回齐国继位。但是，秦、楚、赵等大国根本不予理睬，只有三个小国派了一些人马前来。襄公无奈，只好带领四国人马攻打齐国。当时，齐国内乱，大臣们一见公子昭被大队人马护送回来，便打开城门投降宋国，迎接公子昭即位，即齐孝公。宋襄公因帮助本来是盟主国的公子即位，提高了自己的地位。

齐失势后，宋襄公雄心勃勃，想继承齐桓公的霸业。于是，他趁着领导诸侯平定齐乱的余威，打着“仁义礼信”的旗号，邀请楚成王、齐孝公等国君召开盟会，以抬高自己的声望。公子目夷曾提醒他，楚国不讲信用，最好多带些军队。但襄公却说，我与楚人说好不带军队的，拒绝了公子目夷的建议。公元前639年7月，襄公轻车简从前往宋国盂（今河南睢县西北）出席盟主大会。果然，楚国在盂设下重兵。大会上，宋襄公还自不量力当众指责楚成王等人背信弃义，结果被楚人活捉，成为阶下囚。公子目夷见机逃走，组织宋人坚决抵抗楚人。后来鲁僖公和齐孝公出面调停，才放了襄公，立楚国为盟主。宋襄公本想成为盟主，怎料却沦为俘虏，成为笑柄。盛怒之下，他决心攻打带头向楚国臣服的郑国。他的想法遭到了大司马公孙固的反对，攻打郑国，楚国必然来救，楚国国力强盛，不宜与之为敌。但襄公却一意孤行。

泓水之战

公元前638年，宋襄公出兵攻郑，郑文公求救。楚成王采用了类似于后来的“围魏救赵”式的计策，派大军攻打宋国。宋襄公急忙撤兵，在泓水（今河南柘城西北）南岸安营扎寨。这时楚军正欲

渡泓水河，公子目夷建议乘楚军渡河时给予迎头痛击，必可取胜。襄公却摇头拒绝，说道："宋国乃仁义之邦，人家没有渡完河就开战，仁义何在？"楚军上岸后，公子目夷等人又建议在楚军尚未列阵之际发动攻击。宋襄公把脸一沉，说："你们太不讲仁义了！人家队伍还没有排好，怎么能打呢？"不多时，楚军已排好阵势，战鼓齐鸣，洪水决堤般直向宋军涌来。宋军抵挡不住，纷纷败下阵来，宋襄公腿上也中了一箭。在公子目夷等人的拼死掩护下，他才狼狈不堪地逃回国都商丘。

泓水战败后，宋国人纷纷埋怨宋襄公，宋襄公却辩解道：君子不伤害受伤的敌人，不攻击尚未列阵的敌人，不捉头发花白的老兵，不在险隘之处阻击敌人。泓水之战标志着自商周以来以"成列而鼓"为特色的"礼义之兵"已不适应新时期战争的实际需要，而以"诡诈奇谋"为主导的新战法已登上历史舞台，春秋争霸战争进入新阶段。

不久，宋襄公带着遗憾去世了。他临死时，曾嘱咐太子说，楚国是宋国的仇人，此仇必报。他还说，晋国公子重耳乃有大志之人，将来定能成就霸业，宋国有难可以找他帮忙。糊涂的宋襄公临死前总算明白了一回。

## 三、晋文公称霸

假途灭虢

晋国原是汾水下游的一个小国，春秋前期逐渐强大起来。晋献公时通过"假途灭虢"等方式兼并了虞、虢等几十个小国，疆域大为扩展。

献公晚年，宠爱妃子骊姬，把太子申生杀死，另立骊姬生的儿子奚齐为太子。献公的另外两个儿子重耳和夷吾在大臣们的帮助下，相继逃离晋国避难。献公死后，晋国内乱。夷吾在动乱中抢先回国，取得君位。他怕重耳与自己争权夺位，就派人四处追杀重耳。在几位大臣的精心保护下，重耳又逃奔他国。先在西北很远的狄国住了12年。晋国派人去杀他，他又连夜逃奔卫国。卫国国君见他那副狼狈相，没敢接待。重耳一班人只好沿路乞讨，时常饿得连路也走不动。后来，一行人流落到齐国。当时齐桓公想日后用他，待他很客气，给他配备了车马，建造了房子，还把本族的一个姑娘嫁给他。重耳在齐国过得很舒服，

晋文公复国图　南宋·李唐

便想长期留下。跟随重耳的大臣见他天天吃喝玩乐，不思进取，只字不提回国之事，便与重耳的妻子用计将其灌醉，然后用车拉出了齐国。等重耳一觉醒来，已离开齐国很远了……

此后，他们又流落到宋国。当时宋襄公已被楚军射伤，国力衰落。尽管宋襄公十分器重重耳，但无力发兵护送他回国争位。重耳等人后来又到了楚国，楚成王见重耳胸怀大志，颇为赞赏，料他日后必有作为，就破格以国君的礼节来款待他，重耳对楚成王非常感激。一次，楚成王设宴招待重耳，席间问重耳将来怎样报答他。重耳说：“要是托大王的福，能返回晋国当上国君，我要与贵国世代修好。万一两国发生战争，在两军相遇的时候，我一定要退避三舍。”（古时候，军队一日行30里而住宿，叫一舍。“退避三舍”就是撤退90里）宴席结束后，有人建议楚成王杀掉重耳，以免日后成为楚国争霸的对手，成王没有同意。不久，秦穆公派人把重耳接到秦国。公元前636年，在秦国的支持下，重耳率军渡过黄河，攻入晋国，苦苦流亡19年的重耳终于当上了晋国国君，当时他已62岁了。这就是晋文公。

城濮之战

重耳即位后，在大臣狐偃等人辅佐下，进行了改革。政治上十分清明，社会经济大有发展，军事力量逐渐增强。他也想学齐桓公，做中原的霸主。当时，周王室内乱，周襄王被逐出国都。晋文公认为这是一个“取威定霸”的良机。于是打出“勤王”旗号，约会诸侯，出兵平叛，迎周襄王回到洛邑。晋文公博得了“尊王”的美名，逐步走上称霸之路。

宋国自泓水之战大败后，一直不甘心屈从于楚国，见晋国强大后就背楚归晋。楚国因此联合陈、蔡、郑、许四国，以重兵围宋，宋国向晋求救。晋国君臣认为这是争霸中原的好时机，决定发兵援宋，并且制定了先攻打处于晋宋之间的曹、卫的作战计划。曹、卫是楚的盟国，进攻曹、卫就会调动楚军北上，然后再伺机破楚。公元前632年，晋文公挥师攻打卫、曹两国，俘虏了两国国君。然后又用计促使齐、秦两国放弃中立立场，出兵助晋，从而使晋、楚之间的力量对比发生了重大变化。

楚成王见形势于己不利，便下令后撤，避免同晋军决战。但围攻宋都的楚军主将子玉刚愎自用，轻视晋军，坚决要求楚成王收回成命，允许他与晋军决战。晋文公君臣又用计进一步激怒子玉，诱他率军向晋军扑来。为避开楚军的锋芒，晋文公命部队“退避三舍”，退到城濮（今山东鄄城西南），布好阵势。晋文公主动令晋军退避三舍，名义上是履行他对楚成王许下的诺言，实际上是为了实现“以退为进”、“后发制人”的目的。可是骄傲自负的子玉不知是计，反而以为晋军不敢与楚军对抗，一路追到城濮，于是两军于4月初在城濮展开决战。晋军抓住楚军骄傲轻敌、军心不齐的弱点，采用侧击、回击战术，击溃了楚军左右两军。子玉自知大势已去，率残兵败将杀出重围，逃至半路时，自感无颜回见楚成王，就拔剑自杀了。

此战后，晋文公又大会诸侯于践土（今河南郑州市北），宋、齐、鲁、陈、蔡等国与会，周襄王也被召来参加，并封晋文公为侯伯（霸主），晋文公的霸业就此确立。

## 四、秦穆公称霸

晋称霸中原时，秦国也强盛起来。秦国原是西方小国，周孝王时，秦祖非子因养马有功，受封于秦。西周灭亡时，秦襄公因护送平王东迁有功，又被封为诸侯。经襄公和其子文公的努力，攻犬戎，灭诸小国，占据了以岐沣为中心的广阔地区，为日后发展奠定了基础。

百里奚饲牛拜相

公元前659年，秦穆公即位。为树立威望，他向晋国求婚。晋献公见他有雄才大略，想利用他，便把女儿许给穆公（“秦晋之好”即源于此，又作“秦晋之缘”）。晋献公在灭虞时俘虏了虞国大夫百里奚，这回女儿出嫁，就把百里奚作为陪嫁奴仆送往秦国。不料百里奚中途逃跑，被楚国人抓住做了奴隶。秦穆公得知百里奚才学深厚，便打算用高价把他从楚国赎回，却被手下大臣劝阻。因为这会引起楚国的怀疑而拒绝交出百里奚。经过君臣商定，最后把百里奚当作逃跑的奴隶，用五张羊皮换了回来（这就是成语“五羖大夫”的来历）。此时的百里奚已经70岁了。

弦高假命犒秦军

秦穆公很赏识百里奚的富国强兵之道，封他为大夫。经百里奚推荐，穆公又把齐人蹇叔请到秦国，与百里奚共掌国政。在两人辅佐下，穆公励精图治，国势日盛，意欲东进中原，争霸天下。公元前645年，秦伐晋，大败晋军于韩原（今山西芮城），生俘晋惠公。但在秦穆公夫人的威逼下，穆公只好放了惠公。后来，在秦国做人质的晋太子逃回晋国，当上了晋怀公。秦穆公一气之下，派大军送重耳回国，杀死晋怀公，重耳即位。晋国在晋文公治理下强大起来，阻止了秦国东进的势头。

晋文公死后，秦穆公便想趁此机会向东扩展。他未听从蹇叔的劝告，于公元前627年派兵偷袭郑国。郑国有一个叫弦高的商人正赶着牛到洛邑去做买卖，忽见一支秦军气势汹汹地向自己国都开来，心急如焚，可赶回去报告为时已晚。他急中生智，冒充郑国的使臣去求见秦军统帅，同时派人向郑国国君报告秦军来袭的消息。弦高见到秦国统帅孟明视、西乞术和白乙丙后，献上12头牛和4张皮革，并说："我国国君听说贵国大军前来，特意派我送上一点薄礼来慰问贵军。"孟明视闻听吃了一惊，以为郑国已有准备，便回师西去，途中灭掉了滑国。

郑穆公接到弦高情报，迅速作好了迎击敌军的准备，同时派人去打探替郑国守卫都城北门的秦军的动静。来人回禀，秦军正忙着喂马磨刀，准备接应偷袭的秦军（成语"厉兵秣马"即源于此），于是就向秦军下了逐客令。秦军知道已泄露了秘密，只好尴尬地离去。

秦军东进袭郑灭滑的消息很快传入晋襄公君臣的耳朵。秦军过晋而不借道，激怒了晋国君臣，决定在秦军撤兵途中予以痛击。当时晋文公还没有下葬，晋襄公身穿丧服，亲率大军在地势险要的殽山（今陕西潼关东）周围设下埋伏。秦国统帅孟明视等人对此一无所知，当行至殽山山谷时，猛听战鼓齐鸣，杀声震天，秦军毫无准备，乱作一团。结果秦军全部被歼，孟明视等大将被活捉。

殽山之战发生于公元前627年，它是春秋时期的一次大歼灭战，它遏制了秦国东进争霸中原，确保了晋国的霸主地位。但是此战破坏了秦晋之好，促使秦国转而与楚国结盟，使晋国处于侧背受敌的不利态势。此后秦晋多次交锋，互有胜负，秦国东进的企图未能实现。于是秦穆公采纳谋臣由余之计，向西扩张，先后

灭掉戎人的12个国家，开辟疆土千余里，成为西部霸主。

## 五、楚庄王问鼎中原

楚原是江汉流域的一个蛮族国家，于公元前689年在郢（今湖北江陵纪南城）建都，后通过兼并附近小国，日渐强大。楚成王时，楚虽败于城濮，但并未退出争霸舞台。楚穆王即位后，先后发兵攻郑、陈，两国被迫与楚议和。公元前613年，楚庄王即位。由于朝中大政把持在大贵族若敖氏手中，庄王无奈，只好整天在宫中饮酒作乐，三年不理国政。他甚至下令：有敢劝谏者一律处死。一天，大臣伍举进宫劝谏，他说："我不是来劝谏的，我是来给大王讲个隐语，为大王解除烦恼的。"他接着说："楚国有只大鸟，居于高山之上，一连三年不飞也不鸣，不知道这是一只什么鸟？"楚庄王说："三年不动是在决定志向，三年不飞是在生长翅膀，三年不叫是在观察情况。这鸟非同寻常，它不飞则已，一飞冲天；不鸣则已，一鸣惊人。"（成语"一鸣惊人"即出于此）但是，过了一段时期，楚庄王还是纵情酒色，无动于衷。大夫苏从便冒死进宫劝谏。庄王说："你来劝谏，不怕死吗？"苏从说："若能用我的性命唤醒大王，死也心甘情愿！"楚庄王听了很受感动，从此上朝听政，处理政务。他罢免、处死了那些贪官污吏，重用伍举、苏从等人，朝野上下都拍手称快。

楚庄王平定国内叛乱后，于公元前606年率兵北上攻打陆浑之戎，一直打到周都洛邑附近，向周王炫耀兵威。周定王不得已派王孙满前去慰劳，庄王竟问起周王室九鼎的大小、轻重，暴露了楚想取代周室统治天下的野心。此后，楚庄王任孙叔敖为令尹，整顿内政，兴修水利，训练军队，楚国更加强盛。

公元前597年，楚庄王率军攻郑，郑坚守几个月后被迫投降。晋军闻讯后前去救郑，因行动迟缓，到黄河北岸时郑已投降。晋军主帅荀林父想班师，等楚军撤走后，再兴师向郑问罪。但是中军副帅先縠固执任性，不听主帅指挥，擅自带领一部分军队渡过黄河，进击楚军。荀林父只好下令全军渡河。于是，楚、晋两军在邲（今河南郑州市东）展开激战，晋军大败。公元前594年，楚庄王率军围攻宋国，宋向晋告急，晋国竟因畏楚而不敢出兵。宋在被楚军围困几个月后，被迫议和，归附了楚国。此后，中原各国除晋、齐、秦、鲁外，大都背晋向楚。楚庄王问鼎中原，成为中原新霸主。

## 六、弭兵之会

春秋时期由于常年争战，各国均感疲惫，百姓也饱受战乱之苦，厌战情绪不断增长。当时各国的权力主要掌握在卿大夫手中，所以卿大夫之间和卿大夫与王室之间的矛盾也不断增加，由于内部纷乱也无心打仗。到了春秋中叶，晋、楚、秦、齐四强并立，势力均衡，在此背景之下出现了“弭兵”运动，即停止各国间的战争。

历史上弭兵之会有两次，主要发起者皆为宋国。宋国地处晋、吴、齐、楚的交通要道，宋国一向和晋联盟，这样楚国每次攻晋，必打宋国，因此宋人最渴望和平。第一次弭兵之会发生在公元前579年，宋国大夫华元约晋、楚订立盟约，互不加兵。但没过几年，楚国就撕毁盟约，出兵攻打郑、卫。楚国的令尹子囊有些犹豫，感觉刚盟约不久便毁约，于理不通。司马子反反驳说，只要对本国有利就可以了，管他什么盟约。晋见楚违约，于是联合吴国一起对付楚国，战争又起，第一次弭兵之会以失败告终。

直到公元前546年，弭兵之会的条件才得以真正成熟。宋国的向戌风尘仆仆地到晋、楚、齐、秦游说，倡议弭兵，四大诸侯国皆表示同意。5至7月间，弭兵大会在宋国召开。除秦国因地势偏远未能出席外，晋、楚、齐、宋、鲁、郑、卫、曹、许、陈、蔡等14个国家的代表参加了大会。经过两个月艰难磋商，晋国作出了让步，最后大会确定，晋、楚两国同作霸主，除齐、秦外，其他国家都要向两个霸主纳贡。此次弭兵之会后，晋、楚两国40年内没有发生军事冲突。但会议决定却增加了小国的负担：以前小国只是向晋、楚一国纳贡，而现在却要交两份贡品。

会后，向戌因功邀赏，宋平公封他60个邑。他向司城子罕炫耀，却遭到子罕的严厉批评：“军事从来就有，它是威慑不法行为、伸张正义的工具。没有军事的威慑力量，就会有人肆无忌惮，就会出乱子，国家因而必定灭亡。”他指责向戌欺骗各诸侯，贪得无厌，并把封邑的册命竹简扔在地上，向戌无言以对，只好辞赏。

## 七、吴越争霸

中原争霸接近尾声时，位于长江下游的吴、越相继崛起，进而出现了吴越争霸的局面。相传周古公亶父的长子太伯、次子仲雍为把王位让给弟弟季历（文王之父），南下江南，与当地居民融

合建立吴国，都于吴（今江苏苏州）。公元前584年，即吴王寿梦即位的第二年，晋国大夫申公巫臣请求去吴国联吴攻楚，以分散楚国的兵力。申公巫臣原为楚国大臣，后带美女夏姬逃到晋国，招致本来想娶夏姬的司马子反的怨恨。楚庄王死后，共王即位，子反与另一大将子重乘机杀灭了巫臣家族。巫臣得知后，写信给子反和子重说，你们滥杀无辜，我一定要你们疲于奔命而死。巫臣到吴后，帮助吴国训练军队，唆使吴王派军队不断侵袭楚国边境，还逐个攻击楚国的属国。子重和子反被迫率领大军东奔西跑，弄得他们精疲力竭，十分狼狈（成语“疲于奔命”即源于此）。在晋大力帮助下，吴国强盛起来，并不断侵扰楚国，以图争霸中原。

吴王寿梦欲传位给第四子季札，立他为太子，但季札一直谦让不受。寿梦死后，王位由兄弟相传，传到季札时，他还是坚辞不受。最后，寿梦第三子的儿子吴王僚即位。寿梦长子的儿子公子光很不服气，便暗中招徕人才，伺机夺权。

公元前529年，楚国公子弃疾篡夺王位，是为荒淫残暴的楚平王。一次，奸臣费无极去秦国为太子建迎娶新娘孟嬴。他见孟嬴是绝色佳人，为讨好平王，就把孟嬴留给平王当妃子，而把她的丫头冒充孟嬴嫁给了太子建。费无极怕太子日后降罪，就在平王面前诋毁太子。平王要废掉太子建，而太子建的老师伍奢却力保太子，楚王大怒，囚禁了伍奢，并逼他将两个儿子伍尚和伍员（伍子胥）召来，一并剪除。伍尚遵命前往郢都，父子被平王杀害。伍子胥预感会出事，星夜逃往宋国，与逃出的太子建会合后，又逃往郑国。不久，太子建因谋反失败而被杀。伍子胥又逃往吴国，他昼伏夜行，东躲西藏，一有风吹草动，便认为是追兵的脚步声，就屏住气息，连大气也不敢出一声（成语“忍气吞声”即源于此）。最后逃到吴、楚两国交界的昭关（今安徽含山县西北）。这里挂着他的像，官兵盘查很严。他无计可施，一连几夜愁得睡不着觉（传说伍子胥过昭关，一夜愁白了头）。幸亏遇到一位好心人东皋公同情伍子胥，把他接到自己家里。东皋公有个朋友长得有点像伍子胥。东皋公让他冒充伍子胥过关，让守关的人逮住，乘关口混乱之际，真伍子胥混出了昭关，进入吴国。为引起吴人对他的注意，寻找机会见到吴王，伍子胥便将自己打扮成乞丐，散发赤膊，拿着一根箫，用膝盖行路。在闹市区，他就鼓起腹部吹箫唱曲，向人乞食（成语“吴市吹箫”即源于此）。伍子胥在街市吹箫要饭，被吴王僚的堂兄公子

逃难中的伍子胥

专诸进炙刺王僚

光发现，并请到府中，受到重用。

在伍子胥等人的筹划下，公子光假意宴请吴王僚，席间派勇士专诸献上太湖名菜炙鱼，专诸至吴王僚面前，忽然从鱼腹中抽出短剑（后称为“鱼肠剑”），刺死吴王僚。公元前514年，公子光即位，即吴王阖闾。阖闾重用伍子胥和从楚国逃来的伯嚭，命伍子胥修筑阖闾城（今江苏苏州）。伍子胥还把流亡在吴国的齐国人孙武推荐给阖闾，拜为将军。阖闾英明有为，雄心勃勃。在孙武、伍子胥等人协助下，他励精图治，发展生产，改革内政和军事，积极从事争霸事业。

公元前506年，楚军攻蔡，蔡国联合唐国一起联吴抗楚。吴王考虑到蔡、唐两国处于楚国北部侧背，战略地位相当重要，如果同这两国结盟，就可以秘密出兵，绕开楚国重兵布防的东面战线，千里迂回，实施突袭，直入楚国腹地。同年冬，阖闾在其弟夫概和谋臣武将伍子胥、伯嚭、孙武等人辅佐下，亲率3万大军，溯淮水西进，抵淮汭（今河南潢县北），舍船登陆，在蔡、唐军队的引导下，迅速通过楚国北部的大隧、直辕、冥厄三关险隘（今河南信阳），出其不意地出现在汉水东岸！楚昭王大惊，急派令尹囊瓦、左司马沈尹戍等率军赶往汉水西岸，与吴军隔水对峙。沈尹戍建议囊瓦凭汉水阻击吴军，他本人则调拨部队迂回到吴军侧后烧毁吴军船只，阻塞三关，切断吴军退路，然后前后夹击，定能大败吴军。囊瓦点头同意，可当沈尹戍一走，他贪功心切，不待沈尹戍完成迂回包抄，就渡过汉水向吴军冲杀过去。

孙武著书　现代·许宝中

吴军见楚军主动进攻，决定采取后退疲敌、寻机决战的策略，由汉水后撤。囊瓦果然中计，紧追不放，以致兵马疲惫不堪。11月19日，吴军在柏举（今湖北汉川县北）列阵与楚军决战。夫概亲率5000吴军突击楚军，楚军一触即溃，兵败如山倒。吴军乘势猛攻，重创楚军，囊瓦丢盔弃甲，夺路而逃。楚军向西溃退，吴军穷追不舍，连战连胜，后与沈尹戍部狭路相逢，经过反复厮杀，楚军大败，沈尹戍战死。吴军长驱直入，势如破竹，于11月29日一举攻陷郢都。楚昭王仓皇逃奔随国。

吴军入郢后，君臣按等级进住楚国宫殿，纵情欢乐。伍子胥则让士兵挖开楚平王的坟墓，将平王

伍子胥像

的尸体鞭打300下，替父兄报了仇。伍子胥的好友、楚国大夫申包胥指责伍子胥这样做太残忍。伍子胥说：“忠孝不能两全，我已日暮途穷，才故意干出这种违背常理的事。”（成语“倒行逆施”即源于此。语出《史记·伍子胥列传》，原文为“吾故倒行逆施之”）

伍子胥掘墓鞭尸

申包胥眼见祖国败亡，只身一人逃到秦国，向秦国求救，秦哀公无动于衷，不肯出兵。申包胥就靠在墙上失声痛哭，连哭七天七夜。一腔爱国热忱终于感动了秦哀公，便借给他500乘兵车。吴军在秦楚联军反击下受挫。阖闾又得知越国派兵骚扰吴国以及吴国内部发生内讧，只好迅速撤军回国。楚国虽保存下来，但国势已大不如前。

申包胥痛哭借秦兵

越国人是南方越族的一支，建都会稽（今浙江绍兴）。晋联吴攻楚，楚则联越制吴。越国在楚国扶植下，很快发展起来。越军趁吴军攻入楚国之际，从后方攻入吴国，吴王阖闾回国平定内乱后，决定攻打越国。公元前496年，越王允常死，其子勾践即位。吴王阖闾乘机攻越，越王勾践率军迎战，两军在檇李（今浙江嘉兴南）拉开阵势。勾践见吴军势大，就决定以智取胜。他派三队死囚来到阵前，各人把剑架在自己脖子上，一声令下，他们大声喊叫，集体自刎而死。吴军将士见状，不知所措，就在此时，越军突然发动冲锋，吴军猝不及防，一败涂地，阖闾在混战中受重伤，临死前告诫儿子夫差：“不要忘记报仇。”

夫差即位后，立志为父报仇，他让人立于宫中，每当自己出入，便大喊：“夫差！你忘了杀父之仇吗？”夫差每次都高声回答：“不敢忘记！”他时时以此来激励自己，日夜操练兵马。经过精心准备，夫差于公元前494年率军伐越。越国大夫文种和范蠡劝勾践暂避锋芒，以后再与吴军作战。但勾践不听劝谏，率军出战，两军在夫椒（今江苏吴县太湖椒山）交战，结果越军大败。勾践带残兵败将5000人逃到会稽山上，被吴军围困起来。

勾践身陷绝境，就采纳了文种、范蠡的建议，派文种到吴王

文种贿赂伯嚭

面前求和。伍子胥极力反对议和，劝夫差趁机吞越，以绝后患，夫差犹豫不决。勾践又派文种用美女和财宝贿赂吴国太宰伯嚭，伯嚭贪财，就替勾践说情。吴王不听伍子胥的劝谏，准许越国求和，并下令撤军。伍子胥说："越十年生聚，而十年教训，二十年之外吴其为沼乎！"

勾践按照议和条件，在范蠡等人陪同下，携妻子来到吴国为吴王服役。夫差让他们住在阖闾墓旁的一间石屋里。勾践为吴王养马，妻子打扫宫室。夫差外出，他就执鞭牵马。传说有一次夫差生病，勾践为表示对吴王的忠顺，竟尝粪预疾。伍子胥听说后，对夫差说："勾践居心叵测，看是尝大王的屎，实则食大王的心。"勾践服侍夫差3年，终于赢得了信任，被释放回国。

回国后，勾践发愤图强，志在报仇雪恨。他让文种主持国政，让范蠡掌管兵马，大力发展生产，奖励生育，训练军队，加强战备。勾践亲自下地干活，他的妻子也亲手织布，与百姓同甘共苦。与此同时，勾践还忍辱事吴，年年进贡大批宝物和美女，特别是将在苎罗山（今浙江诸暨南）找到的两个美女西施和郑旦，经六年的严格训练后送给吴王，引诱他沉湎于酒色之中。夫差宠爱娇媚动人的西施，郑旦感到寂寞和冷落，一年后忧郁而死。夫差专门为西施建造了"馆娃宫"、"响屧廊"、"春霄宫"，昼夜与西施饮酒玩乐，放松了对越国的戒备。为牢记亡国之辱和磨炼自己的意志，勾践过着极其艰苦的生活。居陋室，着粗衣，食淡饭，晚上睡在柴草上，枕戈而卧。他还在卧室里挂上一个苦胆，每天出入坐卧都要看着它，吃饭之前先尝它。每当忍受不住时，就问自己："勾践，你忘记会稽战败的耻辱了吗？"勾践经过"十年生聚，十年教训"，终于使越国由弱变强。

美女西施

夫差狂妄自大，认为打败越国之后，就没有后顾之忧了，因而意图称霸

中原。公元前484年，他准备乘齐国国君刚死、国内不稳之机出师伐齐。勾践闻知，心中暗喜。因为吴伐齐，不论胜败，都会耗费吴国的人力和财力。为促使吴王放心攻齐，勾践带领文武大臣前来朝见，并进贡了大批财物。伍子胥见状力劝吴王停止伐齐，他说，这不是把吴人当成牲畜养起来，以便日后把吴国宰割了么？吴、齐两国相隔遥远，即使打败了齐国，也不能进行有效统治。越国才是吴国的心腹之患啊！（成语“心腹之患”即出于此）若不除掉越国，终要被其所灭！忠言逆耳，夫差哪里肯听？他亲率大军北上，大败齐军，更加忘乎所以。尽管如此，伍子胥还是劝夫差提防越国。夫差对伍子胥越来越不能容忍，再加上伯嚭背后的谗言诬陷，夫差赐给伍子胥一把属镂剑，令其自杀。伍子胥临死时气愤地说：“把我的眼睛挖出来放在城东门上，让我看看勾践是怎样打进来的！”

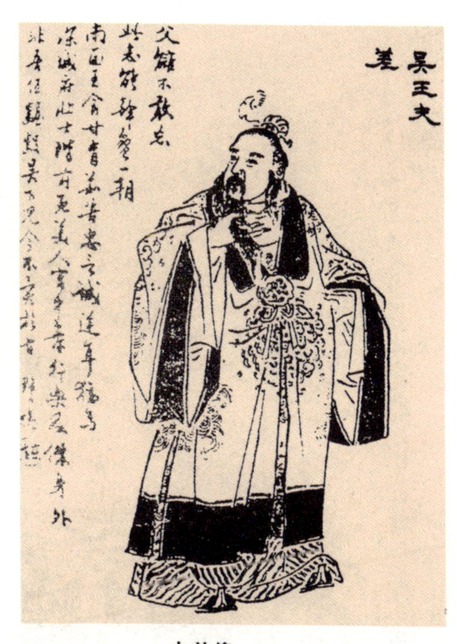


夫差像

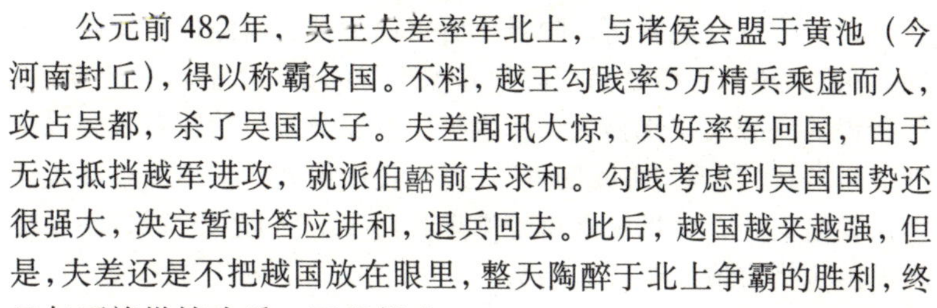

公元前482年，吴王夫差率军北上，与诸侯会盟于黄池（今河南封丘），得以称霸各国。不料，越王勾践率5万精兵乘虚而入，攻占吴都，杀了吴国太子。夫差闻讯大惊，只好率军回国，由于无法抵挡越军进攻，就派伯嚭前去求和。勾践考虑到吴国国势还很强大，决定暂时答应讲和，退兵回去。此后，越国越来越强，但是，夫差还是不把越国放在眼里，整天陶醉于北上争霸的胜利，终日与西施纵情欢乐，不理朝政。

范蠡像

公元前478年，吴国大旱，颗粒无收。文种和范蠡认为伐吴时机成熟，勾践就率兵大举进攻吴国，越吴两军在笠泽水（今太湖东南）南、北两岸列队对峙。越军采用了“示形诱敌，中路突破”的战术，在主力两翼派出部分兵力，在上、下5里处隐蔽待命。夜半时分，勾践令上、下两军擂鼓佯攻。夫差误以为越军分两路渡江进攻，会对自己构成夹攻之势，遂分兵两路，抵御越军上下相隔10里的两路进攻，结果中了越军的诱敌分兵之计。勾践急令中军偃旗息鼓，偷渡过江，出其不意地对吴军大本营发起进攻，吴军顿时大乱。吴左右两军急忙向大本营收拢，无奈被越国上下两军顽强阻击，结果被各个击破。越军大获全胜。从此，吴国一蹶不振，再也无力与越国抗衡。笠泽之战是中国历史上较早的一次河川机动进攻作战。

公元前475年，越再伐吴，吴军不敌。越军围困

勾践灭吴

吴都三年，夫差走投无路，只好派人向勾践求和。勾践说："20年前上苍把越国赐给吴国，吴国不取；如今又把吴国赐给越国，我岂敢违背天意？"勾践拒绝了求和，但答应不杀夫差，将其安置在甬东（今浙江舟山）以度余年。夫差不愿屈辱偷生，他痛悔当初没有听从伍子胥的忠告才落到这个地步，仰天长叹："我无颜在九泉之下见伍子胥了！"说完，就用衣服遮住自己的脸自杀了。勾践北上会诸侯于徐州，成为春秋时期的最后一位霸主。

## 八、田氏代齐和三家分晋

田氏本是陈国贵族，春秋初年，公子完因陈国内乱逃到齐国，被齐桓公任为工正，掌管手工业工匠。齐景公时，公室日益腐朽，阶级矛盾空前尖锐，而陈氏有意减轻剥削，争取民众。齐相晏婴在讲到齐国形势时说，公室剥削甚重，百姓所得的三分之二都落入公室囊中，刑罚又重，动辄对人施以刖刑（断足），以致"履贱踊贵"；而田氏则用大斗借出、小斗收还之法笼络人心，大批民众纷纷逃奔其门下，"归之如流水"。晏婴指出田氏将有取代姜氏之趋势。

公元前532年，公子完的四世孙田桓子在羽翼丰满后，击败了执政的两家贵族栾氏和高氏。公元前489年，齐景公死，田桓子之子田乞乘机发动政变，在平民拥护下，打败了齐国最大的四家贵族国氏、高氏、弦氏和晏氏，拥立齐悼公，田乞自封为相，掌握了国政大权。公元前481年，田乞之子田成子再次发动武装政变，杀齐简公，另立齐平公。公元前475年，以田氏为代表的新兴地主阶级完全掌握了齐国政权。到田成子的曾孙田和时，于公元前391年将齐康公放逐到海上，不久将其废掉，周安王封田和为诸侯。这便是"田氏代齐"，新兴封建政权在齐国立足。

赵简子筑晋阳

在晋国，到晋定公时，大部分贵族已被新兴地主阶级消灭。新兴势力的代表赵、魏、韩、智、范、中行氏六家各据一方。公元前497年，赵、韩、魏、智四家驱逐了另外两家。几年后，范、中行两家联合郑、齐伐赵。赵简子在前线誓师曰："克敌者，上大夫受县，下大夫受郡，士田十万，庶人工商遂，人臣隶圉免。"此言一出，上下振奋，赵简子最终大获全胜。

公元前458年，智、赵、韩、魏四家联合赶跑了晋出公，智伯立晋哀公，把持朝政，又吞并了范、中行氏的故地，为四家中最强。随后，智伯逼赵、韩、魏割让土地，遭赵襄子（赵简子之子）拒绝。公元前455年，智伯胁迫韩、魏一起攻赵，攻打晋阳（今山西太原西南）三年。久攻不下，智伯下令引晋水（汾水）淹城，晋阳顿成一片泽国。赵氏一向厚爱晋阳百姓，民心归附，所以守城军民临危不惧，誓死抵抗。他们支棚而居，悬锅而炊，协力防守。

赵襄子见形势危急，便派张孟谈秘密潜出城外，以唇亡齿寒的道理说服韩、魏两家暗中倒戈。三家密谋联合攻智。在韩、魏的策应下，赵襄子派精兵偷袭守卫拦水大堤的官兵，后放水倒灌智伯大营，三家乘势猛攻，大败智军，并杀死智伯。三家瓜分了智氏的领地，后又瓜分了晋君的残山剩水，晋幽公反而要去三家朝拜。公元前403年，周威烈王被迫正式封赵、韩、魏三家为诸侯，建立了三个封建国家。这一事件史称“三家分晋”。

智伯决水灌城

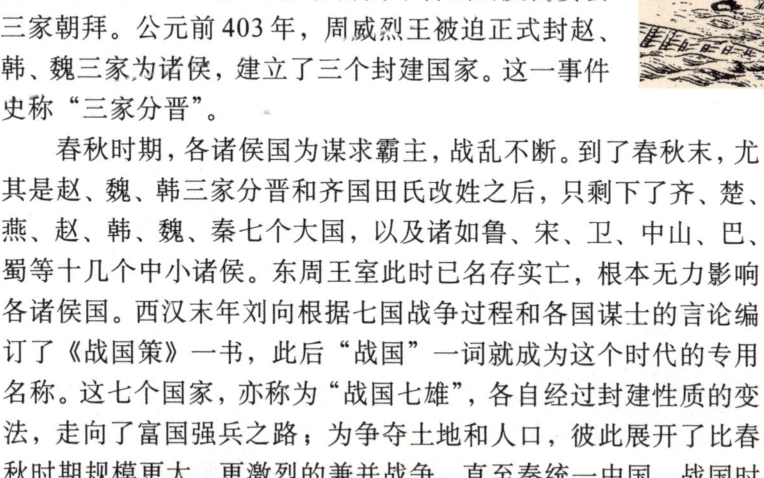
春秋时期，各诸侯国为谋求霸主，战乱不断。到了春秋末，尤其是赵、魏、韩三家分晋和齐国田氏改姓之后，只剩下了齐、楚、燕、赵、韩、魏、秦七个大国，以及诸如鲁、宋、卫、中山、巴、蜀等十几个中小诸侯。东周王室此时已名存实亡，根本无力影响各诸侯国。西汉末年刘向根据七国战争过程和各国谋士的言论编订了《战国策》一书，此后“战国”一词就成为这个时代的专用名称。这七个国家，亦称为“战国七雄”，各自经过封建性质的变法，走向了富国强兵之路；为争夺土地和人口，彼此展开了比春秋时期规模更大、更激烈的兼并战争，直至秦统一中国。战国时代是中国封建社会的开端。

## 九、变法运动

以卿大夫为代表的新兴地主阶级虽然逐步夺取了国家政权，但是奴隶制度残余依然阻碍了社会的发展，为了保护和发展封建制度，各个国家先后进行了一系列的社会改革，形成一种潮流，史称“变法运动”。主要的有魏国的李悝变法，还有楚国吴起变法，韩国的申不害变法，齐国的邹忌变法，其中最彻底的是秦国的商鞅变法。

赵、韩、魏三家分晋后，魏国的国君魏文侯胸有大志，广揽贤士，他大胆起用李悝为相推行变法。李悝，又叫李克，传说是孔子弟子子夏的学生。他在政治制度、经济生产、法律和军事等几方面进行了全方位的革新。以往的官僚制度采用世袭制度，这样就将有为之士阻挡在仕途之外，对此，李悝提出了“食有劳而禄有功”的原则，即有功的人才能享受食禄，这样就打击了旧有的奴隶主贵族。为了鼓励人们从事农业生产，发展封建的小农经济，魏国废除了井田制，而是鼓励人们自由开辟土地，以“尽地力之教”。这样一方面农民有自己的土地可种，不至于四处流亡，造成社会的动荡；另一方面，国家还可以对之收税，增加了财政收入。古代的农业生产较多依赖于自然气候，往往有荒年、平年、丰年之分。针对这种情况，李悝实施了“平籴法”，即政府丰年时以平价购进粮食，荒年以平价出售，这样就有效地稳定了粮价，保护了小农和工商业者的利益。李悝还是战国时期法家的创始人。他广泛收集了春秋以来各国的法律典籍，经过分析整理，又依魏国的实际条件，编写了中国第一部系统的地主阶级成文法——《法经》，奠定了中国封建社会的法制基础。可惜的是，《法经》的原文已经佚失，根据相关历史文献可知，它主要分为六个部分，即《盗法》、《贼法》、《囚法》、《捕法》、《杂法》、《具法》，其内容主要是维护新兴地主阶级的利益，同时对于稳定治安也起到了良好作用。经过这次变法，魏国在较短的时间内国力快速增加，成为战国前期最强大的国家。

**魏文侯与西门豹**

魏国人西门豹被魏文侯任为邺（今河北临漳西南）令。西门豹到任后，见满目荒凉，民生凋敝，经过明察暗访，他了解到，原来当地漳水时常泛滥，地方官吏借机与巫婆勾结，说什么要为河伯“娶亲”，以此敛财害命。百姓们怕儿女遭殃，又无法忍受沉重的赋敛，纷纷背井离乡，逃亡外地。河伯“娶亲”之日，西门豹亲临河边，见三老、县吏和当地豪绅早已会齐等候在岸边，一个老巫婆被小女巫们簇拥着来到河边。西门豹瞅了新娘一眼说：“这位新娘不漂亮，还是请大巫去报告河伯吧，等挑到漂亮的，改日送去。”说完便令士卒将老巫婆抛入漳河。等了一会儿他又说：“老巫婆怎么还不回来？有劳小巫前去催催。”士卒们一连投下去三个小巫。工夫不大，西门豹又一本正经地说：“巫婆师徒都是女流，不会办事，还是劳驾三老走一趟吧！”于是把乡官也扔下了

水。县吏和豪绅们个个吓得面无人色，跪倒一片，磕头求饶。从此，邺县再无人敢提为河伯“娶亲”之事。

漳河年年泛滥，百姓深受洪水之苦，西门豹便发动当地百姓兴修水利，开凿了十二渠。但是，开始时大家都不理解，认为这是劳民伤财，都不愿意干。西门豹于是晓之以理，动之以情，讲清水利工程的重要意义，百姓们逐渐提高了认识。水渠建成后，有效地预防了洪水的泛滥，庄稼得到灌溉。流亡在外的人们纷纷返回故里，西门豹也赢得了民众广泛的爱戴。西门豹为官清廉，治邺期间，他还推行“蓄积于民”的政策，虽“廪无积粟”、“库无甲兵”，而一旦登城击鼓，人民即操兵弩、负辇粟而出，正所谓“为民之政民亦为之”。

西门豹施巧计，河伯娶亲被制止

吴起是战国初年著名的军事家和政治家。他的一生比较坎坷。早年为谋取功名，吴起散尽家财，但一事无成，一气之下，他杀了诽谤他的人，逃到鲁国。他在曾申门下学习儒术，但因丧母未去奔丧，有违孝道，因而被逐出师门。吴起由此弃儒从兵，成为一位杰出的军事家。他还写了一本《吴起兵书》，其军事价值可与《孙子兵法》相媲美。公元前410年，齐人攻鲁，鲁国有意启用吴起为将，但念及其妻为齐国人，只好作罢。吴起一心想博取功名，竟杀妻求将，以示与齐绝交。他因此做了鲁将，一战击退齐人。战后因不受重用，转而投奔魏国。经李悝推荐，被魏文侯任为将，率兵击秦，一举连拔五城，威震诸侯。但吴起的赫赫战功却招致了小人的嫉妒，不得已吴起又去了楚国。当时，楚悼王即位不久，楚国时常受到新兴三晋的军事威胁，在客观上十分需要贤士来扭转被动局面。楚悼王久闻吴起大名，先是任命他为边防要地苑（今河南南阳）守，不久因政绩卓著升为令尹（相当于相），主持变法。

吴起像

楚国地大物博，人口众多，但是为什么较三晋处于不利地位呢？吴起认为其病症在于楚国“大臣太重，封君太众”，用现代的话说，就是机构臃肿，国家豢养着大量无用的旧贵族官僚。所以吴起首先整顿吏制，精兵简政，把那些无能、无用、不急需的官员全部裁掉；把分封已传三代以上的旧贵族的爵禄收回，令其迁到边远的地广人稀之地垦荒。吴起将节省下来的费用用于鼓励耕战，加强国防建设。这些措施的实施使得楚国蒸蒸日上，“南收百越，北并陈蔡”，公元前381年，楚军大败强敌魏军。

但是，吴起的变法严重损害了旧贵族的利益，他们对吴起恨之入骨，如大贵族屈宜臼当众辱骂吴起是“祸人”。悼王死后，旧

吴起变法失败遭追杀

贵族乘机作乱，叛军将正在为悼王办理后事的吴起包围起来，乱箭齐射。吴起不得已跑进灵堂，伏在悼王的尸体上。因为根据楚国法律，“丽(加）兵于王尸者，尽加重罪，逮三族”，他想以此免于一死。但是，吴起依然被射杀，并遭车裂肢解。楚肃王即位后，虽然处死了作乱的70余家贵族，但吴起的新政也被废除。吴起变法失败了。

虽然齐国新兴地主阶级代表田和取得了政权，但是旧势力残余依然存在，严重妨碍了齐国的发展。到了公元前356年，田和之孙田齐，也就是齐威王即位时，国力衰弱，经常遭到其他国家的袭击，韩、赵、魏、鲁，甚至连小国卫国也都欺负齐国，齐国沦落到“诸侯并伐，国人不治”的境地。齐威王对此一筹莫展，最后干脆把政事交给卿大夫，自己借酒浇愁，沉湎于歌舞，不理国事。国家的危机和齐王的放任，引起了贤臣们的焦虑，大家非常希望齐威王能够重新振作，以恢复齐国往日的雄风。其中，大臣邹忌知道齐威王爱听琴，于是带着琴，要为威王弹奏一曲。威王很高兴，静等着邹忌的弹奏。可是邹忌调好琴弦后，手放琴上久久不动。齐威王感到很奇怪，问他为什么不弹琴。邹忌回答说：“我不光会弹琴，我还有一套弹琴之道呢。”接着便大谈琴理，从伏羲作琴一直说到文武二王，滔滔不绝。威王听得不耐烦了，催促道：“还是请弹一曲吧！”邹忌见时机已到，劝谏说：“大王见我抱着琴，空论玄理而不弹奏，便不高兴。可是，你知道吗，齐人见大王空有齐国这张大琴，九年来没有弹过一回，也颇有怨言呢！”齐威王顿时明白了邹忌的用意。从此之后，齐威王一改往日靡态，开始励精图治，发愤图强。他任命邹忌为相，进行改革。他整顿吏治，修明法令，亲贤臣远小人，体察民情，任孙膑为军师，整军经武。不久，“齐最强于诸侯”。

邹忌鼓琴取相

战国初期，秦国远比其他六国落后，内部矛盾重重。秦简公实行“初租禾”，封建生产关系得以立足。献公时，废除殉人制度，推行户籍制度，社会经济有所发展。但秦国旧贵族势力遮天，严重妨碍了封建制度的发展，致使国势衰微，为东方新兴大国所轻视，连诸侯盟会也难得参加。公元前361年，秦孝公即位，一心想有所作为，扫除“诸侯卑秦”的落后局面，于是下令招贤变法。商鞅闻讯，欣然入秦。

立木为信

商鞅（约前390—前338），原名公孙鞅，卫国人，又称卫鞅。他因在秦变法有功而封于商，史称商鞅。他年轻时深受李悝、吴起法家思想影响。后到魏国求官，得到魏相公叔痤赏识。公叔痤病重，向魏惠王推荐商鞅，并说如不任用，就应该除掉此人，但惠王不以为然。公叔痤死后，商鞅携带《法经》赴秦。景监向秦孝公推荐了商鞅。为了探明孝公变法的决心，一开始商鞅大谈仁政之道，结果孝公丝毫不感兴趣，甚至还责备景监荐人不当。此时，商鞅才讲起霸道之术，他说，做大事不可犹豫，否则必难成功，卓越的见解，难免要遭俗人反对。孝公听罢，决定变法。

秦孝公召集群臣，讨论变法，果然引起了旧贵族甘龙、杜挚等人的反对。他们主张“利不百，不变法”，“法古无过，循礼无邪”，即维护古法。商鞅当即反驳道，治理国家不必拘泥于古法，只要于国有利即可。历史上，商汤、周武王因破古制而得天下，而夏桀、商纣尽管维护旧礼，最终依然灭亡。所以，势在变法。商鞅驳倒了守旧派，孝公令他变法。商鞅深知，为顺利推行新法，必须取信于民。为此，他命人在国都南门外竖起一根3丈长的木头，并宣布：谁能把木头扛到北门，就赏给10金。围观的百姓半信半疑，议论纷纷，但没人动手。次日，商鞅又把赏金增加到50金，终于有个不怕事的人把木头扛至北门，商鞅立即当众赏给他50金。“徙木赏金”的消息不胫而走，国人听后瞠目结舌，人们都知道商鞅说话真正算数。

车裂商鞅

商鞅变法共两次，初次在公元前359年，二次在公元前350年，其基本思想是确定封建土地制度和君主集权体制。商鞅废除了奴隶制的井田制，承认土地私有，允许土地买卖，这就承认了地主占有土地的合法化和允许小农拥有少量田地，国家统一征收土地税。推行县制，将全国划分为31个县，每县执政的令、丞皆由国君任免，国君可以直接控制各方官吏，加强了中央集权。此外还有奖励军功、重农抑商、实行编户制和连坐法、统一度量衡、迁都咸阳（今陕西咸阳）等。

新法严重损害了旧贵族的利益，他们阴险地唆使太子犯法，以打击变法。商鞅果断地将怂恿太子的两个师傅处以劓刑（割鼻子）和黥刑（在脸上刺字）。此后，无人敢以身试法。但秦孝公死后，旧贵族势力诬告商鞅谋反，商鞅被迫出逃。在投宿客店时，遭到了店主的拒绝，因为根据商鞅法令——没有官府凭证者不得收留。最终商鞅被车裂而死。商鞅变法历时二十多年，沉重打击了旧贵族势力，促进了生产的发展，为后来秦始皇统一中国奠定了基础。

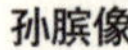
孙膑像

辞鬼谷子孙膑下山

## 十、齐魏大战

自李悝变法后，魏成为战国初期最强盛的国家。公元前361年，魏迁都于大梁（今河南开封西北），从此魏也称梁。当时，各诸侯小国皆朝见于魏。魏侯也以君王自居，住高大华丽的王宫，乘君王才能坐的车子，悬七星旗，自称魏王。在魏文侯、武侯时代，齐臣服于魏；但齐威王在邹忌辅佐之下，国力迅速提升，拥有田忌、孙膑、田婴等贤臣。齐国与魏国二虎相争的局面逐渐形成。

魏赵二国向来关系比较紧张。公元前354年，赵攻下魏的附属国卫国，魏惠王岂能坐视不理，立即派庞涓率8万大军进逼赵的首都邯郸。情势紧迫，赵向齐求救，齐威王以田忌为将，孙膑为军师，发兵救赵。孙膑是孙武的后代，年轻时曾与魏人庞涓同拜鬼谷子为师，学习兵法。庞涓较早谢师下山，在魏惠王手下做了大将军。此人生性嫉狭，不能容人。他自知才能难比孙膑，就假意向魏惠王推荐，把孙膑请到魏国。然后在魏王面前诬陷孙膑私通齐国，囚禁并折磨他，在其脸上刺字，还剜掉了膝盖骨（古代称之为膑刑，因此人们称他为孙膑，此为一说）。后来孙膑在齐国的帮助下离开魏赴齐，得齐将田忌赏识，并深受齐威王重用，拜为军师，辅佐田忌为齐国屡立战功。

田忌本打算直取邯郸，孙膑却认为，魏军远征赵国，精锐之师在外，留守国内的皆老弱残兵。不如引兵进攻大梁，魏军必回师自救。这样，

既可解赵国之危，又可乘魏军疲于奔命之机打败它。于是齐军突然袭击了魏国的襄阳，襄阳一旦攻下，马上危及魏都大梁。魏王紧急召令庞涓回防。就在魏军从邯郸回撤的途中，齐国在桂陵（今河南长垣西北）设下伏兵，大败疲惫不堪的魏军。孙膑的“围魏救赵”战术为后人经常运用。

马陵之战

桂陵一战，魏国大受打击，但实力尚存。公元前342年，魏国攻打韩国，韩向齐求救。齐又派田忌、孙膑攻打魏。魏惠王便令太子申、庞涓率兵10万迎战。孙膑深知魏军骄傲轻敌，采用了“减灶退兵”之计，诱敌深入。两军一交锋，齐军不敌败走，魏军紧跟不舍。庞涓发现齐军的锅灶每天递减：第一天有10万人的锅灶，第二天减为5万人的锅灶，第三天又减为3万人的锅灶。庞涓见后，推断齐军已溃不成军，其军队逃亡过半，不足3万人。于是他丢下大队人马，率一部骑兵，日夜兼程直追齐军。当魏军追至马陵（今山东郯城马陵山），此时天色已黑，两旁林木参天，这时士兵来报，发现前面有一棵白色树干的大树。庞涓好奇，便令士兵取来火把，只见刮去树皮的树身上写着“庞涓死于此树之下”，庞涓自知大事不妙，但为时晚矣，但见齐军万箭齐放，魏军死伤不计其数。齐军乘胜追击，活捉了太子申。马陵战败后，魏国元气大伤，自此一蹶不振，而齐国一跃成为当时的强国。魏惠王采纳惠施的建议，与齐国妥协。公元前334年，魏惠王和齐威王在徐州相会，互相承认对方为王。

苏秦之妻不下机 明·谢时臣

## 十一、合纵连横

齐国自齐威王、邹忌改革之后，国力迅速增强；经马陵一战，齐国击败了魏国，从此齐国取代魏国称霸于东方。而西方的秦国自商鞅变法以来，国富兵强，秦国也屡败魏国，抢占了魏国的河西之地和上郡15县。齐、秦两强东西对峙的格局逐渐形成。一方面齐、秦不断扩展领土，二虎相争；另一方面韩、魏、赵、燕、楚等国则寻找盟友，力求自保。在这种错综复杂的斗争形势中，各国纷纷签订盟约，展开了一系列纵横捭阖的政治外交活动，史称“合纵连横”。所谓“合纵”，是指“合众弱以攻一强”，即几个南北弱国联合起来，共同对付某一强国。所谓“连横”，就是“事一

**六国封相** 清杨柳青年画

强以攻众弱”，即东西的强国拉拢一些弱国去进攻另一些弱国。起初，齐、秦并争时，纵横主要围绕二者进行；而到了后期，齐国被燕国打败，从此一蹶不振，秦国就成了纵横的主要对象。

虽说是结盟，但此时的结盟多是暂时的，各国为了各自的利益，往往在结约和毁约中反复，所以合纵连横的基础十分脆弱。在这种时代背景之下，出现了一批为合纵连横而奔走游说的说客，他们大多头脑机敏，口才犀利，历史上称其为“纵横家”。其中最著名的有苏秦、张仪、公孙衍等人。

苏秦，东周洛阳人，家境贫寒。早年去秦国游说，但未得到秦王赏识，所带钱财花光了，灰头土脸地回到了家，结果遭到家人的冷遇。从此，他发奋读书，立志出人头地。他每天夜以继日地研读姜太公的兵书《阴符》。困得实在支撑不住时，就用锥子刺自己的大腿，然后继续学习。后人常把苏秦引锥刺股的故事与汉代人孙敬为读书而把自己的头发用绳子系在房梁上以避免瞌睡的故事相提并论，称为“头悬梁，锥刺骨”，简称“悬头刺骨”或“悬梁刺股”。经过一年多的发奋苦读，苏秦终于学有所成，便再次离家远行游说。苏秦来到赵国，为其制定抗秦战略，封为武安君，受相印。他又到韩、魏、齐、楚诸国陈述合纵利害。后来关东各国合纵局面形成，以赵为合纵长，苏秦佩带六国相印。

**张仪秦宫游说**

张仪是魏国人，相传是鬼谷子的弟子。他家境贫穷，曾在楚国令尹门下做门客。有一次，他被怀疑偷盗，遭到毒打。回到家后，妻子见他遍体鳞伤，劝道：“你要是不读书，哪里会受到如此羞辱？”张仪张开嘴忙问：“我的舌头还在吗?”妻子点点头。他说：“只要舌头还在，靠这三寸不烂之舌，就不愁没有出路。”

公元前329年，张仪来到秦国，游说秦惠文王。因与公孙衍不和，秦国就免了公孙衍的职务，任张仪为相。秦惠文王感到了合纵对秦国的威胁，于是他听从张仪的建议，争取魏国，拆散合纵。公元前322年，张仪去魏国游说，为秦国谋利。他让魏国与秦国、韩国联合，然

张仪诳楚

后一起对付齐国和楚国。魏惠王不知是计，便把主张联合齐、楚抗秦的惠施赶走，任张仪为相。与此同时，秦国还对魏进行了军事上的威胁，魏于是与秦连横。秦、魏联合，自然引起了齐、楚的坚决反对。公元前319年，关东的齐、楚、赵、韩、燕支持公孙衍进行合纵活动，让魏国反秦，赶走张仪，任公孙衍为相。于是他联合魏、楚、燕、韩、赵五国，推举楚怀王为合纵长，一起攻打秦国，由于内部纷争，楚、燕没有出兵，三国联军于函谷关被秦军战败，此次合纵以失败告终。此后，秦连年东侵，魏、韩转而屈服于秦。公元前316年，秦国乘蜀、巴两国交战之机，举兵占领巴蜀地区。迫于秦国与魏、韩连横的压力，齐、楚又合纵结盟，双方互相援助以对抗秦国。秦为分化齐楚联盟，又派张仪使楚。张仪游说楚怀王，许诺楚如果与齐断交，秦就会把商於方圆600里之地献给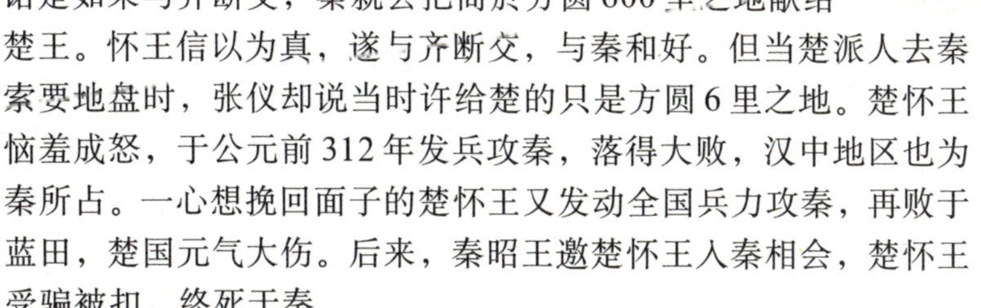楚王。怀王信以为真，遂与齐断交，与秦和好。但当楚派人去秦索要地盘时，张仪却说当时许给楚的只是方圆6里之地。楚怀王恼羞成怒，于公元前312年发兵攻秦，落得大败，汉中地区也为秦所占。一心想挽回面子的楚怀王又发动全国兵力攻秦，再败于蓝田，楚国元气大伤。后来，秦昭王邀楚怀王入秦相会，楚怀王受骗被扣，终死于秦。

公元前298年，齐、魏、韩三国联合击秦，攻占了韩、魏被秦侵夺的一些土地。齐国又成为关东各国的盟主。后来秦国设法拉拢齐国，破坏三国合纵，同时又积极对邻国用兵，侵占了大片土地。公元前293年，秦将白起于伊阙（今河南洛阳龙门）大破韩、魏联军，斩首24万，吞并5座城池。齐、秦在中原角逐时，赵国乘机发展壮大。赵武灵王推行“胡服骑射”，组建强大的骑兵，国势强盛起来。于是，秦便积极谋求联齐伐赵。公元前288年，秦昭王自称西帝，尊齐湣王为东帝。不久齐为孤立秦国而放弃帝号，并在苏秦的策动下，再次“合纵”，联合韩、魏、赵、燕共同伐秦。秦被迫放弃帝号。“朝秦暮楚”即出于这段历史。

战国时期，各国统治者为维护自身统治，到处网罗人才，培植亲信，“养士”之风极盛。齐国的孟尝君、赵国的平原君、魏国的信陵君、楚国的春申君，收养的门客数以千计，时称“战国四公子”。孟尝君名叫田文，是齐国相。据说，他门下共养了3000多食客。其中有个齐人叫冯驩，家贫无以为生，便来到临淄投靠孟尝君，因他回答说没有什么本领，被安置在三等客舍里，只能吃粗菜淡饭。他先后三次弹剑唱歌，抱怨吃饭没有鱼，出门没有

弹剑长歌图　清·吴友如

车，没钱养家中老母，孟尝君知道后，每一次都满足了他的要求。后来，孟尝君找人去他的封地薛邑收债，冯驩便自告奋勇前去。临行前问孟尝君，债收齐后买些什么东西带回来。孟尝君说，你看家里缺少什么就买什么吧！冯驩到薛地后，把欠债的百姓召集起来，当众假传孟尝君的决定，把债券全烧了。百姓对孟尝君感激万分。冯驩回到临淄，孟尝君问他买了些什么。冯驩说，我见相国家里应有尽有，唯一缺的就是“义”，所以我以相国的名义将债券全烧了，替你买了“义”。孟尝君十分不悦，但又无可奈何。

一年后，齐湣王不满孟尝君专权，罢了他的官。孟尝君失势后，3000多门客树倒猢狲散，只有冯驩等少数人还跟随他。孟尝君只好回薛邑，离薛邑尚有100里，就见老百姓扶老携幼在路边恭迎。孟尝君笑着对冯驩说：“先生替我买的‘义’，我今天算是见到了。”冯驩说：“狡兔尚有三个洞穴，如今您只有一个洞穴，还不能高枕而卧，我愿意再替您凿两个洞穴。”冯驩又去魏国游说，魏惠王忙把相国的位置空出来，派使者携千两黄金、百辆马车去聘请孟尝君为相国。齐湣王知道后，担心孟尝君为魏国重用而不利于齐，只好将他官复原职。这样，冯驩就为孟尝君凿成了第二个洞穴。冯驩还让孟尝君要求齐王把先王传下来的祭器送一部分给他，在薛邑建立一座宗庙加以供奉。这样，薛地就会受到齐王的保护。宗庙建成后，冯驩告诉孟尝君：“现在三个洞都挖好了，你可以高枕无忧了。”成语“狡兔三窟”和“高枕无忧”均来源于此。

公元前318年，燕王哙听信别人的撺掇，居然学起尧舜的禅让，把王位让给相国子之。“禅让”后第四年，燕将市被和原太子平起兵进攻子之，燕国大乱。齐国趁机攻入燕国。后来，燕国军民奋起抵抗，才把齐军驱逐出境。公元前312年，新即王位的昭王决心变革图强，向齐国复仇。于是，他四处物色治国人才，但是没有找到合适的人选。有人对他说，老臣郭隗很有见识，可向他求教。燕昭王登门拜访郭隗，说：“寡人深知燕国弱小，难敌强齐。望先生推荐贤能之士，助我报仇雪耻。”郭隗沉思片刻，给燕昭王讲了一个故事：古时候，有个国君喜爱千里马，就派人到处寻找，可是一连几年也没有找到。有个侍臣听说某地有匹千里马，就要求国君给他千两金子去买。侍臣到那个地方时，千里马已病

乐毅像

死。侍臣就用一半金子把马骨买了回来。国君一看非常生气，侍臣则说，别人听说你肯花钱买死马，还怕没人把活马送来。消息传开，人们都知道国君真心爱惜千里马，就纷纷把千里马送上门来。郭隗讲完这个故事，对燕昭王说："大王如真想招揽人才，不妨先从我开始。像我这样无甚本领的人尚且得到重用，天下贤能之士自会不远千里来投奔！"昭王听后，深感有理，就尊郭隗为师，为他盖了一座豪华的府第。各国之士听到燕昭王礼贤下士，便纷纷前来燕国，其中最出名的有乐毅、邹衍、苏秦等人。他们辅佐燕昭王，整顿国政，训练兵马，燕国逐渐强盛起来。

苏秦像

表面上，燕昭王同齐国修好，并派苏秦到了齐国。凭借其才华，苏秦很快取得了齐王的信任和重用。苏秦为保证燕国的安全，极力怂恿齐湣王攻打宋国，这样燕国有时间恢复国力。公元前286年，齐国趁宋国内乱，灭掉了宋国，各国大为震惊。燕昭王见时机成熟，遂宣布与齐绝交。公元前284年，秦、韩、赵、魏、燕五国联军在燕将乐毅的指挥下攻打齐国。此时，齐湣王如梦方醒，才知苏秦来齐国的真正用意，可怜苏秦被车裂而死。乐毅率燕军攻占齐国70多个城池，齐都临淄陷落，只有莒和即墨没被攻占。齐湣王仓皇逃到莒，被楚军杀死。

燕军围攻即墨城，守城军民拼死坚守。守城大夫战死后，齐王的一位远房亲戚田单被众人推举为首领。乐毅围困即墨城3年，也没有攻下来。公元前279年，燕昭王死，其子惠王即位。惠王与乐毅不和，田单就派人去燕国散布谣言，说乐毅想在齐地称王。要是燕国另派一位大将来，一定能攻下即墨。燕惠王听信谣言，罢了乐毅的官，改派骑劫到齐国领兵攻城。

乐毅大破齐国

田单又派人散布谣言说，齐军害怕燕军割去俘虏的鼻子，害怕燕人挖齐人祖坟。昏庸无能的骑劫听说后，果然下令割掉齐国俘虏的鼻子，把城外的坟都刨了。守城的齐军见状，怒火中烧，要与燕军决一死战！田单还让几个人装作即墨的富豪，携带金银财宝去见骑劫，表示齐军即将投降，希望燕军进城后保全家小。骑劫信以为真，一心坐待受降，对齐军放松了警惕。城里的田单则加紧决战准备。他精选了1000多头牛，给牛披上大红大绿的丝绸，牛犄角上绑上锋利的尖

田单像

刀，尾巴系上浸透油的芦苇，然后命人在城墙脚下凿出一些大洞，把牛赶进去。午夜时分，田单一声令下，兵士们点燃牛尾上的芦苇，被火烧痛的牛群从洞豁处猛冲出去，奔向燕军兵营，5000多名齐国勇士紧随其后。城上的军民则擂鼓呐喊，杀声震天！

火牛破敌 《马骀画宝》

燕军将士从睡梦中惊醒，看到一群凶猛的“怪兽”冲过来，一个个吓得魂不附体，乱作一团。火牛横冲直撞，齐军勇士东砍西杀，燕军死伤不计其数。骑劫也在混战中被斩杀。齐军乘胜追击败逃的燕军，齐国各地人民纷纷起来响应，配合齐军收复失地，最后把燕军全部驱逐出国境。田单把齐襄王迎回临淄，主持朝政，被封为安平君。但遭此一难，齐国已大伤元气，无力与秦抗衡了。

## 十二、赵秦斗智

战国后期，魏、楚、齐相继衰落，东方各国中唯独经赵武灵王改革后的赵国还可勉强与秦抗衡。

赵惠文王曾得到了一块宝玉——和氏璧。和氏璧原是由楚人卞和发现并雕凿而成的，其色泽温润，质地精美，价值连城。秦昭王得知后，便许诺用15座城池来换和氏璧。赵王担心其中有诈，如不送去又怕秦借口攻赵，一时找不到去秦复命的人选。宦官缪贤上奏说，他家的门客蔺相如有勇有谋，可当此重任。于是赵王召见了蔺相如，向他问计。蔺相如说：“秦国以城换璧，若不答应，赵国理亏；而若把璧送给秦国，秦国不给赵国城，是秦国理亏。我看还是把璧给秦国。如果没人去，我愿意前往。如果秦国不拿城交换，我定将这块璧完好地带回赵国。”赵王就派蔺相如携璧赴秦。

蔺相如赶往秦国面见秦王，捧上玉璧。秦王接过宝玉，爱不

释手，传给手下大臣和美女们欣赏，却绝口不提交割城池一事。蔺相如计上心头，假意说宝璧上有个小黑疵，秦王就让蔺相如指给他看。蔺相如将玉骗到手中，怒发冲冠，说赵王讲求信义送来玉璧，而秦却毫无诚意拿城交换。如果秦王威逼强夺，自己愿和玉璧一起撞柱。秦王怕损坏美玉，忙向其道歉，假意拿出地图，将城池划给赵国。蔺相如看穿了秦王的诡计，便推说秦王必须斋戒5日，以隆重仪式接受这块玉璧。蔺相如回到住处后，当天就派随员化装后从小路偷偷将璧送回赵国。5天后，秦王以隆重仪式接受宝物。蔺相如以实情相对，说只要秦王先交出15座城，赵国马上把璧送来。秦王又气又恨，却无可奈何，只好放他回国。以后，秦国再也没有提起交换和氏璧的事。蔺相如不畏强暴，机智勇敢，出色地完成了出使秦国的任务。

蔺相如完璧归赵　清·吴历

公元前279年，秦昭王约赵惠文王在渑池（今河南渑池县境内）相会，表面上说是秦赵修好，背地里想对赵进行暗算。赵王害怕，想谢绝不去。大将廉颇和上大夫蔺相如认为不去就说明害怕秦国，最后决定让蔺相如随同赵王前行，廉颇率精兵守候在赵国边界上，以备不测。席间，秦昭王要赵惠文王为他鼓瑟助兴，并吩咐秦史官把这件事记入史册。蔺相如怒不可遏，挺身上前让秦王敲盛酒的瓦器，秦王不敲，相如就以死相威胁，逼得秦王敲了一下，蔺相如回头让赵史官也记入史册。秦王得知赵国早有准备，不敢轻举妄动，只好放赵王回去。蔺相如在渑池之会上大义凛然，为赵赢得声誉。赵王对他的机智勇敢大加赞赏，拜他为上卿，地位在廉颇之上。

蔺相如两屈秦王

廉颇对此很不服气。他认为自己身经百战，是用鲜血才取得了今天的地位；而蔺相如仅凭口舌之劳便列为上卿。他扬言一定要当面羞辱蔺相如一番。蔺相如听说后，便处处忍让，尽量避免与廉颇见面。要么上朝时推托有病，要么看见廉颇过来时，就急忙躲开。门客对此极为不满，纷纷要求回家。蔺相如回答道：自己这样做并不是怕他，只是为国家着想。秦国之所以不敢攻打赵国，只是因为有蔺相如和廉颇。若两虎相斗，必有一伤，就会给秦以可乘之机。这话传到廉颇那里，他深受感动，于是赤着上身，背着荆杖，登门向蔺相如请罪。

从此，二人和好如初。此后十年，秦国不敢出兵攻打赵国。

魏国人范雎能言善辩，很有才干。但由于家境贫寒，没钱活动，只好先在魏国大夫须贾府中当了一名门客。一次，须贾带着范雎等人出使齐国，呆了好几个月也未能说服齐王与魏结盟。齐襄王听说范雎有才，便有心结交，就叫人给他送去了黄金和美酒，但范雎不肯接受。须贾因此怀疑范雎私通齐国，回国后便把这件事报告了相国魏齐。魏齐大怒，派人把范雎抓来严刑拷问。他的肋骨被打断，牙齿也被打落，便假装被打死。魏齐就叫人用破席把他裹起来扔进茅厕。天黑后，范雎恳求看守把他放走了。此后他改名张禄，在朋友帮助下躲藏了起来。不久，秦国派使者到魏国，经人介绍，范雎见到秦使，并乘上他的车逃到秦国。范雎听说秦国的穰侯要攻打齐国，就上书给秦王，坚决反对秦国攻打齐国。因为齐国的地理位置远离秦国，攻打齐国得不偿失。昔日齐湣王辟地千里攻打楚国，结果不仅寸土未得，反而遭到各国的攻击。他提出了一个“远交近攻”的策略，即结交距秦比较远的国家，进攻邻近的国家，等临近的国家被秦国兼并后，那些较远的国家也就成了秦的近邻，再去兼并它们，这样就可以不断地增加秦国的版图。在具体的策略上，就是暂时搁置齐、楚，而重点讨伐毗邻的魏、韩、赵三国。公元前266年，范雎被任命为相，开始全力贯彻他的“远交近攻”策略。

魏王听说秦国要攻打魏国，就派须贾为使者来秦国请和。范雎闻知，便换了一身破衣烂衫，前往客馆见须贾。须贾哪知范雎就是秦相张禄，本以为他已死去，见后大吃一惊。须贾看到范雎十分寒碜，就挽留他吃了一顿饭，还送给他一件锦袍。须贾问范雎是否有朋友同张相国熟识，范雎说他家主人同张相国有交情，可以帮忙引见。次日，范雎亲自赶着一辆豪华的马车，拉着须贾到了相府门口。范雎下车后走了进去，须贾在门外等了半天，也不见范雎出来，一问才知道范雎就是秦相！须贾吓得跪倒在地，爬进了相府大厅，磕头请罪说：“我想不到您能青云直上，从此不敢再过问天下的政治。请您治我的罪吧。”（成语“青云直上”即源于此）范雎念及须贾还有点人情味，就放他回去告诉魏王，杀了魏齐，才允许魏国割地求和。魏国求和后，秦国就把侵略的矛头指向韩国。

**范雎受袍图** *汉画像砖*

根据范雎“远交近攻”的战略，秦国向临近的韩国发动

白起坑赵卒

进攻。几年之内，先后攻占了少曲、高平、陉城、南阳、野王等地，切断了上党与韩国本土的联系，上党郡岌岌可危。韩国欲放弃上党，与秦求和。上党太守冯亭拒绝降秦，而以上党投降赵国。秦派王龁领兵攻打上党，赵军败退至赵国长平（今山西高平西北）。赵国鉴于长平之重要，便派老将廉颇率20万大军与秦军会战。廉颇老谋深算，认为秦军远出征战，急于求战，就筑壁垒坚守，挫其锐气，与其相持3年之久，秦国因此消耗甚大。久攻不下，秦国就实行离间计，派奸细贿赂赵王的左右，并造谣说，廉颇老了，不敢和秦国打仗，秦军最怕赵括。谣言传到赵孝成王耳朵里，结果中计，拜赵括为大将。

赵括是赵国名将赵奢之子，自幼熟读兵书，善讲兵法，连他的父亲也辩不过他。但赵奢对此深为担忧，他曾经对赵括的母亲说：用兵关系到生死存亡，而赵括把战争看得太容易，如果将来赵国以他为将，一定误国。蔺相如听说赵王欲任赵括为将，急忙上朝反对：赵括只会死读兵书，不懂得权变，不宜为将。赵括的母亲也上朝反对，她说出了赵奢对儿子的评价，并且还说到，赵括为人狂妄，有私心，不像父亲赵奢忠心爱国，请求赵王收回成命。但赵孝成王一意孤行。公元前260年，赵括率20万大军去长平接替廉颇。秦军闻讯，立即秘密派白起为主将，将原来的主将王龁改为副将。赵括到长平后，将廉颇的策略全部废除，转守为攻，全线进攻。秦军诈退，赵军乘胜一直追到秦军的边防线外。秦据壁阻击赵军，挫其锐气。同时迂回包抄，出奇军切断赵军粮道和退路。赵军被困46天，最后粮草断绝，人相食。赵括率军突围，结果被射死，余下赵军被迫投降。秦将白起十分残忍，竟将40万战俘活埋，只放回240名年幼的俘虏。长平之战是战国后期一次大战，赵国损失惨重，难以再与秦争锋，秦从此独霸天下。成语“纸上谈兵”即源于此，比喻只会读死书，空发议论，不能结合实际，灵活运用。

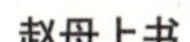
赵母上书

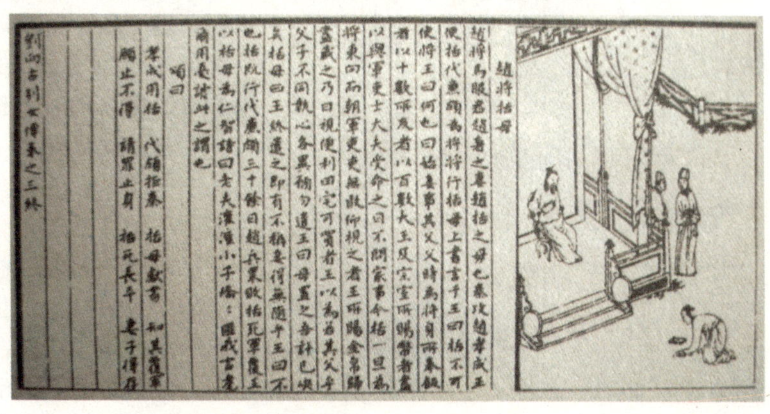
趙將括母

趙將馬服君趙奢之妻趙括之母也秦攻趙孝成王使括代廉頗為將將行括母上書言于王曰括不可使將王曰何也曰始妾事其父父時為將身所奉飯者以十數所友者以百數大王及宗室所賜幣者盡以與軍吏士大夫受命之日不問家事今括一旦為將東向而朝軍吏無敢仰視之者王所賜金帛歸盡藏之乃日視便利田宅可買者王以為若其父乎父子不同執心各異願勿遣王曰母置之吾計已決括母曰王終遣之即有不稱妾得無隨乎王曰不也括既行代廉頗三十餘日趙兵果敗括死軍覆王以括母為仁智詩曰老夫灌灌小子蹻蹻匪我言耄爾用憂謔此之謂也

頌曰

孝成用括　代頗拒秦　括母獻書　知其覆軍

願止不得　請罪止身　括死長平　妻子得存

劉向古列女傳卷之三終

公元前259年，即

信陵君访侯嬴　清 · 吴历

窃符救赵

长平之战第二年，秦将王陵率兵围攻赵都邯郸，赵国军民奋勇抵抗，形势十分紧迫。赵相国平原君赵胜派人向魏求援，魏国派晋鄙领兵10万救赵。秦昭王得知魏国发兵，就派使臣到魏国扬言，谁敢救赵，破赵后马上攻谁。魏王畏惧秦国，只好命令晋鄙屯兵魏赵交界的汤阴（今河南汤阴县）地区，以观变化。

公元前257年，平原君见魏王不肯进兵，就给魏相国信陵君无忌写了一封告急信。信陵君的姐姐是平原君的妻子，信陵君看信后，去见魏王，催促他的哥哥魏王赶快进兵。魏王说什么也不答应，信陵君郁郁寡欢，无计可施，就准备带着一百多名门客前去与秦军决一死战。临行时，他去向侯嬴告别。侯嬴是大梁东门的守门小官，已年过70，是位奇士，信陵君一向待他以上宾之礼，他也很感激信陵君对他的尊重。侯嬴见他赴难，却很冷淡地说："公子勉之矣！老臣不能从。"信陵君出城后，感觉事情蹊跷，于是折回城门口向侯嬴请教。侯嬴说带这样一点人马去，不但救不了赵国，反而白白送死。他告诉信陵君一个妙计，让魏王宠爱的如姬从魏王的卧室里偷出调兵符。信陵君曾为如姬报了杀父之仇，为了报答信陵君，如姬趁魏王熟睡的时候，把虎符盗了出来，派人交给信陵君。信陵君来到魏军驻地，要晋鄙交出兵权。晋鄙对上虎符，但仍心存疑虑，要派人去问过魏王后再交出兵权。这就激怒了侯嬴推荐给信陵君的大力士朱亥，他从袖中悄悄取出40斤重的铁锤，猛然出手打死晋鄙。信陵君夺得兵权后，选了8万精兵，直奔邯郸。

与此同时，赵孝成王派平原君赴楚国请求援兵。平原君决定从门客中挑选20个文武全才的勇士随他一同去。他在数千门客中仔细挑选，只选出19个，还差一人。正在发愁，门客中赫然走出一人大声说道："我乃毛遂，你就把我算上，凑个数吧！"平原君问："你在我这里几年了？"毛遂答道："三年。"平原君说："世上凡是有才能的人，就像放在袋子里的锥子一样，它那锋利的锥尖立刻就会露出来，到现在我还没听到你有何本领，先生还

是呆在家里吧！”毛遂说：“要是您早把我放在袋子里，整个锥子都已从颖（柄）上脱下而钻出来了。”平原君听后觉得有道理，就带毛遂等人去了楚国。正是由于毛遂的大胆机智，才促使楚王合纵抗秦，派兵援赵。这时魏国的救兵也到了，赵、魏、楚三国军队内外夹击，秦军大败，邯郸得以解围。“窃符救赵”、“脱颖而出”、“毛遂自荐”三个成语即源于这段历史。

## 十三、秦统一六国

自商鞅变法以来，地处西方的秦国日益强大，其历代君王都不断地向东拓进，打击诸国。秦灭六国的战争可分为两阶段。第一阶段从公元前278年到公元前232年，为统一六国的准备时期。公元前278年，秦国名将白起攻下楚都郢，设立南郡，由此揭开了秦统一天下的序幕。秦昭王时期，采用了“远交近攻”的策略，不断蚕食临近国家。公元前260年，长平一战，大败赵军，从此赵国一蹶不振。公元前256年和公元前249年，秦又先后灭掉由周王室分裂而成的西周与东周两国。这时秦已占绝对优势，灭关东六国的形势已完全成熟。

当时影响秦国朝政的有几个人物，其中就有吕不韦和李斯。吕不韦是战国末期卫国濮阳（今河南濮阳西南）人，曾在韩国阳翟（今河南禹县）经商，经过苦心经营，富甲一方。他经常在各国间往来经商，有一次，在赵国邯郸结识了异人（后改名子楚）。异人是秦昭王太子安国君的儿子，他在赵国当人质，很不顺心。吕不韦认为异人“奇货可居”。他问他父亲：“种地可以赚多少钱？”父亲回答说：“十倍。”他又问：“经商可以赚多少呢？”“百倍。”他又问：“如果立一个国王，又可以赚多少呢？”他父亲回答：“无数倍。”于是，吕不韦弃商从政，想借异人而飞黄腾达。

吕不韦巧计归异人

此后，吕不韦就慷慨资助异人，让他结交各国宾客。他听说安国君十分宠爱华阳夫人，但华阳夫人却没有孩子。于是，吕不韦就买通了华阳夫人的姐姐，通过她传话给华阳夫人，说子楚贤德，十分思念夫人；同时，还向华阳夫人说明，因为她没有孩子，难免当她年长时失宠。华阳夫人于是让安国

君立子楚为嫡嗣。公元前257年，秦国攻打邯郸，赵国想杀子楚，吕不韦又买通了守城者，二人逃出了邯郸。公元前251年，秦昭王去世，安国君继位，即孝文王。孝文王在位一年便死了，子楚继位，即秦庄襄王。由于吕不韦立主有功，庄襄王封他为相国，封文信侯，“食河南洛阳十万户”。庄襄王在位三年而死，太子嬴政即位，这就是后来的秦始皇。此时嬴政才13岁，国事自然要依赖吕不韦，并尊称吕不韦为“仲父”。

吕不韦曾与秦王政的母亲赵姬私通，据说嬴政就是吕不韦的儿子。后来吕不韦怕事情败露，就让嫪毐假扮太监进宫，成为了太后的男宠。在太后的帮助下，嫪毐逐渐掌握了秦国大权，并试图密谋篡国。结果事情败露，秦王政处死了嫪毐，将太后迁至雍地。此案涉及吕不韦，因此他的相国之职被罢免，他回到河南封地后，与诸侯宾客往来频繁，这引起了秦王的担心，就把他放逐到蜀地。吕不韦眼看大势已去，便自杀于途中。从此，嬴政独揽了全国大权。

李斯是楚国上蔡（今河南上蔡西南）人，是儒家荀子的学生。他从小志向远大，学成之后，根据当时的战局形势，预测秦国可能统一天下。于是，李斯去了秦国，投靠了吕不韦。吕不韦很欣赏其才华，将他推荐给秦王。李斯劝秦王趁各国现在国力衰弱，赶快消灭它们，等到六国合纵抗秦，逐渐强大时，就大势已去了。他的见解甚得秦王心意，便封他为长史，后提升为客卿。

侠士荆轲

当时，韩国水工郑国到秦国来修渠，实际上他是以修渠为名来消耗秦国的人力、财力、物力，结果被人发觉了，大家纷纷议论此事。一些秦国的贵族、大臣上书秦王说：各国人来到秦国，居心叵测，他们的真实目的是为了他们本国利益而削弱秦国的实力。所以，应当驱逐各国来客。秦王听从众人的建议，于公元前237年下达逐客令。李斯是楚国人，自然也在被逐之列。临别前李斯向秦王上了一道奏章，即有名的《谏逐客书》。文章以大量史实证明客卿对秦之贡献，痛陈逐客之弊。如果秦国将贤人拒而不用，那么哪有秦国今天的壮大和富强呢？秦王读后，深有触动，马上收回了逐客令，并把李斯找来，官复原职。李斯在后来秦国统一六国的过程中起了重要作用，为华夏的统一作出了贡献。

自公元前231年到公元前221年，为秦全面消灭六国的时期。公元前230年，秦王根据李斯的建议，

**易水饯别** 《马骀画宝》

首先攻打实力最弱的韩国，俘韩王安，韩国灭亡。第二年，秦王派大将王翦领兵攻赵。秦军采用了反间计，赵将李牧被杀。秦军很快便攻入邯郸，虏赵王迁。秦国攻赵时，大军已兵临燕国边境。燕国太子丹十分清楚，在军事上已经无法阻挡秦军的强大攻势，他决定作最后一搏——派勇士荆轲去行刺秦王，然后乘乱联合诸侯消灭秦。

荆轲是卫国人，文武双全，擅长剑术。他从卫国逃亡到燕国，成为太子丹的门客。荆轲知道太子丹刺秦计划，他说："要想完成计划，必须先取得秦国信任。秦国正在悬赏捉拿樊於期，如果将樊将军的人头和燕国地图献给秦王，他定会见我，然后见机行事。"荆轲找到樊於期，为成大事，樊於期拔剑自杀。为保安全，太子丹还给荆轲一把用毒药反复浸泡的匕首，把它藏在地图中，并让勇士秦舞阳当其副手。临行前，在易水河畔，荆轲饮酒高歌："风萧萧兮易水寒，壮士一去兮不复还！"

荆轲同秦舞阳来到秦国，秦王听说他们来献叛将樊於期的头颅和割让土地的地图，果然很高兴，并在咸阳宫举行接见仪式。荆轲在前，手捧装有樊於期头颅的匣子，秦舞阳拿着地图在后。在大殿上，秦舞阳直吓得面无血色，双手战栗，动弹不得。荆轲平静地说："来自穷乡僻壤的人没见过大场面，今天目睹天子神威，难免惶恐，还请大王原谅。"秦王没有怀疑，对荆轲说："快把地图拿过来。"荆轲在案面上慢慢地展开地图，秦王只顾观看地图，没有留心荆轲。地图已快展开，荆轲快速抽出藏在地图中的匕首，抓住秦王衣袖，向秦王猛刺过去。秦王大惊，慌忙站起，挣

**荆轲刺秦王**

断了衣袖，因剑长而难以拔出，情急之下，秦王绕柱而跑，荆轲在后紧追。由于事发突然，众臣也不知所措。这时，御医夏无且将所带药囊撒向荆轲，荆轲顿时眼前一晕。众人大喊："大王背剑！"秦王慌忙拔出宝剑，斩断荆轲的左臂，荆轲将匕首投向秦王，结果刺入柱中。秦王又刺了八剑，荆轲毙命。"图穷匕见"即出于此。

荆轲刺秦失败之后，秦王大怒，立即命令王翦加紧攻打燕国。公元前226年，秦军攻下燕都蓟。燕王喜逃到辽东。公元前222年，王翦之子王贲攻克辽东，燕王喜被擒，燕国灭亡。公元前225年，秦王嬴政派王贲领兵攻魏，包围了魏都。王贲引黄河、鸿沟之水灌大梁，攻破魏都，魏王假投降，魏国灭亡。

公元前224年，灭楚问题提到议事日程。老将王翦认为虽然楚国业已衰弱，但不可轻敌，至少用兵60万。而秦将李信说20万就足够了。秦王说，王翦老了，派李信、蒙恬领军20万伐楚。王翦告老还乡。果不其然，秦军被楚将项燕打败。于是，秦王亲自去请王翦，要求他出山。王翦集全国兵力，率军60万再次伐楚，秦王还亲自为他出征饯行。王翦大败楚军，项燕自杀。公元前223年，楚王负刍被俘，楚国灭亡。公元前221年，王贲率军攻齐，俘虏了齐王建，齐国灭亡。至此，秦国终于统一天下，建立了中国历史上第一个统一的中央集权的封建专制国家。

秦国统一六国顺应了历史潮流，这在中国历史上是一件大事。它结束了长期以来诸侯割据的状态，促进了社会经济文化的发展，虽然秦朝历史短暂，但却为中国统一的多民族封建国家的形成奠定了基础。

# 第四章 秦汉一统

清代学者赵翼在《廿二史札记》中说："秦汉间为天地一大变局。"秦始皇统一中国，建立了空前规模的秦帝国。然而，旋踵之间，二世而亡。其兴也遽，其亡也速。汉朝代秦而兴，统一天下，前后延续四百载。"秦是汉的开始，汉是秦的延续。"正是在秦汉时期，古代中华文明首次达到了繁荣昌盛的高峰。

中国的封建政治文化，多出自秦汉。当时，宗族制度作为一个时代，已经结束，代之而起的则是封建集权制度下的官僚政治体制。统治者们大力推崇中央集权，始终把"大一统"作为自己的神圣追求，不遗余力地将皇权神化。文化是推动社会发展的潜质因素，作为封建社会产生及发展的基础，秦汉时期的文化也达到了空前的统一。秦扫六国，统一之后又力主改革，统一六国文字，实现了文化上的一统。更为重要的是，秦朝在思想文化领域力推法家，为后世政治思想奠定了理论基础。然而，统一的另一面，就是将春秋以来的理性精神泯灭——秦始皇"焚书坑儒"，使先秦古籍付之一炬。文化统治上的暴戾引发了人们千余年的争论。继秦亡而生的汉王朝，从秦朝的暴政中间得到了深刻的历史启示，他们休养生息，历经几代帝王的努力，终于在实现思想统治方式更新的同时，达到了社会空前的统一和稳定。继文、景二帝之后，雄才大略的汉武帝采纳名儒董仲舒“罢黜百家，独尊儒术”的建议，将儒家学说定位为官方学说。自此以后，儒家学说一枝独秀，沿袭千年，经久不衰，演变为东方封建社会的政治文化。

嬴秦一统，汉制流芳。中国两千多年的历史，就是沿着秦汉时期所开辟的道路行进的。在这条满是荆棘的历史道路上，留下了东方文明的灿烂遗迹，但也洒满了芸芸大众的无声血泪。历史上的许多进步，常常是以多数人的痛苦为代价而获得的。由于对王权的期盼和对家族利益最大化的要求，封建时代的宫廷里围绕着皇权继承进行的血腥较量，使大批士人无辜牺牲；而由此引发的专制主义中央集权的种种问题，又伴随着一场场厮杀而代代重演着。相对于贵族世界的纷扰争斗，广大的贫苦农民却承受着统治者为追求个人私利而带来的历史负担，他们担负着无尽的苛捐杂税及种种徭役，生活在痛苦和煎熬之中。直到他们忍无可忍之时，零星的反抗才终于汇成一股股起义的洪流，这就促成了中国历史上一次又一次的改朝换代。社会矛盾在发展运动，但封建社会却始终重复着昨天的旧路，反复循环了千余年。这不能不说是秦汉历史乃至整个中国历史留给后人的一个难解的谜团。最终，它还是走向了登峰造极的负面，严重阻滞了中华民族前进的步伐。从这个意义上说，秦汉制度造就了中华文化，但也给华夏族的民族精神背上了沉重的历史包袱。

## 一、统一的中央集权的大帝国

秦王政统一中国，建立起一个统一的中央集权的庞大帝国。他感到以往帝王称号皆不足以体现自己的地位，于是命令群臣讨论给自己定尊号。大家认为古代有三皇，即天皇、地皇、泰皇，以泰皇最贵，建议秦王政称“泰皇”。但秦王政并不想雷同此名，而是将“三皇”、“五帝”的名号合二为一，称为“皇帝”。自此，“皇帝”这一称号就一直被历代君王沿用下来。嬴政自称“始皇帝”，他还设想以后的子孙就称为二世、三世，乃至千万世，传之无穷。只可惜，到了二世秦朝就灭亡了。

秦始皇像

秦朝地域广大，如何管理就成了当务之急。以丞相王绾为代表的众人主张恢复分封制，遭到了李斯的坚决反对，他认为分封制最终将导致国家的分裂，而应实行郡县制。秦始皇最终采纳了李斯的建议，在全国范围内设立36郡，后又增设4郡，共40郡。郡是中央政府下辖的地方行政单位，郡守由中央委派。为加强中央集权，秦朝的中央机构实行了以三公为首的三公九卿制。三公，即丞相、太尉、御史大夫，他们分别负责行政事务、军事和负责监察百官。三公互不统属，直接隶属皇帝，从而有效防止了大臣的专权。秦朝还统一了法律，建立了比较规范的军制。

始皇建立郡县

在战国时期，各国的度量衡和货币很不统一，自秦统一天下后，给人民生活和社会生产的发展带来很大的麻烦和障碍。针对这种情况，秦始皇统一了度量衡和货币。新的度量衡单位主要依据商鞅时的规定，略有改动。朝廷还监制了标准的度量衡器具并颁发到全国各地。秦始皇还废除了六国旧货币，铸造新的统一货币。新币分为金、铜二种：规定黄金为上币，以“镒”为单位（一镒为24两）；铜钱为下币，圆形方孔，每枚重半两。秦统一后为便利车辆通行，规定全国的车辆轮距为6尺，即所谓的“车同轨”。这些统一措施极大地方便了全国范围的商品交换和经济交流，促进了统一国家的繁荣发展。

战国时期，各国的文字形体相差很大。秦始皇命李斯主持文字改革，以秦国文字为基础，参照六

国文字，制定出笔画较少、书写方便的小篆（也称秦篆），作为标准文字推行全国。李斯、赵高、胡毋敬还编写了《仓颉篇》、《爰历篇》、《博学篇》，作为规范化样本。后来，狱吏程邈根据民间体造出隶书，更便于书写。文字的统一，是中国文字发展史上的一次重大改革，对中国历史文化的发展和国家统一起了巨大的推动作用。

## 二、勤政与暴政

“秦王扫六合，虎视何雄哉！”秦始皇囊括九州，威震四海。他定官制，修驰道，封禅泰山，又南取百越，北伐匈奴，所向披靡，真可谓踌躇满志，不可一世。

自古以来，人们对秦始皇多以暴君相称。但他确实又是一位稀世英主，是一位非常勤政的皇帝。秦王政即位不久，便逐渐大权独揽，开始酝酿吞并六国、统一天下的雄伟理想。他广罗人才，积极吸纳客卿，甚至吸取那些从敌国而来的人以及曾经批评过自己的人。他还礼待著名军事家尉缭，并采纳尉缭提出的“贿赂权臣、破坏合纵”的战略思想，在军事上也受益匪浅。他积极接受法家代表人物韩非“法、术、势”思想，加强了秦政府的集权性质；听从李斯《谏逐客书》，在秦国确立了使用客卿的良好机制，使自己的身边形成了一个智囊团。

**焚书坑儒** 《帝鉴图说》

秦始皇嬴政是一个坚韧不拔、百折不挠的人，这也是他成功的重要因素。勤政是帝王的一种美德，秦始皇理政极勤，为了将大权集于一身，日理万机，白天审理案子，晚上还要批阅公文，而且给自己定下工作量：每天必须批完一石公文才能休息。早期的成文法和各种文件都书写在竹片上，这样算来，他每天审阅的竹简就有百十斤。其勤政之极，后代少有人企及。

但是，秦始皇为人，“天性刚戾自用……天下之事无大小皆决于上”，“怚而不信人”（《史记·白起王翦列传》）。他的勤政也正是他集权及暴政思想的体现：他对域外的领土充满了猎奇欲望，对天下的财富贪婪地榨取，对无辜百姓毫无怜惜之情。他一生果敢有为，明察英断，但是又因崇尚权威而往往导致迷信武力，以极端残酷的手段和空前的政治高压来统治人民。

公元前213年，秦始皇在咸阳宫设宴。仆射周青臣在宴会上大大赞扬了郡县制为前所未有之创举，而以儒家博士淳于越为首的复古派对此横加攻击，主张恢复分封制，要法循上古周制。丞相李斯当场谴责淳于越的迂腐，认为当时的儒生们“不师今而学古，以非当世，惑乱黔首”，儒生的这些行动如果不禁止，必然造成帝王权威的下降。为了统一思想，李斯提出如下建议：除秦国史书《秦纪》、卜筮、农林、医药和博士官掌管的图书之外，其他书籍史书和地方藏书全部烧毁；有敢继续议论《诗》、《书》者处死，以古非今者处死；严禁私学，如有人愿意学习法令，应以官吏为师。这就是“焚书”事件。次年又发生了“坑儒”事件。秦始皇曾重用方士卢生、侯生，去寻求长生不老药。但是二人找不到不老药，为了逃避责任，他们在背后指责秦始皇凶残好杀，并在一个晚上，这两人弃官逃跑了。秦始皇闻听后勃然大怒，他怀疑其他人也是如此，于是将咸阳的方士、儒生全部抓起来，严加拷打，儒生们最后屈打成招。始皇便下令将这460多人全部活埋于咸阳。当年冬天，又在马谷活埋700多书生。

“焚书坑儒”结束了战国以来百家争鸣的局面，法家被定于一尊。然而，这种文化专制主义却严重地摧残了古代文化，在中国文化史上造成了不可弥补的创伤。秦始皇想用这种残酷的手段来加强思想控制，结果却适得其反。唐代诗人章碣在《焚书坑》一诗中叹道：

阿房宫

竹帛烟销帝业虚，关河空锁祖龙居。
坑灰未冷山东乱，刘项原来不读书。

秦朝建立后，秦始皇便大兴土木，先后修建了万里长城、秦始皇陵墓、阿房宫、灵渠等大型工程。史载阿房宫东西宽300丈，南北长50丈，殿内可容纳万人。后来，项羽火烧阿房宫，大火连绵3个月不熄。此外，秦始皇还在关中修建了300处宫廷，在关外有400多处。这些规模浩大的工程，耗费了大量的人力物力。仅修建骊山墓就动用人力70万，加之北筑长城、南戍五岭的人力，总数不下200万，占到全国人口的十分之一以上！同时，秦始皇还对边疆大动武力。于北，要防范打击匈奴，北伐的士卒

传说中的孟姜女万里寻夫

清年画

每十人就要死掉六七人；于南，要统一西南和百越（百越包括今浙江、福建、江西、广西、广东等地的部落），南伐道路上就留下了几十万人的尸体。如此庞大的军队，必然需要巨大的军需补养。无疑，这种种负担又统统加在了人民身上。所以，在秦代徭役特别沉重。赋税分为田租、口赋、杂赋三种，秦的赋税征收量占农民全年收入的三分之二以上，致使全国人民饥寒交迫。男子成年后还要服两次兵役，并承担县郡的各种杂役。秦律刑罚极为残酷，名目繁多，有腰斩、车裂、剖腹、割鼻、断趾等等。一人犯罪，动辄处以肉刑、笞刑，或者判罚劳役，甚至株连家属、邻居！在这种残暴的统治下，人民生活在水深火热之中，这也就为人民的起义和反抗播下了种子。

遣使求仙

经过秦始皇十余年的苦心经营，秦帝国这张大弓实际上已经被拉得过满，几乎接近崩溃的边缘。秦人于十年间扫灭诸侯，立无上之丰功伟业；又于十余年后土崩瓦解，毁数世成果于一旦。其兴也遽，其亡也速，令后人感慨无穷，徒具怀古的忧伤。

## 三、沙丘之变与赵高专权

始皇三十七年（前210），秦始皇第五次出巡，主要经武关，巡游云梦，望祭虞舜于九嶷山。李斯、赵高和始皇爱子胡亥从行，上卿蒙毅也在随从之列。秦始皇从会稽返回钱塘后，从江乘渡江，至海滨，乘船北上至琅玡，再经荣成山，至芝罘，转陆路西行。行至平原津（今山东平原县南），正是盛夏季节，秦始皇突然病倒。随从医官给他看病、进药，都不见效。秦始皇忌讳别人谈及死亡，群臣都不敢言死事。随着病情恶化，秦始皇急拟诏令，命其远在上郡的长子扶苏，速回咸阳守丧，继承皇位。诏书还没有发出，始皇帝便气绝身亡，死于沙丘平台。赵高是个宦官，专管宫廷御车与印信、墨书。这次出行，赵高“行符玺事”，执掌传达皇帝命令和调兵的凭证“符”和“玺”。因此，这封密信自然落在赵高手中。

秦始皇病死沙丘

丞相李斯因皇帝驾崩在外，恐诸公子及天下有变，所以秘不发丧。他们把秦始皇的尸体安放在车里，密闭车门，放下窗帷子，假装什么也没有发生。车队照常向咸阳进发，所不同的是，文武百官照常在车外奏事，却由李斯、赵高等人决断、传话。而另一方面，李斯一边命令车队加紧赶路，一边让赵高尽快派人把秦始皇遗诏给扶苏送去。但赵高是胡亥心腹，他偷偷地跟胡亥商量，准备假传秦始皇遗嘱，杀害扶苏，让胡亥继位。赵高是个大阴谋家，生性刁滑，善于钻营。他阴谋策划让胡亥继位夺权，是为了日后由自己把持朝政。赵高与蒙氏家族有仇，遂遣蒙毅“还祷山川”。当时，蒙恬正领兵30万随公子扶苏驻防上郡，赵高从秦始皇身边遣走蒙毅，实际上就去掉了扶苏在秦始皇身边的耳目。

但是，赵高知道此事非与李斯商量才可行动，他对李斯说：“现在皇上的遗诏和玉玺都在胡亥手里，皇位由谁继承，只在你我二人，您看怎么办？”李斯吃了一惊，说：“您怎么说出这种亡国的话来？”赵高对李斯说：“长子扶苏德才兼备，口碑很好；蒙恬为秦国之猛将，忠心耿耿，两人交情深厚。如果扶苏即位，肯定任用蒙恬为丞相。公子胡亥心好，待人厚道。要是他做了皇帝，您我就一辈子享用不尽。我入宫二十余年来，还从来没有见过被秦王罢免了的大官有什么好下场的，丞相还是权衡一下吧！”经过赵高连哄带吓，李斯怕扶苏继承皇位，自己相位不保，于是同流合污，共谋矫诏。他们改立胡亥为太子，赐公子扶苏自杀，又赐死蒙恬。扶苏接到这封假诏书，哭泣着想自杀。但蒙恬怀疑这封诏书是伪造的，“皇帝巡游在外，命令我带兵三十万戍边，这是天下重任，怎么能见个使者就自杀呢？”他要扶苏向秦始皇申诉，但忠厚的扶苏却说：“既然父皇要我死，哪里还能再申诉？”于是拔剑刎颈而死。

胡亥、赵高、李斯听说扶苏已经自杀了，这才命令车队日夜兼程，迅速返回咸阳。为了防止事情败露，他们不取捷径回咸阳，而是摆出继续巡游的架势，从沙丘到井陉，后绕道山西，再返还至咸阳。由于天气炎热，车中时时散出臭味，于是，李斯令人在车中放了一石鲍鱼，以淆乱腐尸臭味。到了咸阳，胡亥为始皇发丧，即帝位，史称“二世皇帝”。九月，二世葬始皇于骊山。而赵高阴谋得逞以后，盛气凌人，不可一世。

在赵高的鼓动下，二世倒行逆施，横征暴敛，滥杀无辜，屠戮宗室，开始了秦王朝最为黑暗的统治。秦二世残忍无道为所欲为，却想永远稳坐江山，就问计于李斯：“上古圣贤统治天下百姓，难道也会像我这样毫无皇帝的自由吗？我想既能拥有天下，又不被国事烦心，丞相可有好主意吗？”面对这种昏庸而可笑的要求，一味顺从二世的李斯竟然提出了一套“督责之术”。所谓“督责之术”，就是让皇帝树立权威，实行严刑酷法，对内严厉镇压百姓的反抗与违法。君王治国不能宽仁心软，否则天下将很难听从皇命；皇帝要善于观察群臣，要时刻怀有戒心。有了这些法令，人们就不敢随便行动。这样皇帝便没有后顾之虑，尽情享受自由快乐就行了。二世非常欣赏李斯的“督责之术”，生活上更加奢侈腐化，统治更加残忍无道。“督责之术”代表了李斯的法家观念，秦朝的灭亡最终宣告了这种法家思想的破产。

李斯本想通过对赵高的纵容忍让、对二世的阿谀逢迎，达到保全荣华富贵的目的，结果却适得其反。二世推行“督责之术”，深居简出，荒淫无度，整个朝政全交给了赵高。赵高野心愈烈，为所欲为，迅速培植自己的势力。他为了防止李斯破坏计划，又开始动用其亲信大量搜集李斯把柄，欲借胡亥之手，置李斯于死地。赵高设计向胡亥诬陷李斯，说他企图割地称王。胡亥听了赵高的话，于是派人监视李斯。李斯听到消息，便上书揭发赵高的劣迹。胡亥不相信李斯所言，反而将书信拿给赵高看。赵高进一步给李斯罗织罪名，二世不问青红皂白，下令逮捕李斯入狱。李斯被屈打成招，二世二年（前208）七月，李斯“具五刑”（黥，在脸上刺字；劓，割鼻子；砍断左右趾；腰斩；醢，剁成肉酱），夷三族。李斯这时才大梦初醒，临刑前还对儿子哀叹说：我想与你牵着黄犬，一起出上蔡东门，去追赶狡兔，已经没有机会了。李斯最后这句话

斩李斯父子

表现了他对布衣生活的向往，对自己一生孜孜以求富贵、热衷仕宦道路的批判和总结。他的眼泪里满含着的是悔恨、痛苦与绝望。一代著名政治家竟落得如此下场，岂不可悲可叹！

秦相李斯，曾是显赫一时的政坛骄子，却因利欲熏心，趋炎附势，成为秦朝政治舞台的匆匆过客，以悲剧的结果告别了政治生涯。他曾是一个颇有雄心壮志的政治家，但是为了功名利禄，他又成了一个不择手段的政客。作为政治家，他才华出众，功绩卓著；作为政客，他为功名孜孜以求。扶苏之仁义、蒙恬之忠信，秦人皆知。遵始皇遗诏，立扶苏为帝，李斯虽不能锦衣玉食，但可“牵黄犬，逐狡兔”，尽享田园生活，天伦之乐。然而他贪慕虚荣，为小人赵高所利用，才落得个“腰斩咸阳、子孙无存”的可怜结局。这也正是太史公在《史记》行文、论赞中感慨良久、憾意颇深之根本所在。

李斯死后，二世拜赵高为相。赵高本是前赵国贵族的疏远族属，生于隐宫，“世世卑贱”。秦始皇听说他精通狱法，就让他教给胡亥律令之类的事；又让他担任中车府令，兼管车马之事，故深得胡亥宠幸。赵高曾犯有大罪，秦始皇派大将蒙毅执法，将其定为死罪，欲将其逐出朝廷。但始皇因赵高敏于事，善于迎奉，又恢复了他的官爵。胡亥即位后，为了回报拥立之功，拜赵高为郎中令。从此，赵高权倾朝臣。在封建专制政体下，赵高创始了宦官干政的先例。

赵高因除去异己，杀人太多，也怕二世知道。于是他便要弄手腕，把二世与大臣隔开。他假惺惺地对二世说：“天子身贵，只需听朝臣奏报，无需与其相见。”他又说：“皇帝年少，尚有不通之事，若太早上朝，处事不妥，则见笑于诸臣。皇上不如静心修养，由我来为你通报。这样，大臣对陛下不敢有二心，君臣安常，一举而两得。”从此，二世居深宫之中，日事宴乐，不再上朝。秦朝政治就这样落入了佞臣赵高手中。赵高认为天下已乱，时机成熟，欲篡位称帝。他怕大臣们不服，于是就导演了一出“指鹿为马”的闹剧。有一天，赵高将一只鹿引入咸阳皇宫，把它献给秦二世，说这是一匹马。秦二世一听，不觉大笑起来，说丞相错了，怎么把鹿说成是马呢？说着立即问左右官员，这到底是鹿

指鹿为马

还是马。有人不敢说实话，默默不语；有人跟着说假话，硬说是马；有人直言为鹿。事后，赵高便对言鹿者施以法。从此，朝中再无敢指责赵高的人。据说，此事过后，赵高未提及，但二世胡亥却以为自己得了神经病，竟叫来巫人卜算。

## 四、陈胜、吴广起义

陈胜，字涉，阳城（今河南登封）人，年轻时当过雇农。有一次在田间劳作休息时，他对伙伴们说："如果我们当中有人富贵了，那他不要忘记一起干活的兄弟啊。"同伴听完不仅不以为然，还都讥笑他，陈胜叹口气说："燕雀怎么能够了解鸿鹄的志向呢！"这便是"鸿鹄之志"的典故。吴广，字叔，阳夏（今河南太康）人，也是农民出身。

秦二世元年(前209)，秦政府征调淮河流域一带900贫民到渔阳（今北京密云）戍守。陈胜、吴广也在被征之列，并被指定为屯长。当他们走到蕲县大泽乡（今安徽宿县境内）时，遇到大暴雨，道路受阻，因此无法如期到达渔阳。按当时秦法规定，戍卒误期要被处死。于是陈胜同吴广商议："现在的情况是，率众逃亡是死，揭竿起义也是死，与其等死，还不如为改变这个国家的面貌而献身！"陈胜说："天下人受秦朝压迫的时间已经很久了。我听说秦二世本是始皇的小儿子，本来不应即位的，皇位应由公子扶苏继承。由于扶苏为国家着想屡次劝谏上奏，被发配到边疆带兵打仗。现在却被秦二世诬陷杀害。老百姓都听说扶苏十分贤德，而不知道他死的消息。以前的楚国大将项燕战功显赫，爱惜士卒，深受楚人爱戴，但后来不知所终。我们不如将大家聚在一起，借公子扶苏、项燕的威名举起义旗，一定会得到众人响应的。"吴广也赞同陈胜的看法。

为制造舆论，他们暗中用丹砂在帛书上写了"陈胜王"三个字，藏在鱼腹里，故意让做饭的戍卒买到了。戍卒剖开鱼腹发现帛书，感到十分惊奇。深夜吴广又跑到附近神祠丛林中点起篝火，模仿狐狸的声音大叫："大楚兴，陈胜王。"戍卒们更是十分惊奇，议论纷纷。

有一天，陈胜故意和押送他们的二个将尉发生冲突，在受到鞭打之后，同吴广趁机杀死两将。正当大家慌乱之时，他们向众人阐明了其中的利害关系，还第一次提出了"王侯将相宁有种乎"的政治宣言。众人深为感动，于是揭竿而起，起兵讨伐无道的秦王朝。大家拥护陈胜为将军，吴广为都尉。大泽乡戍卒们“斩木为兵，揭竿为旗”，点燃了中国历史上第一次大规模农民起义的熊熊烈火！

起义军很快攻占了大泽乡，占领蕲县后又连克数县，众多受压迫的农民纷纷投奔，义军队伍迅速扩大，拥有兵车数百乘，骑兵上千，步兵数万。攻陷秦的交通要道——陈县后，陈胜自立为王，称大楚，确定了“伐无道，诛暴秦”的口号。

此后，陈胜分兵攻打咸阳。吴广从西北进攻荥阳；宋留于西南进军南阳、武关；周文从西面经关中直取咸阳。起初，周文军队气势恢宏，秦军节节败退，这引起秦二世的极大恐慌。秦朝慌忙以章邯为将，编骊山刑徒为军，共30万人，进行反扑，周文大军终因后援不继而兵败，他也自杀身亡。吴广所在军队内部发生了分裂，部将田臧擅自杀害吴广，起义军自乱阵脚，为章邯击败。章邯率军进攻陈县，陈胜兵力薄弱，在撤退途中被车夫庄贾杀害。不久，宋留投降秦军，后被秦二世下令车裂而死。起义军至此失败。

陈胜、吴广起义历时6个月，虽然以失败告终，但是由他们所点燃的反秦起义烈火在全国已成燎原之势——在他们的影响下，项梁、项羽在吴县，刘邦在沛县纷纷举起义旗，为秦朝的灭亡埋下了伏笔。与此同时，原六国旧贵族也纷纷复国，建立了赵、魏、齐、燕、楚等国，一时间，天下大乱。

刘邦像

## 五、项刘进兵，秦朝灭亡

所谓时势造英雄。秦末动乱之际，出了一位叱咤风云的人物，他就是项羽。项羽，名籍，字羽。项羽的叔父项梁是名将项燕的儿子，从小就对项羽寄予厚望。据记载，项羽从小就与众不同。让他读书，项羽却不努力；让他学剑，项羽也不好好用功。项梁大怒，项羽对叔父说：“读书只要记住名字就行了，学好剑术也只能对付一个人，这些都不足学，我要学就学万人敌的本领。”项梁十分惊讶，于是教他兵法战术，项羽大喜，可惜他学兵法只略知大意，浅尝辄止。项羽成人之后，身高八尺多，“力能扛鼎”，胆气过人。

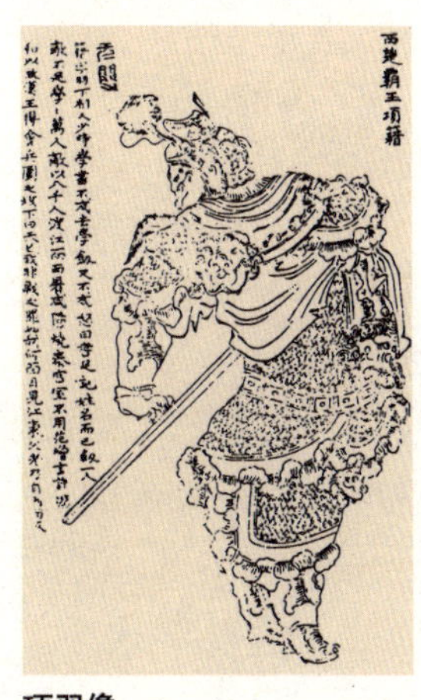

项羽像

项梁曾因杀人同项羽躲避仇家于吴中（秦会稽郡治），吴中贤士大夫都出入于项梁门下。一次秦始皇巡游路过会稽，项羽叔侄二人便赶去观看。项羽说：“我一定可以取而代之！”秦二世元年

巨鹿之战　现代·杨克山

（前209）九月，项梁、项羽得知陈胜、吴广起义后，便杀死会稽郡守，集8000子弟兵，举兵起义。大家推项梁为会稽郡守，项羽为裨将。秦二世二年（前208）六月，陈胜被杀的讯息传来，项梁便在薛（今山东滕州）召集各路义军会议，决定各起义军协同作战，共对秦军，并立原楚怀王之孙心为楚怀王。

项梁率军在接连大败秦军于东阿、濮阳、定陶之后，骄傲自满起来，由于放松了警惕，最后遭章邯夜袭而战败身亡。项羽、刘邦与诸军集结彭城（今江苏徐州），伺机而战。章邯破项梁后北上击赵，在邯郸大破赵军，赵王歇、张耳、陈余退守巨鹿，巨鹿被秦军重重包围，赵王歇急向各国求援，魏、齐、燕派军至巨鹿，但都不敢与秦军交战。楚怀王也派宋义、项羽、范增率主力北上救赵，而刘邦率军西攻咸阳。楚怀王还与诸人相约，先入关者立为关中王。

宋义行军至安阳（今山东曹县），竟接连46天按兵不动，以期秦赵互斗。项羽建议迅速过河，与赵军内外夹攻秦军。宋义怯敌不听，只顾饮酒作乐。项羽义愤填膺，气冲斗牛，挥剑斩杀宋义，三军震撼！楚怀王即封项羽为上将军。他率全部义军以破釜沉舟的气势渡河北上，在巨鹿同章邯、王离所率秦军展开激战，切断秦军粮道，九战皆胜，杀得秦军闻风丧胆。巨鹿之战埋葬了秦军主力，敲响了秦王朝的丧钟！项羽从此声威大震，被各路义军尊为“上将军”。巨鹿之战后，项羽乘胜追击，章邯在走投无路下，率残军投降。但项羽等人视秦军为隐患，于新安偷袭秦降军，坑杀20万余人，其行径为关中人民所痛恨。

与此同时，在宋义、项羽北上救赵之际，刘邦率另一支军队进军咸阳。刘邦（前256—前195），丰县（今江苏丰县）人，原为泗水亭长，在押送刑徒途中因逃亡太多无法交差而入芒砀山，后与县吏萧何、曹参在沛县（今江苏沛县）举行起义，后来归于项梁麾下。向西进攻咸阳途中，他招兵买马，队伍日渐壮大，加之对秦军避实击虚，很快进抵关中，于秦二世三年（前207）八

刘邦入关图

月攻占武关，关中危在旦夕。赵高恐罪及己身，与其女婿咸阳令阎乐合谋，准备发兵围宫。阎乐以追盗贼为名，率千余人进望夷宫，指责二世骄恣，诛杀无道，致使天下共叛，逼其自杀。秦二世惊骇不已，要求见赵高，被阎乐拒绝；要求封为郡王，阎乐亦不许；要求封为万户侯，阎乐也不准。最后，二世哀求，愿为黔首。阎乐直言不讳地说："臣受丞相命，为天下诛足下。足下虽多言，臣不敢报。"说着就指挥士兵拥向胡亥，二世非常绝望，遂自杀。二世死后，赵高"引玺佩之"，可是群臣不从。赵高无可奈何，只好又立胡亥哥哥的儿子子婴为王。子婴与宦官韩谈密谋，决定诛赵高。赵高多次遣人请子婴前去受玺，子婴称病不去。最后，赵高亲自去请，子婴乘机杀之，灭其三族。作恶多端的赵高最终还是自食其果。赵高虽死，但关东已失，人心已离，天下处于土崩瓦解之势。十月，刘邦已进驻灞上（西安市东），子婴为王仅46天就投降刘邦于轵道旁。秦朝终以奸臣乱政，二世而亡。

入关约法

## 六、楚汉之争

刘邦率大军入咸阳后，见秦宫珍宝满地，美女如云，不免升起贪念。在樊哙、张良苦口进谏下，刘邦决定封存秦朝的仓库，退军灞上，他还与关中父老约法三章——"杀人者死，伤人及盗抵罪"，稳定了社会秩序，深受百姓的拥护。

张良像

项羽后面赶到，见刘邦力拔头筹，心中不快。当时项羽拥兵40万，而刘邦兵力仅10万，力量对比相当悬殊，且双方兵马驻地仅距40里！刘邦的手下将领曹无伤见情势不利，便暗中向项羽告密说刘邦

鸿门宴

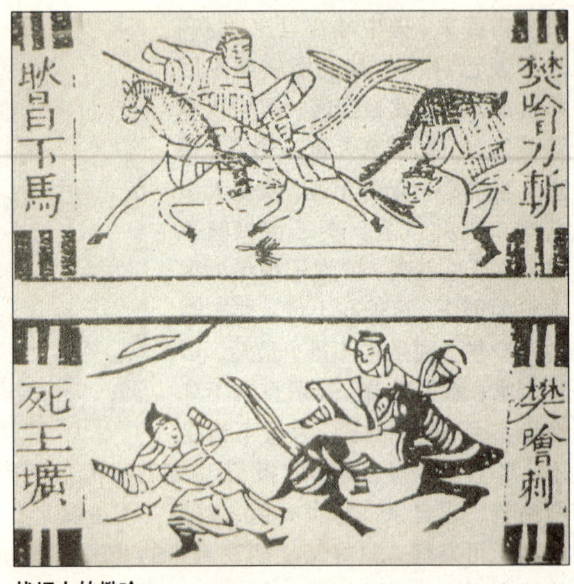


战场上的樊哙

要称王，而且要占尽所有的金银财宝，项羽闻后大怒。项羽的谋士范增也进言，刘邦向来贪财好色，而入关后不取钱财妇女，其志不小，建议项羽乘机一举消灭刘邦，除去心中大患。

就在项羽磨刀霍霍，厉兵秣马之际，不料走漏了风声。项羽的一位叔父项伯曾因杀人而被刘邦的谋士张良相救，由于不忍心看着张良也遭到杀害，他连夜赶往刘邦大营，规劝张良从速逃走。一心辅佐刘邦的张良眼看局势严峻，大战一触即发，赶忙通知了刘邦，刘邦这时才意识到情势的危急。刘邦听从张良计谋，对项伯好好款待，还和他定下了儿女亲家。项伯回营后，劝服项羽暂不要用兵刘邦，待明天再作决断。

第二天，刘邦率张良、樊哙等百余骑兵赶往鸿门（今陕西临潼东北），向项羽当面谢罪。宴会之上，范增曾三次举玦示意项羽动手除掉刘邦，但项羽却毫无反应。范增无奈，令项庄在席间舞剑，伺机刺杀刘邦。项伯觉察气氛不对，赶忙也拔剑起舞，用身体护住刘邦。在这千钧一发的紧急关头，张良叫来樊哙，但见樊哙“头发上指，目眦尽裂”，饮酒吃肉，威猛无比。他大声说：刘邦遣将守关是为了维护治安，等待大王来临，并没有任何称王的野心。刘邦劳苦功高，而大王却听信谗言，反而要诛死有功之人，这是大王的不对。项羽等人信以为真，放松了警惕，刘邦趁机脱险，返回了灞上，并立即处死了内部奸细曹无伤。留下来的张良

拿出白璧、玉斗各一双，作为谢礼分别献给项羽、范增。范增一怒之下将玉斗扔在地上，用剑砍成两半，感慨道："你不听我的话，今后争霸天下的必定是刘邦，我们都将成为他的俘虏！"

鸿门宴后，项羽进驻关中，杀了子婴，火烧秦宫。他拒绝了建都关中的提议，而回彭城。汉高祖元年（前206）四月，项羽召集各路诸侯，分封18王。自称西楚霸王，都彭城。封刘邦为汉王，居巴蜀汉中，而关中地区分给秦降将章邯、董翳、司马欣，号称"三秦"，以牵制刘邦。对此刘邦极为不满，但自己的兵力弱小，无力跟项羽计较，只好带着人马到封国都城南郑（今陕西汉中东）就任。在南郑，刘邦拜萧何为丞相，任用曹参、樊哙、周勃等为将军，又拜萧何月下追来的韩信为大将军，重整旗鼓，养精蓄锐，准备再和项羽一争天下。

萧何像

当年，韩信在淮阴生活无着落，但是剑不离身很有骨气；虽尝尽人间的酸楚，但仍然乐观自信。甚至一次在闹市从一无赖少年裤裆下钻过，对众人的哄笑，镇定自若，不卑不亢，很有隐忍气质。但人们却从此给了他"胯夫"这样一个外号。萧何发现韩信满腹经纶，精通兵法，对他很器重，三番五次地向刘邦推荐。可是，刘邦认为韩信是个"胯夫"，迟迟不肯重用。于是韩信找个机会溜走了。萧何听说韩信逃走了，来不及报告汉王，立刻骑上快马，连夜才追上。韩信如果没有遇到萧何这样一位慧眼识才的"伯乐"，也许已被历史尘埃湮没。萧何珍爱人才，为汉王刘邦物色到了一位良才，使刘邦如虎添翼。"萧何月下追韩信"，从此成为政治军事史上的一段佳话。

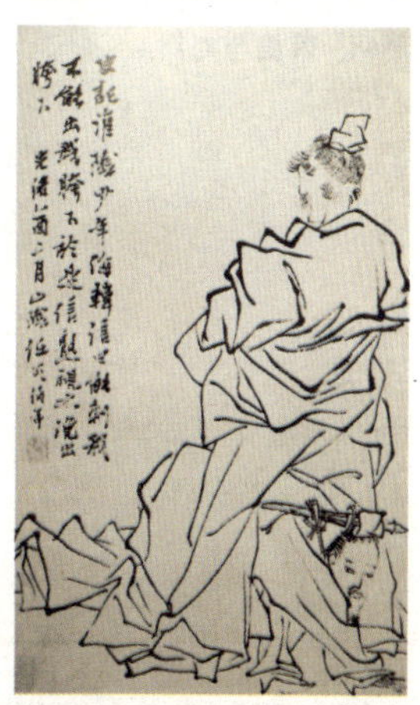

韩信胯下之辱　清·任伯年

登坛拜将

五月，未分封的田荣起兵自立为齐王，项羽忙于攻齐。刘邦、韩信以"明修栈道，暗渡陈仓"之计攻入关中，后挥师东进，收复三秦之地。次年四月，刘邦率大军50万攻入项羽的都城彭城。正在齐地作战的项羽率精兵3万回击，以一当十，竟一举战胜陶醉在胜利之中的刘邦军队。手下士卒几乎

萧何、韩信与刘邦

全军覆没，其父太公及妻子也被项羽所俘，留在楚营沦为人质。

楚汉两军在荥阳、成皋一带对峙，双方互有胜负。韩信则东渡黄河，消灭了一些诸侯国。这时，彭越降汉，在魏地隔断楚军粮道。项羽腹背受敌，见形势不利，决定退兵广武，欲与刘邦展开决战，但刘邦不予理会。项羽因孤立无援，被迫与汉议和，中分天下，划鸿沟为界，以东为楚，以西为汉。汉高祖四年（前203）九月，楚军放太公、刘邦之妻吕雉归汉，项羽罢兵东归。

刘邦本欲西撤，但听从了张良、陈平的劝说，决定毁约，乘势追击。由于韩信和彭越未能如约会战，汉军反被楚军打败。为了拉拢韩信、彭越，刘邦允诺以睢阳以北至穀城之地给彭越，陈以东到海之楚地给韩信，二人才率兵来援，包围了项羽。公元前202年，项羽率军退至垓下，此时楚军已是四面楚歌，军心涣散。这位30岁的盖世英雄，不由得慷慨悲歌起来：“力拔山兮气盖世，时不利兮骓不逝，骓不逝兮可奈何！虞兮虞兮奈若何！”陪伴在身边的虞姬，也抽出一把宝剑，随着项王的悲歌边唱边舞：“汉兵已掠地，四面楚歌声。大王意气尽，贱妾何聊生！”歌声传来，哀婉呜咽。唱罢饮剑而死。项王眼望爱姬，肝

**四面楚歌** 现代·赵奇

**虞姬像** 《晚笑堂画传》

霸王别姬　清·吴友如

项羽乌江自刎

胆俱焚，最后把心一横，纵身跨上乌骓马，率领800勇士，向汉军杀去。项羽最后败退至乌江渡口，自杀身亡。楚汉之争以刘邦的胜利而告终。当年二月，刘邦于定陶登上皇帝宝座，国号汉，史称西汉。五月，迁都长安（今陕西西安）。

## 七、汉初的统一与集权

汉承秦制，但又有所变通。汉初的地方行政制度，采用的是“郡国并行的双轨制”，即在实行郡县制的同时，实行分封制。楚汉战争中，刘邦为了争取同盟军，笼络有实力的将领，共同消灭项羽，先后策略性地分封了七个诸侯王：楚王韩信、淮南王英布、梁王彭越、赵王张敖、韩王赵信、燕王臧荼和衡山王（后改长沙王）吴芮。西汉建立后，关东广大地区几乎全部为诸侯王所占据，大体相当于战国东方六国的故地。而且，他们手中都握着相当数量的武装力量。诸侯王的长期存在，对刚刚建立起来的西汉王朝构成了极大威胁，也必将成为专制主义中央集权和国家统一的严重障碍。刘邦称帝后不久，便想方设法地要削夺他们的兵权，直至剪除这些异姓诸侯王。

韩信像

汉高祖五年（前202），臧荼首先反汉。刘邦率周勃、樊哙等前往讨之，燕、代之地遂平。汉高祖六年，有人诬告功劳最大的韩信谋反。刘邦用陈平计，假装去云梦泽游猎，在途中将韩信逮

诱杀韩信

捕，使其留在身边。至此时，韩信才如梦初醒，认识到“狡兔死，良狗烹；高鸟尽，良弓藏；敌国破，谋臣亡”的道理，原来“天下已定，我固当烹！”汉高祖十年，赵相陈豨被疑谋变，于是便索性举兵反汉。韩信不甘心任刘邦摆布，便与陈豨秘密勾结。第二年春，韩信与陈豨秘密勾结之事泄露，刘邦外出平定陈豨，留守长安的吕后与丞相萧何，便定计将韩信骗入长乐宫，夷其三族，将韩信势力迅速翦灭。陈豨反汉后，刘邦令梁王彭越随征陈豨 。但彭越假装生病，不肯出兵。刘邦极为不满，怀疑彭越也有谋反之意。彭越部下人心惶惶，纷纷劝彭越破釜沉舟，与汉一战。然而，彭越认为不妥，将军心平定下去。但是，朝中已普遍认为彭越已有反意，于是便把彭越逮捕、发配。适逢吕后从长安来，刘邦听从吕后劝告，斩杀彭越，夷其宗族。韩信、彭越接连被诛杀后，英布心中自然极为不安，干脆举起了反汉的大旗。汉高祖十二年，刘邦亲领大军东击英布。英布战败后被杀。最后只有长沙王吴芮国小势弱，地处僻远，对汉威胁不大，因而作为汉与南越的缓冲地区而得以保留。

汉王濯足气英布

刘邦因猜忌功臣而使大臣们人人自危，甚至连相国萧何也处处小心，只有张良老成忠厚，幸免于难，得以善终。然而，这些辅佐汉业的股肱之臣被刘邦杀戮殆尽之后，当西汉再度面对匈奴强敌的时候，刘邦已是一个孤家寡人，孤独无助，欲用干将而不能，徒留下“安得猛士兮守四方”的喟叹！

秦汉时期，匈奴的首领冒顿单于统一了匈奴各部落，初步确立国家建制。在长期的对外征战中，匈奴已经据有长城南北的广大地区，盛极一时，对毗邻的西汉政权构成了极大威胁。西汉始终为北疆的边患困扰着。汉高祖六年秋，匈奴南下进攻马邑，在后援不济的情况下，韩王信被迫投降了匈奴。次年，匈奴军再次南下，攻晋阳（今山西太原）。刘邦亲自率兵迎击，结果在平城（今山西大同东北）东北的白登山被匈奴40万精锐骑兵团团包围。汉军一连被困七天，内外无法相救。后来，陈平献计，遣使出围，携带重礼，贿赂单于阏氏，请求议和，才得脱险。“白登之围”使西汉王朝统治者认识到，想要通过战争的办法彻底解决与匈奴的关系是不现实的。刘

汉高祖劝太子

邦接受娄敬建议采取“和亲”政策，把汉室公主嫁给匈奴单于，每年还送去大批丝绸、粮食与之结约，以缓和匈奴对边境地区的骚扰，从而暂时避免了与匈奴的正面对抗，使西汉赢得了喘息的机会。

高祖十三年四月，汉高祖刘邦在长乐宫临终时，曾告诉太子刘盈，周勃是可以嘱托大事的人。原来，刘邦对于吕氏的野心早有戒备。他处处为子孙着想，深恐刘家的天下被吕氏篡夺。而太子的懦弱正是刘邦最放心不下的事情。刘邦在世时，曾冷落吕后。刘邦死后，吕后便对以前的姬妾们进行迫害，竟达到丧心病狂的地步。她残忍地将戚夫人四肢砍断，挖去眼睛，灌药使她变成哑巴，最后扔到茅房，叫做“人彘”。生性仁慈、心地善良的惠帝刘盈在看到“人彘”后，受到极大刺激，从此不再上朝处理政务。吕后临朝后，培植自己势力，大封吕氏族人为王、列侯，朝政完全为吕氏所把持。不可否认，吕后在汉王朝草创之

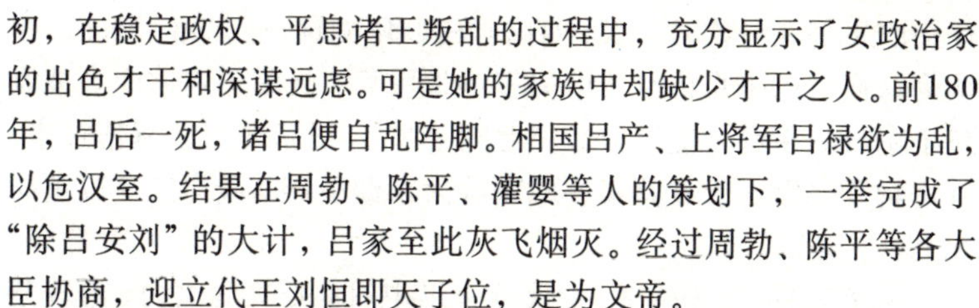

初，在稳定政权、平息诸王叛乱的过程中，充分显示了女政治家的出色才干和深谋远虑。可是她的家族中却缺少才干之人。前180年，吕后一死，诸吕便自乱阵脚。相国吕产、上将军吕禄欲为乱，以危汉室。结果在周勃、陈平、灌婴等人的策划下，一举完成了“除吕安刘”的大计，吕家至此灰飞烟灭。经过周勃、陈平等各大臣协商，迎立代王刘恒即天子位，是为文帝。

刘邦在消灭异姓王的同时，为巩固刘氏政权，还分封了同姓王，用以藩屏汉室。刘邦宣称“非刘姓不王”，一共分封了九个同姓王。起初，这些封王的年龄尚小，封地内也无多少特权，因而不会对中央构成威胁。但是，经过西汉前期的发展恢复，各诸侯王的势力也很快膨胀起来，他们想要独立自治的倾向已经越来越强烈。而且，他们拥有上至任命官员，下至征收赋税、铸造钱币等政治、经济实权，更容易形成分裂势力，危及“大一统”格局。这已经成为西汉的头等重要问题。

吕后宴请群臣

文帝（前179—前157年在位）时，一再发生王国叛乱。当时贾谊上策削藩，文帝宽仁，不忍罚，结果贾谊的建议未被采纳。景帝刘启（前156—前141年在位）即位后，

周勃像

汉文帝像

周亚夫像

晁错力主削藩，上书曰："今削之亦反，不削亦反。削之，其反亟，祸小；不削，反迟，祸大。"公元前154年，汉景帝用晁错策，首先借故削去了赵王之常山郡、楚王之东海郡以及胶西王的六个县，对东方各国触动极大，很快，削藩之势波及吴王。

吴王刘濞是汉高祖刘邦兄刘仲之子。刘邦平英布时，年仅20岁的刘濞也随军作战，且战功赫赫。异姓诸王被铲除之时，几位皇子年纪还很小。刘濞则拥有了会稽、豫章等53城的领地，逐渐成为实力强大的"吴王"。吴地境内盛产铜、盐，这是其经济发展迅速的优越条件。刘邦知道刘濞势力很强，也曾告诫侄儿："天下同姓为一家，不可谋反啊！"吴王当即点头，表示同意。文帝时，吴太子刘贤入朝，因对皇太子（后来的汉景帝）不恭而被杀，促使刘濞对汉廷心怀不满。当年，刘贤的遗体被运回国，刘濞怒斥使者曰："死长安即葬长安，何必来葬为！"于是又令使者遣回长安，可见其品性刚烈。吴王从此"失藩臣之礼"，称疾不朝，暗中积蓄力量，蓄谋夺位。当闻朝廷要削吴，吴王乃联合楚、赵、胶西、胶东及济南诸王以"诛晁错，清君侧"为名，举兵反叛汉廷。汉初的平静又一次被打破。刘启听信奸臣的话，斩晁错于东市，误认为这样可以平息内乱。但吴王不肯罢兵，战争迅速演变为波及整个东方的叛乱，史称吴楚"七国之乱"。景帝这时才醒悟过来，后悔斩杀晁错。于是调集各地军队前来勤王，以武力的手段镇压叛乱。

为了平息"七国之乱"，汉景帝以中尉周亚夫为太尉，进攻楚地，派曲周侯郦寄击赵王，令栾布击齐王，让大将军窦婴屯荥阳，再加上梁王拼全力与吴、楚军队决战，终于挫败叛军。楚王、赵王、胶西王、胶东王、淄川王、济南王，或自杀，或被杀。吴王刘濞率数千残兵乘夜投奔东越，结果被杀。"七国之乱"平定以后，"郡县并行制"被取消，原属郡国的许多重要权力都为中央收回，诸侯王的某些特权也一并收回，这样就无法对抗中央了。经过这场战争，诸侯王国问题得到了根本解决，汉朝中央集权进一步走向巩固，国家力量显著增强。

## 八、与民休息与文景之治

经过秦末农民战争以及四年"楚汉战争"，西汉社会一片破败。百姓穷困，国库空虚。西汉统治者清醒地认识到，可以在"马上得天下，不能在马上治天下"。必须顺应民心，尽快恢复经济。

为此西汉王朝采用了“休养生息，无为而治”的治国方略。

曹参像 《历代名臣像解》

萧何死后，惠帝按照萧何遗愿，从齐国请回曹参作相国，全力辅佐朝政。他基本上按照萧何当政时的方针治国，自己从不沽名钓誉。他想百姓之所想，让百姓安心生产，从不侵扰百姓。他为人耿直，任用了一批有真才实学的大臣，鼓励他们大胆地去治理国家，不要拘束。而他自己却整日喝着醇酒，自由自在，一副无所牵挂的样子。一些大臣看到曹参这种无所作为的样子，想帮他出点主意。他们到了曹参家里，但刚进家门，曹参就请他们一起喝酒。要是有人在他跟前提起朝廷大事，他就总是把话题岔开，弄得别人没法开口，最后客人们只好都喝得醉醺醺地回去了。府里的人，犯了些小错误，曹参也视而不见。所以朝野上下、相国府内外一切井然有序。曹参延续了汉初刘邦、萧何所制定的“无为治国”的方略，为百姓减少了经济负担，进一步稳固了西汉政权。历史上称之为“萧规曹随”。

萧何与曹参 清年画

后文景两帝相继即位，历时40年中，进一步采用了“无为而治，与民休息”的措施，实行轻徭薄赋，社会经济人口迅速恢复，政治稳定，史称“文景之治”。

露台惜费

文帝为政时曾连续12年免去全国的田租，景帝时虽然复收田租，但税制极低，以三十税一，并成为汉朝的定制。将百姓交纳的算赋由每人每年交120钱减为40钱，并大大缩短百姓服兵役、杂役的时间。为反对奢靡之风，文景二帝还以身作则。汉文帝的生活十分俭朴，据说他平常穿的是黑色颜料染成的粗布袍，脚下套着木头皮革制成的复底鞋，睡的是莞草蒲叶编成的席子，就连居室里挂的帘帷，也是用臣下上书用的布袋剪裁拼接而成。文帝在位23年中，从未修建新的宫廷苑囿；

汉景帝像

汉室的宗庙和陵寝都十分简陋。有一次，他想造个露台，召来工匠估算，价值百金。他感叹道：百金，这相当于10户中等人家的产业啊！便马上打消了念头。太子（即汉景帝）在他的教育和影响下，也自小养成了俭朴的品性。这些措施减轻了农民负担，使百姓生活趋于安定。文景帝还十分关心百姓的生活，下令开放山泽禁苑给贫民耕种，供人民渔猎、开采和贩运。此外，还停止各郡国每年对朝廷上贡，颁布了赈贷鳏寡孤独的法令。

在社会经济恢复、发展之际，还实行“约法省禁”，废除一些严刑苛法，减轻了刑罚。如文帝十三年下令将割鼻、断足等酷刑改为笞打，而景帝进一步减少了笞打的数量。在一定程度上缓和了社会矛盾，巩固了汉王朝的统治。汉初的政论家普遍认为，秦亡的一个重要原因，是言路不畅，人民的呼声得不到重视。汉初的高祖、文帝、景帝对此都有深刻而清醒的认识，广开言路，虚心纳谏，使贤者各尽其言。西汉初期所推行的这一系列政策大大提高了农民生产的积极性，工商业也随之繁荣起来，据《史记》记载，长安国库的钱有几百万斤，仓库里新粮压旧粮，有的陈粮都腐烂得不能吃了。

## 九、汉武帝的大一统

汉武帝像

汉武帝（前156—前87）名彻，是景帝的第九子。他雄才大略，在位54年对内加强中央集权，对外开拓疆土，继文景之治后，在中国历史上第一次将中华民族推向了繁荣昌盛时期。他本人也成为后世推崇的一代明君。

汉景帝时虽然平定了吴楚“七国之乱”，但诸侯王的权力尚存，这严重地阻碍了中央政令的上通下达。武帝即位后继续打击地方割据势力，他采纳大臣主父偃的建议，颁布了“推恩令”，即诸王除嫡长子继承王位外，其他诸子可以要求推恩分封为侯，这就使得诸侯王国由于众建列侯而封地越分越小，削弱了各诸侯的实力。为了防止诸侯王招结宾客，结党营私，武帝还制定了左官律和附益之法。凡在诸侯王国任官者，地位低于中央任命的官吏，并且不得进入中央任职；严禁朝中大臣和诸侯往来，违反者严惩。从此，诸王侯实质上名存实亡，他们虽有封土但不能治民，不得过问政事。

西汉初期，丞相的权力很大，很多事情皇上还需丞相定夺。汉武大帝不甘受制，决定压制相权。武帝着力提拔中下级官员组成“中朝”，成为决策机关，凡事皆由中朝作出决策，而以丞相为首的“外朝”则成为一般的政务执行机关。为了加强对地方的控制，汉武帝把全国分为十三州部，每州设刺史一人，用于监察地方政务。每年八月刺史巡察所辖的郡部，监察郡守、相国、诸王及官员政绩，并有权弹劾或举荐官员。另外，还在京城设立司隶校尉，掌纠察京师百官之职。

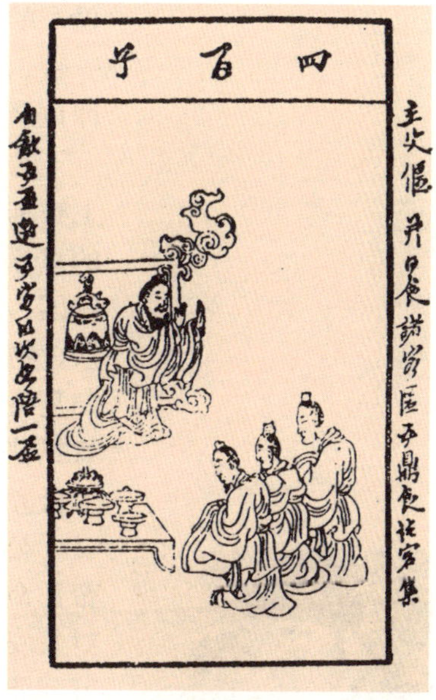

主父偃与推恩令

武帝在广揽人才的同时，还强化了军队，组建了侍从皇帝的期门、羽林、羽林孤儿等三支侍从军。同时招募职业兵组成保卫京师的禁卫军，由八校尉率领。武帝一改前朝无为而治的政策，严刑峻法，增加律条，重用张汤等酷吏，这使得中央集权有了坚强支柱。

汉初70多年的休养生息，使社会经济得到充分发展，但同时社会矛盾也有所显现，如封建割据势力的扩张，对匈奴的一味妥让，所以，无为而治的黄老学说对大有作为的汉武帝来说是一种束缚。儒家思想主张大一统意识、仁义思想和君臣伦理观念，因而更适合当政者的口味和当时的社会情况。于是，汉武帝采纳大儒董仲舒的建议，罢黜百家，独尊儒术，儒术完全成为封建王朝的统治思想。

董仲舒像

为增加收入，汉武帝进行了大规模的财政改革，包括改革币制，均输平准，盐铁官营，算缗告缗。财政改革的主要目的是为了打击不法工商业者，此举为加强中央集权、打败匈奴提供了雄厚的经济保障。

武帝时还对匈奴大规模用兵，改变了秦汉以来北方边境遭匈奴破坏的状况，加强了边疆地区的建设。他派张骞出使西域，了解外情，促进对外经济文化交往，同时还加强了与西南、东北各族的联系，促进了统一的多民族国家的形成。西域有广义与狭义之分，狭义上是指玉门关以西、葱岭

张骞出使西域

以东的地区；广义的西域是指包括葱岭以西、中西亚及欧洲东部一带。汉武帝对匈奴骚扰深恶痛绝，下定决心彻底解决匈奴问题，即位后就派张骞与西域的大月氏联系，以便夹击匈奴。

公元前138年，张骞率随员100多人西行，但不久便在半路上被匈奴俘获，扣留达10年之久，但张骞始终念念不忘国家赋予的重任。后来他率人乘机逃走，越过险峻的葱岭，经大宛、康居等国，辗转到达大月氏。但此时大月氏已据有大夏故地，土地肥沃，物产丰富，民众安居乐业，且与大汉相距太远，不愿兴师东归复仇。张骞无奈，一年后只得取道昆仑东归。谁料途中又被匈奴抓获，拘禁了一年多，后因匈奴发生内乱，张骞才得以逃脱，并于公元前126年回到了阔别已久的京城长安。

卫青像

公元前127年，匈奴侵入上谷、渔阳，杀虏吏民千余人。武帝任命卫青为车骑将军率兵出击，收复了河套地区，解除了匈奴对长安的威胁。于此设立朔方郡和五原郡，又募兵屯边，移民10万到此定居，建立了反击匈奴的基地。公元前 123年春，汉武帝再次组织对匈奴的反击战争。此次战斗中，霍去病年仅18岁，小试锋芒，他率领800名骁勇矫捷的骑兵，以迅雷不及掩耳之势直击匈奴大营，斩杀匈奴2000余人，从此霍去病声名远播，并被封为冠军侯。

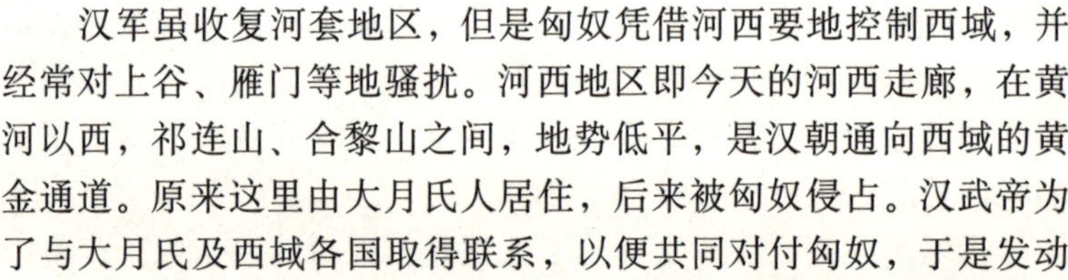

汉军虽收复河套地区，但是匈奴凭借河西要地控制西域，并经常对上谷、雁门等地骚扰。河西地区即今天的河西走廊，在黄河以西，祁连山、合黎山之间，地势低平，是汉朝通向西域的黄金通道。原来这里由大月氏人居住，后来被匈奴侵占。汉武帝为了与大月氏及西域各国取得联系，以便共同对付匈奴，于是发动了河西战役。前121年匈奴再次攻入上谷大肆骚扰。这年春天，汉武帝任命20岁的霍去病为骠骑将军，率领精骑1万，出陇西（今甘肃临洮），越焉支山（今甘肃省山丹境内），转战千余里，于皋兰山（今兰州黄河西）大破匈奴。霍去病率部勇猛异常，横冲直撞，活捉匈奴浑邪王的儿子及相国、都尉等大小将领，歼敌近万人，大获全胜。

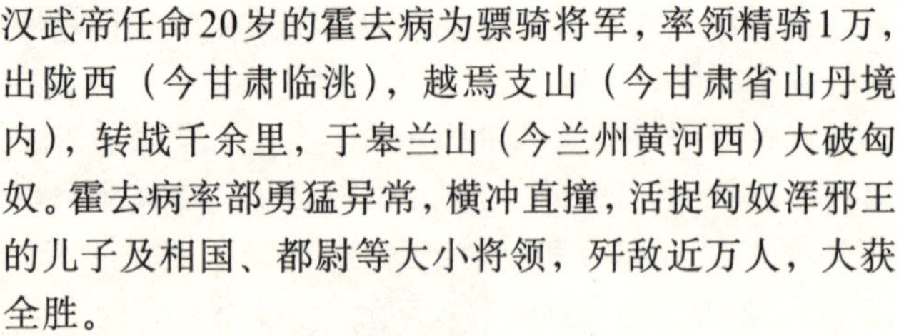

李广像

这年夏天，汉武帝决定乘势彻底扫除匈奴在河西地区的势力，打通西域之路，于是发动了第二次河西战役。 这次战役，以霍去病、公孙敖率领的几万骑兵为主力，从北地郡（今甘肃环县）出发，另派李广、张骞率1万多人从右北平出发，攻击匈奴左贤王，策应西征主力军。霍去病与公孙敖联系不上，便孤军深入，以闪电之势越过居延海（今内蒙古额济纳旗北），横穿小月氏部落，抵达祁连山。匈奴被他神妙莫测的战术搞得晕头转向，祁连山麓一战，被打得落花流水。

霍去病像

河西战役期间，还有一则霍去病的轶事。汉武帝特地从长安送来一坛美酒犒赏霍去病，但他没有独自享用，心念众军，将酒倒入泉水中，与全军将士共享。后来，此地就被称为“酒泉”。汉军占领河西后，陆续设立武威、张掖、酒泉、敦煌四郡，史称“河西四郡”。两次河西战役有力地打击了匈奴。他们非常悲伤地唱道：“亡我祁连山，使我六畜不蕃息；失我焉支山，使我妇女无颜色。”

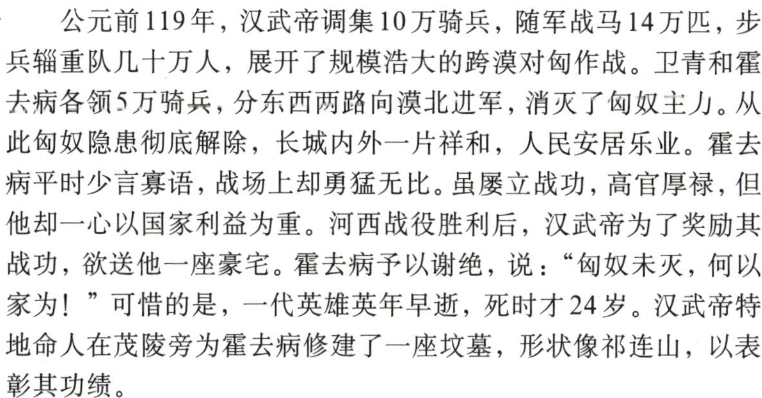

公元前119年，汉武帝调集10万骑兵，随军战马14万匹，步兵辎重队几十万人，展开了规模浩大的跨漠对匈作战。卫青和霍去病各领5万骑兵，分东西两路向漠北进军，消灭了匈奴主力。从此匈奴隐患彻底解除，长城内外一片祥和，人民安居乐业。霍去病平时少言寡语，战场上却勇猛无比。虽屡立战功，高官厚禄，但他却一心以国家利益为重。河西战役胜利后，汉武帝为了奖励其战功，欲送他一座豪宅。霍去病予以谢绝，说：“匈奴未灭，何以家为！”可惜的是，一代英雄英年早逝，死时才24岁。汉武帝特地命人在茂陵旁为霍去病修建了一座坟墓，形状像祁连山，以表彰其功绩。

公元前119年，张骞又奉命带着大批金银丝绸牛羊第二次出使西域。一方面联合乌孙，约其共击匈奴；一方面远播汉朝威名，促进周边关系和睦。他沿途派出副使出使大宛、康居、大夏、安息等地，扩大了汉朝的政治影响；自己则亲赴乌孙，后来乌孙也派出一个数十人的使团随同张骞回国，这也是中亚使者第一次来到中土。张骞通西域之后，西域各族人民与中原人民的经济、文化交流日益频繁。汉朝的先进技术、手工业相继推广到西域，西域的物产、文化也相继传入内地，促进了中国统一的多民族国家的形成和发展。

西汉时，中西商贸往来通过新疆的陆路交通有南北两条大道：南路从长安出发，经敦煌、鄯善（今新疆石城镇）、于阗（今新疆和田）、莎车等地，越葱岭（今帕米尔）到大月氏、安息等地；北路经敦煌、龟兹（今新疆库车）、疏勒（今新疆喀什噶尔）等地，越葱岭到大宛、康居、奄蔡，由奄蔡南下可到安息，由安息向西可达大秦（罗马帝国）。这两条路线成为当时经济交流的两条大动脉。由于中国的丝织品在国际上享有盛誉，所以此路被称为“丝绸之路”。自汉代之后，丝绸之路作为东西方文明的主要纽带依然发挥着重要作用，促进了中国同世界各国的经济文化交流。

## 十、昭宣中兴

霍光像

汉武帝统治后期，“海内虚耗”，百姓困乏，户口减半，社会危机日益严重。因此，汉武帝开始自我反省，息兵养民，着手恢复生产。汉昭帝（前86—前74年在位）8岁继位，由大司马、大将军、领尚书事霍光（霍去病之弟）辅政。霍光是西汉时期较有作为的政治家，他从武帝晚年的是非功过中吸取教训，多次下令赈贷农民，减免田赋，鼓励生产，使农民得到一定实惠，并且对工商业放宽了限制，这在封建社会里，是有远见的做法。宣帝（前73—前49年在位）亲政期间，节缩开支，多次下诏“损膳省宰”，通过“精兵”政策，鼓励士兵还农生产；推行屯田，减轻农民徭役不息之苦；并对致力于农业生产的地方官吏破格提升，以此作为激励。通过这些措施，西汉政府有效地安置了流民，极大地促进了农业生产。宣帝还对昭帝时期的安民政策一脉相承，把原属各郡国的国有土地给无地农民耕种，减少对农业的征税。这些措施极大地缓和了汉朝中期的社会矛盾，调动了种田人的积极性。据史书记载，湟中地区的谷价只有每石八钱，足见宣帝改革的力度是很大的。

汉宣帝褒奖守令

昭宣二帝重视地方官吏选拔和人才选拔。汉宣帝小时候生活在民间，亲身感触过地方官员的“暴行”。因此，在他统治时期，格外注意对郡国、地方官员的选拔和任用。他摒弃武帝的用人政策，大胆地从基层选拔优秀的官员。这种激励政策，调动了官员的积极性，因此有大批廉洁奉公的“循吏”涌现出来。汉朝中期政治风气大为改观。

为了缓和阶级矛盾，昭宣时期还“力矫酷吏，平理狱讼，以惩前世之失”。宣帝时废除了武帝时的许多酷法，并设置了廷平一官，专助决疑案、理诉讼、平冤狱，把治狱的好坏作为考核官吏的一项重要内容。这些措施改变了武帝末年大臣“安危不可知”的恐怖局面，从而缓和了社会矛盾。昭宣时期还对官吏实行“秩俸制度”，不仅平息了社会危机，也为中兴汉室奠定了基础。

昭君出塞图 明·仇英

此外，汉武帝以来“西联西域、北灭匈奴”的方针历经80余年奋斗，也在昭、宣之际基本完成。这一时期，匈奴内部矛盾激化，爆发了“五单于争位”的内乱。呼韩邪单于战败穷困，为其兄郅支单于所逼，乃决计归汉。宣帝对他优礼相加，又从经济上和军事上给予帮助。汉元帝竟宁元年，呼韩邪单于来到长安，提出与汉室通婚的要求。汉元帝从宫中选取了一名叫王嫱（王昭君）的女子，以汉室公主的身份，远嫁塞外。呼韩邪以其为“宁胡阏氏”。昭君和番，给汉匈双方都带来了边陲和平，并使中原文化得以传播。昭君出塞60多年，汉匈双方几乎没有战争发生，实现了塞北与中原的统一。这种局面的出现，对于促进民族融和、开发西域具有重大历史意义。

武帝“晚而改过”预示着汉朝中兴即将到来，而昭宣二帝及辅政大臣霍光的努力，则是“中兴”局面出现的关键。昭宣二帝时期，缓和了不断激化的社会矛盾，平息了严重的社会危机，恢复了国家元气，使盛世再现于中原，为汉朝带来了空前的声望。汉宣帝还被封建史家称为“中兴之主”。经过二代帝王的经营，西汉王朝由乱而治，社会继续进步发展，他们的功业因此而彪炳史册。

## 十一、王莽改制

王莽像

西汉自宣帝之后的四个皇帝都极其腐朽，朝廷大权旁落，外戚宦官相继把持朝权，声势显赫。王莽就是外戚之一，他字巨君，汉元帝皇后王政君之侄。元帝、成帝时，王氏有九人封侯，五人任大司马，显赫的家族势力为王莽代汉奠定了政治基础。

西汉末年，贵族子弟多生活奢侈，胡作非为，而王莽却折节向学，谦恭节俭，礼贤下士，广泛交友，口碑极佳。他的伯父王凤生病时，他便衣不解带床前侍奉，还亲口尝药，因而深得大将军王凤、大司马王根的器重。公元前8年，王莽接替王根职位，出任大司马。但哀帝继位后，由于其祖母家丁氏和母家傅氏掌权，王莽被迫离职。公元1年，汉哀帝去世，平帝继位，王莽又被临朝的王太后重新起用，而汉平帝仅是9岁儿童，所以朝中大权尽在大司马王莽之手。这时他便开始排除异已，培植党羽，其野心也逐渐显露出来。他称安汉公，后立孺子婴为皇帝，由其辅政，称“摄皇帝”。公元8年，篡汉位，改国号为新。

王莽当政时，社会矛盾尖锐，人民生活痛苦；为缓和阶级矛盾，维持统治，王莽打出《周礼》的旗号，宣布实行改制：

仿效古制，对职官制度和地名作了较大修改。如改大司农为羲和，改少府为共工，改郡太守为大尹，县令、长为宰。王莽颁行五等爵，滥加封赏。所谓上行下效，更多的奸利之徒，收受贿赂，鱼肉百姓。他还多次更改地名，先据《尧典》正十二州名分界，后又据《禹贡》改为九州，有的郡甚至五易其名，最后还是恢复旧称；其结果是地名混乱，有的官员也不甚清楚。

推行王田制，废除土地私有制，恢复井田制，重新分配土地。他宣布全国土地为“王田”，不许买卖。王莽这一措施的初衷是为了减缓土地兼并，但是它严重侵害了官僚豪强的利益，其结果推行三年即告废止。

他还以加重征收口赋的办法制止买卖奴婢，更名奴婢为“私属”，结果收效甚微。公元11年，王莽不得不下诏“犯私买卖庶人者，且一切勿治”，即承认了买卖奴婢合法化。

实行五均、六筦制，即在全国大城市里设“五均司市”负责管理市场、平衡物价、收税等事项；实行盐、酒、铁器官卖；钱币由政府统一铸造；收山林、池沼和农商、手工业税。但是由于王莽所用的官员多依赖拥有家产数千万的大富商，官商相护，他们便乘机收贱卖贵，投机倒把，大发横财。

数次变更币制，造成货币流通混乱，破坏了社会经济。他使用了28种货币，称为“宝货”。除名目繁多之外，还将早已失去货币性能的原始货币，如龟壳、贝壳等拿来使用，造成了金融混乱，货币贬值，物价飞涨，而每改革一次，就是新朝对人民血汗的一次大搜刮。

在周边关系上，改变对少数民族的友好政策，引发大规模战争。他派兵去征伐匈奴、高丽、西南夷和西域，主动挑起对东北和西南少数民族的战争。为了维持战争，就只能大量征发徭役和物资，百姓饱受战争之苦，无以为生。

王莽的改制未能挽救西汉末年的社会危机，反而激化了各种社会矛盾，再加上当时旱灾和蝗灾严重，人民更是陷入悲惨境地。贫苦农民一旦触犯了“新法”，就要被罚为官奴婢。因犯禁被捕，押解长安去服劳役的人一次竟达10万之多。在忍无可忍之下，全国响起了一片反莽的呼声，著名的赤眉绿林农民大起义也终于爆发，新朝的统治摇摇欲坠。

## 十二、东汉建立与光武中兴

公元17年，新市（今湖北京山）人王匡、王凤率先发动饥民起义，不久南阳人马武、颍川人王常、成丹也率众参加了义军，因占据绿林山（今湖北大洪山），因而称之为绿林军。义军队伍迅速发展壮大，到了21年，拥兵5万。18年，琅玡人樊崇在山东莒县起义，21年在山东成昌与王莽军队会战，并取得胜利。在战斗中为了区别敌我，义军将眉毛染为红色，故称“赤眉军”。

王莽改制，不仅引起了百姓的愤恨，西汉宗室刘氏后裔也对王莽不满，刘玄投入了绿林军，刘縯、刘秀兄弟起兵后与绿林军合兵共击王莽。23年，绿林军推刘玄为帝，建立了“更始”政权。之后，王匡、刘縯率主力围攻宛城，王凤、王常、刘秀进攻昆阳（今河南叶县）、郾城和定陵。由于昆阳是一个重要的战略之地，王莽闻讯，立即派王寻、王邑率42万大军欲夺回昆阳，而此时义军驻昆阳之兵还不到1万。王邑目空一切，放出狂言，“喋血而进，前歌后舞”。

在此非常时刻，刘秀仅率13骑士入夜奋勇突围，向定陵、郾城请求援兵。之后，刘秀率数千援军同昆阳守军内应外合，大破敌军。时逢大雨倾盆、河水暴涨，王邑之军人心涣散，踏死溺死者无数。刘秀也在昆阳大捷中一举成名，在军中威望迅速提高。

光武帝像

在刘秀保卫昆阳之时，其兄刘縯与刘玄的冲突也日益加深，刘玄便杀死了刘縯。当刘秀得知其兄被害后，他极力克制，非但不为兄报仇，也不哭泣服丧，反亲见刘玄，表示并无芥蒂，避免了同刘玄的正面冲突。刘秀被派到河北镇抚诸州郡。

昆阳之战后，王莽的主力几乎消失殆尽。随后，更始军兵分两路进攻洛阳和长安，王莽之军已无力抵抗，义军很快攻陷洛阳、长安，王莽被杀死。24年，刘玄迁都于长安。他大封刘氏宗室和有功之臣，之后，便沉迷于酒色，不理朝政。樊崇30万赤眉军曾欲归顺刘玄，但刘玄却怠慢他们，仅给樊崇等20多名将领以虚职。更始三年（25），赤眉军拥立据说是西汉宗室的牧牛娃刘盆子为帝，九月，赤眉军攻入长安，刘玄投降。

另一方面，刘秀到河北发展，他以恢复汉制为号召，

取得了地方势力的支持，通过镇压、收编铜马等义军，迅速扩展到几十万人。25年，刘秀称帝，先即位于鄗，改元建武，旋迁都洛阳，兴复汉室，史称东汉或后汉。刘秀即光武帝。此后，他镇压了赤眉起义军，削平了各地割据势力，用了十几年时间才重新统一了全国。

东汉政权是建立在生产严重破坏、阶级矛盾尖锐激烈的社会基础之上的，为此，光武帝十分注意吸取前朝的经验教训。他在位期间，强化中央集权，努力恢复生产，稳定社会秩序，取得了良好效果。

政治方面，进一步加强中央集权。刘秀吸取了西汉末年权臣乱政的教训，他虽然保留了三公（司徒、司空、太尉），但不予实权；另一方面他效仿汉武帝设立内朝的做法，扩大亲信机构尚书台的权力。尚书台虽权力很大，但官职低微。这样，尚书台尽在皇帝控制之中。刘秀还设立了监察地方政情的刺史，可直接上奏皇帝。

东汉建立后，刘秀对地方武装力量始终耿耿于怀。在东汉的军事制度上，他取消了地方军队，逐步壮大中央军队，同时还剥夺武将实权，这样就将军权牢牢控制在自己手中。其缺点也是明显的，一遇战事叛乱，急需军队时，地方上无兵可用。

在东汉初期，由于连绵战争，全国人口锐减，田园荒废。光武帝在经济方面非常注意恢复发展社会生产，以与民休养为原则，采纳轻徭薄役的政策。他曾数次下令释放奴婢，禁止虐杀，同时释放大批囚徒，鼓励流民返乡垦荒。这样不仅增加了社会劳动力，还缓和了社会矛盾，在一定程度上阻止了自耕农沦为奴隶的趋势。对于田租，由十税一恢复到三十税一。为了减轻农民负担，光武帝还成功地组织军队屯垦，实行大规模的精兵简政政策。经过此番励精图治，30年间，东汉人口迅速恢复，人民安居乐业，史称“光武中兴”。

## 十三、汉末动荡时局

东汉时期，豪强地主势力迅速膨胀，控制了社会政治、经济的各个方面，成为东汉政权的阶级基础。光武帝刘秀就是南阳大地主，跟随刘秀的功臣大将，也大多为豪强地主。东汉初年，光武帝为巩固自己的统治，对这些士家豪族采取了一定限制措施，使其无力威胁中央；但是东汉后期，皇权削弱，朝廷逐渐为豪强

十侍乱政

汉灵帝列肆后宫

地主所控制，成为东汉末年军阀混战、割据的先兆。

东汉一朝，除光武帝、明帝和章帝外，皆为年幼即位。皇帝幼小，由母后临朝听政，她们深居后宫，不懂时局，只有依靠父兄的力量相支撑，这就很容易使外戚势力膨胀，从而危及皇权，形成了“外戚擅权”的局面。有外戚擅权，就会有宦官之祸。年幼的皇帝身在皇宫中，与他们日夜相随的正是宦官。由于这层特殊的关系，使得小皇帝对他们比较信任，并有所依赖。为了与外戚斗争，皇帝也容易放纵宦官的权力，因此就助长了宦官集团的嚣张气焰。如此循环往复，形成了外戚、宦官交替擅权的局面。他们明争暗斗，此消彼长。从和帝到灵帝统治的一百年间，双方先后出现过四次大规模的争斗。

东汉末年的黑暗政治，使得一批忧国忧民的太学生和封建官僚深感痛心，他们开始对汉王朝的前途表示担忧。他们出于国家及个人的考虑，纷纷出来抨击时政，痛斥宦官的跋扈，赞扬为官清廉的士大夫，逐渐在东汉形成一股政治势力，这就是汉末的“清议”。顺帝年间，太学生已有3万多人，而太学则成为他们集中反对外戚、宦官的中心，先后发起了学生请愿运动，并出现了

李膺像

反宦官斗争的首领人物太尉陈蕃、司隶校尉李膺等人。然而，由于宦官诬告，使清议蒙冤，桓帝延熹九年（166）逮捕李膺等200多人。后来，他们虽得到赦免，洗清冤情，但桓帝却已不再重用他们，令他们罢官回乡，不得入朝为官。这就是所谓的“党锢之祸”。灵帝熹平五年（176），又发生了党锢事件，这一次斗争更激烈，打击面更广泛。可以说，它对东汉末年的士人是一个沉重的打击。许多人开始逃离现实世界，归隐田园，避而不谈政治。社会舆论及正义的声音顿时销声匿迹。政治文化界的淡出，使得民间的反抗风暴凸显出来。中国历史上首次有组织、有准备的农民起义——黄巾大起义于184年爆发了。

在汉代，人们很相信方士巫师以求祛病除灾，东汉顺帝时，琅玡人于吉写了一部《太平清领书》，主要是阴阳五行思想和巫术杂语，还有些治国之道，在民间流行中形成了几个派别，最主要的有太平道和五斗米道。张角，钜鹿(今河北平乡)人，他以太平道教主的身份派弟子到各州郡传道，用符水治病，信徒达30多万人，主要分布于青、徐、幽、冀、荆、扬、兖、豫八州。经过10多年的准备，他逐渐将流散各地的贫苦农民组织起来，分36方，一方就是一支部队，每方设立一个首领。为了起义，张角四处散布“苍天已死，黄天当立，岁在甲子，天下大吉”的舆论，告诉信徒灵帝中平元年（184）就是太平盛世到来之时，到时大家一同起义，迎接盛世来临。但由于叛徒告密，张角决定提前行动，他马上派人通知各方，以黄巾包头为记，定于中平元年二月36方教众共同起义。起义爆发后，头裹黄头巾的义军如潮水般涌向官衙府县，焚烧官府，攻占城池，地方官员不由得胆战心惊，望风而逃，大起义迅速席卷长江以北广大地区。张角被推为“天公将军”，他的弟弟张宝称“地公将军”，张梁称“人公将军”。

张天师像

东汉王朝见情势危急，慌忙下令解除党锢，集全部中央军队对付农民起义，各地豪强地主也纷纷起兵，协助东汉政府围攻黄巾军。由大将军何进防守洛阳，皇甫嵩、朱俊率主力镇压颍川黄巾军以解除洛阳之险，卢植、董卓负责镇压张角兄弟所在的冀州黄巾军。起初，颍川黄巾军占上风，但后来却犯了一个致命的军事错误，将军队驻扎在草木丛中，皇甫嵩便用火攻，形势急转直下，骑都尉曹操也前来增援，颍川起义军大败。随后，皇甫嵩奉命移师北上，前去围剿冀州义军。就在这紧要关头，张角却不幸病逝。冀州黄巾军在张梁领导下，与皇甫嵩展开了血战，双方争夺不下。皇甫嵩便设计假休战，趁义军懈怠之时，突然偷袭，张梁阵亡，8万多黄巾军英勇牺牲。十一月，在下曲阳（今河北晋县西）的战斗中，起义军又失利，张宝壮烈牺牲，10余万黄巾军被杀害。朱俊率军进攻南阳后，当地义军领袖张曼成、赵弘相继牺牲，南阳黄巾军被镇压下去。

在政府军和豪强地主武装的联合扫荡下，经历9个月英勇战斗的黄巾军最终被绞杀。但各地响应起义的农民武装仍坚持斗争。191年，五斗米道创始人张陵之孙张鲁在汉中起义，建立了政教合一的政权。农民起义严重地动摇了东汉王朝的统治基础。

中平六年（189）四月，汉灵帝在嘉德宫驾崩，朝政暂由何太后掌管，汉廷一度混乱。外戚与宦官的权力争夺几近白热化的地步。他们甚至不惜一切残忍手段，最大限度地攫取自己的政治利益。上层的纷争使握有重兵的地方实力派董卓躲在一旁，暗自高兴。他认为自己称霸的时机已到，于是积极准备，伺机出动。不久，机会来了。董卓收到大将军何进的命令，率军进攻宦官张让。董卓兴冲冲地召集人马，准备移师京城。但是，当他赶到时，京师正一片火海。原来，何进的计划已被宦官集团识破，何进被杀死。袁绍、袁术起兵接应，才将罪大恶极的宦官势力铲除掉。董卓是个有心计的人，他没有直接参加武装对抗，一见形势突变，便打出“勤王”的旗号，在各处打听少帝的下落。不久，董卓以功臣自恃，奉迎少帝回宫，从此便操纵东汉小皇帝于股掌之上，“挟天子以令诸侯”，进而将刘氏政权完全控制起来。不久，董卓以“少帝愚昧懦弱”、不可辅佐为由，改立9岁的陈留王刘协，他就是汉献帝。汉献帝手中无权，实为傀儡，董卓为所欲为，甚至罗织太后何氏的一些罪行，将太后毒杀。此外，对于中央及地方官吏，董卓也有生杀予夺的大权。整个东汉王朝俨然成了董卓的天下。从此，朝臣任免、政策制定，皆出于董卓。

之后，各地的州郡牧守为了争权夺地，以讨伐董卓为名，纷纷起兵，从而拉开了汉末割据混战的序幕。在以袁绍为盟主的关

袁绍像

董卓纵火焚宫

董太师臣卧君床　杨柳青版画

东军的威胁下，董卓挟汉献帝迁都长安，行前纵火焚烧了洛阳宫室及方圆数十里的房屋。董卓倒行逆施，扰得民不聊生。人们对他切齿痛恨，民间甚至还广泛地流传着一首民谣：“千里草，何青青；十里卜，不得生。”歌词中“千里草”、“十里卜”合起来是董卓的名字，“何青青”、“不得生”则深刻地表达了当时广大老百姓对董卓的极度痛恨。

三英战吕布

在汉末朝中，已有许多大臣开始了诛灭董卓的计划。司徒王允重蹈官场之后，早已看清董卓的凶残无道。为了图后举，他矫情曲意，一味奉承；连董卓都被王允假象蒙蔽，对他以朋友相待。但是，诛杀董卓并不容易。因为董卓的戒备心理很强，加之有勇有谋，旁人无法接近。然而，就在这时，董卓的义子吕布使王允眼前一亮。如果对吕布加以利用，诛灭董卓的可能便大大增加了。吕布年轻勇猛，武艺超群，他本来是并州刺史丁原的部下，董卓进洛阳时，派人用大批财物去拉拢吕布，才杀死了丁原。董卓对吕布深为喜爱和信任，收为义子，并作为自己的贴身侍卫。王允暗中以厚礼馈赠吕布，与吕布逐渐结为朋友。不久，吕布便向王允吐露心声。原来，吕布跟董卓虽为父子，但董卓性情暴戾，竟为小事动怒，甚至要拔出手戟刺杀吕布。吕布还与董卓的一个侍婢私通，心惊胆战，惟恐董卓发觉。王允遂趁饮酒之机，告诉吕布刺杀董卓的计划，要吕布作为内应。吕布有点动心了，他虽不愿再受董卓的压制，但对于反叛董卓一时显得很为难。王允对其反复开导，指出"董卓与将军，并非同姓，太师对将军竟然敢下如此毒手，根本不念父子之情，将军又有何要牵挂的呢？"王允的激将法果然奏效，吕布终于醒悟过来，决定与王允联合，除掉董贼。

一个极好的时机来了。汉献帝久病新愈，要在未央宫召见群臣。董卓从郿坞到长安去，一路上小心翼翼，派卫兵密密麻麻排成一条夹道，还叫吕布在他身后保卫。但是，吕布已事先安排同郡骑都尉李肃等人带领十多名士兵，换上卫士的装束隐蔽在宫殿侧门两边。董卓刚到，便遭到李肃等人突袭。董卓用胳膊一挡，被刺伤了手臂，慌忙向吕布呼救。吕布厉声怒喝道："我是奉皇上命令，专门来讨伐贼臣董卓！"话未说完，吕布已经举起长矛，戳穿董卓。董卓虽然奋力反抗，但无济于事，当场被杀。据说董卓死后，暴尸东市，有人搞恶作剧，把点燃的捻子插入董卓的肚脐眼中，董卓肥胖脂厚，捻子竟然"光明达曙"。董卓被诛，人们被压抑的心情再也按捺不住了，成群结队地跑到市井间祝贺。许多人还大开酒宴，弹冠相庆。

王允计诛董卓之后，与吕布共执朝政，相继铲除董卓余党。董卓部将李傕、郭汜担心被杀，于是先发制人，带兵攻打长安。吕布派人叫王允一起出逃。王允不肯逃亡，结果被俘。他临危不惧，被叛军处死于长安。王允死后不久，李傕、郭汜又互相火并混战，

**凤仪亭** 清年画

长安遂成废墟。汉献帝只好逃出长安。

王允计除董卓，后被民间广泛演绎，于是便有了“貂蝉连环计”的故事。貂蝉被誉为中国古代“四大美女”之一，古籍上并无记载，但罗贯中的一部《三国演义》却将貂蝉的民间传说描述得栩栩如生，家喻户晓。据学者考证：貂蝉，姓任，小字红昌，出生在并州郡九原县木耳村，15岁被选入宫中，执掌朝臣戴的貂蝉冠，从此更名为“貂蝉”。据民间传说，貂蝉被司徒王允收为义女。她花容月貌，连出生地木耳村的桃杏都因其美貌，不再开花。王允利用董、吕好色，遂使貂蝉施“连环计”，周旋于二人之间，挑拨二人的关系，最终促使吕布下定决心，诛杀董卓。其行为多为后人称道。

# 第五章 三国两晋南北朝

三国两晋南北朝时代，国朝迭变，乱世沧桑；上接秦汉遗绪，下启隋唐盛世，前后相继三百年。它既保留了秦汉帝国的遗风，又孕育着一个更加兴盛的时代。

“天下大势，分久必合，合久必分。”罗贯中在《三国演义》开篇中说出了如此经典的一句话。而如果用它概括魏晋时期的政局特色，那当然是再恰当不过了。在经历了两汉不平凡的挣扎之后，埋藏在社会深处的矛盾一触即发。无休止的军阀混战为秦汉帝国画上了圆满的句号；而历史在徘徊和沉思之后，又在为新的统一储存着能量。分裂和动乱连绵不绝，在这个血腥纷争的政治黑夜中，百态的人性得到了淋漓尽致的展示。历史从来没有像这个时期一样，充斥着数不清的战祸与纷争。在将近四个世纪的漫长历史中，天下分分合合，曾经先后出现过大大小小近四十个割据政权；除了西晋的短暂统一和南朝的局部统一之外，中国历史出现了罕有的长时间分裂，中原始终弥漫着硝烟的气息。虽然有数不清的政治家为统一作出过努力，但厮杀与挣扎几未平息过，“官渡之战”、“赤壁之战”、“淝水之战”，此伏彼起。战乱使繁华的都市成为瓦砾，使沃野平川化为荒无人烟的战场。无辜百姓背井离乡，流离失所。这是一个血与泪交织的时代！

历史在起伏中变幻。继汉末地方大族迅速膨胀之后，世家大族开始了在魏晋社会全方位的垄断——政治、经济、文化，而且不仅把持了政权，还控制着封建社会赖以发展的土地。他们凭借丰厚的物质基础，世代官宦不绝。这成为中国历史上特有的政治现象。汉末动乱，魏晋相承，都与这一特殊的社会群体密切相关。东晋时，门阀士族专政，皇权衰弱不堪。然而，随着南朝皇权的不断加强，“养尊处优”的门阀士族逐渐衰落；在一片歌舞升平之中，庶族地主得以充任朝中。至南北朝后期，无论是在南方，还是在北方，门阀士族的势力基本上都淡出了政治舞台，其原有的社会政治权力让位于蒸蒸日上的寒门庶族。

五胡乱华，民族融合，这是南北朝时期绕不开的话题。高度发展的中原文化强烈地吸引着各个少数民族，许多民族在学习与借鉴汉族文化的过程中，加速了本民族的封建化进程。三国时，北方战乱，统一政权瓦解后，“五胡”内徙的趋势日渐加强。继匈奴兴起于北方草原之后，曾经游离在周边的四方少数民族——羯、鲜卑、氐、羌等各部，都纷纷踏进了中原的历史舞台。正是这一民族融合的历史潮流，淹没了西晋试图隆兴的统一帝国。但同时，中原地带掀起了此起彼伏的民族融合高潮。

社会巨变，使文化冲突加深。儒学在两汉时期的表面繁荣之下，逐步陷入了僵化和停顿。至魏晋南北朝时期，以儒家学说为核心的传统文化经受了严峻考验；尤其是魏晋玄学勃兴之后，汉族的传统思想观念正发生着前所未有的变更。魏晋时期，印度佛教渐入东土，乘学界动荡之时，在中原悄然兴起；借佛教的东风，中国自身成长出来的道教也迅速发展。各种文化在冲突及排斥之中，相互吸收、磨合，愈加兴旺起来。当黄河流域从战乱中摆脱出来并逐渐恢复活力之后，历史的分裂也将划上一个句号。这一切，将伴随着隋唐帝国的统一而被记入历史，留待后人评说。

## 一、群雄并起，逐鹿中原

曹操像

东汉末年，宦官外戚为争夺政权，互相残杀；豪强大族亦招募精兵，割据一方。群雄竞起，逐鹿中原。在混战中，曹操（155—220，字孟德）从各路军阀中异军突起，逐渐掌握了中原逐鹿的主动权。董卓入洛阳掌权后，他逃回家乡，以图后举，后加入袁绍为盟主的“讨董联军”。董卓死后，曹操将从长安逃出来的汉献帝控制在自己手中，“挟天子以令诸侯”。曹操实力雄厚，又有远见卓识，素怀“山不厌高，水不厌深，周公吐哺，天下归心”之雄心。他采取了正确的方针和策略，注意恢复农业生产，屯田种桑，“得谷百万斛”，势力不断壮大。曹操既有雄厚的军事实力，又占据着地理上的有利位置。待一切准备就绪之后，他便开始着手扫灭群雄，准备再造“大一统”的帝国。

群雄之中，唯一可以与曹操相抗衡的是袁绍。在混战初期，袁绍发展最快，曾一度被推为讨伐董卓的盟主。他利用自己的地位，先后占据了幽、冀、并、青四州，曾经是北方最大割据势力。当时，曹操已打败了张绣和刘表的联军，攻杀吕布，刚刚稳定关中。于是就在建安五年（200），袁、曹双方发生了一场决胜性的大战——官渡之战。

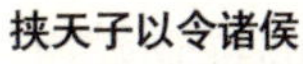
挟天子以令诸侯

曹操挟天子一举令袁绍大为恼火和懊悔，他亲率10万大军，万余劲骑，南渡黄河，欲一举消灭曹操。曹操则率不足3万军队至官渡（今河南中牟西北），以拒袁绍。袁绍自以为兵多粮足，刚愎自用。谋士沮授曾建议说，我军粮草

官渡之战 《三国演义》插图

财力皆胜于曹军，而战斗力稍弱，宜采用持久战。可是袁绍根本听不进去，执意速战速决，先后失去颜良、文丑两员大将。谋士许攸也献计说，可以派兵绕道从许县背后偷袭，袁绍也置若罔闻。谋臣许攸见袁绍大业难成，便星夜投奔曹军。曹操闻讯喜出望外，匆忙跑出来相迎，连鞋子都忘穿了。许攸深为感动，说出了一个重要的军事机密——袁绍屯粮于乌巢。曹操当机立断，亲率5000步兵，化装为袁军，直捣乌巢，焚毁粮草车万余辆。望见乌巢冲天的火光，袁军军心动摇，袁绍闻讯，还试图挣扎，猛攻官渡，但大势已去，袁军全线崩溃，主力7万多人皆被曹军消灭。袁绍仅带800骑兵仓皇逃窜，从此一蹶不振，不久便忧郁而死。官渡之战是三国时关键性的一仗，为曹操统一北方奠定了基础。数年后，曹操剪除了袁绍的残部，吞并冀、青、幽、并四州，并征服了乌桓，基本上统一了中原。

北征乌桓班师途中，曹操留下了“老骥伏枥，志在千里；烈士暮年，壮心不已”的名句，抒发了自己欲统一天下，囊括四海的宏图大志。之后，他的兵锋开始转向荆州的刘表和依附于刘表的刘备以及占据江东的孙权。

孙策像

孙氏起事于江东。当时，黄河流域及中原地区已成为各派军阀争夺的焦点，强手如林。孙策转战江东，兼并刘繇、王朗、华歆之地盘，初步站稳了脚跟。200年孙策死。其弟孙权（181—252）“代兄统众”，以形成根据地。孙权很有军事谋略，早在少年时代便跟随其兄孙策参与议政。孙策甚为惊奇，自叹不如。孙权以其雄才大略，将东吴力量迅速壮大，先后占据会稽、丹阳、吴、豫章、庐江、庐陵等六郡，欲“剿除黄祖，进代刘表，西据楚关，渐规巴蜀”，“建号帝王，以图天下”。他非常器重张昭、周瑜，二人也尽心扶持，招延俊秀，使江东局势逐渐安定。建安十三年（208）春，孙权接受甘宁建议，西攻江夏（今汉口），然后准备西进，攻取荆州，直至巴蜀之地。

## 二、三顾茅庐隆中对

刘备（161—223），字玄德，为汉朝的远支宗室。东汉末，刘

刘表像

刘关张 清末年画

备由于得到富商张世平、苏双的资助，得以在涿县建军立足，与关羽、张飞桃园结义。当时，大大小小军阀都在争夺地盘，划定割据范围。比如袁术占据扬州，刘表占据荆州，刘焉、刘璋父子占据益州，孙坚父子占据江东，马腾父子和韩遂占据凉州。在军阀混战中，只有刘备一直没有固定的地盘。他先后投奔刘焉、卢植、朱隽、刘虞、公孙瓒， 寄人篱下，郁郁不得志。官渡之战时，他正依附于袁绍。建安六年（201），袁绍被曹操击败后，刘备遂到荆州投靠刘表，刘表待之甚厚。刘备力量虽小，但胸怀大志，意在“匡复汉室”，所以他招兵买马，扩充军队，到处打探当地的人才以图将来。

一个偶然的机会，刘备遇到了司马徽，便趁机向他打听当地的贤人。司马徽说：“卧龙、凤雏，你能请到其中一位，就可以平定天下，卧龙可比兴周八百年的姜子牙。”于是，刘备四处打探卧龙先生的下落。恰巧，此时刘备又遇到了一位名士单福，两人很谈得来。单福为刘备出谋划策，多次打败曹操的进攻。曹操很想从刘备那里把单福挖走。曹操最后利用单福的母亲相要挟，使单福不得不含泪与刘备话别。临行前，他再度推荐诸葛亮，称他有经天纬地的才能，必将“助君成就大事”。卧龙先生到底是一位怎样的贤人呢？刘备再也按捺不住自己了，他带着关羽、张飞到隆

诸葛亮像

三顾茅庐

中去请诸葛亮。诸葛亮（181—234），字孔明，琅琊人，“避难荆州，躬耕于野”，一心隐居，不想做官。他对于外面的世界，也不想过问。他知道刘备求贤若渴，但出于避世的考虑，并不愿意接待这位具有帝王之相的汉室后裔。因此，他故意躲开了。关羽、张飞觉得刘备请的只是一个不知天高地厚的草庐书生，很不耐烦。不久，刘备打听到诸葛亮已经回到隆中的消息后，第二次前去拜访。时值隆冬，天气的寒冷并没有驱散刘备面见孔明的热情。刘备一行冒着刺骨寒风，赶到隆中，仍然没有见到诸葛亮，只好惆怅而归。第二年春天，刘备精心选择了拜会吉日，并斋戒三日，再入隆中。这次，孔明正在家中草屋里酣睡。刘备为了不打扰其休息，静静地在门外等候。许久，孔明醒来，见刘备如此谦虚大度，已从其眉宇间看到匡复汉室的希望。于是，他决定出山，便与刘备畅谈起国事。

诸葛亮对于兵法奇谋、外交治国乃至天文地理、阴阳八卦，都很精通；虽然隐居隆中，却早已料定“天下三分”的必然性。他高屋建瓴，条理清晰，深刻地指出，曹操是乱世枭雄，而且善于笼络人才，在他的周围已经形成了一个智囊团，有他们的辅佐，想要打败曹操并非易事。孙权亦是占尽天时地利人和，百姓安居乐业，又有长江天险作屏障，将军对于孙权也只能援而不可图。那么，刘备的出路在哪里？诸葛亮分析了荆州和益州的形势，指出荆州历来为兵家必争之地，现在驻守荆州的刘表十分软弱，根本保不住这个地方。这是刘备的转机。刘备很高兴，心中顿时一亮。益州是另一个要塞，它地势险要，沃野千里，虽远离中原，却可建帝王之业。而现在驻守那里的刘璋昏庸无能，身处大好地方，却不加以治理。将军是汉皇室后代，志存高远。如有可能占有荆、益二州便可东向联合东吴孙权，对内安心治理国家，省去后顾之虑。只要时机成熟，就可以直取长安。如果能做到这些，将军就可以复兴汉朝天下了。

武侯祠对联

诸葛亮的这番谈话，就是历史上著名的《隆中对》。经过诸葛亮对形势的分析，刘备豁

然开朗，看到了希望，心中极为高兴，更对诸葛亮这个年轻人诚心佩服。于是，他恳请诸葛亮出山，辅助自己。诸葛亮成为了刘备的得力助手和主要谋士。但关羽、张飞认为，诸葛亮年纪轻轻，只会空谈，心中很不高兴。但是，事实证明了孔明的远见卓识。夏侯淳引兵10万杀奔新野。刘备听从诸葛亮意见，以少胜多，大败曹军。这才让关、张二人心服口服，对孔明赞叹不已。

## 三、鏖战赤壁三国分

建安十三年七月，曹操在经过精心准备之后，率领几十万大军，浩浩荡荡向南方杀奔而来。 大军压境，荆州刘表病死，其子刘琦和刘琮无甚才学，却为继承权争得不可开交；荆州牧刘琮不争气，曹军一到，便闻风丧胆，没有抵抗便率荆州军七八万人及荆州官吏迎降。曹操很快就完成了南下战略的第一步。

守樊城的刘备在获悉刘琮投降的消息后，急忙率部2万人一路向江陵退却。江陵是一个军事重镇，军事家对此都有了解，来势汹汹的曹军也不放弃。曹操亲率一部人马日夜兼程，追赶刘备，在当阳的长坂坡击败刘备，很快占领了战略要地江陵。刘备带着身边的诸将张飞、赵云等数十人经过反复冲杀，才得以与关羽、刘琦会合。此后，刘备为保全实力，暂时将部队撤到南岸的樊口（今湖北鄂城）一线，并派诸葛亮去柴桑（今江西九江）与孙权共商抗曹大计。

江陵一战，使曹操威风大增。于是他凭借强大的军事后盾，开始对长江各郡县进行招降。然而，就在此时，他变得骄狂起来，轻敌自大，企图乘胜顺流东下，占领整个江东，一举消灭孙权。谋士贾诩劝曹操偃兵休养，等力量积蓄到一定程度后，再迫降孙权。可是曹操不肯采纳，他按捺不住征服的兴致，致信孙权，欲与孙权争夺江东，自以为江东指日可定。在信中，他将其现有

**曹兵百万下江南** 清末年画

**草船借箭** 清末年画

兵力及收编而来的降军共约20多万夸大为80多万，扬言将“会猎于吴”。

孙权十分惶恐，忙召集群臣商议对策。以张昭为代表的大多数人为曹军的声势所慑服，认为曹操兵多势众，势不可挡；双方实力相差悬殊，不如投降。但鲁肃、周瑜坚决拒绝了张昭等人降附曹操的意见。周瑜分析，曹操虽然强大，但是劳师袭远，后方并不稳固。况且，从各地形势看，各派军阀的存在，都是对曹操的威胁。北方人不习水性，在江南气候下，必不适应。曹操舍长就短，同吴军进行水上争夺，必将自己的弱点暴露无遗。这就为吴军的抵抗留出了大量余地。曹操虽有80万大军，但实际不过10万，他们长期行军，已经疲惫不堪，且曹操收服了降民，却没有安定人心。他们为曹操兵威所迫，根本就毫无斗志，千里迢迢来到江南，不愿为曹操卖力。此时诸葛亮来到柴桑，对形势的分析与周瑜如出一辙：刘备虽兵败长坂坡，但是尚拥有水陆2万余众的实力；曹操虽然兵多势众，但经长途跋涉，“兵如强弩之末，势不能穿鲁缟”。在曹军压境、生存未卜的危急关头，孙权和刘备两股势力为了避免彻底覆灭的共同命运，终于结成了抗曹的军事同盟。

**诸葛亮舌战群儒**

周瑜奉命率水军3万，沿江西进，与刘备会师，联军西上，和曹操东下的军队遇于赤壁，两军隔江对峙。由于北方士兵不习惯战船的颠簸，于是曹军将战船用铁环连接起来。周瑜的部将黄盖针对敌强我弱、不宜持久以及曹军士气低落、战船连接的实际情况，用诈降之计，率蒙冲斗舰数十艘，满载干草，伪投北岸曹操；乘东南风之势，放火烧毁了曹军船舰营帐。当时东南风正急，火借风势，风助火威，刹那间，曹营变成一片火海！孙刘联军乘势猛攻，曹军大乱，哭爹喊娘，人马烧死、溺死不计其数，一败涂地。

苏轼有词赞赏足智多谋、镇定自若指挥作战的周瑜：“雄姿英发，羽扇纶巾，谈笑间，樯橹灰飞烟灭。”唐代诗人杜牧所作《赤壁》也形象地描写了这场富有戏剧性的战役：

折戟沉沙铁未销，自将磨洗认前朝。

东风不与周郎便，铜雀春深锁二乔。

曹操初战败北，无机可乘，而且孙权又在长江下游率军北击合肥，使其面临着两线作战的危险，于是被迫率军由陆路经华容道，向江陵方向仓皇撤退。行至云梦时，曹军曾一度迷失道路，又遇上大风暴雨，道路泥泞不堪，以草垫路，才使得骑兵得以通过。一路上，曹军人马自相践踏，死伤累累。孙、刘联军乘胜水陆并进，穷追猛打，扩大战果，一直追击到南郡（今湖北江陵境内）。于是，曹操留大将曹仁、徐晃守江陵，乐进守襄阳，自己则率军北返。次年冬，曹仁等受到周瑜进攻，也败归。

曹仁像

孙刘联盟运用火攻，以少胜多，以弱胜强，阻止了曹操的南下势头。曹操退回北方，孙权在江南的地位得到巩固，刘备亦乘机获取立足之地。赤壁之战是形成三国鼎立局面的关键一步。战后，曹操开始对孙、刘采取以防御为主的方针。在南面，他放弃江陵，把战线收缩在襄阳、樊城一带；在东南面，他把战线收缩到合肥一带。同时，曹操致力于整顿内部，逐步进军关中。211年春，曹操以讨伐割据汉中的张鲁为名，令钟繇、夏侯渊率军向关中进发。七月，曹操亲临前线指挥，通过离间的办法使占据关中的马超与韩遂相互猜疑，然后打败了他们。215年，曹军进兵取得了汉中，张鲁战败投降。至此，曹操最终完成了统一北方的大业。

徐晃像

赤壁之战以后，周瑜又花了一年多时间，才将曹操人马从荆州逐走。但是，刘备与孙权双方在荆州的归属问题上，发生了激烈争执。刘备认为，荆州本为刘表所辖，他和刘表是本家，荆州应该由他接管；但孙权认为，荆州由东吴打下来，应该归东吴。刘备仅得到武陵、长沙、桂阳、零陵四郡，很不满意。不久，周瑜病死，鲁肃才劝说孙权把荆州借给刘备。孙权想和刘备联合夺取巴蜀（今四川一带），但刘备想独占益州。双方在荆、益问题上的争吵，一直没有停止过。

曹操进军汉中，刘璋庸碌无能，遂接受张松意见，派法正率兵4000接应刘备入益州。刘备听从法正和庞统的劝说，留诸葛亮和关羽守荆州，自己领兵，以庞统为军师西上益州。刘璋将刘备军队扩充至3万人，让其进击汉中。刘备一路打来，十分顺心。不久，刘备进至葭萌，屯守不前，收买人心。建安十七年，曹操击孙权于淮南，刘备趁孙权求救之机，要求刘璋补充战士万人及军饷。刘璋未能满足刘备的意愿，刘备遂以此作为借口，激怒部众，举兵南下，攻克涪城，再分兵平定各县。建安十九年（214）初，诸葛亮留关羽守荆州，自率赵云、张飞西上，攻克江州，然

钟繇像

后兵分两路进击，最后两军再合围成都。在雒城，庞统中箭而死。四月，刘璋开门投降。刘备在益州的统治稳固下来后，挥师北上，与曹操争夺汉中。219年，刘备接受法正的意见，进军定军山，攻占进入汉中的门户，曹军则退守阳平关。曹操亲率大军，火速从长安赶来接应，刘备屏山固守，打击曹军。曹操军粮不济，而关羽在荆州已作出进攻的姿态，曹操见势不妙，不得不退出了汉中。

刘备夺取益州，孙权气愤不已。215年，孙权要刘备交还“借”走的荆州，遭到刘备的拒绝。为了集中精力和刘备争夺荆州，孙权和曹操讲和。孙权派吕蒙袭取长沙、桂阳、零陵三郡。刘备起兵东下，命关羽进驻益阳，欲夺回失地。而当时曹操进入汉中，刘备又担心益州有失，于是与孙权讲和，沿湘江平分荆州，将湘江东边本属自己的长沙、桂阳二郡拱手送与孙权，自据零陵、武陵及南郡南部。

但是，孙权并不满足于此，还想借机再夺取整个荆州。谋士鲁肃常劝孙权要和荆州的守将关羽保持友好，以便抗曹。孙权经过考虑，提出与关羽结成儿女亲家，但关羽却说自己的女儿绝不会嫁给孙权那个不争气的儿子。孙权被关羽激怒，下决心夺回全部荆州。建安二十四年（219）七月，关羽举兵北进围攻襄阳、樊城，试图将曹操的势力逐出南郡。樊城守将投降，曹操控制的南阳一带骚动不安，后按司马懿等的意见，以长江以南地方封给孙权为条件，让其袭击关羽后方。关羽得知这一情况后，犹豫不决。孙权也怕自己无法打败关羽守军。这时大将吕蒙献出一计，孙权依照计策行事，召回为关羽忌惮的老将吕蒙，而改派年仅21岁、名不见经传的儒将陆逊接任。陆逊到任之后，致信关羽，对他大肆恭维。关羽信以为真，遂失后顾之忧，放松了警惕，于是将荆州大部分兵力用以强攻襄、樊。孙权于是率军西上，以吕蒙为前锋，沿江前进，趁黑夜俘虏了江边蜀军。吕蒙等改穿商人服装，白衣过江，直奔江陵城下，迫使江陵和公安的守军投降。

吕蒙军至南郡，守将麋芳投降。吕蒙对关羽部下很照顾，没有肆意虐待。关羽得知南郡失守后，急忙收缩兵力，同时派使者探听消息。吕蒙特意摆出样子热情迎接，还让他和将领的家属们见面，使者大受感动。吕蒙软硬兼施的方法，非常奏效。使者回去后，将此行情况细说给众人，将领们便再也不愿跟关羽苦战下去。关羽心急如焚，却又无奈，只好到麦城固守。孙权派人去劝降，关羽将旗帜和假人立在城墙上，自己却趁夜突围。这时，孙权军队正好赶来围攻关羽，将关羽父子最终抓获。在众人的劝说下，孙权将关羽父子斩首，荆州至此被孙权全部夺回。

陆逊像

孙权夺得荆州，将刘备东出的大门紧紧关上，诸葛亮在《隆中对》中提出的两路进军中原的计划成为泡影，至此，曹操、刘备、孙权，任何一方都很难立即消灭另一方；要改变势力均衡的状态，已是不现实的事情。于是三家各安其内，用政治手段巩固各自战果。三国鼎立的局面正式形成。

关羽败走麦城

220年，曹操死后，其子曹丕便迫使汉献帝“禅让”帝位，次年，刘备和孙权也分别在成都和建康（今江苏南京），自称汉皇帝和吴王。汉帝虚幻的权力被彻底瓜分成三个王朝的权力。魏文帝曹丕鉴于东汉宦官外戚专权之弊，下令“宦人为官不得过诸署令”，“外戚不得干预朝政”，从而巩固了中央集权。他还打击了豪强士族，创立九品中正制，废弃了腐败不堪的察举制，任用贤才。同时，他还仿效曹操鼓励农业生产，兴修水利，安定流民，促进了北方农业、手工业的恢复和进一步发展。

222年，刘备为替关羽报仇，倾全国兵力攻打孙权。东吴以陆逊为大将，率5万精兵迎战。双方战于夷陵（今湖北宜昌东南），陆逊用火攻大败蜀军，蜀军几乎全军覆没，刘备败走白帝城，蜀汉元气大伤。刘备死后，丞相诸葛亮鞠躬尽瘁，他七擒七纵孟获，平定南中；227年春，上表北伐，次年，诸葛亮初出祁山，收降姜维，一路顺利。可惜，先锋马谡不听副将王平劝告，执意舍水上山，结果被魏将张郃断了水源，失去街亭。初次伐魏失败。随后，诸葛亮又数次出兵，司马懿依仗粮草充足，

曹丕像

刘备像

孙权像

刘备白帝城托孤

坚守不出，打消耗战。而蜀军远距离作战，粮草供应很容易发生困难，且蜀国实力终究不如魏国，因而纵有诸葛亮满腹经纶，也无可奈何。他只能实现御敌于国门之外的战略企图，难有重大发展。234年，诸葛亮病逝于五丈原，其后蜀汉迅速衰落下去。

229年，孙权正式称帝，其死后，孙吴内部发生了政争，而且乌程侯孙皓昏庸无道，宠用小人，横征暴敛，仅靠陆逊之子陆抗的竭力支撑，才得以苟延残喘。魏、蜀、吴三国，并峙约70年，分裂而相对稳定如此之久，在中国历史上是不多见的。

## 四、西晋统一中国

司马懿诈病赚曹爽

曹丕、曹睿在位时，魏国统治大权逐渐落入司马懿手中。司马懿出身于河南温县的名门望族，善于用兵，曹操时被起用，因几次击退了诸葛亮的进攻，在军中颇有威望。239年，8岁的曹芳继位，太尉司马懿与宗室大臣曹爽共同辅政。曹爽恐其权重，便委任司马懿以太傅虚职，从而剥夺了他的军权。司马懿就装病以待时机。249年，老谋深算的司马懿趁曹爽、曹芳到高平陵祭祀，突然发动政变，诛曹爽，独秉国政。他死后，长子司马师执政，并于254年废曹芳立曹髦。255年，司马师之弟司马昭当政。

当时，司马昭权倾朝野，飞扬跋扈。魏帝曹髦说："司马昭之心，路人皆知，我不能坐受废辱。"魏元帝景元元年（260）五月七日，曹髦领卫兵试图包围司马昭府第，不料中途遇到司马昭亲信贾充的禁军，贾充见势不妙，当即令手下成济杀死了曹髦。曹髦死后，司马昭立曹奂为帝。263年，司马昭以钟会、邓艾两支大军分路攻蜀。钟会于剑阁遭遇姜维的阻挡，而邓艾以奇兵偷袭，直逼成都，后主刘禅出城投降，蜀国灭亡。同年，司马昭被封为晋公，后封晋王。265年，司马昭死，其子司马炎继位为晋王。不久他就逼迫曹奂自愿禅让，而他就“勉为其难”地接受了，是为晋武帝，定都洛阳，国号晋，史称西晋。

**司马炎像** 唐阎立本《历代帝王图》

蜀国灭亡后，晋便把目标锁定到东吴。279年，晋军分六路共20余万人向吴进逼。而吴军军心涣散，毫无斗志，在大敌面前非溃即降。次年三月，晋军兵锋直指建邺，孙皓投降，吴至此灭亡。唐代诗人刘禹锡对此事曾吟诗一首：

> 王浚楼船下益州，金陵王气黯然收；
> 千寻铁锁沉江底，一片降幡出石头。

东汉以来90年的三国鼎立局面至此结束，中国重新恢复了统一。

## 五、八王之乱，五胡内迁

**羊车游幸** 《帝鉴图说》

统一天下后，晋武帝采取了一系列稳定统治、发展生产的措施，西晋社会很快出现了繁荣景象，因在太康年间，故史称“太康之治”。后人对“太康之治”大加褒扬，有关“太康之治”的记载在《晋书》等史籍中也屡见不鲜。然而，在西晋政权的保护下，世家大族贪暴恣肆，胡作非为。西晋统治集团的腐朽在历史上也是很突出的。

晋武帝本人就是一个荒淫的君主。泰始九年（273），他下令选取文武官员家中的女子充入宫中。灭吴之后，又将孙皓后宫五千美女，全部收取过来，他每天乘着羊拉辇车，拉到哪里就在哪里寝宿。他还卖官取钱以供享乐。

皇帝如此，下臣有过之而无不及。太傅何曾的衣服装饰，极尽豪华，一日餐费万钱，但他还说没有下箸的地方。何曾的儿子何劭官至三公，每日生活费达二万钱。外戚王济

王恺与石崇斗富

甚至用人乳养小猪，几乎丧失人性。当时贵戚王恺、羊琇、石崇等人均以奢华相较量，历史上有名的石崇与王恺斗富，则令人瞠目结舌。王恺作紫丝布步障40里，石崇就用锦作步障50里。可是，晋武帝不但不禁止，反而推波助澜。他暗中支持王恺，赐他一株二尺多高的珊瑚树，拿到石崇那里夸耀。石崇顺手把它打碎，然后让人拿出三四尺高的珊瑚树，任王恺挑选。更有甚者，王恺请客时叫女妓吹笛，稍不满意即杀之。石崇也不甘示弱，令美女劝酒，客人饮酒不尽就杀美女，有一次竟连杀三人。大臣傅咸上奏，请求皇帝制止，但司马炎无动于衷。

浮华的世风之下，必然是政治的一片狼藉。这些贵族官僚由于出身大族，所以他们根本不把主要精力放在治国之道上，而是大谈玄学，目空一切。他们崇尚一种放达而无拘束的生活，甚至沉醉不醒，以裸体相逐为乐。他们当中许多人做着朝廷的大官，但同时又向往着山水之间的怡然自得、恬静舒适；位居高官，又怠于政务。后人常说，清谈误国，此话一点儿都不假。玄学名士虽然追求了思想的解放，但因他们多为名门望族出身，根本不了解社会的疾苦，他们过着荒淫奢侈的生活，却置百姓于危难之中而不顾，这与西晋短命而亡不无关系。

永熙元年（290）四月，晋武帝司马炎去世，太子司马衷即皇帝位，是为晋惠帝，贾南风被册立为皇后。然而惠帝是一个白痴。一次，他在华林园，闻蛤蟆声，谓左右曰：“此鸣者为官乎？”及天下荒乱，百姓饿死，他竟然问百姓为何不吃肉糜！惠帝黯弱无能，国家政事，皆由贾南风干预。因此，西晋政权从贾南风立为

竹林七贤

皇后之日起，政局便处于动荡不安中。贾南风为人嫉妒、狡诈、凶残。只因其父是西晋开国元勋贾充，才能够与皇太子联姻。

贾后欲干预政事为权臣杨骏所压制。杨骏是晋武帝的皇后杨氏之父。司马衷即帝位，拜杨骏为太傅，凡朝中之事，杨骏必亲自过问。杨骏甚至用阴谋手段，排挤了汝南王司马亮，取得单独辅政的地位，一些诸侯王当然不会甘心。于是贾南风借司马亮和楚王司马玮之手，诛杀太傅杨骏。之后，贾南风滥杀无辜，诛灭异己，逼死皇太后杨氏。贾南风任用司马亮为太宰，与太保卫瓘共同辅政。晋武帝曾大行分封宗室，但诸王仍留在京师，有些还握有兵权。司马亮为削弱诸王权势，力主“遣诸王还藩”，卫瓘也完全赞成。这就引起司马玮对司马亮和卫瓘的极大不满。元康元年（291）六月，贾南风矫诏使楚王玮杀汝南王亮、太保卫瓘，后又借故诛杀了楚王司马玮。这实际就是“八王之乱”的开始。此后数年中，贾后依靠其族兄以及名上张华、王戎等人控制朝政，政局相对稳定。

为了达到长期有效地控制朝政的目的，贾南风“诈有身”，深居内宫，不见外人，暗地里把妹妹的儿子韩慰祖收养过来。元康九年，她阴谋以所收养之子代立，而将太子囚禁。永康元年（300）三月，贾后借口太子谋反，毒死了太子，激起了司马宗室诸王的反抗。四月，梁王司马彤、齐王司马冏、赵王司马伦等率兵入宫，废贾南风为庶人，诛杀了贾南风党羽数十人。后来，赵王伦又将贾南风杀死，同时杀司空张华、侍中贾谧等贾后的党徒。

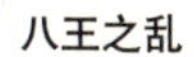
八王之乱

司马伦总揽朝政，野心更大，自任相国，但他素来愚庸，与其共事者，皆邪佞之徒。次年正月，司马伦软禁司马衷，自立为皇帝。齐王司马冏、河间王司马颙、成都王司马颖联兵讨伦。伦被诛，衷复位。司马冏随后被任命为大司马、都督军事，总掌朝政。此后，司马冏、司马颙、司马颖、长沙王司马乂、东海王司马越等，连年混战，惠帝衷实为傀儡，任人摆布，先后被劫持到邺城、长安、洛阳，诸王大都火并而亡。光熙元年（306）十一月，司马越让惠帝食饼中毒而死，让皇太弟司马炽继位，即晋怀帝。“八王之乱”使诸王势力消耗殆尽，社会生产遭到严重破坏，社会矛盾日趋尖锐，西

晋政权处于风雨飘摇之中。

魏晋时期，汉族统治者为加强对北方少数民族的控制和补充内地劳动力的不足，促使他们迁居内地。主要有匈奴、羯、氐、羌、鲜卑五族，即“五胡”，史称“五胡内迁”。迁徙的少数民族逐步由不断流动的游牧生活向定居的农业生活过渡，与当地汉族人民日益融合。

匈奴族世居草原，自东汉以来已迁居今山西、陕西、内蒙古等地，曹操当政时将并州匈奴分为左右中南北五部，以其贵族为帅，派汉人作司马进行监督。晋武帝时改五部帅为五部都尉，继续加强控制。在此前后，塞外匈奴源源不断涌入中原，前后达几十万人。羯族是随匈奴入塞的少数民族之一，聚居于上党武乡，后散布太行山一带。鲜卑族在曹魏时曾统一起来，后来分成互不统属的宇文、拓跋、慕容、段部。慕容部、段部、宇文部主要集中于辽东辽西和河北北部，拓跋部则在山西北部。氐族在夏商时就已存在，原居今川、陕、甘交界一带，后被曹操迁往关中。羌族在战国初期就有名，原居于今甘肃、青海之间，以农业和畜牧业为生。东汉以来，大部分迁至陕西。

西晋末年，“八王之乱”给人民带来了无尽的灾难，门阀制度更加剧了政治黑暗。入居塞内的少数民族受到了地主阶级及其政权的残酷压迫和剥削，处境悲惨。他们多数沦为佃客、奴婢，或者被充军，有的甚至像牲口一样被贩卖。西晋统治者的如此压迫引起了内迁少数民族的不满，纷纷起义，其中最大的是匈奴刘渊和羯人石勒的反晋斗争。

刘渊文武双全，其父亲刘豹是晋武帝时匈奴左部帅。304年，刘渊在离石（今山西离山）起兵，自称大单于，不到20天就发展到5万人。后立国号为汉，自称汉王。不久，石勒、王弥两部起义军投奔刘渊，308年，刘渊在平阳（今山西临汾）称帝。310年刘渊病死，其子刘聪继位。次年，石勒消灭太尉王衍率领的10万晋军，刘渊侄刘曜及王弥攻陷洛阳，晋怀帝被俘，洛阳被焚，史称“永嘉之乱”。秦王司马邺在长安即位，是为晋愍帝。316年，刘曜攻破长安，晋愍帝被俘，西晋灭亡。

晋愍帝出降于刘曜

# 六、十六国和东晋

西晋末年，各族人民纷纷起义，少数民族贵族乘机起兵，在北方和巴蜀建立了许多割据政权。从刘渊建国到北魏统一北方的130多年，史称十六国时期，十六国是指成汉、前赵、后赵、前秦、后秦、西秦、前燕、后燕、南燕、北燕、前凉、后凉、南凉、西凉、北凉和夏。另有冉魏、西燕不包括在内，此时建国的还有北魏的前身——代国。

**石勒命儒生读史** 《东西晋演义》插图

十六国以淝水之战分为前后两个阶段。304年，匈奴人刘渊称王建立汉国，其子刘聪灭西晋，族人刘曜代汉建前赵。319年，石勒称赵王，史称后赵。329年，石勒灭前赵，次年称帝。石勒死后，子石弘即位，335年石勒侄石虎杀石弘，自立为帝。石虎残暴荒淫，父子互相残杀。350年，石虎养孙冉闵乘机建冉魏，两载即灭。鲜卑慕容氏建立的前燕，汉族张氏建立的前凉，后均为氐族苻氏所建的前秦政权所灭。

“永嘉之乱”时，氐人推苻洪为首领，他趁时局动荡，积极扩张，聚众10万人，于350年自称“三秦王”。苻洪死后，他的儿子苻健进军长安，352年称帝，史称前秦。357年苻坚继位。苻坚是一个比较有作为的氐族贵族，他重用汉族人王猛，积极改革，发展生产，提倡儒学，打击豪强，试图建立一个统一的国家。苻坚得王猛，心喜不已，说：“我得到王猛，如同刘备得到了诸葛亮。”经过王猛一系列改革，关中地区出现了一片欣欣向荣的景象。随着前秦的强大，逐步消灭了前燕、前凉、代等政权，基本上统一了北方。随后，苻坚便大举进攻东晋。

**王猛扪虱** 马骀《古今人物画谱》

在西晋八王之乱时，司马越逐渐掌握了大权，他见北方局势混乱，便开始留心江东一带，以备后路。307年，他任命琅玡王司马睿为安东将军、都督扬州诸军事，驻守建邺。316年，西晋政权灭亡。次年，司马睿在南北大族的拥护下称帝，即晋元帝，定都建康(今江苏南京)，史称东晋。

司马睿初到江南时，原孙吴以来的江南士族根

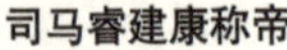
司马睿建康称帝

王导像 《历代名臣像解》

本看不起北方南迁的人，把他们称为“伧夫”，即粗鄙的人。这时随司马睿南来的谋士王导建议他必须要与江南士族和睦相处。于是司马睿出游时把仪仗队伍搞得金碧辉煌，威武庄严，浩浩荡荡，颇具皇家风范，引得江南士族刮目相看。随后王导又提出要招揽江南贤才为其所用，尤其是顾荣和贺循，这两人在江南有名望，如果他们能出山，其他人也必定闻声而来。不久，司马睿受到了江南士族的拥护。在司马睿登基那一天，为了表彰王导的杰出贡献，他还拉着王导一起接受百官的朝拜，时称“王与马，共天下”。

闻鸡起舞

中流击楫

东晋建立后，北方汉族百姓依然遭受着战乱之苦，渴望东晋能够北伐收复旧土，可惜的是，多数统治者胸无大志，只求苟安江南。另一方面，东晋内部纷争不断，接连爆发了王敦、苏峻之乱，一时也无力北伐。只有少数志士致力收复中原，其中最著名的人物是祖逖。

祖逖，范阳遒县人，出身大族。祖逖少有大志，每日清晨听到鸡鸣声便起床舞剑（“闻鸡起舞”即源于此）。洛阳失陷时，逃到南方。他曾上书，被封以“奋勇将军、豫州刺史”的虚职，应付了事。尽管如此，祖逖依然壮心不改，313 年，他率部曲百余家渡江北伐，在长江中击楫发誓：“祖逖不能清中原而复济者，犹如大江。”“中流击楫”这一成语便由此而来。此次北伐虽有所获，但后因时局变幻而中途停辍。321 年，祖逖忧愤成疾而死。由于祖逖的不懈斗争，阻挡了北方少数民族的南袭，百姓们都十分感激，还有一首歌来颂扬他：“幸哉遗黎免俘虏，三辰既朗遇慈父。玄酒记劳甘瓠脯，何以咏恩歌且舞。”

永和十年（354），东晋太尉桓温统率晋军4万，从江陵出发，分兵三路进行北伐，一直打到关中。在蓝田，晋军打败前秦军队，前秦国主苻健派兵5万抵抗，被晋军打得落花流水。桓温胜利进军，军驻灞上。长安一带的大小官员都来向晋军投降。桓温责令全军保障百姓的生活。百姓欢天喜地，到军营慰劳。自从西晋灭亡以后，北方百姓生活在水深火热之中。他们看到桓温的晋军，都激动地流着眼泪说：“想不到今天还能够再次见到官军。”后苻健采用“坚壁清野”战略，把没有成熟的麦子全部割光，叫桓温收不到一粒麦子。由于后勤不足，桓温只好退兵回来。但是，这次北伐毕竟打了一个大胜仗，晋穆帝把他提升为征讨大都督，全权负责北伐。永和十二年，桓温再次北伐，击败河南一带的羌族首领姚襄，收复洛阳，留兵戍守，自己还镇江陵。不久，他收复的河南地区又被鲜卑建立的前燕夺取。太和四年（369），桓温第三次北伐，结果被前燕大将慕容垂击败，死者3万人。此后，桓温专擅朝政。其死后，谢安担任了宰相。

前秦苻坚统一北方后，开始窥视东晋。382 年，苻坚召集群臣商讨伐晋一事，苻坚弟弟苻融等多数人都反对，理由是东晋虽弱，但群臣和睦，上下同心，前秦中鲜卑、羌族似乎还有异心，而且多年用兵，将士已疲惫不堪，不可轻举妄动。苻坚心骄气傲，固执己见，仗着有百万大军，自称“投鞭可以断流”，企图一举灭晋。次年，他倾全国兵力90多万，以苻融为前锋，浩浩荡荡杀向江南。

面对前秦大举来犯，有人顿时慌了手脚，但谢安却胸有成竹。

谢安，字安石，出身名门望族，为人有胆有识。早年不入仕途，常与王羲之饮酒赋诗，40多岁时才做官。谢安执政后，为了国家稳定，采用了“镇以和靖，御以长算”的方针，他并没有铲除桓氏家族，还让桓温的弟弟桓冲负责荆州防务，深得上下拥护，表现了一个优秀政治家的风范和洞识。谢安派侄子谢玄镇守扬州，让其组建了作战勇猛的“北府兵”。北府兵主要来自北方流民，他们性格剽悍勇敢、习武好战，作战能力很强。

东山携妓图　明·郭诩

苻坚来犯，谢安任弟谢石为都督，谢玄为先锋，率军8万迎战。起初，秦军先头部队暂时获胜。十月，苻融攻占寿阳，迫使增援的晋将胡彬退据硖石。秦军截获了胡彬“难以维持”的密信，苻坚闻听后大喜，亲率精兵8千，日夜兼程赶往寿阳，并派降将朱序前去劝降。朱序是心在曹营心在汉，他向谢石献计：应乘秦大军未至之际，率军攻其前锋，挫其锐气，便可大获全胜。谢石派北府名将刘牢之率5000人夜袭洛涧（即洛河，今安徽淮南东），击溃秦军5万。晋军乘胜追击，与秦军对峙于淝水。苻坚登寿阳城，放眼望去，但见晋军阵容严整，旌旗招展，盔明甲亮，遥望八公山（今安徽寿县北）上的草木，隐隐起伏，以为都是晋兵，才有恐惧之色。“草木皆兵”的典故由此而来。

东山报捷图　清·苏六朋

两军相持于淝水河两岸，谢石于是派人下战书说，与其相持不下，我们不如一战定胜负，要求秦兵略向后移，以便晋军渡河决战。苻坚下令退兵，企图在晋军半渡时猛攻。怎料道，这一撤便一发不可收拾。朱序在阵后连呼“秦军败了”，一下子军心动摇，加上前秦军中各族士兵不愿为之卖命，鲜卑、羌族将领更是希望苻坚战败以便自己割据，军队如鸟兽散去。趁此机会，晋军渡水猛攻，一口气追出30余里。秦军大败，自相践踏，死者相枕于路。溃兵逃跑时听到风声鹤唳，都以为是晋军追杀，没命奔逃。苻坚也被流矢射伤，单骑北逃，后来查点余部，仅剩10余万人。

淝水战罢，前秦元气大伤，再无力南伐，南北对峙的局面就此延续，而北方再次陷入分崩离析之中。在关东地区，有前燕贵族慕容垂建立的后燕，慕容冲建立的西燕，鲜卑拓跋珪部建立的北魏，慕容垂之弟慕容德建立的南燕，汉人冯跋建立的北燕。在关中地区，有羌族姚苌建立的后秦，匈奴族赫连勃勃建立的大夏。在河西走廊地区，有鲜卑人乞伏归仁建立的西秦，氐族吕光建立的后凉，鲜卑族秃发乌孤建立的南凉，汉人李皓建立的西凉，匈奴人沮渠蒙逊建立的北凉。北方“十六国”时期，各个政权间不断进行兼并和混战，给各族人民带来了无穷的灾难，社会生产也因此受到严重的破坏。虽然，各族政权相互仇杀，兴灭无常，但是民族间的迁徙也因此而更为频繁，融合也最有成效。少数民族与汉族人民长期错居杂处，民族界限逐渐缩小。各族统治者为了巩固统治，也大都注意任用汉族地主，提倡汉族文化，立学校，置博士，以教育贵族官僚子弟。这就为民族融合开启了一个新的阶段。

慕容垂建燕国

东晋末年，士族地主的门阀政治黑暗腐朽，社会矛盾激化，结果爆发了孙恩、卢循起义，沉重打击了门阀士族的势力。402年，占据长江中上游的桓玄起兵攻入建康，次年废安帝自立，国号楚，并杀了掌握北府兵大权的刘牢之。404年，北府兵将领刘裕攻入建康，平定了桓玄之乱，后又镇压了农民起义，还成功地进行了多次北伐，逐步掌握了东晋军政大权。420年，他废晋恭帝自立，是为宋武帝，国号宋。东晋灭亡，南朝开始。从386年拓跋珪建北魏，到其孙拓跋焘时，先后灭夏、北燕、北凉，于439年统一北方，结束了长期战乱的局面，与长江流域的刘宋对峙，北方开始进入北朝时期。

## 七、北朝政权的更替

由拓跋部建立的北魏后来分裂为东魏和西魏，它们又分别被北齐和北周所代替，这五个朝代合称为北朝。北朝和南朝同时并存，总称南北朝。

孝文帝像

北魏前期国内的阶级矛盾和民族矛盾比较尖锐，起义接连爆发。471年，5岁的拓跋宏继位，是为孝文帝，因其年幼，由祖母冯太后执政。冯太后是汉族人，是一位杰出的女政治家。前期的改革是在冯太后主持下进行的。首先改革的是官吏制度。在北魏前期，大小官员是没有朝廷俸禄的，致使贪官贪赃枉法、搜刮民脂，而清官无力养活妻儿。484年，北魏颁行俸禄制，每季度发放俸禄，贪赃一匹绢的便处死刑，同时还禁止官吏向农民自行征税。次年，颁布了均田令。这是因为长期的战乱使得人口锐减，土地荒芜；均田令主要是分派给农民土地，鼓励百姓发展生产，从而也增加了朝廷的税收。

冯太后很重视对孝文帝的教育，曾作《劝诫歌》、《皇诰》等，主要为儒家之道，所以孝文帝从小就受到汉化教育。490年，冯太后去世，孝文帝亲政。他进行的改制主要是迁都洛阳和坚决实行汉化。为避开柔然的威胁，加强对中原的统治和解决经济困难，特别是为摆脱保守势力对改革的阻挠，孝文帝决心将都城由平城迁至洛阳。孝文帝也知道这会引起很多人的反对，于是他便用了一计。493年，孝文帝宣布要南伐以扩大疆土，他亲率30万大军南征。经过长途跋涉，军队已疲惫不堪，到了洛阳时，又遇到连绵秋雨，于是大家恳求孝文帝停止南伐。孝文帝适时地向众人提出了两种选择 ：要么继续南伐，要么就迁都洛阳。众臣不得已，只好同意定都洛阳。次年正式迁都。

迁都之后，孝文帝着力推行了一系列汉化政策。改革官制，采纳了魏晋南朝的职官制度，改变了鲜卑与汉族官员官号杂用的状况；禁用胡服，改变鲜卑披发左衽的旧俗，服装一依汉制；断北语（鲜卑语），以汉语为唯一通用的语言，禁用鲜卑及他族语言；定族姓，把鲜卑族的复姓改为单音汉姓；确认了门阀制度，以元（拓跋）氏皇室门望为最高，又规定穆、陆等八姓为鲜卑族之首。

孝文帝改制虽遭一部分保守势力反抗，但由于他坚决平叛，甚至处死了太子，确保了改革的顺利进行。这些改革顺应了历史潮流，巩固了中国北方的统一，加强了中央集权，加速了民族大融合。

北魏末年各种矛盾激化，六镇、河北、山东等地接连爆发起义，北魏政权分崩离析，实权逐渐落入大将高欢和宇文泰手中。534年，孝武帝不愿受高欢胁迫，逃往长安，高欢另立孝静帝，迁都邺（今河北临漳），是为东魏。次年，宇文泰杀孝武帝，另立文帝，都长安，建立了西魏，这样，北魏便分裂为东、西二魏。

550年，高欢之子高洋废孝静帝而自己称帝，建立北齐。北齐存在时间很短，仅28年。在前期政治还算清明，但后期统治阶级生活奢侈腐败，统治极其残暴。宇文泰年轻有为，18岁就成为将帅。西魏建立后，他启用苏绰，在关陇地区进行了一系列改革。苏绰自幼博览群书，知识渊博。有一次，宇文泰同众位大臣游玩，到了一个叫“仓池”的地方，就问大家仓池的来历，可是谁也不知道。于是召来苏绰，他便将仓池的来历详细道来，受到了宇文泰的赏识。苏绰提出了“六条诏书”，即治身心，敦教化，尽地利，擢贤良，恤狱讼，

高洋纵酒妄杀

均赋役。在军事方面，宇文泰建立了府兵制，这是一种以府为军事编制单位的征兵制度。府兵具有中央禁卫军性质，士兵及其家属不受地方管理。

557年，宇文泰之子宇文觉代魏称帝，建立北周。560年，宇文邕即位，是为周武帝。572年，周武帝亲政后，励精图治，实行“与民休息”的政策，鼓励生产，释放奴婢，加强中央集权，北周国力日益强盛。因为佛教在北魏时期迅速传播，新兴建了大量佛寺，吸引了很多人出家，这样不仅消耗了大量的人力物力，而且还损失了众多劳动力，影响了兵源，妨碍了富国强兵。574年，周武帝正式下令“断佛、道二教”。经过宇文泰、周武帝的改革，北周国力逐渐强大起来，而北齐却不断衰落，577年，北周灭掉北齐，重新统一了中国北部。后来外戚杨坚独掌大权，于581年代北周称帝，建立隋朝。

## 八、南朝政权的更替

刘裕像

从420年东晋灭亡到589年隋统一的170年间，南方历经宋、齐、梁、陈四代，史称南朝。刘宋的建立者刘裕年轻时家境十分贫寒，打过鱼，种过地，还卖过草鞋；后来入伍，当了北府兵。由于出身寒门，所以了解人民的疾苦。当政期间革除了东晋的不少弊政，使得政治清明，经济有了较大发展，人民生活有所改善。刘裕还十分关心下属，生活简朴。有一次，有人进贡了一个琥珀枕，制作精美，色泽光润。他知道琥珀是疗伤良药，便令人捣碎，分给下属。刘裕病逝后，长子刘义符即位，不久为朝臣所废，刘裕三子刘义隆登上皇位，即宋文帝。宋文帝年轻有为，基本沿袭了刘裕的政策，在他的治理下，国家富强，百姓富足，史称“元嘉之治”。

萧衍像

刘宋末期，农民起义不断，宗室大臣为了争夺权力也是自相残杀。479年，统领禁军的萧道成乘机夺取政权，改国号齐，史称南齐。萧道成也出身寒门，执政时革除了宋末暴政，提倡节俭。但南齐宗室之间也是相互攻伐，最终也摆脱不了灭亡的命运。501年，萧道成的族弟萧衍起

兵攻入建康，于次年称帝，国号梁。梁朝存在56年，仅萧衍便统治了47年。梁武帝早年励精图治，到了中后期便纵容皇室，优待士族，政治极端黑暗。他还大力提倡佛教，甚至还创了佛、道、儒同源说，即老子是佛的学生，孔子又是老子的学生，所以佛教是最尊贵的。在他的鼓励下，梁代兴建了大批寺院，唐代诗人杜牧《江南春绝句》中“南朝四百八十寺，多少楼台烟雨中”，就说明了这一情况。548年发生了侯景之乱，次年3月攻破建康，梁武帝萧衍被软禁，活活饿死。

陈武帝像

557年，陈霸先灭梁称帝，国号陈。他在侯景之乱中出兵讨伐，通过掌握军权，一步步把持朝政。陈朝经武帝、文帝、宣帝后国力渐衰。582年陈后主即位。后主陈叔宝生于深宫，从小长于妇人之手，不知民间疾苦，不懂得治国之艰难。陈后主临政之后，政治腐败，生活上更加荒淫。他大兴宫室，纵酒游乐，吟诗作赋，常与江总、孔范等文士10余人欢饮达旦。酒醉之后，后主还让妃嫔与狎客、文士一同赋诗吟唱，生活极其奢靡。

开皇八年（588）十月，隋文帝杨坚发兵50余万大举伐陈。江滨守将闻隋军将至，请求皇上发兵救急。后主不以为然，认为自己是真命天子，无所惧怕，从容曰：“王气在此。齐兵三来，周师再来，无不摧败。彼何为者邪！”宠臣孔范也随和说：“长江天堑，古以为限隔南北，今日虏军岂能飞渡邪！边将欲作功劳，妄言事急。”叔宝继续纵酒赋诗，狂欢不止。

开皇九年（589）一月，两路隋军渡江逼近建康，陈后主这才惊醒过来，但手下宠臣江总、孔范一伙皆不懂指挥。当时，陈朝的国都建康尚有甲士10余万人，但本性素来怯懦的陈叔宝，不会打仗惟日夜啼泣。待隋军攻入京城，陈叔宝乃入井躲藏。隋军打进皇宫，到处找不到陈后主。后来捉住了几个太监，才知道陈后主逃到后殿投井了。隋军兵士找到后殿，果然有一口井。往下一望，是个枯井，隐约看到井里有人，就高声呼喊，井里没人答应。兵士们威吓着叫喊：“再不回答，我们要扔石头了。”陈后主吓得尖叫起来。

**陈宣帝像** 唐阎立本《历代帝王图》

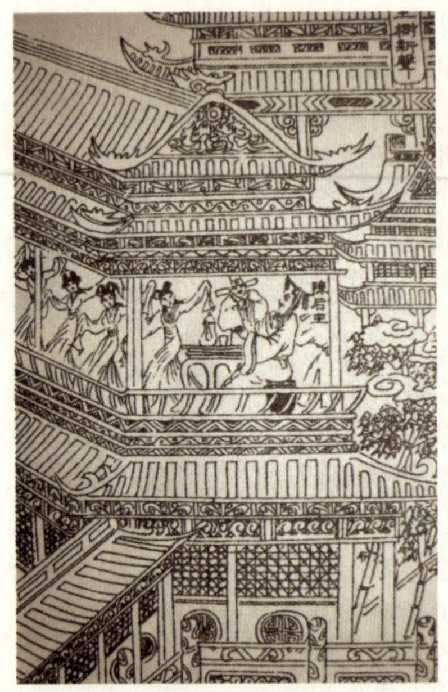

玉树新声 《帝鉴图说》

陈后主被俘 《隋唐演义》插图

兵士用绳子把陈后主和两个宠妃拉了上来。这样，南朝最后一个朝代陈朝灭亡了。中国自西晋灭亡以来的分裂局面，终于重新获得统一。

# 第六章 隋唐气象

从国家短长的角度看,隋唐帝国颇有些秦汉帝国翻版的意味——盛极而衰,由治转乱。所不同的是,隋唐已远远超越了秦汉,其海纳百川的恢弘气势,至今仍让人们心驰神往,回味无穷。

隋朝继北周之后,统一北方,南下灭陈,结束了南北朝长期对峙的局面。隋朝虽然短暂,但是却在许多方面开了历史的先河。隋朝首创三省六部制度,其《开皇律》在中华法系中占有一席之地;隋朝还打破了"九品中正制",创建科举制,给了平民子弟入仕相对平等的机会。此外,隋朝斥百万民力,开通大运河,解决了南北航运问题。隋朝经济的全面复苏和日渐兴旺,给唐朝的盛世局面打下了坚实的基础。

唐朝是一个不平凡的时代。隋炀帝的暴政造成了隋亡唐兴,更为唐代君臣提供了治理国家的历史经验。唐承隋制,从军功走向文治,使社会各个方面都有了长足的发展。在中央政府组织机构方面,唐朝承接了隋朝以来的尚书六部制。在军队建制方面,唐朝开创了兵役制。在教育方面,唐朝重新确立了儒学的支配地位,在太学里建孔庙,颁布儒家经典作为科举的内容。在选拔人才方面,唐朝延续了隋朝的科举考试制,并增加了武举的内容,使人才结构向多元化发展。与政治文明发展相佐,唐朝的经济也空前繁荣，城市随着商业的发展而蒸蒸日上。统一而强盛的国家，极大地增强了人们对未来的信心，社会上再度呈现出一派歌舞升平的景象。

从世界范围来看，隋唐帝国也是当时世界上最为强盛的国家之一。诚如史籍所载，唐朝为历代王朝之最，更在世界范围内拥有着最先进的科技文化，这足以让国人为之振奋。在近三百年的历史长河中，唐朝国力强盛，疆域辽阔。先进的唐文化，璀璨辉煌，流光四溢，对周边以及远方的国家和民族有着强大的影响和吸引力。数百年的兴衰动乱，也使得唐王朝具有了博大的历史胸襟和不拘一格的宏大气度。正是唐人的开放性，使得唐朝长安汇聚了来自各方的宾客。仅在7世纪末，阿拉伯人在广州、泉州、杭州诸港者，就已动辄数万计。唐代鼓励文化交流，从当时看来，不远万里到天竺求法的僧侣有之，渡海去东瀛日本的佛学大师亦有之。这种求法、传法精神绵延数百年，充分表现出唐人对自身文化传播和对外来文化吸收的信心。正是唐人对异域文化的好奇与欣赏，使胡风在长安城中频起；而“昆仑奴”、“遣唐使”、“学问僧”等各式身份的人出现在大唐的街道上，也就成为了司空见惯的事情。

物换星移，人世沧桑。千年风雨，已经很难重现大明宫昔日的风采；留在今天的斑斑古迹，只能向人们传送着某些古老的信息。而那些曾经生动美妙的故事，也只能在那些传世的诗歌中品味、揣摩——那是一个曾经充满激情的社会，曾经有无数充满豪情壮志的文人踏遍千山，吊古评今。然而，那一切毕竟已经过去，它带给人们的，仍将是无限的遐想和跨越长空的慨叹！

## 一、隋朝的兴亡

隋朝的建立者杨坚，华阴人，其父杨忠是北周功臣，受封为隋国公。杨坚承袭父爵，妻子是大将军独孤信之女，女儿乃周宣帝的皇后，他以显赫的身份逐渐成为执掌北周政权的重臣。581年，他自立为帝，即文帝，国号隋，改元开皇，仍定都长安。

隋文帝是一个很有作为的君主，他勤于政事，经数年准备，派杨广率大军一举灭陈，结束了分裂割据局面，重建了统一的中央集权制国家。隋文帝在位期间，整顿吏治，发展经济，使得社会安定，政治清明，经济繁荣，史称“开皇之治”。

隋文帝首先改革了官制。在中央确立三省六部制，三省即内史省、门下省、尚书省，职同秦汉时丞相，分掌决策、审议、执行职能，其长官分别为内史令、纳言、尚书令。尚书省下设吏部、礼部、兵部、度支部（后改为户部）、都官（后改为刑部）、工部六曹，六部尚书分掌全国政务。隋代官制改革意义深远，自隋以后，唐、宋、元、明、清各朝基本沿袭这一体制。

官制改革另一重要举措就是创立了科举制，废除了为门阀士族所垄断的九品中正制。自曹魏以来，一直流行九品中正制，即在地方上设中正官，分九等选拔官员。但在实际操作中，往往把士族子弟优先列入上等，从而垄断了官场。而科举制度通过分科考试的方式选拔官员，把读书、考试、做官结合起来，隋代设有秀才、明经、进士科，其中最重要的是进士科。科举制度为隋朝选拔了大量的人才，隋唐名臣刘焯、王贞、杜正玄、杜正藏、许敬宗等，都是秀才出身；房玄龄、侯君素、杨纂等，都是进士出身；孔颖达则是明经出身。以“试策”取士，在中国选官史上揭开了新的一页。科举是一种学习竞争，比起那种“上品无寒门，下品无士族”的等级推荐制度来，无疑是巨大的进步，也是古代政治文化成熟的重要表现。中央政府通过科举制给了庶族地主一个政治出路，利用他们与士族门阀作斗争，并且缓和了他们与中央的矛盾。科举制度开辟了空前广大的人才资源，鼓励了学校教育的发展，提高了中央的政治效率，对封建专制中央集权的巩固起了

**隋文帝像** 唐阎立本《历代帝王图》

很大作用。

军事方面实行府兵制，促使兵民合治。它与均田制紧密结合，扩大了兵源，促进了农业生产的发展。经济方面，继续推行均田制，严格查实户籍，调整赋役制度，并统一了钱币和度量衡。此外还制定了比较进步的《开皇律》。经过整顿和改革，隋朝出现了短暂的繁荣景象，为唐朝的兴盛打下了基础。

隋文帝称帝后，册立长子杨勇为太子。杨勇自幼好学，诗词歌赋皆有所长，而且他为人温和宽厚，颇具帝王修养，是可塑之才。所以隋文帝和独孤皇后最初都很喜欢他。杨勇当太子时，不过十五六岁，隋文帝就经常让他在朝堂上侧听学习，有些重要的问题甚至也让他来参与决断。然而，杨勇是一个率意任性、不会弄虚作假的人。明知父皇喜欢节俭，其奢华却每每为文帝撞见，明知母亲独孤皇后平生最痛恨男子多宠，却偏要寻欢作乐，使得父母都对他有怨气。杨勇还过分地接受百官朝贺，使杨坚更为不满，从此以后，隋文帝对杨勇的宠爱逐渐淡薄。

正当杨勇地位在文帝和独孤皇后心中开始动摇的时候，次子杨广开始了夺嫡的阴谋活动。晋王杨广战功远在哥哥杨勇之上，因此想取而代之。与杨勇相比，杨广更善于伪装。他平易近人，在许多大臣那里口碑都很好。文帝与皇后遣人来访，杨广皆迎门接引，并亲自送上美食、果品。这就使许多人对杨广赞不绝口，说他仁孝，懂礼仪。一次观猎遇雨，左右给他雨衣，杨广拒绝，说："士卒皆沾湿，我独衣此乎！"由是名声冠于诸王。杨广深知文帝尚节俭，就连车马也装扮得朴实无华。文帝、皇后将幸其府第，杨广尽匿美姬于别室，只留下几个老丑者，又换上无花纹的衣服，其他装饰也一概去掉，断乐器之弦，保留尘埃。文帝看见之后，非常高兴。以为杨广厉行节俭，不好声色，于是对杨广的礼遇甚于其他皇子，甚至超过了太子勇。

杨素像

杨广为夺太子位，还取得了杨素的支持。杨素在朝廷中素有威信，在独孤皇后面前经常夸赞杨广。杨勇知道了杨广的夺位阴谋，非常害怕。隋文帝知道杨勇不安，便派杨素前往东宫。杨素故意迟迟不进，激怒太子；回朝后，反而诬陷太子无礼，满脸怨气，恐有他变，应当提防。隋文帝对杨勇更不放心，还在玄武门到圣德门的路上布置了警卫，以防止太子有所行动。开皇二十年(600)，隋文帝废勇立广。杨勇不服气，多次要求面见文帝，都被挡住。杨勇无奈，便爬树喊冤。隋文帝听见后，询问原因。杨素与杨广同心，乘机诬陷说："杨勇情志昏乱，不可救药。"隋文帝信以为真，遂下定决心，永不召见杨勇。

事实上，杨广是一个大搞欺骗伎俩的人，其纨绔子弟的色彩更具有隐蔽性。独孤皇后死，杨广在文帝和宫人面前哀痛绝气，但宫内却欢饮达旦，谈笑如故。隋文帝逐渐病入膏肓，杨广按捺不住，写信给杨素，向其询问隋文帝死后，太子应当怎么办。杨素马上写了回信，却被宫人无意中错送给了隋文帝。文帝大怒，痛骂杨广不肖子孙。仁寿四年（604）七月，隋文帝病危，与百僚辞别，见陈夫人神色有异常，问其原因，夫人极为伤心地说："太子无礼。"文帝这才看清杨广真实面目，恨曰："畜生何足付大事。都是独孤皇后误了我的事啊！"气愤之余，文帝便派人召尚书柳述等人，对他们说："速唤我儿。"柳述等误以为是要召杨广，但文帝大怒说："是杨勇！"于是，柳述等人起草了一道谕旨，在征求左仆射杨素意见后，准备派人送往长安。杨素向杨广告密，二人商议之后，杨素便暗示杨广弑君夺位。瞬息之间，仁寿宫充满了紧张气氛。杨广派人假传圣旨，将柳述等人抓了起来；又撤换文帝卫士，以东宫兵代替，封锁了仁寿宫全部通道。然后，杨广派张衡直入文帝寝宫。张衡让文帝身旁的人全部离开，由他来照顾。不久，张衡走出，大声嚷道："皇上已死，为何不早些报告？"众人吓得皆不敢言。据说，张衡走进隋文帝寝宫之后，便将文帝刺死，流出的鲜血把屏风都溅红了。连宫外很远的地方都能听到文帝的惨叫声。陈夫人闻之，脸色苍白。午后，杨广遣使者赐夫人小金盒。夫人惶恐不安，以为是鸩毒，不敢打开。使者催促，她打开一看，盒中有同心结数枚。"是夜，广淫之。"

隋炀帝像

《隋炀帝艳史》插图

杨广害死文帝以后，秘不发丧。待一切就绪，才为文帝发丧，又矫文帝之诏，缢杀杨勇，铲除心腹之患。就这样，被民间骂为"弑父、杀兄、淫母"的杨广，踏着血腥之路，坐上了梦寐以求的皇帝宝座。

隋炀帝杨广是中国历史上有名的暴君，他皇位还没坐热，便大兴土木，征发巨大的人力物力来营建东都洛阳，广修宫殿，大开苑囿，极大地加重了人民负担。仅修建洛阳的10个月时间里，

窦建德像

每月便役使民夫200万左右。隋炀帝还喜欢南巡游玩，他出游江都，调用大小船舶数千艘，连绵200余里，征用纤夫数万，另有数十万军队沿途护驾。他在位期间穷兵黩武，三次亲征高丽，动用数百万兵力，大批士兵死于非命。战争的沉重包袱强压在农民身上，迫使大批农户倾家荡产，农田荒芜，万户流离，城市、乡村一派萧条、衰败。

百姓没了活路，再也不堪忍受其暴政，纷纷揭竿而起，隋末农民起义烈火首先在山东点燃！由于炀帝攻打高丽，山东、河北距离高丽最近，因而所遭受赋役剥削最重； 611年又洪水泛滥，大水淹没了山东、河南30余郡，后又大旱，疫病流行，死者相枕于路。在此背景下，王薄在长白山（今山东章丘境内）首举义旗，四方百姓纷纷响应，一时间成星火燎原之势，统治集团内部也随之发生分裂。613年，杨素之子、礼部尚书杨玄感乘炀帝二次东征之机，在黎阳起兵反隋，但不久被镇压下去。农民起义军在复杂斗争中纷纷联合起来，在617年前后形成了三支大军，即翟让、李密领导的瓦岗军，窦建德领导的河北起义军，杜伏威、辅公祐领导的江淮起义军。其中影响最大的当为瓦岗军。611年，翟让因得罪了上司被投入监牢，他便逃狱，在瓦岗招集义军，人称“瓦岗军”。其手下人才众多，有单雄信、程咬金、徐世勣、王伯当等。616年，李密也加入了瓦岗军。618年，隋政权在农民起义打击下摇摇欲坠，炀帝所居的江都被义军团团包围。炀帝也知末日临近，一天，他照着镜子对萧后说：“好头颈，谁当斫之？”这年三月，隋军大将宇文化及发动政变，缢杀炀帝，隋王朝只存在38年就断送在这位昏君手里。

程咬金像

## 二、唐朝的崛起

唐朝的创立者李渊出身关陇贵族，从小袭封唐国公，隋末任太原留守。他见隋政权朝不保夕，在次子李世民策划下，于隋炀帝大业十三年（617）起兵太原，一路浩浩荡荡杀向长安。年底，攻陷长安，他立杨侑为帝，自任大丞相，称唐王，掌握实权。次年五月，李渊称帝，是为高祖，国号唐，定都长安。

刚刚建起的唐朝，仅据关中一隅，面对的仍是各路义军和割据势力。于是在军事上，李渊父子开始效秦汉之战略，以关中为依托，先取陇蜀、固根本，再东争中原，南下江淮，逐步收拾全国的混乱局面。为解除关中威胁，唐军接连消灭了金城薛举、武

宇文化及像

威李轨、马邑刘武周三大势力。之后，唐军出关东伐，主要进攻洛阳的王世充、江陵的萧铣、河北的窦建德以及江淮的杜伏威。武德四年（621）五月，李世民擒窦建德于虎牢，王世充亦降，一战而灭二国。十月，赵王李孝恭、李靖俘萧铣，灭梁。次年，平岭南。武德六年，李世民擒杀窦建德故将刘黑闼。盘踞幽州的罗艺、江淮的杜伏威亦先后降唐。李渊父子自攻取长安，至讨平山东，先后经过7年征战，定陇右、复代北、围洛阳、战虎牢、决洛水、下荆襄、战江淮、平山东。至此，唐朝削平割据的征战宣告结束，社会逐渐转趋安定，大一统局面基本告成。

唐高祖像

李渊共有四子，依次为建成、世民、元霸、元吉，除元霸早夭外，诸子均有一定势力。唐建国后，李渊诸子为争皇位而展开了明争暗斗。依惯例，李建成被立为太子，他同齐王元吉相勾结，笼络河北势力，企图消灭秦王李世民。而李世民也想称帝，由于他自起兵后功勋卓著，在朝中享有很高威信，得到众臣的拥护和支持，手下有尉迟敬德、秦叔宝、程咬金等大将。李世民还联络山东豪强与李建成等抗衡。

李孝恭像 《历代名臣像解》

两派之争随统一战争的结束而愈演愈烈。有一天，太子突然请李世民赴宴。侍从劝说凶多吉少，不宜去，但李世民认为毕竟是手足，应该不会有问题。在酒席间，觥筹交错，秦王忽然头晕目眩，自知不妙，便晕倒在地，然后太子便派人把世民送回府中。后来，多亏秦王府里人及时医治解毒，李世民才幸免于难。624年，李元吉又刺杀李世民，但未成功，双方的斗争开始白热化。

626年，突厥南侵，李建成极力推荐元吉为帅，一方面企图夺取秦王武装，一方面试图在给元吉出征的饯行宴上杀死李世民。此消息被李世民知道后，不得已同长孙无忌、房玄龄、杜如晦等人商议决定先发制人。六月初三，李世民密告建成、元吉道德败坏，淫乱后宫，李渊决定次日召见二人询问。初四，轮

尉迟敬德像

王世充像

李靖像

唐太宗像

到常何把守玄武门(宫城北门)，他原是李建成的心腹，后被李世民收买。在其协助下，李世民设下伏兵。李建成、李元吉尚蒙在鼓中，只带少数人放心上朝，待发觉情况不妙为时已晚。李世民率兵将李建成射死，大将尉迟敬德飞马前来助战，李元吉兵力不支，也在乱军中被杀。

玄武门兄弟相残

这时，东宫和齐王府的冯翊、冯立闻讯率大军赶来，猛攻玄武门。常何命令士兵拒不开门。李世民见情况危急，便令尉迟敬德赶快进宫，逼迫高祖下诏“诸军并受秦王处分”。尉迟敬德用长矛挑着太子的脑袋冲出玄武门，对前来进攻的乱军大声说：“我们是奉皇帝的命令，才杀死太子和李元吉，于旁人无关，你们赶快放下武器！”大家见太子已死，大势已去，也就纷纷投降了。历史上将这一事件称为“玄武门之变”。李世民在这场争夺嗣君的斗争中最终取胜。

此后，李渊迫于形势，让出皇位，称太上皇。次年正月，李世民在多数朝臣拥护下称帝，改元贞观，即中国历史上著名的唐太宗。

唐太宗纳谏图

## 三、贞观之治

唐太宗即位后，由于他亲眼目睹隋炀帝的奢侈暴虐而导致隋朝的灭亡，所以他当政时勤于政事，体恤民情，用人得当。他在位的贞观年间（627—649），政治局势稳定，社会经济得以恢复和发展，国力逐渐强大，被史家誉为“贞观之治”。

首先唐太宗吸取了隋二世灭亡的历史教训，深刻体会到“水

能载舟，亦能覆舟”的道理，为免于重蹈覆辙，他注意轻徭薄赋，少兴土木，与民休息。他曾经说到：剥削百姓来侍奉君主，无异于割自己身上的肉来填饱肚子。肚子虽然吃饱了，但是身体却死了；君主富裕了，国家却灭亡了。有一次，他同群臣讨论如何防止天下盗贼，有人说用重刑就可以了。而唐太宗却反对说，百姓之所以为盗贼，是因为赋役过重、官吏盘剥的缘故，所以只要减轻人民的负担，百姓就不用做强盗了。

魏征像

作为一个好皇帝，唐太宗还注意用人唯贤，“内举不避亲，外举不避仇”。比如魏征，他从前跟随过李密、窦建德，甚至还为太子策划谋杀李世民的计策。但唐太宗不计前嫌，大胆重用魏征，后来的贞观之治魏征功不可没。唐太宗以自己的实际行为履行了自己“致安之本，惟在得人”的诺言。他曾对魏征说：“选拔人才不可造次。用一君子，则所有的君子都来了；而错用一个小人，则小人竞相而至。”所以，他也十分重视吏治，将都督、刺史的姓名写在屏风上，随时记载功过，并常派大员巡查地方，迁升廉吏，惩治贪官。光禄大夫萧瑀性格耿直，与大家较疏远，但却得到了李世民的支持，并为其赐诗曰：“疾风知劲草，板荡识诚臣。”

长孙无忌像

太宗关心大臣，对细微处亦甚注意。徐世勣得了重病，医生为他开了一个偏方，让他用草灰疗伤，太宗爱臣心切，不由分说，剪下了自己的胡子，徐世勣非常感动，太宗说：“你是国家重臣，为国家操劳，朕这样做也是为社稷，何必言谢呢？”贞观十七年(643)，唐太宗让画师在凌烟阁画了二十四名功臣的画像，这些都是贞观时期的杰出大臣，其中包括为人所熟悉的长孙无忌、魏征、房玄龄、杜如晦一批文臣，也有尉迟敬德、秦叔宝等武将，甚至连一些有名文人也榜上有名，如欧阳询等。太宗朝君臣水乳交融，“共理天下”，励精图治，共同促成了“贞观之治”，也共同促成了盛唐的灿烂文化。

杜如晦像

唐太宗虚心纳谏在历史上也是有名的。作为开明君主，唐太宗赞同魏征“兼听则明，偏信则暗”的劝诫。魏征等大臣都敢犯颜直谏。唐太宗修乾元殿、封禅泰山的计划由于臣下的谏阻而止。这样，他能及时纠正错误，修明政治。他把勇于直谏的魏征比作一面明镜，魏征死后，李世民思念不已，尝谓侍臣曰：“以铜为鉴，可以正衣冠；以古为鉴，可以见兴替；以人

房玄龄像

剪须和药

为鉴，可以明得失。”太宗长叹：“今天魏征死了，我便失去了一面镜子啊！”

唐太宗在位期间，努力改善与少数民族的关系，营造睦邻友好的局面，不歧视和排斥少数民族。收复突厥后，任用突厥的上层分子来管理，给予形式上的自治。为了安抚吐蕃，唐太宗还将文成公主嫁给松赞干布为妻。这些举措赢得了各少数民族的尊重，大家称太宗为“天可汗”。

回首太宗即位之初，社会混乱，民不聊生，但经过数年治理，“天下大稔”，“东至于海，南极五岭，皆外户不闭，行旅不赍粮，取给于道路焉”，一片太平景象。

## 四、唐蕃和亲

吐蕃是源自青藏高原的一个古老民族，是今天藏族的祖先。7世纪初，吐蕃逐渐兴旺起来，在赞普松赞干布的领导下，东征西讨，击败北方各国势力，建立了统一的吐蕃政权。

松赞干布一生充满传奇色彩。他13岁时，就已精通骑马、射箭、击剑等各种武艺，而且善于写诗，受到吐蕃人的广泛爱戴。他的父亲死后，吐蕃贵族发动叛乱，松赞干布凭借其勇敢才智，各个击破，使其俯首称臣。但是，年轻的松赞干布并不仅仅满足吐蕃的现状，而是希望通过积极向唐朝学习文化，来增强吐蕃的国力。他主动派出使者，长途跋涉，与唐结交。唐朝皇帝非常高兴，也派使者回访，从而将唐朝制度带到吐蕃，开创了吐蕃发展的新阶段。

松赞干布像

后来，松赞干布派使者到长安向唐朝求亲，唐太宗没有应允。吐蕃使者怕受到责备，谎称唐天子已经答应，只因吐谷浑王也去求亲，才被耽搁。吐蕃和吐谷浑本来就不和，松赞干布听后，更加怨恨，马上进攻吐谷浑。吐谷浑王抵挡不住吐蕃军队的猛烈进攻，便退到环海一带。松赞干布打败了吐谷浑，乘胜打到唐朝境内的松州。于是，松赞干布以为这样就有了与唐对话的资本，便派人威胁唐朝：“如果不把公主嫁给我，我就带兵打到长安。”唐太宗对此非常恼怒，派大将侯君集带兵反击吐蕃。吐蕃将士本不愿战争，一见到唐朝大军前来，便四处逃命去了。在这种形势下，松赞干布才又向唐朝求和。唐太宗也欣然同意。

步辇图 唐·阎立本

640年，松赞干布派大相禄东赞，带一百随从、备五千两黄金和珍宝厚礼，到长安求亲。唐太宗这次同意将宗女文成公主嫁与松赞干布。据传，当时唐太宗下了一道命令，要求亲使者先解答五个难题，答出之后，唐朝才答允和亲。第一道题要求把一根很细的丝线，穿过一颗有九曲孔道的明珠。聪明的禄东赞把丝线系在一只蚂蚁腰部，以蜂蜜为诱饵，这样，蚂蚁寻着蜂蜜的味道，很轻松地爬过明珠的九曲孔道，丝线也就带过来了。第二道题是把一百匹母马和一百匹小马驹儿放在一起，要求辨认出哪匹马驹儿是哪匹母马生的。禄东赞把母马和马驹儿分开关了一天，断绝了马驹儿的饲料和水。第二天，再把它们放在一起。饥饿的马驹儿分别奔到自己母亲那里去吃奶，这样，其母子关系就认出来了。最后一道则是禄东赞从众多美女中将公主认出来。禄东赞通过了一道道考试，这就成了青藏高原上流传的“五难求婚使”的动人故事。虽然这些传说并不可信，但却反映了吐蕃人民对唐蕃友好的愿望和对这位吐蕃使者智慧的赞美。

文成公主是唐太宗的宗室养女，而非皇帝自己的女儿。她在当时的环境下，勇敢地承担起“和亲”的重任。她把中原地区的工匠、五谷种籽、医药、艺术、丝绸等带入吐蕃。松赞干布亲自从逻些（今西藏拉萨）赶到柏海（今青海鄂陵湖、札陵湖）迎接公主。公主入逻些城的那天，逻些人民载歌载舞，夹道欢迎，为君王娶到了这样一位美丽的汉家公主而自豪。松赞干布还在逻些按照唐朝建筑风格，为公主专门建造了一座宫殿。文成公主在吐蕃生活了40年，她为汉藏两族人民的友好联系和藏族经济文化发展作出了贡献。直到现在，在西藏的大昭寺和布达拉宫，还供奉着松赞干布和文成公主的金质塑像。

文成公主入藏壁画

继文成公主之后，景龙四年（710），唐

**金城公主入嫁吐蕃图**
布达拉宫壁画

中宗又将养女金城公主嫁与吐蕃赞普尺带珠丹，使唐朝与吐蕃的关系日益亲密。“唐蕃和亲”，虽以唐朝公主的幸福为政治代价，却换取了唐朝边疆相对持久的安宁局面，有利于民族间友好往来，顺应了历史发展的潮流。

## 五、武则天称帝

武则天是中国历史上惟一的女皇帝。武则天名曌，并州文水（今山西文水）人。因其帝号为则天大圣皇帝，故后人称其为武则天。其父原为木材商人，后因协助李渊在太原起兵而官至工部尚书，封应国公。14岁时，娇媚的武则天被太宗选入宫中，立为才人。她胆识过人，有一天，太宗得到了一匹宝马，名叫狮子骢，但性情暴烈，没有人能降伏它。这时武则天说：她可以降伏，但需要三样东西。太宗问：“哪三样？”她回答说：“我需要一条铁鞭，一把铁锤和一把匕首。如果它不听话，我就用铁鞭抽打它；如果还不听话，我就用铁锤锤它；如果还不行，我就用匕首杀死它。”

太宗死后，太子李治即位，是为唐高宗。按照祖制，武则天入感业寺为尼，是年她26岁。不久，她巧施计谋，被高宗召入宫，立为昭仪，655年成为皇后。高宗身体不好，常头疼，看奏章不便，武则天因而得以参与朝政。683年，高宗病死，中宗李显继位。次年，武则天废中宗，立睿宗李旦，以皇太后身份垂帘听政。

**废中宗武后专权** 《隋唐演义》插图

**武则天像**

虽已垂帘听政，武则天仍不满足，一心想成为中国历史上的第一个女皇帝，开创一个新纪元。当然她十分清楚，这在男性统治的时代里必然会遭到很多人的反对。武则天便利用佛教制造舆论。她让一个叫法明的和尚编了一本《大云经疏》，称武则天为弥勒佛化身，是帝

王之身。然后，又召集一批人，所谓“为民请愿”，强烈要求其登基。690年，武则天改国号为周，以洛阳为神都，自称皇帝。

武后行从图 唐·张萱

武则天当政，一部分人果真愤愤不平，主要反对人物为辅政大臣长孙无忌、褚遂良。最终长孙无忌被逼自杀，褚遂良贬官流放。徐敬业因罪贬官后起兵造反，结果遭到镇压。徐敬业举兵之际，著名诗人骆宾王写下了著名的《为徐敬业讨武曌檄》，大骂武则天，不过其卓然文采却令武氏拍案叫好。她鼓励告密，提拔了一批酷吏来刑讯治狱，铲除政敌，以至朝士相见不敢言，每朝总与家人诀别曰：“未知复相见否？”许多朝中官员惟恐家奴因不如意而诬告家主谋反，反而要极力讨好家奴，不敢得罪。在被杀的人中，属于武则天政敌的只是一小部分，绝大部分人都是被罗织诬陷而死的。就连当时的名相狄仁杰，也险些成为刀下冤魂。酷吏滥杀，朝臣人人自危，造成了新的统治危机。于是，武则天又反手推罪于这些酷吏，借用这些鹰犬的头颅“以收人望”，从而缓解日趋紧张的形势。

武则天党同伐异，的确表现了其高明的政治手段，在客观上稳定了国家局势，加强了中央集权。在打击士族的同时，她积极扶植新兴庶族。她很重视科举，开创殿试制度，对来自学馆的生徒和州县推举的贡生，还会破格录用。唐朝原来只开文科选士，武则天时期又开武科，选拔将才。通过科举制度，武则天削弱了士族势力，提拔重用了许多庶族出身的官吏。武则天将高宗时《氏族志》修改为《姓氏录》，规定“五品官者，皆升士流，于是兵卒以军功致五品者，尽入书限”，此项制度从根本上破坏了门阀制度，按官论位，另立官员序列，从而抑制了门阀士族，使下层庶族有机会进入统治阶层。武则天很喜欢正直而有才能的人，而且经常破格选贤。她明察善断，对官吏考核严格，在大批人才中遴选出许多杰出的将相。当时著名的文武大臣有李昭德、魏元忠、狄仁杰、姚崇、宋璟、张柬之、娄师德等。他

狄仁杰像

褚遂良像

们都为武周及唐朝发展立下了汗马功劳。

武则天重视发展农业生产，劝农桑，薄赋役，放松了对农民的人身控制。她还在边疆兴屯田，以利于国防和生产。此外，在军事、文化上也作了不少有益的改革。武则天治国，颇有贞观遗风，使唐朝伟业在武周时期得以继续推进，并为此后的“开元之治”奠定了基础。

## 六、李隆基即位，创开元盛世

武则天晚年，宠信张易之、张昌宗兄弟，使“二张”势倾朝野，飞扬跋扈，很快与李显、太平公主、武氏诸王以及广大朝士结怨。705年，宰相张柬之发动政变，逼武则天退位，太子李显重新登上皇帝的宝座，恢复了唐的国号和李氏的皇统。中宗李显碌碌无为，大权落于皇后韦氏和女儿安乐公主手中，二人野心勃勃，毒死中宗，妄想成为第二个武则天。韦后的举动，严重威胁着相王李旦的安危，使他的几个儿子心急如焚。三子李隆基胸怀大志，早年已经目睹了韦后所为，深恶其用心险恶，料其必为后患，便暗地里与羽林军密切交往，结识了一些忠诚的朋友。李隆基从小就不同一般。有一次在朝堂举行祭祀仪式，当时的将军武懿宗大声训斥侍从护卫。这时，年仅7岁的李隆基挺身而出，厉声喝道：“这里是我李家的朝堂，干你何事？！竟敢如此训斥我家骑士护卫！”武懿宗顿时不知所言。武则天得知后，非常高兴，对他大加赞赏。第二年，李隆基就被封为临淄王。

明皇调马图

711年，李隆基在姑母太平公主（武则天之女）帮助下发动政变，除掉韦皇后、安乐公主及武氏亲党等，拥护睿宗李旦为帝。李旦开始推辞，经长子宋王李成器与李隆基力劝，才即皇帝位。在立太子的问题上，李成器涕泣推辞说：“国家安则先嫡长，国家危则先有功。”大臣亦多请立李隆基。李旦经多方考虑之后，才决定立李隆基为太子。李旦好学，谦恭孝友，但才智平庸，每事先征得太平公主及太子的同意。李旦欲传位太子隆基，太平公主多次从中阻挠。但李旦仍然坚持传位，自为“太上皇”。次年，太子李隆基登位，即为历史上著名的唐玄宗（唐明皇）。

玄宗虽然即位，然而，帝位之争在宫闱中久久不息。太平公主除掉韦后之后，依仗功大，日益骄奢。太平公主处事机敏，在朝廷中举足轻重。她内结将相，外连王公，专谋异计。当时，朝中宰相七人，有五人出于太平公主门下。她的住宅周围有卫士保护，与皇宫相似。太平公主对朝政的极力干涉，使玄宗再也不能容忍。开元元年（713）七月，尚书左仆射窦怀贞等人应太平公主之召，密谋发动政变，拥立公主登基。但是，阴谋很快为玄宗发现，于是攻其不备，尽杀公主党羽，并赐死公主于家中，查抄珍奇宝物如山。这时睿宗才颁布诏谕，宣布把一切权利完全移交给唐玄宗，名副其实地当起了“太上皇”。唐玄宗从此掌握了国家政权，改年号为“开元”。在经过了近30年的宫廷动乱之后，唐朝历史开始进入空前的“开元盛世”。

宋璟像

开元之初，国家情势不容乐观，唐代的阶级矛盾日益尖锐，不时有农民暴动发生，边疆的少数民族也乘机侵犯中原，而且吏治也比较混乱。唐玄宗不畏困难，锐意进取，大胆革新。

在中宗时，由于韦后、安乐公主弄权卖官，机构繁冗，腐败蜕化。玄宗当政时，便精兵简政，严格取士，大大提高了行政效能。姚崇、宋璟、张九龄是当时著名的宰相。山东地区曾经发生了严重蝗灾，但当地农民受佛教影响，不愿杀生，因而一味地烧香磕头。姚崇深知蝗灾若不能及时消灭，必将蔓延，损失不可估量。便当机立断，下令杀虫，他说若有灾祸，皆由他一人承担。宋璟为官正直，不徇私枉法。一次，他的远房叔叔参加吏部考试，对主考官说了自己和宋璟的特殊关系，希望能予以照顾。后来宋璟得知后，不但没有给他说情，反而特地关照吏部不能给他任何官职。

唐玄宗委任姚崇、宋璟等贤相

在武周后期和中宗时期，土地兼并严重，农民无田可种，加上政府的高额征税，百姓生活难以维持，纷纷背井离乡，依附于豪强大族，成为其“私属”。史书说当时“天下户口，逃亡过半”，这就严重影响了国家的税收和兵源。水利等公共工程修建也缺乏足够的劳动力。事关重大，从721年起，玄宗命人分巡天下，检查隐瞒的土地和包庇的农户，然后将土地分给这些没有土地的逃户，逃户则重新登记，编入国家户籍。玄宗时十分注意兴修水利，促进了农业生产的发展。

武周以至中宗、睿宗时，寺院、僧尼数目大为增加。寺院广占土地，经商放债，又是富家强士逃避赋役的场所。针对这一弊端，玄宗汰除僧尼上万人，令其还俗，禁止建立新寺院。玄宗还整顿武备，加强边防；重视教育，发展文化。他不仅是一位政治家，而且还是音乐家。

开元年间（713—741）的一系列改革，使大唐出现了前所未有的繁荣气象，成为当时世界上最发达的国家。大诗人杜甫在《忆昔》中赞道：

忆昔开元全盛日，小邑犹藏万家室。
稻米流脂粟米白，公私仓廪俱丰实。
九州道路无豺虎，远行不劳吉日出。
齐纨鲁缟车班班，男耕女桑不相失。

## 七、唐朝的国际影响

唐代时，日本正处于奴隶社会向封建社会过渡时期，十分仰慕唐朝的繁盛，他们派遣留华学生，广泛地学习中国的典章制度、天文历法、音乐美术、建筑雕塑、生产技术等。613—894年间，日本共派“遣唐使”19次，其规模庞大，少则200人，多则500余人。自645年开始的“大化革新”，日本的行政机构、兵役、田赋、法律、教育制度等几乎全面效法唐朝。奈良时期的国都就是仿照长安城设计的。日本留学生吉备真备依据汉字楷书偏旁创造了片假名，学问僧空海又据汉字草书创造了平假名。它们作为日本字母，一直沿用至今。这些改革极大地促进了日本的发展。在中日文化交流史上，除大唐高僧鉴真外，另一个重要人物就是日本的阿倍仲麻吕。阿倍仲麻吕天性聪慧，喜爱读书，后被选派到唐朝留学。他在长安太学刻苦学习儒家经典，并喜好诗赋，取汉名晁衡。学成后便留在唐朝为官，与唐朝很多的文人私交甚好，如李白、王维等。一次，有人误传其遇难于归国途中，李白甚为悲痛，便写下“日

遣唐船

本晁卿辞帝都，征帆一片绕蓬壶。明月不归沉碧海，白云愁色满苍梧”诗句表示悼念。最后，阿倍仲麻吕老死于中国。

中国友人送日僧回国

唐初，朝鲜半岛的三个国家高丽、百济、新罗都和唐有往来。太宗晚年与高宗时曾对朝鲜用兵，并在平壤设置安东都护府，不久撤回。新罗统一朝鲜半岛后，一直与唐友好相处。新罗商人来唐贸易，次数频繁，人数众多。唐在长安、楚州等地设新罗馆，以接待朝鲜商人。不少朝鲜人留住山东、江苏沿海等地，其聚居处称新罗坊。新罗常派大批留学生来唐学习，人数在唐的外国留学生中为数最多，不少留学生还参加科举考试，有的进士及第后留在唐朝做官。唐文化在多方面影响了朝鲜。675年，新罗采用唐历法，后仿唐改革其行政制度，实行科举考试，新罗首都平壤也是仿照长安城建造的。中国的古籍文献大量传入新罗，其学者薛聪创造了以汉字标注国音的吏读法，推动了文化的普及。

唐初，天竺（印度）与中国不断遣使通好，贸易往来非常频繁。天竺佛教对中国影响颇大，特别是玄奘在中印文化交流史上作出了重大贡献。他遍游天竺各地，带回佛教经典657部，组织机构进行翻译，还根据旅行见闻撰写了《大唐西域记》。同时，他把《秦王破阵乐》介绍给印度，又将老子的《道德经》译成梵文，流传于印度。小说《西游记》便是以玄奘西行为原型创作的。

唐代时的波斯即今伊朗。从张骞出使西域，二国一直保持友好关系，到了唐代关系更为密切。高宗初年，波斯为大食所灭，波斯王卑路斯及子投奔唐朝，直到终老。波斯商人足迹遍及全国，两国间贸易往来繁盛。波斯人主要经营珠宝、香料和西域土产，还大量收购中国的丝绸、瓷器、纸张运到波斯。菠菜、波斯枣以及景教、摩尼教也由波斯传入中国。阿拉伯在唐时称大食。穆罕默德曾说过：“为了追求知识，虽远在中国，也应该去。”

**职贡图** 唐·阎立本

东罗马金币　西安出土

从651年唐朝同大食正式通好开始至791年，大食先后遣使来华30余次，双方贸易不断发展。在长安、扬州、泉州等地都有大食人的生意，有的大食人还在中国定居落户。唐时中国的丝织术、制陶术、炼丹术及医术传入阿拉伯。中国的造纸术也是通过阿拉伯国家传入西方的，推动了人类文化的传播和发展。大食的数学、外科医术、天文历法等对中国产生了较大影响，世界三大宗教之一伊斯兰教也是在唐代传入中国的。

后汉时中国称东罗马为大秦。唐朝称定都于君士坦丁堡（今伊斯坦布尔）的东罗马帝国为拂菻。唐朝同东罗马保持了友好关系。643年，拂菻王遣使来唐，献上赤玻璃、石绿、金精等物品，唐太宗回赠以绫、绮等丝织品。唐前期，拂菻使者来华共七次。中国的丝织品深受东罗马的皇帝、贵族喜欢，拂菻也成为唐朝丝织品的重要转输地。东罗马的医术、吞刀吐火等杂技也传入唐朝。在西安、咸阳等地，曾发现过东罗马的金币，这是两国友好关系的见证。

## 八、安史之乱

贵妃晓妆

唐玄宗后期，日益自满，贪图享乐，亲信小人，政治开始腐败。玄宗晚年不愿过问政事，将朝中大权皆交于李林甫、杨国忠等奸臣。李林甫是有名的“口蜜腹剑”之辈，他嫉贤妒能，阴险狡诈。当时张九龄为宰相，他是唐代著名的诗人，所以深受玄宗器重；李林甫便处处算计，最终取而代之，大权独揽。他杜绝言路，掩上耳目，逐步把唐玄宗和百官隔绝开来。他甚至威胁百官：“皇上圣明，做臣下的只要按皇上意旨办事，不必多言。你们没看到立仗马吗？它们吃的饲料相当于三品官的待遇，但如果叫了一声，就会被拉出去，到那时则悔之晚矣！”

玄宗十分宠信杨贵妃。杨玉环本是玄宗的第十八子寿王李瑁的妃子。她姿容丰艳，善于歌舞，通晓音律。开元二十二年（734），纳为寿王妃。737年，玄宗宠妃武惠妃死。哀悼之余，玄宗寻遍后宫，竟无一人满意。宦官高力士为讨玄宗欢心，极言寿王李瑁妃杨氏之美，又通晓音律，绝世无双。740年，玄宗幸温泉宫，使高力士至寿王宫召杨氏，令其出家，号“太真”，住于太真宫。天宝四年（745），玄宗为安慰儿子，又给他娶了个妃子，而册封杨玉环为“贵妃”。玄宗自此深居禁中，专以声色自娱。白居易在《长恨歌》里歌曰：

唐玄宗与杨贵妃

汉皇重色思倾国，御宇多年求不得。杨家有女初长成，养在深闺人未识。

天生丽质难自弃，一朝选在君王侧。回眸一笑百媚生，六宫粉黛无颜色。

春寒赐浴华清池，温泉水滑洗凝脂。侍儿扶起娇无力，始是新承恩泽时。

云鬓花颜金步摇，芙蓉帐暖度春宵。春宵苦短日高起，从此君王不早朝。

承欢侍宴无闲暇，春从春游夜专夜。后宫佳丽三千人，三千宠爱在一身。

一人得宠，鸡犬升天。杨玉环有三个姐姐，亦有才貌，因贵妃受宠，她们也分别被加封为韩国夫人、虢国夫人、秦国夫人。杨贵妃的兄长、叔父皆被赐高官，连她死去的父亲也被追封为太尉、齐国公，母亲被追封为凉国夫人。韩、虢、秦三夫人等几家门前，喧嚣无比，整日挤满了逢迎求官的人。杨家一族，一时显贵至极，共娶了两位公主、两位郡主。一些官员还请求玄宗给杨氏在省门立碑，歌颂其“功德”。杨贵妃知道玄宗没有了她，便寝食不安，因此更为骄纵。玄宗每到外地游幸，贵妃都要随侍，乘马皆由高力士执辔

杨太真上马图

贵妃池

华清出浴图

安禄山范阳起兵

授鞭。皇宫中专供杨贵妃衣锦刺绣的工匠有七百人，雕刻熔造的工匠有数百人。杨贵妃爱吃荔枝，而南海所产最好，“故每岁飞驰以进”。 杜牧《过华清宫》诗云：“长安回望绣成堆，山顶千门次第开。一骑红尘妃子笑，无人知是荔枝来。”后世岭南荔枝有“妃子笑”者，据说也得名于此。

玄宗还亲谱《霓裳羽衣曲》，由杨贵妃舞之。玄宗每年十月游幸临潼骊山北麓的华清宫，以杨氏兄妹五家为扈从，他们各家都穿着五颜六色的华贵服饰，行进的队伍光彩耀人，所到之处，都散发着浓郁的芳香，珠宝散落得到处都是，其奢侈无以复加。杨家“出入禁门不问，京师长吏为之侧目”。时人无不感慨地说：“生女勿悲酸，生男勿喜欢。”

杨玉环得宠于唐玄宗之后，族兄杨国忠更是飞黄腾达，升任宰相，身兼四十余职。杨国忠对人民疾苦漠不关心，不仅使成千上万的无辜士卒暴尸边疆，给少数民族地区造成了灾难，而且使内地田园荒芜，民怨沸腾。杨氏权倾天下，与节度使安禄山产生了权力之争，这也间接成为“安史之乱”的导火索；杨国忠在朝中积怨太深，与太子李亨的矛盾自然会迅速激化。

天宝年间（742—756）的危机越来越重，最终酿成惨烈的“安史之乱”。安史之乱的祸首安禄山为营州杂胡。因屡立战功而不断得到提拔，他还十分善于拍马逢迎，受到唐玄宗重用。安禄山十分肥胖，有一次，玄宗问他的大肚子里有什么，他答曰是对皇上的忠心。安史之乱爆发前，安禄山身兼平卢、范阳、河东三镇节度使，手握重兵，他清楚地看到朝廷腐化，军备废弛，决定于天宝十四年（755），起兵范阳，以诛杨国忠为名率兵15万大举南下。而大唐歌舞升平日久，沿途州县百多年未见过打仗，库中刀枪早已生锈，州县军队不堪一击。叛军一路过关斩将，以秋风扫落叶之势席卷河北，攻陷洛阳，兵锋直抵潼关。其实，安禄山造反的消息京中已有耳闻，但朝廷却当成传言，未加理睬；直到兵临城下，唐玄宗才如梦方醒，慌忙派兵抵抗。

玄宗调原河西、陇右节度使哥舒翰坐镇潼关。潼关地势险绝，易守难攻，哥舒翰依仗天险，坚守不出，叛军苦攻半年，也毫无办法。安禄山虽进兵神速，但其后方极不稳固，忠于唐朝的官员纷纷起兵讨伐，常山太守颜杲卿和堂弟平原太守颜真卿起兵抵抗，节度使郭子仪和李光弼屡次打败史思明，情势开始对唐有利。然而，杨国忠却怀疑哥舒翰有野心，怂恿玄宗强迫哥舒翰出战，结果大败于灵宝，哥舒翰被俘。756年6月，疯狂的叛军攻下潼关，唐都长安危在旦夕。

玄宗根据杨国忠的建议，决定逃往四川避难。由于将帅们正在各地领兵作战，他的随从人员只有宰相杨国忠、韦见素，内侍高力士及太子、亲王和部分羽林军将领。至咸阳望贤驿，地方官吏早已逃跑，无人进奉食物。行至马嵬驿（今陕西兴平县），将士们又累又饿，加之天气炎热，拒绝继续前进。此时，杨国忠的政敌太子李亨、宦官李辅国和龙武大将军陈玄礼一致认为，除去杨国忠的时机已成熟，并由陈玄礼出面对将士进行煽动，说这场叛乱全是由杨国忠引起的，杀了杨国忠就可止息叛乱。

郭子仪像

李光弼像

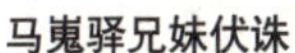

马嵬驿兄妹伏诛

一时间喊声四起，群情激愤。玄宗不知何故，非常慌乱。陈玄礼上奏说：“安禄山叛乱，率兵直指长安，是以诛杀杨国忠为名，而人们对杨国忠确实也充满了愤怨。现在局势危难，请皇上体察群情，为国家大局着想，把杨国忠及其党羽置之以法。”这时，恰有二十余位吐蕃使者在驿站西门外堵住杨国忠马头，向杨国忠要粮。杨国忠还没来得及答话，愤怒的士兵立即将他们包围起来，大喊：

“杨国忠勾结吐蕃人谋反！”一箭射中了他的马鞍。杨国忠慌忙逃进西门内，军士们蜂拥而入，包围驿馆，将其乱刀砍死，并挑其头颅，悬于驿门之外。

杨国忠既死，兵士情绪激昂，驿馆仍处在包围之中。唐玄宗询问左右，太监告诉他，兵士们已杀杨国忠。玄宗大吃一惊，不得不扶着拐杖，走出驿门，慰劳兵士，要将士们回营休息。兵士们不理唐玄宗的话，照样吵吵嚷嚷。玄宗派高力士找到陈玄礼，问兵士们为何不肯散去。陈玄礼回答说：“杨国忠谋反，贵妃尚在宫中。将士们未解心头之饥怨气，因此不能散去！”玄宗无奈，低头半晌，遂说：“贵妃住在内宫，怎么知道杨国忠谋反呢？”高力士知道不杀杨贵妃，不能平息兵士的怨愤，就说：“贵妃是没有罪，但是将士们杀了杨国忠，如果留着贵妃，仍不会心安。希望陛下慎重考虑。将士心安，陛下才会安全。”唐玄宗在无奈之下，乃命高力士引贵妃于佛堂，缢杀之，后埋于驿馆路旁。将士们听到杨贵妃已经被处死，总算消了口气，众呼万岁，撤围回营。

马嵬驿之变，表面上看来是一场士兵哗变，实质上是由太子李亨和宦官李辅国等策划的一场夺权斗争。杨国忠任宰相后，李亨连遭倾轧；安史叛乱时，玄宗本想让李亨接替皇位，由于杨国忠及其姐妹的反对而未成事实。蜀中是杨国忠势力的控制范围，如果到了那里，李亨就更无出头之日，因此，李亨借此机会除掉了杨国忠。之后，李亨从马嵬驿一路收拾残余队伍北上，终于在灵武（今宁夏灵武西南）即位，是为唐肃宗，尊逃到成都的玄宗

明皇幸蜀图

为太上皇。

安禄山攻陷长安后，便开始吃喝玩乐，恣情享受；其手下军队烧杀掳掠，激起了极大的民愤。各地的唐军在百姓的支持下，则越战越勇，士气日益高涨；而安史集团在胜利面前却发生分裂。757年，安禄山众叛亲离，首先被儿子安庆绪杀死。759年，史思明又杀死了安庆绪，自立为大燕皇帝，再次攻陷洛阳。两年后，史思明为其子史朝义所杀。到了762年，唐军与回纥联手，史军主要将领相继投降。次年，史朝义穷途末路，自杀身亡，手下将领纷纷向唐军投降，叛乱终被平息。安史之乱历时八年，社会经济遭到严重破坏，人民深受其害，唐朝也从此由盛转衰，一蹶不振。

唐肃宗灵武即位

## 九、唐末政坛

安史之乱后，中央力量大为减弱，对于降唐的安史余部，朝廷已无力清理，只得将他们委任为节度使，史称“河朔三镇”。虽说是朝廷的节度使，但他们在境内可以独立招兵买马，委派官吏，征收赋税，俨然为一独立王国，全然不把皇帝放在眼里。节度使职位往往是父子相继，或部将承袭，朝廷只能承认，不能更改。此后，山东、江淮各镇争相效仿，到了8世纪中期，全国藩镇已发展到40多个，形成了“自国门以外，皆分裂于方镇”的局面。地方割据使人民饱尝战火之苦，生产力遭到严重破坏。

唐朝另一痼疾是宦官专权。唐初宦官权力有限，仅掌管宫廷内务。但唐玄宗晚年却开了一个坏头，宠信太监高力士，高力士权力之大，就连李林甫、杨国忠等人也不敢得罪他。肃宗时，宦官李辅国为“判元帅府行军司马事”和兵部尚书。安史之乱后，由于德宗不再信任朝中武将，便将中央禁军——神策军交给宦官窦文场、霍仙鸣，宦官便逐渐操纵了中央的军权，此后宦官专掌禁军便成了惯例。宦官在得权后横行霸道，欺压百姓，甚至擅命朝中大臣，参与皇帝的废立。

永贞元年（805），唐顺宗任用王叔文、王伾、柳宗元、刘禹锡等人进行改革，以抑制和打击割据及宦官势力，结果遭到保守势力的反对，顺宗被幽杀，二王遇害，其他人被贬为边州司马，史

李德裕像

称“二王八司马”事件。

不久，又出现了唐朝后期历时最久、斗争最为激烈的一次朋党之争——“牛李党争”，对晚唐政治影响很大。这次党争源于唐代科举和门荫取仕的两种不同途径。其中牛党首领牛僧孺和李宗闵是科举派的代表，李党的首领李德裕和郑覃则是门荫派的代表；李党代表门阀士族，而牛党代表庶族大地主的利益。双方政见不合，彼此间结党营私、勾心斗角，进行着激烈的门户之争。

“牛李党争”从唐宪宗元和三年（808）发端，直到唐宣宗大中初年结束，历时近40年。文宗时期，斗争达到高潮，两党势力不相上下，每逢议政，争吵不休。文宗对此无可奈何，乃至慨叹：“去河北贼（藩镇）非难，去此朋党实难。”武宗时，李党得势，牛党首领被贬逐到岭南。宣宗时，皇帝热心科举，与牛党情投意合，牛党重新得势。李德裕几经贬逐，病死崖州。至此，“牛李党争”才基本结束。“牛李党争”围绕选官制度、宦官专权和藩镇割据等关系国家大政方针的问题，展开了长期激烈的讨论。他们各有是非曲直，其间也有一些正确的意见被提上政治议程，只是朋党积习太深，使他们的政治才能受到限制，结果反给宦官把持朝政和豪强割据一方造成了诸多机会。

唐文宗继承帝位后，最关心的是怎样铲除宦官。他重用郑注、李训，二人因此将诛灭宦官视为己任。他们联络一些节度使及朝中将领，经过一系列准备后，于大和九年（835）十一月壬戌早朝，禁卫军左金吾卫将军韩约上殿启奏，说禁卫军大厅后院一棵石榴树上降有甘露。天降甘露，在封建王朝被认为是好兆头。宰相李训当即带领文武百官向文宗庆贺，还请文宗到后院观赏。文宗命李训先去察看，李训装模作样兜了一圈，回来报告“恐怕不是真的甘露，不宜马上宣布，还请陛下派人复查”。文宗又令宦官仇士良等带领众宦官前往观看。仇士良等刚走进院中，韩约因为紧张，竟然脸色苍白，仇士良很奇怪。正巧一阵风吹来，仇士良发现布幕里埋伏的兵士，大吃一惊，急忙把文宗抢到手中，于是假传圣旨，命宦官带领四五百名宫廷禁军，从含元殿杀出。李训和韩约所招士兵，多是无业游民，又没有经过严格训练，自然抵挡不住禁军，最后四散逃命。朝廷官员受牵连者有六七百人。郑注在凤翔节度使任上，时刻准备策应朝中斗争；当他听到李训即将起事时，便率兵500名直奔京师，中途被宦官监军使杀害。这个本想诛杀宦官的计划，最后竟以宦官大杀朝臣而告终。历史上把这个事件称为“甘露之变”。“朋党之争”、“宦官专权”、“藩镇割据”，三者互相交织，使李唐政治日益黑暗，社会矛盾加剧，唐朝逐渐

走向衰亡。

## 十、黄巢起义

唐朝末年，藩镇割据，宦官专权，国家处于风雨飘摇之际，而贵族官僚豪绅依然醉生梦死，横征暴敛，大肆盘剥百姓。水深火热的生活激起了人民的无比愤慨，裘甫、庞勋首先举起了唐末农民起义的旗帜，这一火星很快迎来了一场轰轰烈烈的全国范围的农民大起义——黄巢起义。

873年，关东一带遭遇特大旱灾，夏收只有五成，秋粮几乎颗粒无收，百姓只能以蓬子槐叶充饥，但官府仍然催交赋税，广大人民被逼上绝路。874年底，濮州（今河南范县）人王仙芝自称“天补平均大将军兼海内诸豪都统”，率数千人在长垣起义。不久，冤句（今山东菏泽西南）人黄巢也聚众起义，响应王仙芝，在曹州两路义军兵合一处。黄巢贩私盐出身，喜好交友，其志向远大，曾几次参加科举考试，但都未考中，写下《不第后赋菊》诗句：“待到秋来九月八，我花开后百花杀。冲天香气透长安，满城尽带黄金甲。”

起义爆发后，周围百姓纷纷响应，几个月后义军就扩大为几万人，战火遍及黄河、淮河两岸，引起了朝廷的恐慌。875年底，唐朝派5个节度使的兵力前去镇压。面对优势敌人，义军采用了避实击虚的流动作战方略，成功地逃出敌人的包围，于次年出其不意进军河南，在10天内连破8县，震动一时。见镇压不灵，朝廷便诱使义军投降。正当王仙芝欲接受朝廷的招安时，遭到黄巢

**占领长安** 现代·杨晓阳、刘文西

等人的坚决反对。王仙芝见状，只得放弃，但二人也产生了裂痕。此后，王、黄率军分头活动，南北呼应。878年初，王仙芝战败被杀，余部由尚让率领归附了黄巢。黄巢成为义军统帅，被推举为王，称“冲天太保均平大将军”，建元“王霸”，义军壮大到10多万人。

此后，起义军南征北战，有力地打击了封建王朝。黄巢的大军一路南下强渡淮河、长江，经江西、浙江，攻克福州、广州；然后又挥戈北伐，取道桂林，经湖南、湖北、安徽，于880年底攻占东都洛阳，次年初一举夺下首都长安城，唐僖宗逃往四川。881年，黄巢在大明宫含元殿登基，建立政权，国号“大齐”，年号“金统”。尚让等为宰相，朱温等为大将军。

然而，黄巢在战略上却犯了致命错误。军队虽然不断地转战南北，但没有建立稳固的根据地，这样一旦军事上失利，就很容易发生兵源补充和物资供应困难。黄巢虽然攻下长安，却因骄傲自满没有乘胜彻底消灭敌人，结果给流亡的唐政权以喘息之机。果然，唐军不久便纠集力量予以疯狂反扑，义军被紧紧围困于长安周围狭小地带中，义军的粮草供应断绝了，战况急转直下。关键时候，朱温叛变降唐，僖宗赐名“全忠”，让其进攻义军。沙陀贵族李克用的骑兵也进攻义军。黄巢军队不得已撤出长安，但由于没有根据地，被唐军一路追赶，伤亡惨重。中和四年（884）六月，黄巢退至泰山狼虎谷，自刎而死。唐末黄巢大起义至此失败。

黄巢起义虽然失败了，但它历时10年之久，席卷大半个中国，沉重打击了封建统治。此后，唐王朝便名存实亡，逐步土崩瓦解。天祐四年（907），朱温代唐自立，历时289年的唐朝终于名实俱亡。中国历史开始进入五代更迭的分裂时期。

# 第七章 两宋风云

宋代惩晚唐之弊病，尽收天下之兵，从创立伊始，便将地方权力收归中央，使军队和官僚机构逐步与中央集权相适应。这样，便使五代时期“君弱臣强”的问题，在宋初得到了有效的解决，从而大大地提高了统治者驾御政权的能力。但是，这样也给宋朝带来了极大的隐患，造成了宋代官僚机构庞大，官员数量极度膨胀，贫乏的财政却要供养着庞大的政府的问题。在军事上，宋朝因“前车之鉴”，为防范武将，竟换以文臣御兵！这种主次颠倒的做法，只能使宋朝的国防力量愈加衰微——宋朝军事中的痼疾，成为其发展当中的绊脚石，这就使得宋朝无以应对来自北部的边患，也就无法摆脱“积贫积弱”的社会局面。

两宋时期是一个经济开放、文化繁荣的时代。在这样的一个市民社会里，士大夫放下曾经高傲的架子，与商人以及各色各样的民间艺人同时出现在宋朝繁荣的市井之间。华灯初上的时候，开封、长安、扬州、苏州等城市被笼罩在浓浓的夜色里，彻夜的明灯构成了当时特有的一道风景线。“宋代有感于隋唐之变，政治中平添了保守色彩。”但是，宋代空前发达的海外贸易，却在古代中国达到了前所未有的高峰——中原人们的视野正随着域外信息的传入而为之一变。由于北部边患频仍，两宋经济重心南移，海路成为其与海外国家文化交流的主要通道。

但是，南宋之后，统治阶级却没有将目光投向中原，而是萎缩于江南，满足于一时的偏安，大都不见积极进取的豪情。那些迂腐的士大夫大谈“重义轻利”，他们根本瞧不起传统社会中被视为“民生之末”的商业和手工业；他们所追寻的，是耗毕生之心力，走“学优则仕”的官宦之途。在今天看来，宋代士大夫的愚忠，确让人深感钦佩，但留与后人更多的则是无限的感叹！

两宋是古代特有的政治文化——理学产生并高度繁荣的时代，“孔孟”儒学一改“汉学”旧貌，转而崇尚发挥义理；大儒们所谓 “存天理，灭人欲”，从思辨的角度，丰富了儒学内容，使儒学在政治思想领域重新获得了统治地位。作为文化角色的文人知识分子，深受儒家文化的熏染，他们寄个人抱负于诗文之中，舒幽古感叹，畅治国理想，闲雅之中又不失悲壮情怀。更有甚者，躬行其身，践履着在他们看来极为神圣的历史使命——维护儒家伦理道德的绝对权威和道义责任。出于对国家命运的担忧，当时的朝廷中，已经有许多人在积极地倡言变法，徐图自强。范仲淹在著名的《岳阳楼记》中云：“居庙堂之高，则忧其民；处江湖之远，则忧其君。”中国士大夫所流露出来的历史使命感，在宋代达到了旷古之极点，其忠烈的情操更为后代心仪。

两宋相续三百年，“北宋一度局部统一，南宋则趋向内敛”。两宋时代，内忧外患，民变四起，欲复李唐之盛而不能，最终还是深陷战争泥淖，伴随着蒙古人的铁骑之声，踏着无奈的夕阳晚歌，挥泪淡出中原。

# 一、宋前乱世

朱全忠像

罗贯中《三国演义》开篇便评说："天下大势，分久必合，合久必分。"姑且不论这一观点是否有历史循环论之嫌，但大唐帝国历经近300年的风雨，尤其遭到唐末农民战争的打击后，已虚弱不堪，名存实亡，政局危如累卵，稍有风吹草动，李唐政权便可能招致覆亡之灾。

时候终于到了。907年的一天，羽翼丰满的节度使朱温废掉唐昭宣帝建立梁朝，历史进入五代十国时期。这一时期，作为唐、宋两朝之间的过渡，是唐后期藩镇割据局面的延续，也是走向统一的开端，兴废战争十分频繁和剧烈。

李存勖像

当时，在黄巢起义的打击下，一些靠镇压农民起义起家的新旧军阀乘机扩张势力，割地称雄。北方的藩镇中出现了以节度使朱温（占据河南）、李克用（占据山西）、李茂贞（占据陕西）为首的三大军事集团。其中，被唐廷赐名"朱全忠"的唐末农民起义军叛将朱温，不仅不忠于黄巢建立的"大齐"政权，也并不忠于李唐政权，可谓一个十足的"全不忠"。他凭借雄厚的兵力，逐渐消灭了许多割据势力，初步统一了黄河流域，成为中原最强大的军阀。907年，他废唐帝自立，建国号梁，定都开封，史称"后梁"。始终是朱温劲敌的河东节度使、沙陀贵族李克用不甘示弱，与之鏖战不休，继续争夺霸权。912年，朱温被其子杀死，政权内部混乱不堪，终于在923年被李克用之子李存勖建立的后唐所灭。后唐庄宗李存勖不仅骄横自矜，疑忌功臣，而且昏庸无知，宠信宦官和伶人，日益贪图安乐和享受，终于祸起萧墙，在一次兵变中被杀。李克用养子李嗣源夺得政权。

在中国历史上，中原政局发生重大动荡的时候，往往有异族势力的介入并因此导致政局发生剧变。后唐叛将石敬瑭就是这种引狼入室的始作俑者。石敬瑭本是李克用帐下沙陀族部将臬捩鸡之子，不知什么时候什么原因改姓石氏。由于他在李朱争战中战功卓著而颇受李存勖的赏识，加之李嗣源将女儿嫁给他，晋王石敬瑭便以功臣和驸马的双重身份出任河东节度使，担负起抵御契丹的重任。随着实力的增强，石敬瑭逐渐产生了僭越之心。清泰三年（936），石敬瑭与幕僚桑维翰在确定了乞求契丹支持发动叛乱的策略后，随即指责李从珂的即位是非法的，要求他自动下台。后唐君臣闻听变故都大惊失色，李从珂更是终日以泪洗面、痛饮

骑射图　五代 · 李赞华

悲歌，只是很消极地派大将张敬达率兵前去讨伐，后唐军顿时将晋阳城（今太原西南）围了个水泄不通，石敬瑭困守孤城，苦撑了一个夏季。秋高马肥时，契丹皇帝耶律德光亲率5万骑兵，由北而南长驱直入，打败唐军解了晋阳之围。但张敬达并未被彻底击溃，在各路藩镇援兵不断开入河东的有利形势下，稳定了军心，稳住了阵脚，与敌人在晋阳以南对峙。耶律德光本来就担心后路被抄，现在更是忧虑万分。

然而，随后的一件事情不仅让惶惶不安的契丹人变得高枕无忧，反而大赚特赚了一把，这就是后唐权要之间的矛盾。原来，当时有人建议将在后唐避难的耶律德光之兄李赞华从幽州送回契丹争国，让耶律德光首尾难顾而撤兵，但李从珂犹豫不决未予采纳。而作为张敬达救兵的赵德钧，却摸准了耶律德光的心态，趁机向契丹提出联合推翻后唐、立己为帝的计划。耶律德光进退维谷，很想答应其要求。石敬瑭得知这一消息后，很是着急，慌忙派遣桑维翰去求情。这个桑维翰据说人长得很丑陋，但对主子却是忠心耿耿，他从早到晚，鼻涕一把泪一把地哭求耶律德光，并代表石敬瑭许诺，如果契丹助其做大晋皇帝，石敬瑭不仅每年献帛30万匹，把幽云十六州的土地划出作为报答，还自愿向耶律德光称子。耶律德光思虑再三，终于答应下来。于是，旷古未闻的怪事出现了——当父亲的34岁，做儿子的45岁，儿子比老子竟然大了11岁。

形势继续向着有利于叛军的方向发展。不久，张敬达帐下大将杨光远杀死主将，率全军投降，赵德钧等援军本来就不想打仗，一与对手接触便溃不成军。李从珂见大势已去，自焚身亡。石敬瑭如愿以偿地当上皇帝，国号晋，史称后晋。以后七年，石敬瑭不顾民意，对契丹始终逆来顺受、唯唯诺诺，不断献礼纳贡。942年，石敬瑭死后，其侄石重贵在宰相冯道和将领景延广的怂恿下，对契丹一改往年俯首帖耳的恭顺态度，称孙不称臣，耶律德光大怒，遂发兵攻晋。946年，契丹兵攻入都城开封，后晋亡。此时，时任后晋河东节度使的刘知远在晋阳称帝，多措并举，收买人心。辽兵撤退后，乘机进入开封，定都建汉，史称后汉。刘知远死后，其侄刘承祐继位后忌杀功臣，节度使郭威被迫起兵，称帝建周，史称后周。郭威死后，养子柴荣即位，是为后周世宗。郭威与柴荣在改革政治、恢复生产、加强军力等方面采取了一些措施，周世

宗则是中国历史上很有作为的政治家，他的一系列改革为结束分裂割据局面打下了基础。以上梁、唐、晋、汉、周诸政权总称五代，共持续53年，先后有八姓十四君莅政。

契丹人像

五代兴替的同时，汉族聚居区的南方和北方的河东地区也演绎着“十国”的历史，它们是：吴(杨行密建)、南唐（徐知诰建）、吴越（钱镠建）、楚（马殷建）、闽（王审知建）、南汉（刘隐建）、前蜀（王建建）、后蜀（孟知祥建）、南平（高季兴建），它们之间以及与五代诸王朝之间，互相攻伐杀掠，使分裂局面更加严重。

在这一时期，还兴起了契丹人建立的辽朝。契丹族是鲜卑族的一个分支，原居住在辽水上游。从北魏初年开始，以游牧为生的契丹各部落，开始用马匹、皮毛与汉人交换物品。唐朝初年，契丹众部落开始组成部落联盟，并不断向外扩张。916年，耶律阿保机统一契丹各部，他仿照汉人的王朝体制建立了奴隶制国家，称号天皇王，国号大契丹。926年，阿保机率军东进，灭了渤海国，自己却在班师途中病死，次子耶律德光继位，并不断领兵南下掳掠。946年，契丹军攻入开封，灭掉后晋。次年二月，耶律德光在开封登基。为表明自己是中原的皇帝，他改国号为“大辽”，耶律德光就是辽太宗。

## 二、陈桥兵变

赵匡胤登基

陈桥兵变是宋太祖赵匡胤创建北宋政权的关键和标志性事件。赵匡胤（927—976），出身军官家庭，本人曾是后周太祖郭威帐下一名低级军官，因支持郭威代汉建周而备受重用。周世宗柴荣继位后，他凭着非凡的胆略和智慧，屡立战功，崭露头角，被提升为归德节度使，周世宗临死时，已官至殿前都点检，成为禁军的重要统帅之一，是全军颇有影响的高级少壮派军官。959年，周世宗去世，7岁的幼子柴宗训即位，主少国疑的局面随之出现。赵匡胤和他的一班亲信赵普、石守信等，认为夺权的时机到了，经过周密策划和准备，共同策划发动了历史上著名的“陈桥兵变”。

显德七年（960）正月初三，虽然新春的钟声刚刚敲过，但开封古城的臣民们却惶惶不安，大家都觉得要有大事发生。因为初一北方边境来报，契丹、北汉联兵入侵，赵匡胤已匆匆率禁军前往“迎战”。一时间，都

宋太祖赵匡胤像

城内“策点检为天子”的传言沸沸扬扬，有人开始打算逃命，唯独内廷被蒙在鼓里。事实上，这的确是赵匡胤等实施兵变的第一个步骤。当晚，部队驻扎在开封城东北四十里的陈桥驿。晚饭后，赵匡胤以醉酒为名光自睡了，剩下的节目由其亲信们完成。果然，深夜，军士们在赵匡胤的弟弟赵光义、归德军掌书记赵普等的撺掇下鼓躁而起，一齐聚集在驿门前，声称要立点检赵匡胤为天子。次日凌晨，参与拥立的将领们来见赵匡胤，露刃于庭，以“今日须得天子”为由，“胁迫”赵匡胤答应称帝。赵匡胤先是装出一幅无奈的样子予以推辞，话还未说完，众人已将事先准备好的象征皇权的黄袍披在他身上。紧接着，众人罗列下拜，山呼万岁。在京城内做内应的王审琦、石守信两位亲信将领，早已接到秘报，迅速采取措施轻而易举地控制了局面。初四日一早，赵匡胤率大军列队返京，准备登基。另一位禁军首领马步军副都指挥使韩通闻变，从内廷飞马而出，企图抵抗，结果被兵变士兵追至家中杀死。事已至此，后周满朝文武无可奈何，在宰相范质的带领下惟有俯首听命的份儿。由于赵匡胤当时兼任归德军节度使，治所在宋州（今河南商丘），便改元建隆，定国号为宋，史称北宋。

可以说，在继位手段上，周宋更替与五代十国时期政权更迭的普通方式如出一辙，都是掌握军事实权的将领拥戴自己的统帅夺权称帝，但在对待前政权和臣民的态度方面，赵匡胤可谓是开了中国历史和平夺权的先河。他约束手下，不得惊犯柴氏母子，不得侵凌后周大臣，不得侵掠朝廷府库和士庶之家，对百姓秋毫无犯，夺权斗争以不流血的和平手段，在短短两天的时间内便宣告完成，这在一定程度上保护了北方正在恢复的社会生产力，维护了良好的社会秩序，在当时是有积极意义的。

## 三、杯酒释兵权

赵匡胤建宋以后，曾经向精于治道的赵普询问，为什么唐末以来，战乱频仍，国家四分五裂？宋朝建国后，怎样才能避免重蹈前朝覆辙，保持大宋的统一和安定？赵普回答说，五代政局不安定，是由于君弱臣强，掌握地方大权的节度使权力太大。只有把他们的兵权、政权、财权统统收归到皇帝一个人手里，天下才能太平。宋太祖感到很有道理，便予以采纳并付诸实施。“杯酒释兵权”就是集中军权过程中，后人看来颇具戏剧性的一个片断。

石守信像

根据史料记载，事情大概应是这样的：建隆二年（961）初秋，一次晚朝后，宋太祖赵匡胤将王审琦、石守信、高怀德等禁军统帅留下，设宴招待他们。这里需要说明的是，当时在座的大将不仅在陈桥兵变中有拥戴之功，王审琦、石守信、高怀德等几个人还是后周军队内部的小型社团——“义社十兄弟”的成员，赵匡胤名列其首。如果当时的禁军统帅不是昔日的这些盟兄盟弟而是别人，赵匡胤解除禁军兵权是否采用其他方式也未可知。总之，天子与在座的将领交情非同寻常。酒至半酣，太祖屏退左右说：“没有众卿拥戴，我没有今天。然而，做天子太难了，远不如做节度使安乐。自称帝以来，我从没睡过一天好觉。”石守信等人起初不明白赵匡胤的真正意图，便忙问缘由，太祖面无表情，缓缓言道：“这还不明白，皇帝的位子，谁不想坐！”众将这时才听出昔日的兄弟今日的天子说这番话的真正意图，忙跪地表白自己的忠诚。石守信大声说：“陛下怎么说这种话？如今天下已定，有谁还敢有二心！”太祖叹着气说：“即使你们没有异心，一旦有人把黄袍加在你们身上，你们不干能行吗？”一番话又把惶恐不已的义社兄弟们说懵了，一个个冷汗直流，连声请皇上给指一条路。太祖舒展双眉，这才说道：“人生短促，如白驹过隙，人们喜好富贵，不过是想多积攒些钱财，自己快乐，子孙也免于困乏而已。各位可以解去兵权，多置良田美宅，歌儿舞女，整日宴乐，颐养天年，我再同大家缔结良缘，君臣无猜，岂不很好？”皇上的语气一反常态，总让人觉得深不可测，无暇考虑，众人只有赶紧谢主龙恩。次日，石守信等“爱卿”称病，主动交出兵权，被安置到京都以外的地方任职。见兄弟们如此理解和配合，太祖在欣喜之余，每人都给予了不菲的赏赐。这就是历来为史学家所津津乐道的“杯酒论心，大将解印”的故事。不久，太祖又故伎重演，用几乎同样的手段解除了王彦超等地方节度使的兵权。

宋太祖雪夜访赵普

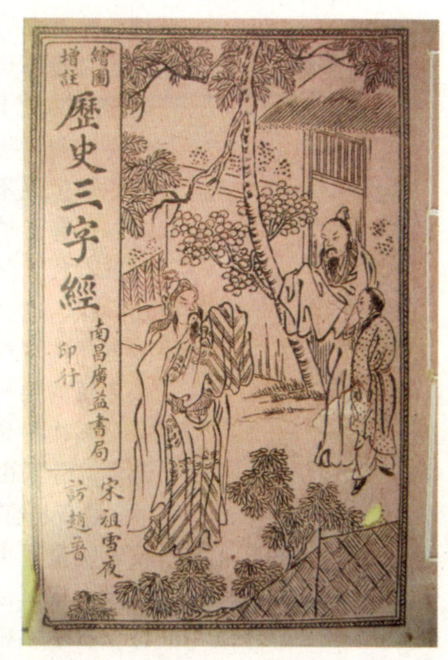


从此以后，凡是禁军的高级将领罢职，就不再补充新的人选，即使有，也属特殊情况；或者以庸才充任，如被任命为殿前都指挥使的韩重赟，就是一个胸无城府、容易控制的人；或者由亲信担任，如赵匡胤的弟弟赵光义就曾兼任开封府尹。掌管禁军的权力交给了殿前司、侍卫马军司、侍卫步军司，统

赵普像

称“三衙”。三者中，有的有兵无调兵权，有的有调兵权手里却无兵，互相牵制，互相制约，实际上禁军的指挥权最终还是由皇帝亲自执掌，这也是宋代军事制度的一大特点。

值得一提的是文中讲到的赵普。赵普，字则平，幽州蓟县人。后周显德初年被永兴军节度使刘词召为从事，后经人举荐，逐渐进入决策高层，并在赵匡胤发动兵变登基前，多次充任其幕僚。北宋建立后，从乾德二年（964）始，起任宰相。太宗时又两次出任宰相。赵普年轻时为吏，读书不多，做了宰相后，太祖赵匡胤多次劝他读书。据说他晚年常常手不释卷，每次回家后，就关起门来开箱取书阅读，第二天处理起政务来果然得心应手、游刃有余。他去世后，家里人打开箱子一看，原来是《论语》二十篇。于是，便有赵普“半部《论语》治天下”的说法。

加强中央集权与其国内统一战争几乎是同步的。从中央到地方，从政治、军事到财政，赵氏系统全面地加强集权，把权力集中到皇帝一个人手里，大树皇帝至高无上的威信。

首先是集中军权。为从根本上消除唐末五代以来的地方军事割据，加强中央集权，维护国家统一，建隆二年（961），赵匡胤亲自整顿禁军，从各州挑选精壮男子，充实到禁军队伍中，禁军士兵中的老弱病残全部安排到地方做一些看守仓库之类的杂活儿。招募的新兵，由当过禁军统帅的赵匡胤亲自训练，有效地提高了中央直属部队的战斗力；而相比之下，地方军事力量已是相形见绌，地方上的军队经过多次挑选禁兵，剩下的兵员由于平时主要充当杂役不加训练，实际已失去军队的作用。当时，全国兵员大约38万人，其中禁军占了一半多，到后来的太宗时期，情况仍然没有改观，禁军实力依旧远远比地方强大。在这种情况下，地方在军事上绝不是禁军的对手，要想跟中央分庭抗礼搞割据十分困难。掌握了禁军这一国家的核心武装力量，赵匡胤仍不罢休，他吸取五代十国时期藩镇尾大不掉威胁中央政权的教训，对地方上的兵权，也直接收归朝廷，其主要措施便是由皇帝亲自选派文臣到各州郡管理地方政治和军事，把武将调离军队。这样，五代以来藩镇的兵权便被解除了。

其次是集中政权。在中央，政权分为政事、军事和财政三大部门，分别由中书省、枢密院和三司掌握。中书省是中央行政机关，最高长官是宰相，官衔是“同平章事”，副宰相称“参知政事”。枢密院是军事中枢，最高长官是枢密使。中书省和枢密院因分掌文武大权而被称为“二府”。三司掌财政，最高长官是三司使，地位仅次于宰相。这三大部门互相牵制，各自对皇帝负责，由皇帝最终裁决。在地方，为加强集权，一个办法是取消了节度使统领的支郡。唐末五代以来，节度使往往兼管数郡，除治所所在州外，其余州都称为支郡，各有防御使、团练使或刺史处理州务，均归节度使节制。赵匡胤把这些支郡都收归中央，由朝廷派京官担任各州长官，分割节度使的权力。办法之二是由皇帝派遣“通判”参与一州的政事活动，分割地方的行政权。通判监督知州行动，签署所有政令，直接对朝廷负责，甚至可以直接向皇帝报告。办法之三是皇帝直接任免地方官吏。州郡乃至一县的长官都由皇帝选派京官充任，直接管理地方政治。知州多用文人，三年一换，有特殊情况也可随时调换。

第三是收归财权。乾德二年，宋太祖下令，各州每年的租税和专卖收入，除地方必需的费用以外，全部解送中央。为监督这一政策的执行，宋太宗时期，中央还开始派出京官驻各地专司收税事宜。当时全国分为十五路，每路各设一名转运使，专门负责该路所辖各州郡的财政税收和水陆转运，并要到京城向朝廷报告当地的经济状况。

另外，中央还在一定程度上加强了对地方司法权的限制。如杀头罪必须经过中央的刑部复审才能执行。中央还派专门官员负责掌管各州的刑狱，皇帝会不定期地派官员到各地督察案件的审理，甚至可以直接审理一些案件。

宋太祖和太宗通过以上措施，有力地控制了各州郡的军权、政权、财权和司法权，大大加强了中央集权，但同时也制造了新的严重问题。如旧官加上新官，使官僚机构急剧膨胀，人浮于事，国家的财政负担越来越重，对人民的盘剥便愈加苛刻，引发了农民战争等一系列社会问题。

## 四、统一南方

北宋建立后，赵匡胤首先考虑的重大问题之一是如何把周世宗未竟的统一事业继续下去，稳固自己的统治。在征询部分元老重臣的意见后，赵匡胤确立了先南后北、先易后难的战略决策，即先灭掉南方较弱的几个割据政权，后灭势力较大的北汉。

建隆四年（963），统一战争的序幕拉开了。赵匡胤首先向南方的南平政权进攻。之所以拿它开刀，这是有原因的。南平力量十分薄弱是一个重要方面，但最重要的是，它位于各割据势力的包围之中，一旦占据，周边政权难以互相联合，便于宋军各个击

李煜像

破。战略方针既定，宋太祖便派慕容延钊率领十州的兵力进击，部队刚挺进到江陵（今湖北江陵），南平统治者高继冲就举起了白旗，宣布投降。不战而胜，宋军在军事上完全占据了主动权，此后，宋军一鼓作气，势如破竹，在不长的时间里将周围的割据政权消灭殆尽。乾德二年（964），北宋节度使王全斌从凤州（今陕西凤县东北）出兵，节度使刘光义从归州（今湖北秭归）出兵，分进合击，兵锋直指后蜀。统治者孟昶慌忙派王昭远率兵抵抗。王昭远虽饱读兵书，但同战国时期的赵括一样，不但骄傲轻敌，而且只会纸上谈兵，结果三战三败，终被擒获。宋军进占成都，孟昶投降，后蜀灭亡。

开宝三年（970），宋军在主帅潘美的率领下，长驱南下，直逼南汉都城广州。当时，南汉的统治者刘𬬮不但昏庸无能，而且凶暴残忍，加上宦官当权，政治十分黑暗。宋军兵临城下，宦官们趁机抢夺金银财宝，刘𬬮则把细软和嫔妃整整装了十几只大船，准备下海逃命。由于宋兵动作迅速，使其未走成，被俘获后押解到了汴京，南汉政权瓦解。

后蜀和南汉两个割据政权被消灭后，江南大国就剩下南唐了。南唐李氏面对强大的宋朝，恭顺有加，不仅在北宋肇建之初就派使臣献上大量金银布帛，961年，李煜继位后，继续向宋进贡，力图保持自己的统治地位。但是，赵匡胤灭唐之意已决，在灭掉后蜀、南汉后，利用几年的时间打造战舰，囤积粮草，修造兵器，训练士兵，进行了较为充分的准备。开宝七年（974）九月，便迫不及待地派大将曹彬带领10万大军，兵发南唐。在秦淮河一带，唐水陆兵马初战失利，遭到歼灭性打击，元气大伤，李煜在都城金陵被俘，解送汴京。李煜无意于国事治理，在政治上毫无建树，以至于宋军即将攻进都城时，他还在寺院里听和尚讲经。被俘后，曾经写下了“最是仓皇辞庙日，教坊犹奏别离歌，垂泪对宫娥”这样几句词，生动再现了疏于朝政的软弱国君形象。然而，在文学史上，他却是中国古代一位著名的词人。“独自莫凭栏，无限江山，别时容易见时难。流水落花春去也，天上人间。”他的许多词作历经数千载，仍然不失为脍炙人口的千古名句。

开宝九年（976），赵匡胤病死，进行了13年的统一战争也基本上奠定了一统中原的局势。赵匡胤死后，其弟赵光义继位，他就是宋太宗。关于宋太宗的即位还有一个神秘的传言，即“斧声烛影”和“金匮之盟”。开宝九年十月，宋太祖赵匡胤病重，一天，突然死去。据当时史料记载，太祖离奇死亡的头一天晚上，只召见了时为晋王的赵光义，并且事发当晚，有人看见太祖卧房内有

"斧声烛影"，而当天打破常规，"留宿禁内"的宫外人只有赵光义。因此，便有人传言赵光义杀死了自己的亲兄长赵匡胤，窃取了帝位。这一传言，加上神秘的"金匮之盟"，更加使得赵光义的即位变得扑朔迷离。原来，匡胤、光义的母亲杜太后临死时，曾急召时任右谏议大夫的赵普记录遗命。据说，太后谕示赵匡胤，在他死后，当传位于光义，光义再传光美、德昭（匡胤子），赵匡胤表示答应。赵普将这一誓言记下，末尾签上"臣普记"，藏于金匮之中，托信任之人保管。后来，赵普因故被太宗误解，为了证实自己的清白，他不得不打开了这个金匮。于是，便有人说，这个金匮之盟是赵光义伪造的，只是为了证明自己继承皇位的合法性。

继位后的赵光义又接过了兄长未竟的事业，将国内统一战争继续进行下去。两年后，平海节度使陈洪进将漳州和泉州献出，南方仅存的吴越政权更加孤立。吴越王眼看回天无术，被迫取消国号，向宋献地。至此，南方地区全部统一。

在平南战争中，涌现出了一位以品格高尚、尤以廉洁自律著称的大将，他就是曹彬。曹彬，字国华，真定灵寿（今属河北）人。曹彬为人质朴厚道，历事后周和宋太祖、太宗、真宗四朝。后周显德五年（958），他奉命出使吴越，办完公事后就启程回京，私人赠送的礼物，一概不收。吴人划着小船追上后执意再送，他依旧婉言谢绝，这样反复了四次。最后，他为了免得被人说自己沽名钓誉才勉强收下，但全部一一作了登记，回京后立即上交国库。周世宗一再坚持要他收下，他才接受，但全都分送给了亲朋故旧，自己一件也没留。他的生活也很俭朴，生人很难从衣着上将他分辨出来。在平定南方战争中，宋军进入后蜀后，其他将领都大肆抢掠金银细软和妇女，只有曹彬无动于衷，随身携带的行李只是些衣被和书籍而已。从此，"曹彬不贪"的佳话不胫而走。

曹彬像

## 五、杨业抗辽和澶渊之盟

杨业（？—986），本名杨崇贵（一作重贵），祖籍麟州（今陕西神木北），后迁至太原。原在北汉做官，统治者赐名刘继业。北宋政权建立后，曾劝说统治者刘继元归附宋朝，共同抵抗契丹，但遭到拒绝。太平兴国四年（979），宋太宗率军攻灭北汉政权，杨业归顺北宋，恢复原姓，人称杨继业或杨业，奉命以代州(今山西代县)刺史兼三交(今山西太原市北)驻泊兵马部署防守北部边防，隶属潘美指挥。

萧绰像

潘美像

宋太宗太平兴国五年（980）三月，10万辽兵进犯雁门关(今山西代县)，杨业兵力单薄，决定以智取胜。他带领数百轻骑兵，经羊肠小道绕到关北，从辽兵的背后发动突然袭击，打了敌人一个措手不及，此役不仅活捉了敌将李重海，还杀死了辽朝驸马萧多罗，大败辽军。从此，辽军见到杨业的旗子便远远地避开。然而，正是因为身为降将的他屡立战功，而遭到潘美等个别宋将的嫉恨，这与日后杨家父子被困陈家谷战死沙场不无关系。

那是所谓“雍熙北伐”中令人扼腕的故事。宋雍熙三年（986），辽景宗病死，年仅12岁的耶律隆绪继辽国皇帝位，即辽圣宗，萧绰太后摄政。宋太宗接受臣下的建议，决定借辽刚立幼主、人心不稳之机出兵收复十六州失地，遂发动北伐。这次军事行动是由太宗亲自指挥的。宋军兵分三路，主力是东路军，由曹彬、崔彦进、米信率领，从雄州出发；中路军由田重进带领，出飞狐（今河北涞源北）；潘美与杨业各任正副都部署，共领一路兵马，出雁门关，进击辽军。潘、杨率领的西路军出了雁门关，在不到两个月的时间里，就收复了云、应、寰、朔四州，在收复应州、朔州的战斗中，杨业之子杨延昭担任先锋官，把强悍的辽兵打得狼狈逃窜。中路军也收复了一些失地，战局向着有利于北宋的方向发展。然而，由于大将曹彬求胜心切，致使东路军孤军深入，缺乏配合，在战斗中连连失利，士兵伤亡惨重。战局急转而下，宋太宗急令诸路全线退却。潘、杨二人奉命护送云、应、朔、寰四州百姓后撤到雁门关以南的代州。杨业认为，辽军已经占据主动权，西路军的当务之急是护送边民迅速转移，避免与敌正面冲突。监军王侁不懂军事，指责杨业怕死，再三催促他出战，杨业气不过，负气出战。临行前，他与主帅潘美等约定，由潘带领精壮士兵设伏于陈家谷口，待自己引辽兵追至该处，便予以夹击。潘美等在谷口等候多时，不见杨业回来，以为前方已打了胜仗，为了抢立军功，擅离谷口向前推进。途中，侦知杨业败退，便置约定于不顾，径自掉头逃走。可怜杨业和他的将士们，且战且走，苦战一整天，待将辽军引到陈家谷，却不见宋军的一兵一卒。悲愤之余，被迫拼死接战。经过激烈搏杀，杨业马伤被俘，但他面对敌人的威胁利诱，坚贞不屈，绝食三天，壮烈而死。其子杨延玉与部下士卒血洒陈家谷，无一人生还。杨业死后，他的妻子折氏向宋太宗进行申诉。在事实面前，宋太宗只好把潘美降级，将王侁等革职，封杨业的其余六个儿子以官职。

杨家祖孙四代都是优秀的爱国将领。杨业的父亲杨信，是五代时的抗辽名将。在现在黄河河曲一带还有个叫杨家寨的地方，据说就是当年杨信抗敌的根据地。据史料记载，杨业有七个儿子，

忠义杨家将　清年画

长子延朗，后改名延昭，镇守北方边陲20多年，与将士同甘共苦，战功卓著。其余六子，除延玉阵亡外，还有延浦、延训等五人。延昭之子杨文广也是北宋名将，曾抗击西夏，后来调到河北前线与辽军作战。杨家将里最值得一提的是杨业的妻子折氏。她出身云州大族，其祖父、父兄都是五代和北宋的战将，折氏本人善骑射，很有军事才能，在元曲和传统戏里面，都被称为“佘太君”，帮助丈夫杨业屡建奇功。杨家将抗击外敌、保家卫国的故事，经后世演绎，在民间广为流传，为百姓所津津乐道，历经千年而不衰。

继杨家将之后不久，较有政声的大臣还有一个，那就是大事不糊涂的吕端。吕端，字易直，幽州安次（今属河北）人，北宋时官至枢密直学士，太宗至道元年，在继吕蒙正之后受命为相。因为严格执行封建礼法，被宋太宗称赞为“小事糊涂，大事不糊涂”。太宗去世后，实权派宦官首领王继恩违背祖制，与副宰相李昌龄勾结，阴谋变更皇位继承人，被他及时察觉，果断地拥立真宗，将王继恩贬逐。

1004年秋，辽圣宗、萧太后母子率20万辽兵以收复瓦桥关以南十县为名，虎狼一般大举入侵。他们绕开守备力量较强的保、定二州，一路势如破竹，直抵黄河岸边的澶州城下，北宋朝野震惊。面对外敌的严重威胁，宋真宗慌忙征询退敌之策。主和派参

桂英生擒六郎　《杨家将演义》插图

宋真宗像

寇准像

知政事王钦若主张迁都金陵，签枢密院事陈尧叟建议西逃成都，只有宰相寇准力主抵抗。寇准说，建议逃到金陵和成都的人都应该砍头，因为大敌当前，皇帝一旦逃跑，人心就会崩溃，敌人再乘机攻击，大宋王朝一定十分危险。宋真宗认为寇准的意见有道理，便放弃了迁都的想法，开始作抗击契丹的战争准备。

由于宋军“练帅命将，简骁锐，据要害，以备之”，契丹军队到处遇到抵抗，在攻打瀛州的战斗中，即使萧太后母子亲自击鼓激励士气，仍然遇到宋军李延渥部的强烈抵抗而遭巨大损失，伤亡近10万人。武力进攻屡受挫折，契丹便采纳了降将王继忠的建议，派遣使节到宋朝议和。宋真宗本来就不想和辽人打仗，为保江山社稷才勉强应战，现在对手既然主动提出讲和，便欣然同意。不料，对方却要求归还从前周世宗收复的关南疆土，宋真宗没有答应，和议破裂。于是，战和的问题再一次提上宋朝君臣的议事日程。在朝议中，寇准再次据理力谏：敌兵迫近，四方惶恐，只可进尺，不可退寸。皇帝亲征，可大鼓士气；若皇上退却，人心就会瓦解，到那时，军队必然一溃千里，敌兵再行追击，恐怕连金陵也去不成了。他建议宋真宗御驾亲征，亲往前线督战。在寇准等主战派大臣的苦谏下，真宗勉强抵达澶州（今河南濮阳）南城。这时，又有人劝逃，寇准见皇上犹豫不决，就以不过河“则人心危惧，敌气未摄”再三力谏真宗渡过黄河，亲临澶州北城鼓舞士气。守军远远望见天子的黄罗伞盖，军心顿时大振，欢呼声传至数十里外。此前，辽军初战不利，统帅萧挞凛（“凛”一作“揽”）在察看地形时被宋军用床子弩（一种由数人用简单机械合力发射的大弓）射死，士气本来就有些低落。现在，大宋皇帝的驾临使宋兵士气更加高涨，辽国萧太后、圣宗母子深感此次南下不仅难操胜券，而且有腹背受敌的危险，于是便再次产生了议和退兵之意。真宗自是求之不得，便予以接受，并授意使臣曹利用：契丹要求归还关南疆土毫无道理，他们坚持要的话，我们就给些财物。寇准则主张不仅不给其财物，反而要让契丹称臣，归还幽、蓟旧地。但有人诬蔑寇准借兵权自重，寇准没法子，只好同意和议。和议的日子即将到了，宋真宗再次嘱咐曹利用说，给对方财物，“必不得已，虽百万亦可”。寇准得知后，告诫曹利用说，虽然圣上有旨，但届时你如果答应辽人的数字超过30万，我就斩你的头！曹利用出使后，通过与契丹反复讨价还价，达成协议：宋辽约为兄弟之国，真宗称萧太后为叔母；宋每年向辽输送银10万两，绢20万匹；两国各守旧疆，城池依旧修缮，不得新增城堡，不得改移河道等。由于和议签于澶州，而该地附近曾有古湖泊澶渊，历史上便将这个令宋朝举国上下倍感屈辱的盟约称为“澶渊之盟”。

## 六、范仲淹抗西夏和庆历新政

元昊像 现代 · 郭全忠

西夏是党项族建立的政权，党项族是羌族的一支。南北朝时期，党项人活动于今天青海省东南部的黄河河曲一带。他们文明程度较低，各个部落都没有文字、历法，没有法令、赋税，只是“好为盗窃，互相凌劫”。隋末唐初，各部开始大批内迁和归附，向奴隶社会过渡。宋朝建立后一个时期，党项与宋保持着较为友好的关系。在汉族文化的影响下，刚刚建立大夏国的党项人大大加速了其文明进程。1038年，党项族首领元昊称帝，定都兴庆（今宁夏银川）。为了加强中央集权，元昊仿照宋制建立了一套官僚制度。元昊还吸收汉字的造字方法，创制了西夏文字。这些措施对西夏政权的确立和经济、文化的发展起了重要作用。西夏国力的不断增强，激起了古代落后的游牧民族掠夺的习性。这一次，他们把劫掠的目标选定了邻国北宋。就是在抗击西夏侵略的斗争中，北宋大臣范仲淹脱颖而出。

范仲淹（989—1052），字希文，苏州吴县人，北宋著名的政治家和军事家，也是有名的文学家。他通读儒家经典，善吟诗作文，慨然以天下为忧，其名篇《岳阳楼记》中的“先天下之忧而忧，后天下之乐而乐”更是脍炙人口的千古名句。宋大中祥符七年(1014)，他以宏博的学识通过科举考试，中榜为进士，开始了宦海沉浮，在中央和地方历任数职，颇有政声。但在任京官期间，由于抗颜直谏，曾连续四次遭贬逐。1038年，历史将年近半百的范仲淹推上仕途的新起点——朝廷任命他到西部做边防军副统帅。

范仲淹像

是年，恰逢元昊在宋朝的西边建立西夏。当时的宋朝已经同辽订立了“澶渊之盟”，在军事上的软弱无能暴露无遗。西夏统治者对此看得真切，更加有恃无恐，开始明目张胆地频繁派兵骚扰宋境。宋在西部的边防军虽然有三四十万之众，但由于长期得不到训练，且驻扎十分分散，加上各路驻军直接听命于皇帝，各自为战，不能随机应变，因而宋夏交兵中宋军几乎屡战屡败，延州北部数百里边塞据点大多被洗劫或占领。面对这一不利局面，宋

范仲淹撰写《岳阳楼记》

仁宗与宰相吕夷简商定，调任范仲淹为陕西经略安抚招讨副使兼延州知州，与名臣韩琦等合力拒夏。

范仲淹抵达陕北前线，首先视察边境的地形和宋军防务，就宋军的战守策略、后勤供应、官兵组织、边防工程等方面存在的问题，提出自己的主张，认为宋夏战争是必然的，对待西夏应该坚持“以和好为权宜，以战守为实事”的战略方针。事实上，这与大文豪苏轼在名篇《教战守策》中提到的“今国家所以奉西、北之虏者，岁以百万计。奉之者有限，而求之者无厌，此其势必至于战。战者，必然之势也”的代表性观点不谋而合。但范仲淹的意见没有得到其他大臣的赞同，他只好在自己的权限范围内对所辖部队进行整顿。为改革当时兵无常帅、将不识兵的弊端，他把所部18000名士兵，固定分配给六名将领统辖，加强日常军事训练。一改按军阶高低分兵出兵的旧例，平均分配兵力，根据敌情灵活选将迎战；对军队进行淘汰和改编，从士兵和下级军官中提拔一批将领；挑选当地边民组成民兵，作为军队的辅助力量；对所有正规和非正规的武装力量进行严格的军事训练。另外，为巩固边防，他在延北一带筑城，在宋夏交战地区构筑据点，团结优抚沿边少数民族，招集流亡人民，大兴屯田，修筑山寨，安顿生活，争取民心。经过一番苦心经营，部队的战斗力在相当程度上得到增强，民族矛盾得到一定缓和，西部各边防要塞渐渐连成一道坚固的防线，对阻挡西夏的入侵是比较成功的。但是，对边防事务持不同意见的韩琦急功近利，主张速战速决，结果在庆历元年（1041）的好水川一战中，宋军大败，大将任福阵亡，军士伤亡万余人。韩琦和范仲淹因此被贬官。此后几年，宋军在抵御西夏的战争中继续失利，这促使朝廷不得不重新审视范仲淹提出的对夏策略，重新起用他并采纳了他的意见，调整了军事部署，加强了防务。

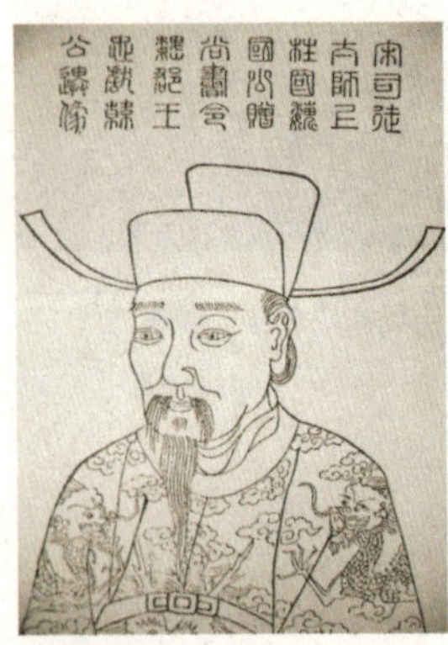

韩琦像

其实，宋朝当时正处于内外交困时期。除边患外，严重的社会危机也使统治者寝食不安。庆历三年，仁宗似乎下定决心要革故鼎新，他亲自任命欧阳修、余靖、王素、蔡襄四位敢言的官员为谏官（时称“四谏”），罢免了夏竦、吕夷简、王举正三大权臣，重用范仲淹、富弼、韩琦，敦促他们采取措施改变局面。此举一出，朝野为之振奋。被任命为参知政事（副宰相）的范仲淹从整

宋仁宗像

顿吏治、富国强兵、缓和阶级矛盾和提高行政效率等初衷出发，提出了十项改革性建议：明黜陟、抑侥幸、精贡举、择官长、均公田、厚农桑、修武备、减徭役、覃恩信、重命令，多为仁宗所采纳实施。然而，一系列改革活动，尤其是吏治方面的改革，侵犯了官僚权贵的切身利益，他们沆瀣一气，对范仲淹等人大肆攻击。仁宗思想动摇，对改革派不再支持。仅一年左右，范仲淹就被罢去执政之职，排挤出中央，出任陕西四路宣抚使，赴任途中病死。富弼、杜衍、韩琦、欧阳修等人随后也相继被罢免。改革诏令均被撤除，被称为“庆历新政”的改革昙花一现，很快便夭亡了。

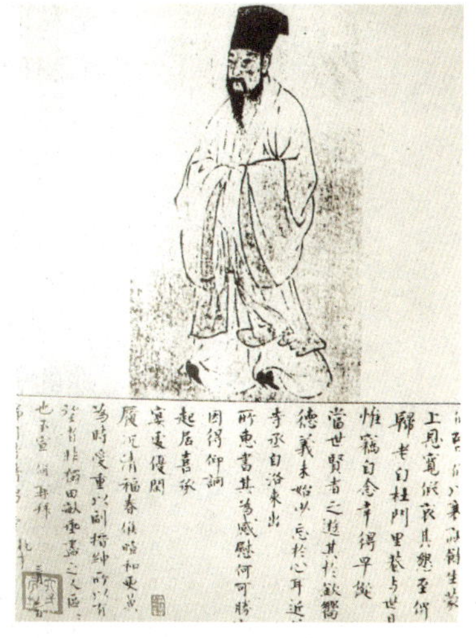

欧阳修像

## 七、铁面包青天

中国古代的戏曲、小说和民间传说中都少不了“包公”的影子，但实际上关于他的史实并不多，民间所流传的有关故事多是群众通过移花接木等方式发挥乃至杜撰的。如包公“长嫂如母”的故事就纯属虚构，当今合肥所谓的包公墓也是假的。然而，有一点是肯定的，那就是：历史上的包公确是一位铁面无私的清官。

包拯像

包公，是时人对他的敬称，其真名叫包拯（999—1062），字希仁，庐州合肥（今安徽合肥）人，出身官僚家庭，受过良好的正统教育。29岁时，中进士，朝廷拟任命为知县，但包拯因父母年事已高而申请改任他职。等到父母先后离世他重登仕途时，已经39岁了。但他光明磊落、为民请命的一生却在后人心目中树起了永不泯灭的光辉形象。

他为人刚直坦荡，不畏权贵，从不要阴谋诡计。好友欧阳修说他“天资峭直”。为了公事，他有时会不顾官场的规矩和礼仪，当面斥问同僚，即使面对皇上，也敢直言不讳，犯颜进谏。一次，为立太子之事，他力陈己见，并公然对皇帝说：“我年龄大了，也没有儿子，如果圣上认为我说的不对也不要紧，反正我不是在为自己着想。”他还直言宫内亲信宦官权力太大，费用开支过多，必须精简人员以控制支出，这自然得罪了皇帝的亲信。但是，他似乎从不在乎。好在仁宗比较开明，没有治他的罪。“庆历新政”失败后，范仲淹等受到处分，包拯奋不顾身，全力为这些官员鸣不平，主张继续委以重任。

他大公无私，不徇私情。初在家乡庐州供职时，他就以铁面

无私闻名乡里。当时，他的亲戚都欣喜万分，认为从此可以放开手脚做些事情了。孰料，这位包姓亲戚竟然公事公办，铁面无私，对他们的不良行为毫不姑息，有违法者照样按律法办。康定元年（1046），他出任端州（今广东肇庆）知府，这里是贡品端砚的产地，每年奉送朝廷良砚无数，然而直到离任，他也从没想到为自己置一方端砚。

他为民做主，秉公执法。包拯断案有三个特点：一是重视百姓的权益；二是不畏权贵；三是秉公执法。如在任开封知府时，他一改往日官吏一手遮天、百姓告状难上加难的旧弊，大开衙门，允许有冤屈的人面陈案情，任何人不得阻挠。在处理的案件中，有不少官民纠纷，他也总是公正裁决。一次天降暴雨，城内惠民河泛滥成灾，淹没民房街道，许多百姓无家可归。包拯派人查实，这是因为权贵们占用河面，私建水上花园，导致排水不畅造成的。他顶住各方面的压力，下令强行拆除了河面上所有的违规建筑。转运使王逵搜刮百姓，人民怨声载道，王逵却嫁祸于陈州廉洁的地方官任中师。许多人畏惧王逵的权势，不愿前去调查，只有包拯挺身而出，毅然来到陈州，查清事实，依法处置了王逵。

包拯为官期间，还就北宋的政治、经济和外交诸方面，提出了许多好的建议，作出了一定成绩，但他铁面无私的“包青天”形象似乎更令人难以忘怀。据说，包拯回合肥老家养老后，朝廷曾欲赏赐府第，但他坚辞不受，只是用自己所积攒的钱在庐州买了一所普通住宅和一段护城河，在河里植藕养鱼，藕和鱼只用来周济贫苦百姓，不上市交易。人们还传说，这一河段生产的藕断后无丝，实际上这是人们用“无私”象征其本人的刚直不阿。包拯死时，其次子包绶才刚满5岁，长大后做了地方官，与其父一样廉洁，百姓也称他“包公”，这大约算是一种怀旧情结吧！是世人对已故“清官”的怀念，同时也暗含着对未来“清官”的热切企盼。

宋神宗像

## 八、王安石变法

北宋“庆历新政”失败后，社会危机日益加深。1067年，宋英宗病逝，年轻的神宗赵顼继位。面对空虚的财政、暮气沉沉的政治、不堪一击的军队，他心急如焚，决意在挽救统治危机上有所突破。古语说，时势造英雄，当时被当朝皇帝选中委以如此重任的就是曾经强烈呼吁变法的王安石。

王安石（1021—1086），字介甫，号半山，抚州临川（今江西抚州西）人，北宋杰出的政治家、文学家、思想家。幼时喜好读书，过目不忘，写起文章下笔如飞，看似漫不经心，但读起来令人感到超凡脱俗、精彩绝伦。但王安石对中国历史最大的影响恐怕莫过于“熙宁变法”，即人们通常所称的“王安石变法”了。

王安石像

1042年，凭借非凡的才智，王安石考中进士，在几个地方做过低级官员，朝廷多次委以高官，都推辞不就，树立了淡泊名利的形象。直到担任知制诰之职，才不再拒绝任职。此后，凭借高深新奇的议论，加上结交韩、吕两个世家大族的韩绛、韩纬兄弟和吕公著，王安石才声誉鹊起，名重京师。面对当时不断激化的阶级矛盾，为稳定封建统治秩序，仁宗嘉祐三年（1058），王安石上书提出社会积弊日多主要是因为不知改变法度，主张根据时势的变化，改革法令和制度。他主张变法的这些思想和决心集中体现在他写给司马光的信《答司马谏议书》中。熙宁二年（1069），神宗破格任命王安石为参知政事，组建了由他主持的变法班底，建立了变法机构“制置三司条例司”，负责制定和推行新法。此后五年间，他以“天变不足畏，祖宗不足法，人言不足恤”的革新精神，依靠神宗皇帝，进行了一场著名的自上而下的改革运动。

文彦博像

经过一番筹备，新法颁布实施，其内容有：均输法，由朝廷拨给东南六路发运司一笔经费，由发运使根据实际情况灵活收购、输送京城官家所需物资；青苗法，每年青黄不接时，分两次由州县官贷款给农民，收获后偿还；农田水利法，鼓励地方官民兴建水利；募役法，诸州县的应役民户按家资多寡分摊预计役钱，由官府募人应役，原先享有免役特权的减半输钱；市易法，由政府拨款，在京城设立“市易务”，各行商贩可在此赊购和出售货物；方田均税法，每年派官吏丈量土地，核实数量，按土地多少与肥瘠交纳赋税；保甲法，10家一保，50家为一大保，10大保为一都保，有两丁以上的人户出一人为保丁，农闲时训练，平时维持治安；设立军器监，改良和制造军器；保马法，还地于民，由民户自愿养马供给官府(后又实行按民户资产需求买马代养)；置将法，裁减军队，在军事要地设置固定的驻防军，由经验丰富的将官专门负责训练；改革科举制度，废除明经科，以王安石主持编纂的《三经新义》作为进士科考试的准绳；扩大、整顿京师太学，增加招生名额，实行“太学三舍法”；在京师设武学、律学、医学诸科，培养专业人才；整顿各地官学，由朝廷委派学官。

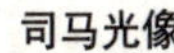
司马光像

在神宗和王安石的主持下，变法经历了16年，政府的财政收入增加了，土地兼并得到初步抑制；社会经济开始恢复和发展，军事力量增强，初步扭转了北宋中叶以来积贫积弱的局面。但是，

新法从开始酝酿推行就遭到统治集团内部以司马光、文彦博、富弼等为首的保守派官僚的竭力反对，他们虽然在维护北宋政权这一初衷上与王安石为首的革新派一致，但保守派反对采取大刀阔斧变革的方式。由于保守势力强大，神宗推行新法的决心开始动摇，加上改革派内部的分裂及用人不当，造成新法危害百姓现象，终于使变法陷入困境。1085年，神宗死，王安石失去靠山。新即位的哲宗不足10岁，由其祖母太皇太后高氏临朝听政。反对变法的高太后陆续起用了以司马光为首的守旧派官僚。1086年，司马光废除新法。

## 九、官逼民反

王安石变法遭到了挫败，政权操纵在守旧的太皇太后高氏手里，社会不仅没有得到根本变革，国家政治反而更加腐朽，到徽宗赵佶统治时期，阶级矛盾更加尖锐。赵佶本人特别崇尚道教，迷信道士，在皇宫和全国各地大造道观，汇集古今道教故事，编成《道史》，仿照科举制设立道学，道士通过考试可以作道官，领取俸禄。宋徽宗继真宗之后将尊奉道教的活动又一次推向了高潮。当然，徽宗是一个一流的书画家。他擅长书法，创立瘦金体，狂草也有一定造诣。他的绘画重视写生，作品以精工逼真著称，所作花鸟画技艺精湛，栩栩如生，为画中精品。艺术成就再高终究代替不了政治，他自身对朝政的慵懒不仅贻误了国政，而且给一些投机分子以可乘之机。蔡京就是这一时期擅权自重的反面典型。

任用六贼

蔡京，熙宁进士，他天性诡诈，善于玩弄权术。1086年司马光恢复旧法时，限五天内恢复差役制，他如期完成，得到表扬。绍圣元年(1094)，章惇为相，任户部尚书的他又大力帮助章惇重行新法。徽宗即位后，曾一度被罢免，但他曲意逢迎徽宗最宠信的宦官童贯，得以重新执政。崇宁元年（1102)，为右仆射，后任太师。他与童贯、朱勔、王黼、李彦、梁师成等人，代表了封建统治阶级内部最腐朽、最反动的特权阶层，他们共同把持朝政，以恢复新法为名，狼狈为奸，党同伐异，大肆搜刮，无恶

不作，被时人称为“六贼”，并且被编成童谣：“打破筒（童贯），泼了菜（蔡京），便是人间好世界。”全国各地的势家大姓，几乎都是蔡京等“六贼”的党羽。

搜罗花石

在蔡京等奸佞的怂恿下，徽宗更加沉溺于崇信道教，大兴土木，歌舞宴乐。为修造宫室园林，在苏州特设“造作局”、“应奉局”，惹得人民怨声载道。“六贼”则公开卖官鬻爵，贪污纳贿，霸占田产，敲剥搜刮。蔡京父子为了建造富丽堂皇的“西园”，竟不顾民怨沸腾，强拆民房。蔡府的厨房分工极细，以至于每一位厨师只会作一种食品，宴请一次客人，仅蟹黄馒头一项就价值1300余缗。北宋末年，金军大举南攻，蔡京不顾国家和百姓安危，竟然率领全家南逃，被宋钦宗放逐岭南，途中死于潭州（今湖南长沙）。

在繁重的经济剥削和政治压迫下，人民走投无路，被迫走上了武装斗争的道路。河北、京东、两浙等地都爆发了农民战争，规模较大的有南方的方腊起义、北方的宋江起义等。

两浙路在当时是财税负担最重的地区之一。当地人民不仅要担负着繁重的赋税和摊派，还要交纳特有的“身丁钱”，向宫廷进贡的各类物资数量一再被要求增加。崇宁元年，童贯在苏州、杭州两地设立“造作局”，每天役使数千名工匠专为皇宫制造器用，所需物料全部从地方搜刮。崇宁四年，朱勔在苏州设立“应奉局”，搜罗民间奇花异石，珍禽异兽，用船运往东京汴梁，供皇宫和达官贵人们赏玩。运送这些花石竹木的船十艘为一纲，叫做“花石纲”。有一次，为了从水路运送一块四丈高的太湖石，沿途凡是妨碍交通的水门、桥梁全部被拆除。童贯等人的横行霸道、无法无天，使百姓深受荼毒，东南民生日益艰难，不少人为了谋生，不得不逃入山林与官府对抗。

浙江睦州青溪县（今浙江淳安西）的邦源洞是盛产楮漆竹木的山谷，方腊和乡亲们就在此处安居乐业。“花石纲”兴起后，邦源洞同样鸡犬不宁。方家因有漆园，多次遭勒索，方腊不堪其苦，便利用当地贫民信仰的“食菜事魔”教（即摩尼教）秘密组织贫民起义。行动不幸被里正方有常发觉告官，方腊一不做，二不休，果断地杀掉了方有常，举起义旗。他们尊东汉末年黄巾起义的领袖张角为教祖，利用摩尼教的“二宗”（光明和黑暗）、“三际”（过

宋江与戴宗 《水浒传》插图

去、现在和未来）的主张，号召农民向宋徽宗集团的黑暗统治发动猛烈的冲击，实现憧憬的理想社会。在方腊的宣传鼓动下，农民们从四面八方聚拢过来，不到十天，起义队伍就发展壮大到近10万人。方腊自称“圣公”，建年号“永乐”，建立了政权。到1121年2月，仅仅4个月的时间里，义军就攻下了6州52县，声威大震。农民军所到之处，劫取大地主的家财，分发给贫民，得到下层群众的拥护。在其影响下，江浙一带群起响应，纷纷揭竿而起，他们沿用方腊的旗号，四处打击官府、富豪，朝廷大恐。当时宋朝正准备与金夹攻辽国，闻讯后立即从前线抽兵，令童贯率大军10余万火速南下。同时，徽宗又下“罪已诏”，停止搜刮、运输花石，免掉朱勔父子弟侄的官职，旨在招抚方腊，瓦解义军。童贯带领的宋军过江后，分路发动进攻，各地的地方武装也趁机反扑，起义军兵力分散，加上战略失策，抵挡不住敌人的进攻，几经苦战后，被迫撤回青溪县城。然而，在政府军和地主武装的联合围剿下，青溪周围的军事屏障相继失守，起义军不得不退守邦源洞，进行最后的抵抗。宋军主力尾随而至，经过三天的激烈拼杀，7万余义军相继战死，方腊被俘，押解到东京后不久即遭杀害。

宋江的出身和籍贯，历史文献上没有明确记载，据有关史料佐证，其发动起义的时间大约和方腊起义差不多，地点最早在河北。虽然起义军力量薄弱，但他们战斗勇敢，战术灵活，善于避实击虚，开展流动作战，因而有记载说：“宋江起河朔，转略十郡，官军莫敢撄其锋。”宣和元年（1119），宋朝统治者曾下诏招降，但宋江没有接受，继续与官军对抗。次年，宋廷派曾孝蕴为青州知州，负责镇压宋江起义军，但由于东南的方腊起义发展迅猛，曾孝蕴又被派往江浙前线任职参与镇压方腊起义。这客观上使宋江义军避开了一场恶战，力量不仅没有被削弱，反而有所壮大。

梁山好汉 《水浒人物》

据官方报告，差不多也就在这个时候，宋江横行齐魏，“官军数万，无敢抗者”。传说宋江起义军在梁山泊活动，可能就与这一时期义军活动势力波及到郓州（今山东东平）一带有关。当时，有中层官员侯蒙认为宋江“材必过人”，上书宋徽宗，请求招降宋江。宋徽宗便任命侯蒙为郓州知府，前去招安。然而，侯蒙还未来得及到任便病死在路上。

宋江起义军在京东地区有了较大发展后，一路挥师南下，宣和三年初，宋江义军途经沂州（今山东临沂）时，因为麻痹大意遭到知州蒋园所率军队的突然袭击，遭受巨大损失，被迫继续南下，进入淮南一带。由于遭到宋军的围攻讨伐，转向东北。途经沭阳县城时，被县尉王师心击败，略有损失，遂改道海路，由沭阳乘船到海州（今江苏连云港西南）。海州知州张叔夜侦知义军的动向后，急忙集结千名兵丁在城郊预先设伏，并用小股兵力引诱农民军登陆。宋江义军不慎中了埋伏，伤亡惨重，有的还投降了官府，十多只大海船也被焚毁，处境极其艰险。《宋史》、《东都事略》、《三朝北盟会编》、《十朝纲要》等书，都有记载说宋江在这次战斗中最后投降。但是1939年在陕西出土的《宋故武功大夫河东第二将折公墓志铭》记载，1121年4月，宋将折可存在俘虏方腊后，曾“班师过国门，奉御笔捕草寇宋江，不逾月继获”。这就是说，宋江在方腊被俘不到一个月的时间里也被俘杀害，另外也还有其他一些文字记载支持宋江最后是被北宋政府所杀这一观点。以上两种观点，到目前为止都还没有足够的证据完全予以确认。不论宋江是接受了招安还是被俘杀害，海州之战中，这支起义军的确遭到重创，但此后仍然有起义者打着“赛保义”的旗号继续在河北战斗，并持续了相当一段时间。

应该明确的一点是，历史上的宋江和《水浒传》里的宋江是有区别的。前者是历史的考证，是史实；后者是文学虚构，未必是史实。宋江起义之所以被写进小说里，大概因为宋江起义军战斗力较强，又是活跃在都城开封不远的河北、京东和淮南地区，容易产生较大影响，加上民间传说、戏剧和小说等的传播，就成为妇孺皆知的故事了。

## 十、东京保卫战和靖康之变

12世纪初期，以宋徽宗为代表的中国北宋封建王朝，由于其封建专制制度极度腐朽，军力虚弱不堪，各种社会矛盾日益激化，

以渔猎为生的女真人

如同一个风烛残年的老人，已经到了日薄西山、气息奄奄的境地。而当时北方金国的国力则处于迅速上升阶段。

金是女真族建立的政权，女真族是东北地区少数民族中最古老的民族之一，10世纪中叶，其社会发展步伐加快，完颜部尤其突出，当阿骨打继任该部首领时，完颜部的力量更是强大。然而这一时期，辽朝贵族加重了对女真各部的奴役和压榨，其暴行激起了女真人的强烈反抗。在女真人中享有崇高威望的阿骨打为使女真族彻底摆脱辽的残暴统治，一面发动部众力农积谷，练兵牧马，一面积极联络或统一各部，共谋起兵反辽。1114年，阿骨打会合诸部射手2500余人誓师起义，并于秋冬之交在宁江州（今吉林扶余东南）以少胜多击败号称数十万的辽军，并乘胜进占了辽的大片疆土，壮大了己方兵力和势力。1115年，阿骨打在会宁（今黑龙江阿城南白城）称帝，正式建立金国，阿骨打就是金太祖。此后，阿骨打指挥骁勇善战的女真骑兵，先后以少胜多，攻占了军事重镇黄龙，以此为根据地，南取东京辽阳，断其东逃之路，再攻占都城上京，颠覆辽国之根本。至此，盛极一时的辽朝终于到了奄奄待毙的地步了。1119年，欲借金人力量从辽朝手中收复燕云的北宋政府，主动提出与金缔结盟约，联合攻辽。在宋金的夹攻下，辽天祚帝被迫西逃，借蒙古兵再战而败，1125年被金兵追上俘获，辽亡。辽军余部在文韬武略都很出众的翰林耶律大石的率领下西行万里，历经险阻，到达中亚一带，建立了历史上所称的“西辽”。1218年，被蒙古人所灭。

以金太宗为首的女真贵族，为了争夺中原广袤的土地和富庶的财富，在消灭辽政权后，于1125年底又以胜利者的姿态，兵锋直指觊觎已久的北宋统治区。霎时，铁骑滚滚，烟尘弥天。金军兵分两路，分别由粘罕和斡离不率领，计划分进合击，会师于汴京。西路金兵在太原成了强弩之末，无力向南推进。东路金军却进展较为顺利，一路南下，直到黄河。守卫黄河北岸的宋兵，远远望见金军旗帜，匆匆烧桥而逃。金兵未遇一兵一卒的阻挡，很从容地用小船一批一批地渡过了黄河天险。事实上，就连金将也承认，宋军即使在南岸留有一两千人全力拒守，金军绝不可能安然渡河。就这样，金兵一路顺利地直逼北宋都城汴京。大敌当前，统治集团内部明显分为主战、主和两派，像张邦昌等大多数官员只顾个人私利和身家性命，主张放弃汴京，向金国求和。只有李纲等少数深明大义、能以国家和民族利益为重的官员坚持武装抗击金兵的入侵，反对求和。这时，徽宗早已害怕得不行，慌忙把皇位让给儿子赵桓，即宋钦宗，自己则带着亲信蔡京、童贯等人连夜南奔。面临强敌的入侵，以宋钦宗为首的统治者高层，虽然一心想求和，但迫于民意，不得不任用主战派李纲为亲征行营使，主持京城防务，坚守待援。形势十万火急，李纲加紧组织军事防御，积极筹备军用物资。全城军民戮力同心、同仇敌忾，修城墙，运物资，抓奸细，热火朝天地投入到城防备战中去。金兵发动了多次进攻，都遭到守城军民的猛烈回击，伤亡惨重，而宋朝的四方援军昼夜兼程，渐渐向京师围拢，形势开始向着有利于宋朝的方向发展。

李纲像

宋钦宗像

然而，腐败的北宋统治集团，既害怕金兵，更害怕人民在战争中壮大威胁到自己的统治，战事稍有放松，便又开始打起了求和的主意。本来处于进退两难的女真贵族准确地把握住了对手的心态，不失时机地进行敲诈勒索，向宋朝索要土地、金银、牛马等，钦宗竟然满口应承，并为此在汴京大肆搜刮平民百姓，还罢免了李纲以讨好金国统治者。皇帝的倒行逆施使京城军民忍无可忍，他们在太学生陈东的号召下，举行集会请愿，要求惩办奸臣，起用李纲，继续抗击金兵。在都城几十万群众的强大压力下，钦宗妥协了，被迫恢复了李纲等主战派将领的职务，东京防守重新巩固。汴京争夺战持续了将近一个月，宋朝军民在李纲的指挥下，越战越勇，金人见再也难以占到便宜，便携带刚刚勒索的金银财宝匆匆北撤。首次东京保卫战取得了胜利。

汴京刚一解围，求和派再一次得势，李纲第二次被贬，各地勤王之师也被遣返，一场新的危机又悄悄地笼罩在汴京上空。靖康元年（1126）八月，经过半年休整的金军，兵分两路，再次大举南下。守卫在黄河南岸的20万宋军被金军虚张声势的战鼓声吓懵，不战而逃，眨眼之间，汴京再次被围。城内只有数万军民，但他们万众一心，准备抗击来犯的金军。然而，宋钦宗这个软骨头，念念不忘求和，派出奸贼耿南仲和聂昌，分别向金兵的两路兵马乞和，答应把黄河以北的土地和人民送给金国。

百姓对卖国求荣的奸臣切齿痛恨，当聂昌到达绛州（今山西新绛）时，被愤怒的群众当场挖掉眼睛，砍成肉泥。北宋统治者却轻信骗子郭京的谗言，撤走了守城军民，听任骗子郭京以“法术”退敌，结果不难想象——所谓的数千“神兵”顷刻间灰飞烟灭，金军冒着风雪攻入汴京。大洗劫之后，宫廷内各种金帛、珍宝、图书、天文仪器、乐器等财物几近无存。次年四月，侵略者押解着大宋徽、钦二帝和皇室妃嫔、工匠、官僚约3000人北归。至此，北宋宣告灭亡。这次劫难，史称“靖康之变”或“靖康耻”。

## 十一、宗泽、韩世忠、岳飞、辛弃疾抗金

宋高宗金陵即帝位

北宋灭亡后，徽宗第九子康王赵构在大臣们的拥戴下在应天（今河南商丘南）称帝，重建封建政权，史称南宋，赵构就是宋高宗。为保住自己的皇位和残余的江山，高宗即位之初，暂时起用抗战派的代表人物李纲为宰相。经李纲力荐，老将宗泽被任命为东京留守。李纲、宗泽等力主抗金的文武大臣，都盼望高宗能在对金斗争中采取强硬态度，力挽狂澜，建立中兴大业。广大人民群众也希望朝廷能重振雄风，赶走女真贵族，收复失地。然而在求和派把持下的南宋朝廷，胸无斗志，为了维护一小撮皇室贵族的私利，根本没有抵抗金兵、收复失地的决心，对女真政权只是一味地避战求和。南宋政权建立不久，高宗便由黄潜善、汪伯彦等投降派头目簇拥着，南逃扬州，苟且偷生。

在这种政治形势下，抗金这一重大历史重担就落在了宗泽、韩世忠等爱国将领和人民群众身上。宗泽一贯力主对金作战，收复失地，担任开封留守后，他多次上书请求高宗还都开封或西迁关陇，到一线领导军民抗击金兵，同时，加紧联络黄河以北地区的广大抗金义军，主动打击敌人。建炎元年（1127）十二月，金兵分三路南下，北方不少州县相继沦陷。开封是中路金军的进攻重点，但由于宗泽带领军民拼死拒守，使金人的计划落空。次年二月，金兵再次进犯，又遭到宗泽所部的迎头痛击。然而，总的来看，金军进攻较为顺利，逐渐成功地深入到中原腹地。

力保东京的宗泽　马骀《历代名将画谱》

在这生死存亡的危机关头，华北地区民众迅速行动起来，自发成立民兵组织打击侵略者，抗金斗争风起云涌。太行山地区是河北、山西人民抗金的根据地，这里山寨林立，活跃着无数支忠义军。其中，王彦领导的“八字军”（因每人脸上都刺有“赤心报国，誓杀金贼”八字而得名）拥众10余万，山寨绵延数

**中兴四将图** 南宋·刘松年

百里，声势浩大，两次大败金兵，威震燕、代，成为义军主力之一。抗金武装遍及华北，总人数达数百万。由于宗泽在抗金斗争中有崇高威望，义军纷纷前往联络，表示愿意听从“宗爷爷”的指挥，联合抗金。

面对这样好的斗争形势，宗泽甚感欣慰，连续二十多次上书，要求宋高宗赶快回到开封，准备渡河。但这发自肺腑的强烈爱国呼声却被投降派黄潜善等所阻挠，宋高宗没有下达北进收复失地的旨意。一面是北方人民如火如荼的抗金形势，一面是按兵不动、无心抵抗、只顾享乐的统治者，老将军满腔的抗金热情被无情冷冻，内心十分痛苦，终于忧愤成疾，疽发于背而死。临死前连呼三声：“过河！过河！过河！”正所谓：“出师未捷身先死，长使英雄泪满襟。”他的遗骨被安葬在镇江以东的京岘山麓，当地人改称为“宗泽山”，以示怀念。由于南宋求和派的阻挠，北方人民的抗金斗争遭到严重破坏，宗泽死后，许多军事重镇相继落入敌手，抗金武装只得化整为零，顽强地继续同敌人作斗争。

女真贵族侵略的铁蹄不会轻易停止。建炎三年（1129），金兵由山东继续南下，攻徐州，渡淮河，兵锋直指扬州。宋高宗带领少数大臣和士兵，不得不舍弃扬州，继续南奔。一路上，惶惶乎如丧家之犬，甚至乘船入海。金兵则尾随其后，穷追不舍。

南方广大军民也是满怀爱国情怀的，从金兵进入江南的那天起，韩世忠、张俊、岳飞等爱国将领和人民群众的抵抗斗争就没有停止过。

建炎四年初，金统帅兀术率兵在杭州掳掠后准备北返，行伍出身的南宋大将韩世忠瞅准战机，果断调集8000多名军士，在镇江附近的黄天荡予以截击。在这次战斗中，韩世忠夫人梁红玉击鼓退金兵的故事至今仍广为人们所传诵。梁红玉本是京口的红尘女子，韩世忠偶遇后将其救出苦海。梁红玉感其恩义，愿以身相许。而韩世忠也认为她是不俗之人而心生爱慕，后正式迎娶为妻。

梁夫人击鼓战金兵

黄天荡一战，梁红玉向韩世忠献策，先由小队宋兵诱金兵大船深入苇荡，再命大队宋兵埋伏，自己擂鼓挑灯，宋军只管以鼓声为命，以灯为导引向金兵出击即可。韩世忠认为有理，便依计行事。金兵中计后，随着梁红玉的三通鼓响，埋伏的宋军万箭齐发，敌船顿时火光冲天，金兵纷纷弃船逃命。梁红玉以灯指示敌兵逃跑方向，指挥宋军把金兵打得落花流水、死伤无数。金军突围不成，一度想贿赂韩世忠，以交还所掳掠财物为条件换取一条逃跑通道，但被韩世忠严词拒绝。受阻48天后，金军在奸细的指引下，利用一条旧河道，挖通了一条进入长江的深渠才得以脱逃。但宋军以不足万人之众击溃敌军10万的胜利，使金兵遭受了南犯以来从未有过的挫折，极大地鼓舞了坚持战斗的南宋军民。正是由于南宋王朝内部爱国将领和人民的坚决抵抗，才使金兵不敢在南方久留而北退，南宋小朝廷也才得以偏安于东南一隅140多年。

韩世忠像

说南宋抗金，不能不提岳飞。岳飞（1103—1142），字鹏举，出身于农民家庭，20岁时应募参军，23岁投身于抗金战场。他性格刚毅、忠诚朴实、勤奋好学、吃苦耐劳，加之谙习兵书战阵，弓马娴熟，很快脱颖而出，成为一名文武兼备的猛将。一次，他带领百余骑兵，中途与大队金兵遭遇。岳飞临阵不慌，趁敌兵难分虚实的短暂战机，果断带头冲进敌阵，大破金兵。在艰苦的抗金斗争中，岳飞以严明的纪律、严格的赏罚和对战士的爱护打造了一支所向披靡的威武之师——岳家军。除了南宋政府拨给的将领和士兵外，岳飞不断将在抗金战争中涌现出来的义军首领如牛皋、梁兴、李宝、张用、马进、杨再兴等，吸收到抗金队伍中来，组建了南宋抗金战场少有的一支精锐部队。

岳飞像

绍兴四年（1134），岳飞收复了具有战略意义的襄阳、信阳、唐、邓、郢、随等六州郡，为北伐准备了巩固的基地。绍兴六年二月，南宋宰相兼军事统帅张俊在平江府（今江苏苏州）召集诸将讨论北伐事宜。会后，岳飞奉命北伐，其中一部打到了洛阳附近的长水县城，兵锋直逼黄河。由于岳家军纪律严明、作战勇敢，打得金兵闻风丧胆，无不惊叹“撼山易，撼岳家军难”。进军的顺利，使岳飞豪情万丈，展望前景，他满怀信心地对部下讲：“直抵黄龙府，与诸君痛饮耳！”他向宋高宗呼吁，请求北渡黄河，恢复故疆。据说，其名作《满江红》即写于此时。他借助这首词表达了反对民族压迫的强烈思想感情和“还我河山”的英雄气概。然而，宋高宗为了实现既定的和议决策，总是担心激怒女真统治者，竟不许讲北伐、收复故土之类的话。岳家军不仅不能继续北上，反而奉命退守鄂州。

此后，宋高宗一意孤行，死心塌地地向金国求和，并起用了大奸贼秦桧。他们不顾朝野的反对，频频派出使臣，紧锣密鼓地运作起和议活动来，许多反对和议的大臣如胡铨、范如圭等，不是被解职，就是被流放边疆。岳飞也慷慨陈词，坚决反对和谈。绍兴九年，宋金议和成功，岳飞拒绝上贺表，并拒不接受秦桧等提升的官职。

岳飞设计败金兵

绍兴十年（1140），金统治高层内部发生倾轧，实力派兀术大权在握。他撕毁和议，发兵四路南犯。在这大敌压境、政权岌岌可危之际，高宗只好起用抗金将领进行武装抵抗，于是，双方在漫长的东西战线上展开了激烈厮杀。岳飞率部北上，连战连胜，迅速收复河南数地。七月，岳家军在郾城与金兀术大战，大破其精锐“拐子马”（轻骑兵）和“铁浮图”（骑手和战马都身披重甲，三马联为一体，组成战阵，因形似铁塔，故名），取得了著名的“郾城大捷”。岳飞随即上书，请求下令各路宋军乘胜全线并进，收复失地，但高宗、秦桧之流怕岳飞势大难制，仍然力主求和，反而命令诸路撤兵，并于一日之内连下12道金牌，令岳飞班师。岳飞仰天悲叹：“十年之功，废于一旦！”只好退兵。1141年，高宗、秦桧一伙与金订立和约：宋金东以淮河、西以大散关（今陕西宝鸡西南）为界，宋对金称臣，每年向金缴纳大量的白银和绢帛，史称“绍兴和议”。

岳云像

为彻底清除求和道路上的干扰，高宗、秦桧开始解除主战将领的兵权，并罗织罪状，将岳飞逮捕下狱。绍兴十一年底，秦桧之流终以“莫须有”的罪名将岳飞杀害。岳飞之子岳云与部将张宪也同时被杀。对岳飞之死，“天下闻者，无不垂涕，下至三尺之童，皆怨秦桧”。为纪念这位含冤而死的抗金英雄，人们在杭州西湖栖霞岭南麓修建了岳王墓，供世人瞻仰。而大奸贼秦桧则整日提心吊胆，连死后葬身之地都选择多处。2004年上半年，杭州等地发现一古代空墓，据初步考证，这就是秦桧故意修造的假墓穴。

风波亭父子归神

与岳飞英勇抗金的故事一样在民间广为流传的是“岳母刺字”的故事。但这个故事，在历史上却查无实据。岳飞背脊刺字以示决心报效朝廷的故事最早见于元人所编的《宋史本传》，但书中未注明此四字出自岳母之手，明代的故事则明确指出这四字系工匠或部将张宪所刺。“岳母刺字”最早见于清乾隆年间，杭州钱彩评《精忠说岳》，该书第二十二回说，岳飞没有接受农民军首领杨幺派来的使者王佐的聘请，岳母恐日后还有“不正经”的人来勾引岳飞，使自己的儿子一不小心做出不忠之事，于是就在岳飞背上刺了“精忠报国”四字。有些学者认为，这是作者为了突出故事主题，按照传说加以想象发挥艺术加工而成的。

岳飞固然是维护民族利益的抗金英雄，但他却亲手镇压了钟相、杨幺起义。当时赵氏统治集团无心收复失地，苟安江南一隅，大肆搜刮民脂民膏以供其挥霍。加上长江中下游屡遭金军、宋军散兵游勇的骚扰，人民不堪忍受，纷纷发动起义。当时规模最大、影响最广的要数钟相、杨幺领导的农民起义了。南宋建炎四年（1130）二月，钟相正式建立天载政权，举起反抗封建统治的大旗。他以“等贵贱，均贫富”为政治纲领，狠狠打击以官吏为首的剥削阶级，团结了广大被压迫者，义军斗志旺盛。南宋政府派孔彦舟率军镇压，钟相由于轻敌被俘杀。义军又推举杨幺继任首领。由于农民军采用机动灵活的战术，舟船轻便实用，水陆配合默契，屡败前来镇压的宋军，起义队伍发展壮大到20万人，活动范围进一步扩大。杨幺义军的存在使南宋统治集团如骨鲠在喉，必去之而后快。为此，他们不惜动用岳家军这支抗金主力部队来绞杀义军。绍兴五年，岳飞率部从抗金前线赶赴潭州，采用分化诱降为主、军事进攻为辅的策略，很快就将这次历时五年

岳母刺字　杨柳青年画

多的农民起义镇压了下去。

辛弃疾像 现代·孙敬会

中国历史上出身行伍，以武起事，而最终以文成名的诗词作家恐怕只有一个人，他就是辛弃疾。辛弃疾（1140—1207），字幼安，号稼轩，山东历城人。少年时刻苦读书，但在参加进士科的考试中，由于秦桧从中作梗，在礼部初试中摘取桂冠的他却在殿试中名落孙山。然而，在赴考途中，他不仅看到了社会的阴暗面，开阔了视野，增加了见闻，更重要的是，祖国壮美的大好河山和金兵铁蹄践踏下劳动人民的悲惨境遇激起了中原男儿的血性，坚定了他抗击金兵入侵的强烈志向，使他的生活态度发生了重大转变，开始习武。

1161年，金主完颜亮发动了一次进攻南宋的战争，淮水以北、潼关以东的人民首当其冲，中原豪杰并起，纷纷举起大旗抗击金军。当时，济南人耿京聚兵山东，统辖山东、河北的忠义军共25万多人。年轻的辛弃疾也在济南山区聚众2000余人，为了寻求抗金事业的更大发展，率众投奔了耿京，做了掌书记(军中文书)。就在这一时期，义军内有个叛徒偷走了耿京的印信，溜出寨门准备投敌邀功。辛弃疾发觉后，单人独骑，提剑穷追两天，夺回了印信。为光大抗金事业，这段时间里辛弃疾曾多次借机劝说耿京率军投宋。绍兴三十二年(1162)，耿京终于答应让辛弃疾奉表归宋。高宗在建康接见了辛弃疾一行，并许诺封耿京以天平军节度使之职。然而，耿京的部将张安国、邵进却杀死耿京，投降了金朝。辛弃疾怒不可遏，星夜赶回海州驻地，与统制王世隆、马金福等人闪电般直奔金营，将正在与金将酣饮的张安国劫走，押解到南宋行宫处死。

同年，赵构传位于其子赵昚，是为宋孝宗。当孝宗还是储君的时候，就积极主张抗战，即位后更想实现自己的抗金大计。于是，他起用主战派大将张俊为江淮东西两路宣抚使，准备北伐。随后，下诏追复岳飞父子的官爵，并隆重改葬，以笼络主战派和广大军民的人心。但北伐军因内部矛盾给金军以可乘之机，宋军一夜之间被打得大败，史称“符离之溃”。战不能胜，宋廷求和派又活跃起来，宋孝宗也开始怀疑主战策略的正确性，最后终于起用秦桧爪牙汤思退为右相与金议和，史称“隆兴和议”。这说明孝宗力图恢复的宏志破灭了，其所奉行的国策仍然摆脱不了其老子高宗赵构求和偷安的影子。

辛弃疾对这次议和感到失望和愤懑，于乾道元年(1165) 作政论文章上献，详细分析了宋金形势、敌我长短和战和之利弊等，主张坚决抗金。但是，由于议和刚刚结束，建议未被采纳。报国无

门，英雄无用武之地，辛弃疾内心十分焦灼，其著名词篇《水龙吟》就是在这时作的。这首词不是用笔写成的，简直是用血泪所书，充分表达了一个爱国志士的悲愤之情。然而，他在痛苦之余，并没有陷入颓废、消沉而不能自拔。在二十多年无用武之地的日子里，只要得到一次效力的机会，他都会倍加珍惜，特别认真地为抗金事业操劳，时刻准备奔赴疆场，报效国家。在滁州任职期间，他轻徭薄赋，兴办屯田，招集流亡，教民习武，并吸收一批爱国志士，积极为抗金战争作准备。在担任湖南安抚使这一行政长官期间，心急如焚的他还"越俎代庖"，创建了一支2500人的"飞虎军"，铁甲烈马，敢死之士，构筑了一道保护荆湘地区的坚固军事屏障。

此后相当长一个时期，辛弃疾一直郁郁不得志。淳熙八年(1181)，辛弃疾在江西信州城外建造了"带湖新居"，购置了一片田园，在农村过了二十多年赋闲的生活，直到南宋政府派他担任浙东路安抚使兼杭州知府。开禧二年(1206)，南宋权臣韩侂胄利用金国衰落的时机，兴师北伐。这是众望所归的振奋人心的事业，辛弃疾作词对北伐高度赞颂，对恢复失地的斗争充满了信心。但是南宋统治业已腐朽，加上这次北伐出师仓促、将帅缺乏、内部不和、内奸出卖等原因，战争失败，宋金又达成了可耻的"嘉定和议"，令辛弃疾、陆游等志士仁人再一次大失所望。

辛弃疾最有影响的是他的词。他在一首词中写道：

> 渡江天马南来，几人真是经纶手？长安父老，新亭风景，可怜依旧！夷甫诸人，神州陆沉，几曾回首。算平戎万里，功名本是真儒事，君知否？

意思是说，渡江南来的人，并不都同我辛弃疾一样有远大的经天纬地的抱负，有些人像东晋时期南渡的名士一样，只是消极地在新亭触景生情。而当权者们，又像西晋时的王夷甫（王衍）一样，一味地清谈误国，对国土沦陷无动于衷，"平戎万里"的伟大事业，只有我们真正的儒者才能承担。

辛弃疾的一生是由文而武、由武而政、由政而文的一生，他以身许国，而又报效无门，而那些当朝者却一味乞和，苟且偷生，腐朽的南宋王朝就这样一步一步地走向了灭亡。

# 第八章 蒙元的崛起

蒙古贵族崛起于漠北草原。一代天骄成吉思汗依靠其所向披靡的军事力量征服、统一诸部，建立起蒙古帝国。金戈铁马，横扫亚欧大陆，建立起旷世未有的庞大帝国。1270年，他的孙子忽必烈始建元朝，立足中原，进而灭南宋，完成了全国空前规模的“大一统”。

元朝统治以边疆起家，其政治文化制度多从内地而来，并借鉴了金朝的部分成果；但是，由于其草原民族的特性，它在很大程度上仍然将旧有的民族习惯搬用到国家的法制中，从而保存了大量的蒙古旧制，这在历史上是相对落后的。然而，作为蒙古统治阶层中的佼佼者，忽必烈受命主持中原汉地之政事之后，“用汉法治汉民”。他为国家制定的这套制度，对中国传统典制文化、政治文化、封建礼俗等文明的传承，起到了推动和发展的积极作用。

纵观元朝二百年，许多制度颇为后世称道。元朝对中央官制的设置，已经大为简化，尤其是设置了全国统一的行省制度，使地方对中央的权责更为明晰。在那些边远的地区，以及少数民族聚集的地方，元朝又特设专门机构进行管辖，这对于国家的整体发展和民族间的自治管理，都是非常值得借鉴的有效尝试。元朝时期的文化思想也表现出异彩纷呈的景象。当时，各种宗教纷至沓来，早期基督教、佛教、道教等等都有不同程度的传播。他们“大建寺庙，崇礼高僧，广赐寺产”，为佛教的传播建立了良好的物质条件。对于具有全国性的“天妃”民间信仰也给予了相应的扶持。由于元朝人的开放，使得元大都成为了世界性的国际大都市，吸引着各国的商旅、学者前来经商和观摩考察。

元朝政治的弊病也非常突出。蒙古诸帝及其后代当中，很多人是纨绔子弟，整天纵情享乐，结果害得多不长命。这样，元朝的皇帝更迭特别频繁，其政策的不能够延续就可想而知了。由于统治阶级内部经常为皇位而纷争不休，这就使得政局因帝王好恶而变动不定。为了维持自己的统治，蒙古诸帝多笃信佛法，而不崇奉儒术，进行静身修养。有了过失，他们不是自我反省，而是大行佛事，以图消灾。元朝诸帝挥霍财富，滥加赏赐，导致国家财政入不敷出，致使民不聊生，反抗四起。由于传统“夷夏观”的长期存在，元朝统治者不能够采取一视同仁的态度来对待汉族人和辽、金故地的广大百姓，而只能强行将他们以不同的方式分开，以区别对待。自古以来，治国以用人为本。而在蒙古统治者中，多有不懂得珍惜人才的通病。许多不学无术的蒙古贵族，凭借着宗族的关系进入朝廷。既然不能“任人唯贤”，那么元朝统治者就不可能真正地按照传统的儒家方案来治理国家，从而导致整个国家危如累卵。

元朝以及后代清朝的两朝统治者，都是勇于开疆拓土的征服者。他们与那些被“华夷之辨”思想包裹着、傲慢无比的汉人统治者形成了鲜明的对比。有元一代，军队频出，南征北战，百邦臣服，甚至对东瀛日本国也出兵两次。中国多民族国家的缔造，很大程度上是要归功于元朝统治者的开拓经营。

## 一、成吉思汗与蒙古族的统一

蒙古兵

成吉思汗（1162—1227），原名铁木真，是古代蒙古首领，著名的军事家、政治家。他先是经过16年的征战，统一了蒙古各部，成为蒙古政权的最高统治者，被臣民们尊称为“成吉思汗”。此后，带领人民脱离了金政权的控制，开拓了疆土，为后来忽必烈建立元朝奠定了坚实的基础，成为蒙古人民心目中的英雄。

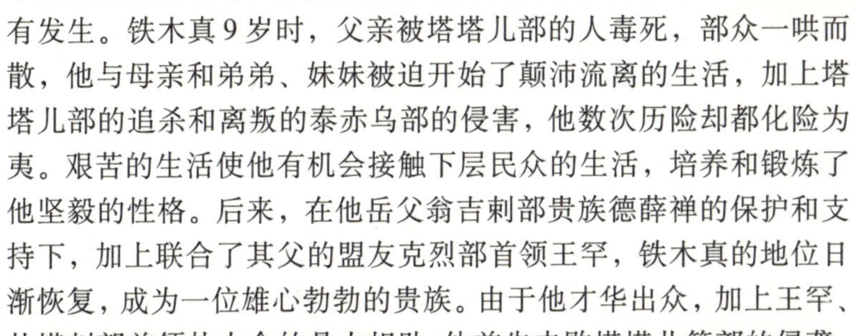

铁木真出生于蒙古族孛儿只斤部的一个贵族家庭，父亲也速该是这一部落的酋长。当时，金统治者不断劫掠蒙古各部，并挑拨各部之间的关系，仇杀时有发生。铁木真9岁时，父亲被塔塔儿部的人毒死，部众一哄而散，他与母亲和弟弟、妹妹被迫开始了颠沛流离的生活，加上塔塔儿部的追杀和离叛的泰赤乌部的侵害，他数次历险却都化险为夷。艰苦的生活使他有机会接触下层民众的生活，培养和锻炼了他坚毅的性格。后来，在他岳父翁吉剌部贵族德薛禅的保护和支持下，加上联合了其父的盟友克烈部首领王罕，铁木真的地位日渐恢复，成为一位雄心勃勃的贵族。由于他才华出众，加上王罕、札塔剌部首领札木合的鼎力相助，他首先击败塔塔儿等部的侵袭，扩大了自身的势力。1189年，铁木真被草原奴隶主推为蒙古各部首领。此后10多年，他充分利用各部之间的矛盾，不断壮大自己的力量，率领本部兵马连续征战，所向披靡，于1204年将蒙古各部统一。1206年，在斡难河畔召开忽里勒台大会，铁木真被公推为蒙古的大汗，人们尊其为“成吉思汗”，建立了大蒙古汗国，建都和林。至此，草原上的纷争烟消云散，蒙古历史上的第一个军事奴隶制国家——蒙古汗国诞生了。

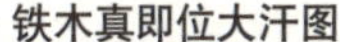
铁木真即位大汗图

为巩固统一，加强对各地的控制，成吉思汗对政权的组织形式进行改革，建立了军事行政和生产活动相结合的领户分封制，并整顿军队，组成左、中、右三军，军人上马能战斗，下马则屯聚牧养。同时，挑选武艺出众的强壮子

成吉思汗像

弟组建了精锐的亲卫军——“怯薛”。这一整套政治军事制度的建立，加强了对牧民的控制，巩固了奴隶主贵族的统治地位，增强了军事力量。另外，成吉思汗还命人编定了法典，创制了文字，进一步维护了蒙古的统一。此时的成吉思汗，拥有了强大的骑兵和众多的子民，势力已经今非昔比，为了追求更多的财富，开始以种种借口不断挑起掠夺战争，开始了大规模的军事行动。

1205—1209年，蒙古军三次进攻西夏，迫使其纳女求和。1211年，对金实施的战略包围完成后，成吉思汗亲自率领蒙古军主力，以大将哲别为先锋开始发动攻击。1214年，金宣宗献公主、金帛求和，并把国都南迁到了汴京（今开封），以图凭借黄河和潼关之险，抵御蒙古铁骑。成吉思汗也意识到金朝困兽犹斗，战争不可能速战速决，便暂时移兵西向。1218年，蒙古军首次大规模西征，大将哲别奉命率军讨灭了中亚的大国西辽。次年，成吉思汗又以花剌子模杀害蒙古商队和使臣为借口，亲率铁骑攻入花剌子模。1222年，蒙古军占领整个花剌子模和中亚。与此同时，另外一支蒙古军由哲别、速不台等人指挥，北越高加索，渡过阿速海峡，攻入东欧斡罗思(今俄罗斯)境内，后班师东归途中又征服了黑海、咸海之间的康里国。到1225年，成吉思汗已基本上征服了黑海以东地区，回师途中，得知夏金缔约罢战，便再次对西夏展开攻势，1227年，迫使西夏投降。此前不久，成吉思汗病亡。

成吉思汗是蒙古族的民族英雄和杰出的政治家，但他及其后人指挥的军事行动具有侵略扩张性质，蒙古骑兵的铁蹄踏遍了东起黄海、西到多瑙河的广大亚欧地区，使许多国家面临灭顶之灾，成千上万的人民蒙受了巨大灾难，在中国和世界历史上都造成了极为深远的影响。

## 二、宋蒙灭金

面对蒙古人攻金和金都南迁的新形势，宋朝内部在对金政策上也产生了多种意见分歧。一种是担心金都南迁，会危及宋的安全。二是认为新兴的蒙古才是南宋更大的威胁，宋金虽有宿仇，金却是宋蒙之间的缓冲带和屏障，应当遣使予币，增强金对蒙古的抵抗能力。三是认为金对宋有掳帝亡国的深仇大恨，应该与金断交，灭之而后快。南宋当时的宰相史弥远倾向第二种意见，主张扶金以为屏障，但是南宋又希望减少对金的进贡。然而，金朝的统治者却没有这种战略眼光。当金迁都汴京后，宋遣使祝贺并向

窝阔台即位图

金宣宗表示减少岁币的请求时，金国不但没有回应南宋的善意，反而利用蒙古军西征的机会，对南宋发动进攻，持续七年的战争，大大加深了南宋对金的仇恨，助金抗蒙政策自然被南宋朝廷放弃。

面对金的不合作态度，联蒙攻金之论开始抬头，于是南宋主动遣使与蒙古联络。而蒙古也因攻金难以取得突破性进展，企图假道宋境，所以在与宋通好这个问题上表现积极。于是也遣使往宋。但是鉴于联金灭辽的教训，南宋对蒙古的强大又颇为担心。嘉定十六年（1223），金哀宗继位，主动改变了对南宋的政策，于次年宣布停止对宋的攻掠战争。在这一背景下，宋金和平局面逐渐恢复，联蒙行动宣告流产。

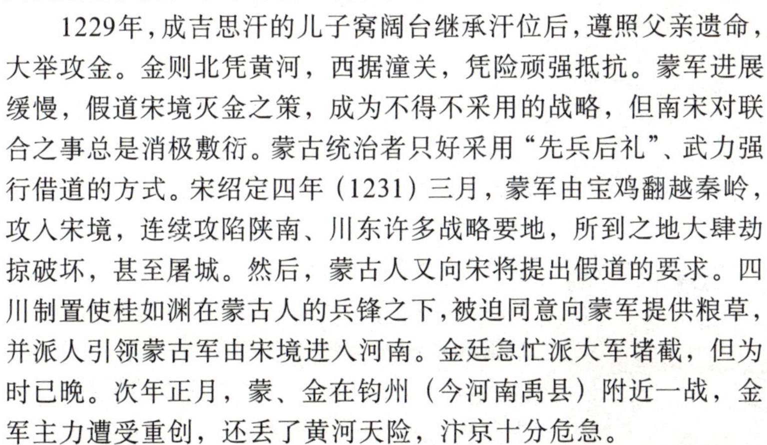

1229年，成吉思汗的儿子窝阔台继承汗位后，遵照父亲遗命，大举攻金。金则北凭黄河，西据潼关，凭险顽强抵抗。蒙军进展缓慢，假道宋境灭金之策，成为不得不采用的战略，但南宋对联合之事总是消极敷衍。蒙古统治者只好采用“先兵后礼”、武力强行借道的方式。宋绍定四年（1231）三月，蒙军由宝鸡翻越秦岭，攻入宋境，连续攻陷陕南、川东许多战略要地，所到之地大肆劫掠破坏，甚至屠城。然后，蒙古人又向宋将提出假道的要求。四川制置使桂如渊在蒙古人的兵锋之下，被迫同意向蒙军提供粮草，并派人引领蒙古军由宋境进入河南。金廷急忙派大军堵截，但为时已晚。次年正月，蒙、金在钧州（今河南禹县）附近一战，金军主力遭受重创，还丢了黄河天险，汴京十分危急。

窝阔台像

十二月，窝阔台派人使宋，议夹攻金国。虽然有人提醒宣和海上之盟的教训，主张前车之辙，不可不鉴，但更多的朝臣认为这是向金复仇的好机会，理宗也倾向于后面一种意见，便让京湖制置使史嵩之遣使向蒙古表示同意。次年，蒙军攻占汴京，金哀宗逃到蔡州（今河南汝南）。于是蒙宋议定合攻蔡州。与此同时，金也遣使来宋，以唇亡齿寒的道理，力图说服南宋共同抵御强敌，但理宗主意已定，拒绝了金国的请求。这年十月，史嵩之命孟珙、江海率军两万与蒙军会攻蔡州，并帮助蒙军筹集粮草30万石。端平元年（1234）正月，宋军首先登城，与随后攻入的蒙军占领蔡州，金哀宗仰天长叹，自缢身死，金朝灭亡。

宋蒙联合灭金以后，双方各自退军，大致以陈（河南淮阳）、蔡二州划界。但为时不过半年，正如一些宋臣和金哀宗所预言的那样，双方战争随即爆发，由战略合作伙伴关系迅速变为你死我活的斗争对手。最后，势力不断壮大的元军终于将南宋政权消灭而一统中原。

## 三、蒙古军西征与大帝国的形成

蒙古贵族建立军事封建政权后，就开始向四邻进攻，不仅灭掉了西夏、金等较近的政权，还把侵略的触角远伸西亚和欧洲，一度控制了大量土地和臣民。

拖雷像

成吉思汗的孙子们

大规模的西征有三次。如前所述，第一次西征是由成吉思汗亲自主持的。成吉思汗在征伐西辽后，又发动了对花剌子模的进攻，占领其全部属地和中亚。成吉思汗将他占领的广大地区作为封建领地分封给自己的儿子们。长子术赤封于钦察、花剌子模、康里国属地，术赤死后，由其子拔都继承。次子察合台封于畏兀儿和西辽故地，包括了以天山为中心，东起阿尔泰山、西至阿姆河的广大地区。三子窝阔台封于乃蛮部旧地，即今天鄂毕河上游以西到巴尔喀什湖以东的地区。成吉思汗的小儿子拖雷当时没有被封，因为按照蒙古传统惯例，拖雷在成吉思汗死后将自然继承其父直辖的领地，也就是蒙古本部地区。通过这次西征和分封，蒙古政权的封建体制进一步形成，蒙古国的雏形初步形成。

第二次是拔都率领的“长子军出征”。蒙古灭金后，窝阔台在和林召开大会，讨论远征欧洲的问题，会议达成一致意见，决定由拔都为统帅，由诸王、千户、百户等的长子拜答儿、贵由、蒙哥等组成的“长子军”出征。从1236年到1241年的5年间，拔都率军渡过乌拉尔河，在伏尔加河中游击败了今保加利亚的部族，后继续西进，占领了今俄罗斯东南的广大领土。这群年轻的蒙古子弟并没有满足，继续向西北方向攻击前进，冲击了今波兰、匈牙利等地，其时的波兰小公国各自为政，不能形成统一的指挥，很快被蒙古军队击溃。面对蒙古人的进攻，整个欧洲为之震惊。恰在这时，拔都叔父窝阔台去世的消息传到军营，西征军主力便开始东返，只有拔都率本部继续留在钦察草原，并建立了钦察汗国，也就是俄国史书所称呼的金帐汗国。

攻城的蒙古军

窝阔台去世后，汗位的继承成了成吉思汗的子孙们争夺的焦点，在此后的五年时间里，由窝阔台的皇妃脱烈哥那摄政，汗位一直空缺。1246年，蒙古贵族才召开大会，推举窝阔台长子贵由继为大汗。但贵由没几年便死了，拖雷长子蒙哥经过争夺，即大汗位。不久，蒙哥派其六弟旭烈兀为统帅再次西征。从1253年开始，旭烈兀率军先后征服了今伊朗、伊拉克境内的几个国家。1259年，进军今叙利亚地区，一度攻占了其都城大马士革，国王逃跑并向埃及求援。在与埃军的战争中，蒙古军失利。旭烈兀退回波斯后，得知忽必烈已经继承大汗位，就决定留居帖必力思，不再返回蒙古本土，建立了伊利汗国，统治地区以波斯为主。

经过三次大规模的西征，蒙古国在元政权正式建立以前就攻掠了大片土地，在原先领地的基础上，扩展为钦察汗国、察合台汗国、窝阔台汗国和伊利汗国四大分支政权，形成了横跨欧亚大陆的庞大帝国。然而，由于这些汗国中没有一个强有力的领导核心，加之缺乏必要的经济联系，彼此间的关系日益疏远，而对大汗位的争夺所引发的矛盾又加速了各汗国的分化。由于窝阔台与其子贵由相继被推举为大汗，其领地一直归中央控制，始终没有形成独立的汗国；察合台汗国在地理上离中原和蒙古草原较近，政治上一直与中央政权保持着较为密切的联系，蒙哥继承汗位后曾将其一部分领地设为行中书省，察合台汗国的政权一直为中央所控制。而钦察汗国、伊利汗国则由于远离中原和蒙古本部，不易为中央政权所左右，逐渐走上了独立发展的道路。

蒙古军西征中交战图

## 四、元朝建立和忽必烈灭南宋

蒙古与南宋联合灭金后，双方便处于正面冲突状态，从1234年到1279年的45年之间，蒙古违约不断向南宋进攻。1251年蒙哥即位后，命四弟忽必烈统兵南征大理和南宋。他从宁夏出发，经甘肃、青海进入四川，大理国和南宋的藩属安南先后被占。至此，蒙古完成了对南宋的战略包围。1257年，蒙哥大会诸王百官，决计伐宋。次年，蒙古兵分三路大举南下。不料蒙哥的军队在围攻四川合州钓鱼城时，遭到了南宋军民的坚决抵抗，蒙哥亲自督战时被炮石击伤而死。

忽必烈像

此后，为了夺取汗位，以蒙哥少弟阿里不哥为代表的守旧派和以忽必烈为代表的“汉法派”都积极活动起来。当时留守都城和林的阿里不哥准备夺取大汗之位。正在进攻鄂州(今湖北武昌)的忽必烈闻讯匆忙北上，回开平商讨对策。忽必烈接受谋士们的建议，一方面派人迎接蒙哥的灵车，接收大汗的玉玺；一方面接受南宋权臣贾似道乞和要求，以便迅速撤军。中统元年（1260）三月，忽必烈在开平自称大汗。不久，阿里不哥在和林也宣布即大汗位。1264年，忽必烈打败阿里不哥，漠北和中原重新恢复统一。1271年，忽必烈废弃“蒙古”国号，改国号为“大元”，改燕京为大都（汗八里），从此，中原成了蒙古人的政治经济文化中心，元世祖忽必烈成了元朝的开国皇帝。

元世祖狩猎图

忽必烈夺得大汗位后，便以中原为基地，采用汉法，改革行政和军事等制度，开始了灭亡南宋、统一中国的战争。此时奸相贾似道把持南宋朝政，排斥异己，荒淫腐朽，国家政治、军事腐败透顶，难以招架蒙古军队凌厉的进攻。贾似道是理宗贾贵妃之弟，凭借其姊的关照不断升迁。1259年，以右丞相之职领兵救鄂州，以称臣纳币为条件，私自向忽必烈乞和，妄图割江划界，苟延残喘。忽必烈因急于回兵争权而答应，贾似道却对朝廷诈称大胜，得到理宗的加封。此后，他专权多年，度宗时权势更盛，朝廷大事都在私宅里处理，俨然是一座小皇宫。

泸州守将刘整叛宋投降元朝后，忽必烈采纳了他的建议，先取汉江之间的军事重镇襄阳、樊城，然后由汉水入长江，顺江东下，直取临安。战斗空前惨烈，南宋军民浴血奋战六年之久，终因贾似道把持朝政、拒发援兵和襄阳主将吕文焕的投降，元军才夺取了襄、樊二城。1274年，忽必烈命丞相伯颜为统帅，率精兵沿江顺流而下。当时，度宗刚死，年仅4岁的赵㬎即位。迫于朝野压力，贾似道不得不率军迎战元军，结果宋军一战即溃。贾似道被革职流放，途中被杀。

伯颜像

元军势如破竹，兵锋接近扬州。都城临安乱作一团，太皇太后慌忙下诏，号召各地军民勤王。然而，众文武畏敌不前，作壁上观，坚决响应的只有赣州的文天祥和郢州守将张世杰两人。然而，当时的右丞相、贾似道的死党陈宜中却不支持文、张二人掩护太后、皇帝撤退的主张，顽固地坚持乞和。没想到，伯颜却要求宋朝丞相亲自到元营中请降，

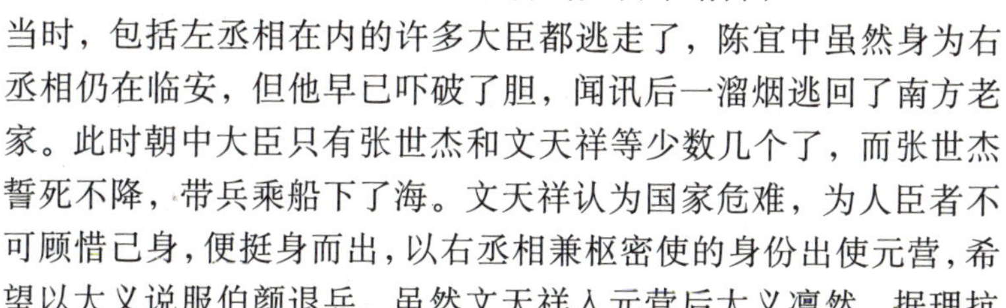
当时，包括左丞相在内的许多大臣都逃走了，陈宜中虽然身为右丞相仍在临安，但他早已吓破了胆，闻讯后一溜烟逃回了南方老家。此时朝中大臣只有张世杰和文天祥等少数几个了，而张世杰誓死不降，带兵乘船下了海。文天祥认为国家危难，为人臣者不可顾惜己身，便挺身而出，以右丞相兼枢密使的身份出使元营，希望以大义说服伯颜退兵。虽然文天祥入元营后大义凛然，据理抗辩，但元朝灭宋决心已定，不仅不退兵，反而为避免放虎归山，将文天祥扣留，并胁迫他跟随南宋的“祈请使”北上大都请降。消息传到临安，谢太后改任贾余庆为右丞相，继续到元营去求降。1276年2月，伯颜带兵开进了临安城，掳走了恭宗赵㬎和谢、全两太后及部分官吏，重演了“靖康之难”的悲剧。此后，各地军民仍坚持抵抗，张世杰、陆秀夫等人在福州立赵昰为帝，是为端宗。文天祥在镇江从元营逃出到达福州，再次被任命为右丞相，重新组织残余力量继续抵抗。虽然他们曾一度取得局部胜利，但最终未能扭转战局。

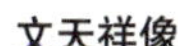
文天祥像

11月，元军继续南犯福建，陆秀夫、张世杰护卫端宗乘海船退到广东惠州附近的海上。1278年，端宗病亡，陆、张又拥立8岁的赵昺为帝。形势没有根本好转，南宋小朝廷更加风雨飘摇，如一叶扁舟继续孤零零地在海上流亡，直到到达南海厓山一

陆秀夫负幼主投海

带。文天祥转战到海丰以北的五坡岭时，被元兵追上俘获。1279年，元军围攻厓山，船队经过珠江口外的零丁洋时，被押在船上的文天祥触景生情，写下了传诵千古、脍炙人口的不朽诗作《过零丁洋》：

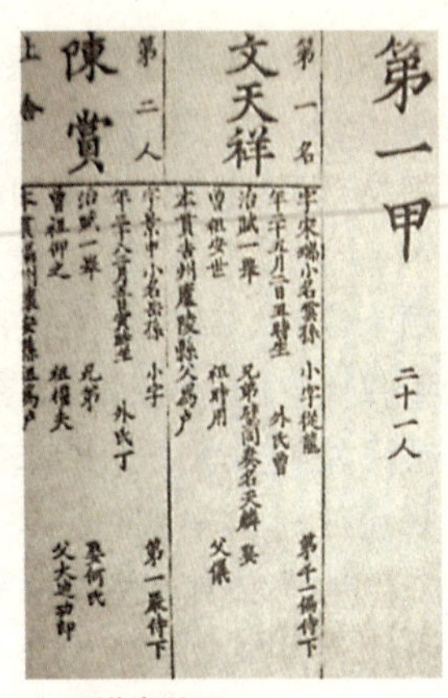

文天祥中状元

> 辛苦遭逢起一经，干戈寥落四周星。
> 山河破碎风飘絮，身世浮沉雨打萍。
> 惶恐滩头说惶恐，零丁洋里叹零丁。
> 人生自古谁无死，留取丹心照汗青。

虽然陆秀夫、张世杰等舍命抵抗，但狂澜既倒，已回天乏术，在厓山决战中，张世杰兵败突围中遇风暴落海身亡，陆秀夫背着9岁的小皇帝赵昺投海而死，历时153年的南宋告终。

文天祥被押到大都后，元政府多次派形形色色的人前去劝降，都遭到坚决拒绝。在元都燕京的监牢中，他写下了著名的五言长诗《正气歌》，全诗感情强烈，笔墨淋漓，直叙而下，热情洋溢地歌颂了支持其顽强斗争的“正气”，令人肃然起敬。忽必烈亲自劝降无效后，于至元二十年（1283）一月九日命人将其押解到柴市处斩，文天祥从容就义。但他崇高的民族气节、不屈不挠地抵抗外来侵略的精神和强烈的爱国情怀，一直为后人所景仰。

## 五、行省制度

元朝建立后，为加强对各族人民的统治，开始逐步完备各项制度。中央一级的行政机构主要由中书省、枢密院和御史台组成。中央设中书省，作为全国最高的行政机构，大都及邻近的河北、山东、山西、内蒙等地称为“腹里”，直接隶属中书省管辖。忽必烈规定，中书令由皇太子担任，中书令以下至参知政事都称为丞相，由各族的上层分子担任。中书省之下设吏、户、礼、兵、刑、工六部，负责各项具体行政事务。枢密院掌管全国军事，御史台负责监察。地方上的最高行政机构是行中书省，简称行省或省，其范围一般比现在的省大，有的相当于现在的几个省。当时，除中书省直接管辖的地区及宣政院管辖的吐蕃、诸王封地外，全国共设立11个行省：岭北、陕西、辽阳、四川、河南、甘肃、云南、江浙、江西、湖广、征东。作为中书省的派出机构，各行省由中央委派官吏管理。行省长官的设置与中书省一致，有左丞相、右丞相、平章政事、左丞、右丞、参知政事。行省之下又分设路、府、州、县，长官分别称总管、知府（或府尹）、知州（或州尹）、知县（或县尹）。另外，元政府在许多中央机构和行省以下的地方军政机构中都设有“达鲁花赤”（管民官）一职，一般由蒙古人担任，掌有实权，保障了蒙古贵族对全国行政、军事系统的严密监控和最后裁决权。

元代行省制度的确立，是中国古代政权机构建设的一项重大改革，不仅确立了有元一代的行政制度，而且使秦汉以来的中央集权达到了新规模，做到了“都省（中书省）握天下之机，十省（行省）分天下之治”，中央和地方的行政机构有机地结合在了一起。事实证明，它的确有效地保证了封建政府对各地的行政管理，加强了中央集权，巩固了国家统一，对后世有深远的影响。我们今天的“省”就是由元代的行省制度演化而来的。

由于全国各族各地区被统一到一个强有力的中央政府的管辖之下，元代边远地区与内地的联系较过去更为密切。元的统一和行省制度的实行，结束了历史上自五代以来的割据局面，原有的地域观念开始淡薄，边疆各族和中原地区的经济文化交流、各民族间的联系都得到加强，各族人民互迁、民族杂居现象较为普遍，促进了民族融合。当时，黄河流域的女真族和契丹族，长期同汉族接触，元时已同汉族差别不大，也被称为“汉人”。蒙古族也大量进入中原和江南地区，与各族人民杂处。唐朝以来，来华定居的波斯人、阿拉伯人与各族长期通婚，在元朝时形成了一个新的民族——回族。中华民族融合已经发展到了一个新的阶段。

## 六、元末农民战争和元朝灭亡

元成宗像

1294年，忽必烈去世，他的孙子铁穆耳即位，这就是元成宗。从成宗开始一直到最后一个皇帝元顺帝，统治集团内部矛盾重重，争斗不断，短短三四十年间，就如同走马灯一般地更换了十个皇帝，其中在位时间最长的有十多年，最短的只有几个月。元朝末年，政治腐败，社会黑暗，封建剥削加重，各族人民生活日益困苦，阶级矛盾和民族矛盾日趋尖锐。浙江温州、台州的农民则直接树起了反旗，上书：“天高皇帝远，民少相公多，一日三遍打，不反待如何！”长期积压的阶级矛盾和民族矛盾即将激化，农民

张士诚像

郭子兴像

起义一触即发。这时候，接连发生了两件事情，把人们的反元情绪推到了顶点，那就是“开河”和“变钞”。1343年，黄河在河南白茅堤决口，官民都遭到巨大损失，政府决定治理黄河。然而，本来就挣扎在死亡线上的贫民被征为民工后，待遇极低，还要在士兵的皮鞭下担负繁重的劳役，怨恨、愤怒的情绪压抑在15万农民心中，稍有条件便会爆发。同时，元政府为了弥补财政的空虚，拼命发行纸币“至正宝钞”代替旧钞，造成物价飞涨，民不聊生。碰巧的是，有一天，治黄工地上挖出了一个独眼石人，背上刻有“莫道石人一只眼，此物一出天下反”，这与工地民工中一直传言的“石人一只眼，挑动黄河天下反”的预言不谋而合，农民们这时真正相信，天下就要大乱了。

原来，这个石人和关于石人的传言都是韩山童一手策划的。当时，北方的韩山童、刘福通和南方的彭莹玉早在几年前就以明教、弥勒教和白莲教等秘密宗教为形式进行起义的发动工作。他们借宗教之口预言，明王即将出世，弥勒快要转生，光明就要来临，旧的世界将被新的世界所代替。现在，既然群众的情绪被调动起来了，发动起义也就是情理之中的事情了。元至正十一年（1351），韩山童、刘福通在颍州（今安徽阜阳）颍上县白鹿庄聚集了3000人，推韩山童为明王，择日起义。结果，机密泄露，韩山童被捕牺牲，刘福通等人苦战突围，提前起义。黄河工地上的农民闻讯，一声呐喊，杀了监工河官，加入了起义队伍。由于起义军头包红巾，打着红旗，老百姓称为“红巾军”或“红军”。起义军随后占领了亳州（今安徽亳县）等安徽、河南的十几个州县，人数也很快发展到10万，威震南北，各地纷纷响应。江淮地区的彭莹玉、徐寿辉在蕲州起义，很快占领蕲水（今湖北浠水），建立了“天完”政权。濠州（今安徽凤阳）的郭子兴也是一支重要起义力量。除红巾军外，元末较大规模的起义队伍还有浙江黄岩土豪方国珍和起兵高邮的张士诚等。

至正十五年（1355）二月，刘福通在亳州迎立韩山童之子韩林儿为小明王，改元龙凤，创建宋政权。1357年，红巾军分三路北伐，一度攻到距大都120里的枣林（今北京通县西南）。其间，刘福通又建都汴梁（今河南开封），势力达到鼎盛。元政府在震惊之余，剿抚并用，竭力分化瓦解反元武装，加上义军内部配合不力甚至互相倾轧等原因，分散作战的红巾军被各个击破，刘福通最后被张士诚所杀。韩林儿被朱元璋迎至滁州。北方红巾军历经12年苦战，终被扼杀，但它奠定了最后推翻元朝统治的基础。

朱元璋（1328—1398），濠州钟离人，农民出身，幼时家贫，

**洪武出世** 清年画

曾出家当过和尚，要过饭，流浪江湖多年。至正十二年（1352），他投奔郭子兴的红巾军，因办事得体、作战勇敢深得赏识和重用，并被召为女婿。郭子兴死后，朱元璋被韩林儿任命为左副元帅。他在政治、军事上谋略非凡，善于在复杂斗争中保存和发展自己。他利用元军主力被北方红巾军拖住、无力南下之机，在安徽、江苏、浙江地区逐步扩大自己的势力。朱元璋求贤若渴，先后把李善长、宋濂、刘基等大批地主阶级中的优秀知识分子吸收到自己队伍中来。在他们的辅佐下，朱元璋采纳朱升“高筑墙、广积粮、缓称王”的建议，逐渐以应天府（今南京）为中心，建立起了自己的根据地，朱元璋本人同时也逐渐蜕变为地主阶级的代言人。

随着羽翼日渐丰满，朱元璋一面将吴国公改称吴王，设置左右丞相，增置百官，积极准备重建封建政权；一面积极谋划，采纳刘基的主张，逐步消灭各地割据军阀。1363年经过鄱阳湖会战，

刘基像

伯温计破陈友谅

宋濂像

朱元璋像

陈友谅败死。1367年，朱元璋派大将徐达、汤和又击败张士诚和方国珍，成为唯一有实力推翻元朝、统一全国的军事集团。此前，朱元璋派人去滁州“迎接”韩林儿，途中将其沉死于瓜步(今江苏六合东南)江中，宋政权灭亡。

元至正二十七年（1367）十月，朱元璋命大将徐达为征虏大将军，常遇春为副将军，率军20万北伐，并提出“驱逐鞑虏，恢复中华，立纲陈纪，救济斯民”的口号。徐达按朱元璋制定的北伐战略，首先平定了山东，攻取了河南和潼关，包围大都。随后，徐达又指挥大军沿运河水陆并进，直逼大都。元顺帝怕被俘虏，率后妃、太子和一部分蒙古大臣逃亡上都，元朝灭亡。1368年，朱元璋在应天称帝，定国号为明，建元洪武，他就是明太祖。就这样，出身贫苦的朱元璋凭天时、地利、人和及自己的奋斗实现了统一全国的大业。

# 第九章 明朝政坛

明朝代元朝而起。继南宋灭亡之后，汉族地主阶级几经努力，终于又建立起了一个统一的中华帝国。明朝基本承袭了元朝的政治制度，采用行中书省制度。朱元璋废丞相，权分六部，使中央权力高度地集中于皇帝手中。明朝统治者还对一些权臣将帅进行了排斥，以避免他们对皇权造成威胁，就连那些对朱元璋恪守忠心的开国老臣也没有幸免于难。从当时的情况看，明朝的统治是非常极端的。统治者为了重树权威、防止人民反抗和少数民族的再度来袭，已经使尽了浑身的解数。宦官擅权与特务监察，是明代政治生活中的一大特色，具有鲜明的时代特征。为了钳制人民，巩固统治，明朝特设 “厂”、“卫”特务组织，并直接受控于皇帝，由太监来统领。这些特务组织残忍暴虐，用刑极其严酷，严重干扰了百姓的安宁生活。

明朝对于社会思想的控制也极为严格。朱元璋通过加强科举考试的方法，将有意效忠明朝的士大夫尽可能地纳入到明王朝政权系统中来。但是，与当时的社会文化控制相对应的是，传续几百年的科举制度到这时已经开始走向极端。科举内容以八股文为形式，束缚了人们的自由，把士人的思想牢牢禁锢，使整个社会的政治文化趋于僵化。在利益的驱动下，广大的士人仍然趋之若骛。在这样的制度下，考取官职的各级官僚大都是一批学问空疏、脱离实际的迂腐之人。

明朝处于中国古代封建社会的晚期，它已不可避免地将要受到自身和外部世界的压力和冲击。明朝中晚期，商品经济得到较大发展，中国最初的资本主义生产关系已经在江南部分地区出现了萌芽。受经济环境变化的影响，明朝社会的文化思想也在经历着剧烈变革。尤其是西方传教活动的日趋频繁及其对中国上层社会的渗透，使长期以来拘泥于传统汉学的一些封建士大夫如沐春风，在当时的中国思想界激起了不小的波澜。同时代的“地理大发现”在西方引起了巨大的震动，而中国却并未觉察到这种深刻的历史变化；东西方文化的最初遭遇，给了西方人一个寻找黄金、天堂的梦想，而古老中国却恰恰就在此时，加强了“海禁”政策，惟恐这种变化会破坏传统的华夷秩序！

明朝没有沿着西方式的道路前进。吏治败坏，军队腐朽，已是明朝后期的突出问题。皇帝荒政逸乐，而宦官擅权使明朝政治变得更加黑暗。明朝的有识之士虽想挽救朝政，却始终走不出昏暗政治的阴霾。明中期以后的“南倭”、“北虏”，使原本脆弱的明朝边防雪上加霜；明末农民起义势如破竹，不仅推翻了朱明王朝，还一度建立了自己的政权。南明残喘，犹有半壁江山，而更为强大的后金则即将为中原带来一股清风，带着中国的历史走向另一个时代……

## 一、朱元璋的集权统治

明太祖像

新朝甫建，百废待举，朱元璋在政治、军事、经济、教育等方面相继采取了一系列旨在巩固统治、加强中央集权的措施。

朱元璋发现丞相和行中书省的权力过大，便于洪武九年(1376)废除行中书省，而分别设立了承宣布政使司、提刑按察使司、都指挥使司，分别掌握民政和财政、刑法、军队，“三司”互不统属，都由中央政府对口部门直接控制。为了加强对军队的管理和建设，1380年，明政府将节制中外诸军的大都督府分为五军都督府，负责管理兵籍和军政，军队的调遣和使用由皇帝本人说了算。军队的编制，从京城到地方府县，都设立了卫所，一般5600人为一卫，长官为指挥使，管辖5个千户所，往下依次设百户所、总旗、小旗三种建制。军户世袭，屯田自养。

马皇后像

为了保持朱氏的长远统治，朱元璋又实行分封制，把24个儿子和一个从孙分封到全国各地，以“夹辅王室”。为了防范蒙古势力卷土重来，他还在东北到西北的漫长边防线上，选择险要的地方，分封了燕、宁、辽、晋、庆、秦、肃和镇宣府、镇大同九国，各王均有数量不等的精良装备和精兵。从洪武十一年(1378)始，诸王随着年龄的增长先后就藩各地。当然，这一做法在巩固了朱氏皇权的同时也存在着致命的弊端，容易造成割据态势，威胁中央。这是后话，但朱元璋自从建立明朝后，的确在巩固皇权方面是动了脑筋的，有时甚至捕风捉影，如众所周知的洪武四大案，就是典型的例子。

一是“胡蓝之狱”，朱元璋以“擅权植党”的罪名杀了左丞相胡惟庸，以谋反罪杀了凉国公、大将蓝玉。随后就废除了中书省及实行了千年之久的丞相制度，另设殿阁大学士（后称内阁）协助自己处理政务。二是文字狱。在文字细节上断章取义，吹毛求疵，百般挑剔，编造莫须有的罪名对作者乱加诛杀。三是空印案。每年地方县吏到户部核算账目，因距京城太远，就预先携带空印文书，一旦上报的文书被驳回，就用空印文书修改，并习以为常。朱元璋发现后把全国各地掌印的官吏全部处死，辅助人员发配到边疆戍边。四是郭

剿灭胡蓝

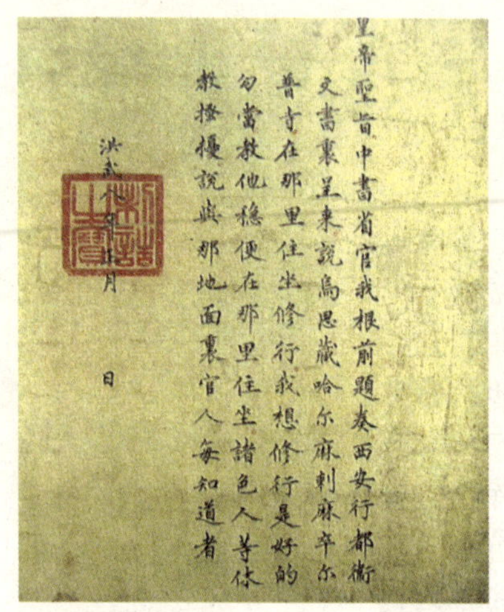
皇帝聖旨中書省官我根前題奏西安行都衛
文書裏呈來說烏思藏哈尔麻剌麻卒尔
普寺在那里住坐修行我想修行是好的
勾當教他穩便在那里住坐諸色人等休
欺搽優說與那地面裏官人每知道者
洪武　月　日

朱元璋的一道圣旨

桓贪污案。因怀疑北平二司官吏与户部侍郎郭桓共同贪污，不问青红皂白将六部左右侍郎以下官吏全部处死。朱元璋对官吏尤其是高级官员的诛杀，不但将曾经在一起浴血奋战的元勋宿将杀戮殆尽，也使一些豪门大族瞬间毁灭。

为了进一步加强对臣下的控制，洪武十五年(1382)，朱元璋专门设了军事特务组织“锦衣卫”。“卫”者，皇帝亲军之谓也，但锦衣卫的使命主要不在于保护皇帝的人身安全，而是专掌风闻之事。锦衣卫与中央各部无任何隶属关系，只听命于皇帝的调遣。他们拥有独立的法庭和监狱，不但可以随意抓人，自行审讯，而且可以使用酷刑，犯人一旦捕入，几无生还之望。朱元璋大杀功臣，罗织大狱，绝大多数都是锦衣卫的“干将”们承旨而为。身世坎坷的朱元璋生性多疑，他要求大臣们在他视线之内毕恭毕敬，言听计从，忠心不贰，对臣下的一举一动都不放过，就是大臣们出朝或回府之后的言行也在他的监视与掌握之中。大臣钱宰受命编纂《孟子节文》，由于连日劳作，感到非常疲倦，一日散朝回到家后突发诗兴，便吟诗一首：

四鼓咚咚起着衣，午门朝见尚嫌迟。
何时得遂田园乐，睡到人间饭熟时。

诗成之后，钱宰就宽衣歇息了。次日早朝时，朱元璋一见钱宰就笑着说：“昨天爱卿作了一首好诗啊，可是寡人没有嫌你上朝‘迟’呀，是不是用‘忧’字更好一些呢？”钱宰连忙磕头谢罪，心中暗自庆幸昨天晚上没有胡言乱语，否则今天脑袋就得搬家。

为维护君主集权，洪武十八年(1385)，明政府颁行了朱元璋亲自编撰的《大诰》，1397年，又颁行《大明律》，内中规定远远严于唐宋律令。此外，还实行慑服公卿、维护皇权的廷杖制度，对认为有罪的大臣直接在大殿上杖责。朱元璋的侄儿大都督朱文正、工部尚书薛祥等多人都遭杖责而死。在经济上，明太祖还着手统一货币，于洪武八年(1375)发行了纸币“大明宝钞”，禁止民间用白银买卖货物。然而，由于发行额没有限制，旧钞、烂钞又没有及时收回，加之印刷质量粗糙容易伪造，使大明宝钞很快贬值，给百姓造成了极大损失。洪武末年，有些地方已经拒绝用钞了。

为将地主阶级中的优秀分子吸收到管理阶层中，巩固封建集权，明初十分重视学校教育，在中央设立国子学(后改国子监)，地方则设府（州）县学，并从洪武四年（1371）开始设科取士。1382年后，定期会试，三年一科，考试范围明确为“四书五经”，格式规定为八股文。考试分三级进行，未入学的士子无论年龄高低一律称为“童生”，先参加州县一级的考试，中榜者称为“秀才”或“生员”，进入府、州、县学学习。每三年一次参加省级的考试即“乡试”，及格者称为“举人”。隔年，举人们赴京参加由礼部主持的国家级的考试即“会试”，会试如果及格，就有资格参加由皇帝亲自主持的“廷试”（或称“殿试”）。由皇帝主持的考试，大多数情况下只是一种形式，表示选拔官员的最终决定权由他掌握，天下士人皆皇帝的门生。中选者统称“进士”，但有三甲之分：一甲只取三名，分别叫“状元”、“榜眼”、“探花”，统名为“赐进士及第”；二甲若干人，叫做“赐进士出身”； 三甲若干人，叫“赐同进士出身”。当时，人们对各个层次考试中的出类拔萃者有不同称呼，称乡试第一名为“解元”，会试第一名为“会元”，二、三甲第一名为“传胪”。只有进士及第的读书人，才能被任命为官员。一般说来，状元授修撰，榜眼、探花授编修，二、三甲考选庶吉士者皆为翰林官，其他或授给事、御史、主事、中书、行人、太常、国子博士，或授府推官、知州、知县等官。明代的学校和科举制度，随着时间的推移不断完善。然而，生硬僵化的考试制度，把知识分子的思想牢牢束缚在孔孟之道和程朱理学之中。读书人为猎取功名，埋头于“四书”、“五经”之中，写空洞的八股文，几乎与生活实际完全脱节，成为名副其实的书呆子。这严重禁锢了思想，阻碍了科技文化的进步。

观榜图

## 二、削藩与靖难之役

方孝孺像

明朝立国之初，明太祖朱元璋就立朱标为皇太子，并细加栽培。洪武二十四年，太祖命朱标巡视关陕，不料这位准皇帝归来后即一病不起，次年四月便一命归西。国不可无储君，朱元璋又立朱标刚满16岁的儿子允炆为皇太孙。洪武三十一年，太祖死，朱允炆即位，是为建文帝。

建文帝登基后，决意施行新政，罢斥了一批洪武旧臣，提拔了一些新人参与国政。如任用兵部侍郎齐泰为兵部尚书，翰林院修撰黄子澄为太常寺卿，召汉中府教授方孝孺为翰林院侍讲。建文帝推行治世用文的用人方针，改变了太祖时期重武轻文的官僚体制，提高了文臣的地位，改变了太祖"以猛治国"的方针，诏行宽政，政治气氛较前大为宽松，社会经济明显复苏。

然而，随着诸王势力不断膨胀，造成了尾大不掉的旧弊，对中央政权构成严重威胁。为消除这一潜在的威胁，建文帝登基伊始就与亲信大臣齐泰、黄子澄等密议削藩。当时，秦王、晋王已死，打击的首要对象实际上就是实力较强的燕王朱棣。朱棣，史书称其"智勇有大略"，他蓄谋夺取中央政权已非一日，不仅偷印宝钞、网罗异人术士，而且招兵买马，在王宫中私制兵器，真是烟雨欲来风满楼！建文帝对此并非不知，认为当断不断，必有后患，决定先发制人，采纳"剪燕手足"的策略，先把周王废为庶人，发配云南。随后，又废齐王、代王。湘王闻变，自知在劫难逃，自焚而亡。不久，又以岷王有罪为名，将其废为庶人。在建文帝即位不到一年的时间里，就有五个藩王被削职。五王被废，朱棣早已有些按捺不住，在危机步步紧逼的情势下，终于在建文元年（1399）七月起兵反叛。

朱棣为给自己的起兵提供一个合理的口实，他援引朱元璋《祖训》中"朝无正臣，内有奸逆，必举兵诛伐，以清君侧"的训示，指出齐泰、黄子澄为奸臣，责骂他们变乱祖宗法制，须加诛伐，称举兵的目的是"靖难"。所以历史上把这一场朱家王室内部叔侄之间的夺权斗争称为"靖难之役"。

起兵三年后，燕军虽屡败王师，但最终能巩固住的城池也为数不多，其余都是得而复失，手下兵将也战死了数万人。正当燕王进退维谷、慨然长叹之时，宫廷内的太监从南京给他送来了密函。原来，建文帝对宦官约束很严，这些人心生不满，燕王起兵

明成祖像

后，想借机投靠新主子。他们在密信中说：南京城防守空虚，应当抓紧时机，快速奔袭。燕王得此情报，信心大增，决计提兵南下。建文三年（1401）十二月，燕军大举南下，一路之上，无意攻城略地，一个劲儿地沿路向前攻击，兵锋直指南京。次年五月，燕军渡过淮水，攻下扬州、高邮、通州（今江苏南通）、泰州等江北重镇，准备强渡长江。南京城里的官员闻听燕兵将到，顿时乱作一团，纷纷要求到外地守卫，借此离开这个险境，有的为讨好燕王，还暗中向其进献渡江和攻城的计策。燕军渡过长江，很快就攻到南京城下。守卫金川门的是燕王的弟弟谷王与李景隆，二人不约而同地决定开门迎降，结果南京不战而克。燕军以胜利者的姿态开进城内，文武百官纷纷于道旁跪迎，历时近四年的“靖难之役”终于以燕王朱棣的胜利而结束。

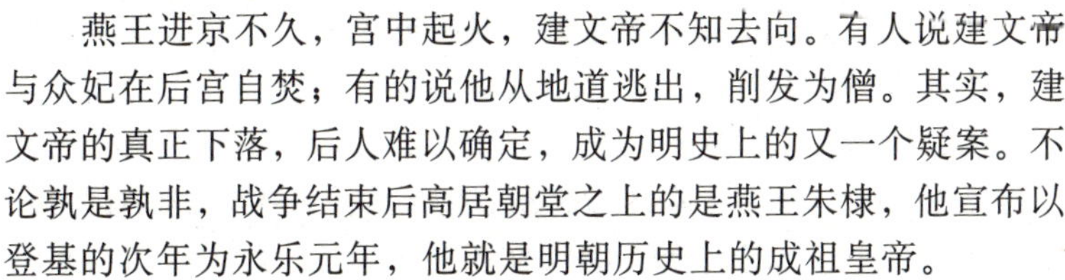

燕王进京不久，宫中起火，建文帝不知去向。有人说建文帝与众妃在后宫自焚；有的说他从地道逃出，削发为僧。其实，建文帝的真正下落，后人难以确定，成为明史上的又一个疑案。不论孰是孰非，战争结束后高居朝堂之上的是燕王朱棣，他宣布以登基的次年为永乐元年，他就是明朝历史上的成祖皇帝。

《永乐大典》书影

为了稳定统治秩序，争取官僚士大夫的支持，他对前朝的旧臣采取镇压和笼络并用的两手策略。如对齐泰、黄子澄等建文帝的股肱之臣，必置之死地而后快；对方孝孺等拉拢不过来的有声望的大臣，最后也只好杀死，有的还搞“瓜蔓抄”，株连甚众。另一方面，对于乐意归附新朝廷的老臣宿儒，朱棣多数加以重用。如受命编纂《永乐大典》的解缙，就是后一种情况。为了加强对北方的控制，明成祖改北平为北京，并调集全国的能工巧匠大力营建，共修建了15年。永乐十九年（1421），北京新都建成，明政府迁都北京。

## 三、土木之变、卫京之战与夺门之变

杨荣像

1425年，明成祖朱棣病死，皇太子朱高炽继位，改元洪熙，是为仁宗。他为人谦和，善于纳谏，在“蹇夏”（即蹇义和夏原吉）、“三杨”（即杨士奇、杨荣、杨溥）这些元老重臣的辅助之下，实行了一些较为开明的政策。仁宗死后，其子朱瞻基继位，是为宣宗。宣宗仍然重用一帮老臣，继续执行了仁宗时期的休养生息政策，有效地促进了社会经济的发展。

宣德十年（1435），宣宗病死，其9岁的儿子朱祁镇继承帝位，

明宣宗出猎图 明·商喜

改元正统，他就是明英宗。英宗还是太子的时候，有个叫王振的太监在东宫伴读，英宗即位后，便提拔王振为司礼监太监。王振入掌司礼监后，倚仗着英宗皇帝的宠信，专横跋扈，压制百官，首开了明朝宦官专权之弊端。正统十四年（1449），蒙古族瓦剌部也先率兵犯大同，王振极力鼓噪英宗率军50万亲征，当听说前方兵败的消息后，大队明军开始惊慌后撤。途中，王振为光宗耀祖，挟持英宗“临幸”其家乡蔚州（今河北蔚县）。由于行军路线屡屡变更，致使行军速度迟缓，在土木堡（今河北怀来西南）被瓦剌军追上包围。结果，将士伤亡过半，英宗被俘，王振也被忍无可忍的护卫军击杀，瓦剌裹挟英宗和大批甲器辎重移兵北撤，这就是历史上有名的“土木之变”。

土木堡兵败的消息传到京师后，满朝震恐，人心惶惶。皇太后命英宗的异母弟朱祁钰监国，召集群臣商议战守之策。翰林侍讲徐有贞鼓吹迁都逃跑，当即遭到兵部侍郎于谦的严辞痛斥，认为京师为天下根本，万不可动摇，并告诫人们吸取南宋偏安江南的教训，力主抵抗。在主张抵抗的爱国官员的坚持下，朱祁钰下定抗战的决心，任命于谦为兵部尚书，并把守城的重任交给了他。国不可一日无君，九月朱祁钰被于谦等拥立登基，是为明景帝。

北京保卫战 现代·崔开西

十月，瓦剌首领也先挟制着英宗由北南犯。明廷接到战报后，京师即行戒严，进入紧急战备状态。于谦规定，战斗之日有盔甲不出城参战的军士斩，临阵不顾士兵先撤退的将领斩，士兵不听将命先后退的，后队斩前队。军队出城后，一律关闭城门，以示背城死战的决心。于谦自己则顶盔披甲，带领部队严阵以待。也先带兵来到城外，见明军军容整肃，防范严密，不敢轻举妄动，遂将英宗安置在德胜门外的土地庙，以议和为名，要求明廷派大臣迎驾。于谦识破其试探明廷态度的诡计，拒不迎驾。瓦剌军见占不到便宜，便开始攻城。于谦手握宝剑，亲临德胜门，指挥守军痛击敌人。激战中，也先之弟被明军用火炮击毙，瓦剌军的嚣张气焰严重受挫。也先不甘心，转攻西直门，又被击退。如此激烈的战斗持续了五天，瓦剌军到处挨打，士气十分低落。与之相反，明军士气不断高涨，随着各地勤王之师昼夜兼程地向京城靠拢，也先深恐退路被切断，不得不裹挟英宗仓皇北撤。于谦派兵追击，杀敌无数。十一月初，也先率军退出塞外，北京城解围。

于谦像

无奈之下，也先又想用英宗来要挟明政府，以换取他急欲得到的巨大政治、经济利益。然而，景帝在主战派的支持下，坚决拒绝了也先提出的迎请英宗回朝的要求，也先的如意算盘破灭，英宗在他们手里已经失去了任何意义，由一张王牌变成一张废牌。景泰元年（1450），在于谦和群臣的力请下，老是担心皇位被夺回的景帝才很不情愿地派人将“北狩”近一年的英宗迎回。景帝的继位当时确实挫败了外敌瓦剌的阴谋，不失为不得已而为之的一着妙棋。然而，当英宗真的被送回来后，皇位归谁的敏感而又热点的问题不仅摆在了英宗、景帝两兄弟之间，同时也摆在了朝臣们面前。有的认为，英宗既然还朝，景帝就理所当然地要将皇位归还英宗。但景帝也许体验到了皇权的威严与从中所得到的满足，不愿再让位与人，只是假惺惺地对英宗谦让一番，便将其软禁于南宫。这还不算，景帝还从长计议，欲废弃早已确立的太子英宗之子朱见深，改立自己的儿子为新太子。景帝的作法，英宗纵然知晓，也是无可奈何，但一少部分英宗的亲信大臣对此深为不满，情绪日益激化并计划发动政变。

明宪宗消闲调禽图

景泰八年（1457）正月，景帝生病，总兵石亨、徐有贞等与宫内太监曹吉祥秘密联络，半夜时分冲进南宫拥着英宗直闯皇宫，径直升坐奉天殿。百官上朝后感觉气氛不对劲，情知有变。这时，徐有贞大声宣布英宗重登皇位，并作好了对付大臣们反抗的准备。在武力胁迫下，群臣们不得不叩首朝贺。

明孝宗像

病中的景帝得到消息，好像是他意料之中的事情，没有表现出激动的情绪，只是连连说好。次日，英宗正式临朝。他的第一道御旨就是逮捕兵部尚书于谦等人。同时，提拔复辟有功的徐有贞兼任翰林院学士，入值内阁，参与机要。不久，又进一步擢升其为兵部尚书。英宗下诏，改当年为天顺元年。在徐有贞再三撺掇下，于谦、王文、范广等当年曾经拥立景帝的主战派大臣被从狱中提出，冤杀于刑场。这一震惊当时朝野的政治事件，史称“夺门之变”。而那位明景帝，则被恢复王号，幽禁于小南城，没有几天便一命归西。这真是 “一朝天子一朝臣”啊！

彩塑太监像

天顺八年（1464），英宗死，太子朱见深即位，是为宪宗。他刚上台就随意变更官员选任制度，不经过内阁，仅仅由宦官传旨便可授官，时称“传奉官”。他还迷信方术，先后有数千方伎僧道因为投宪宗所好而被授官。在东厂的基础上，又设立西厂特务机构，任用宦官汪直等，专事打探，捕风捉影，滥捕无辜。当时曾言传“只知汪太监，而不知有天子”。宪宗在位23年期间，政治腐败，武备废弛，土地兼并严重，人民群众或者流离失所或者被迫起义。

成化二十三年（1487），宪宗死，18岁的太子朱佑樘即位，他就是历史上有一定名气的明孝宗。他即位之初便雷厉风行地进行改革，首先拿太监开刀，其他不法官员、国师、真人，包括为数不少的“传奉官”等达几千人，也悉数被罢免。这一系列行动，好像狂风暴雨，使政风为之一清。同时，孝宗广开言路，虚心纳谏，并效法唐太宗李世民的做法，将中央文武大臣、地方知府守备以上的官员姓名抄下来贴在墙上，发现有才之人便加以提拔。明孝宗还力行节俭，注意减轻农民负担，并对灾民进行救济。孝宗在位时间虽然比较短，但他励精图治，使一度摇摇欲坠的明朝政府出现了一线生机，这一时期被史学家称为“弘治中兴”。其后的武宗正德年间，宦官刘瑾等“八虎”权势熏天，搞得满朝乌烟瘴气，人们见之便远远躲避，朝政遭到严重蠹害。

嘉靖皇帝像

## 四、清官海瑞

明朝嘉靖、隆庆年间，财政日益困难，政治日趋腐败，人民反抗运动此起彼伏，这些都昭示着明朝的统治已经出现了较为严重的社会危机。嘉靖中期以后，统治集团内部断断续续地出现了一些头脑比较清醒的人物，他们从挽救封建王朝的统治或忠君思想出发，廉洁自律，清正为官，恪尽职守，并摸索着推行一些力所能及的改革，对于挽救明王朝的危机起了一定作用。海瑞，就是当时这类官员中的代表。

严嵩像

海瑞（1514—1587），字汝贤，祖籍福建，明代迁至海南琼山县。他幼年丧父，母亲对他要求十分严格，铸就了其刚直、清廉、务实、嫉恶如仇的性格。嘉靖二十八年(1549)，海瑞赴乡试，以一篇新作《治黎策》中了举人。5年后，被派到福建延平府南平县当教谕，步入仕途。在南平，他摒弃陈规陋习，潜心办学，严于律己，不趋炎附势，结果得罪了上司。海瑞本就不愿与这帮人沆瀣一气，便想辞职，被知府劝住了。后来，好友朱衡很欣赏海瑞的刚直，调他到福建正阳书院修书。

海瑞像

1558年，海瑞被提升为浙江淳安县知县。在任内，他着手整顿社会治安，大修水利，发展农桑，政绩显赫。另外，他重视刑狱，认真办案，惩办了奸相严嵩的一些党羽，其清廉刚正在当地百姓中有口皆碑。海瑞为官期间正是严嵩专权时期。严嵩，弘治进士，嘉靖二十一年（1542）升任武英殿大学士，为阁臣之首，渐渐把持朝政，长达20年，官至太子太师。专权期间，以任工部左侍郎的儿子严世蕃和任通政使的义子赵文华等为爪牙，操纵国政，排除异己。严世蕃善于揣摩皇帝的心思，深得宠信，于是严嵩干脆把朝事交与严世蕃处理。严氏父子擅权，对当时的政治、经济和军事产生了极坏的影响。嘉靖四十一年（1562），严世蕃遭御史弹劾被处死，严嵩因受牵连而被革职，没收家产，不久就失意而死。

嘉靖四十三年（1564），海瑞被调入京师，任户部云南司主事。当时，明世宗深居宫内，整日从事斋醮活动，经常不上朝理政，大臣们没有敢进谏的。耿直的海瑞为国家社稷着想，专门上《治安疏》，对荒于政事的世宗直言劝谏。考虑到此举必定触犯龙颜，他专门为自己买了一口棺材，与妻儿话别，遣散童仆，等待皇上对自己的处置。结果，正如海瑞事前所预料的那样——被捕入狱，定为死罪。所幸，有首辅大臣徐阶和户部同僚何以尚力谏，皇上才迟迟没有下旨行刑。不久，世宗驾崩，海瑞才获释复职。隆庆三年（1569），他升任右佥都御史，巡抚应天十府。这一时期，他主持进行了一次改革。一是力摧豪强，抵制兼并。勒令为富不仁

海瑞断案

嘉靖帝炼丹图　明·陈洪绶

的乡官退还了所侵占的民田，百姓无不拍手称快。二是改革赋役制度，实行均田均税和一条鞭法。三是节省行政费用。四是兴修水利，整修了吴淞江，消除了为害百姓多年的水患。然而，海瑞的改革侵犯了豪绅大地主的利益，受到他们的攻击，到任刚半年就被免职。

海瑞墓

在琼山老家，他度过了孤寂、愤懑、痛苦的16个年头，后被召回授南京右都御史之职。由于他旧操不改，仍然坚持惩治贪污，遭到一些奸佞的大肆诋毁。苦闷之下，1587年在南京病故。其遗言无一语及私，遗产仅白银十余两。海瑞一生为官清廉，刚正不阿，是封建社会“清官”的典型代表，素来为人民所称颂和怀念。

## 五、张居正改革

明朝中叶，贵族大地主兼并土地愈演愈烈。在江南，有的大地主占田达7万顷，即使朝官也“积极”参与并乐此不疲。如大学士徐阶一家就占地24万亩。广大农民流离失所，社会矛盾日益尖锐化。由于全国纳税的土地，约有一半为大地主所隐占，他们想方设法逃避交税，使国家的财政收入锐减，国库日益空虚。面临这一严重的社会问题，统治者不得不考虑解决的办法。许多地主阶级的当权派认为，要扭转局面，必须改革政治，寻求一条自救的道路。在这种形势下，作为首辅的张居正大刀阔斧地进行了改革。

徐阶像

张居正（1525—1582），字叔大，号太岳，湖北江陵人。嘉靖进士，隆庆元年（1567）入阁。隆庆六年，张居正与宦官冯保合力驱逐首辅高拱，取而代之。张居正深切地认识到社会积弊的严重性，决心改革，以图中兴。

在内政方面，整顿吏治，加强中央集权。他创制了一种新的

官吏考察制度——“考成法”，全面细致地考察各级官吏贯彻朝廷诏令的情况，并要求地方官定期向内阁报告地方政事。此法不仅加强了对官吏的监督，同时也提高了内阁的实权。在用人上，罢免了一些因循守旧、反对变革的顽固派官吏，选用并提拔了一批支持变法的新生力量，按照“尊主权，课吏职，行赏罚，一号令”和“强公室，杜私门”的原则，整顿官场风气，倡导新的政风。

张居正像

经济方面的改革成就应该说在张居正主持的改革中最为突出。他曾重用著名水利学家潘季驯督修黄河，经过治理，黄河不再南流入淮，于是，“田庐皆尽已出，数十年弃地转为耕桑”，而漕河也可直达北京。其实，张居正在经济方面改革的重头戏是赋税制度的创新，他推行的“一条鞭法”是中国封建社会赋役史上的重大变革，历来为史学家和经济学家所津津乐道。当时，百姓交纳赋税以粮食为主，银、绢为辅，分夏秋两季征收。此外，还规定农民要服各种徭役，并交纳各种土特产等等，制度十分繁琐，官民都深感不便。针对这种现象，张居正推行了“一条鞭法”。“一条鞭法”的具体内容如下：统一役法，并部分地“摊丁入亩”；田赋及其他土贡方物一律征银；以县为单位计算赋役数额；赋役银由地方官直接征收。实行统一役法使没有土地的农民可以解除劳役负担，有田的农民能够用较多的时间耕种，对发展农业生产起了一定的积极作用。把徭役改为征收银两，使农民获得了较大的人身自由，比较容易离开土地，这就为城市手工业提供了更多的劳动力资源。没有土地的工商业者可以不纳丁银，减轻了其经济负担。“一条鞭法”的实行有利于商品经济的发展和资本主义生产关系的萌芽。在全国推行几年后，国库的粮食储备就达到1300多万担，可供五六年消耗，比起嘉靖年间国库存粮不够一年之用的窘态，着实是一个很大的进步。

张居正在军事上也采取了一些改革措施。朝廷加强了与蒙古的政治、经济联系。隆庆五年，明政府封蒙古俺答汗为顺义王，并在大同、宣府、甘肃等地设立茶、马互市，开展边境贸易。为加强边防，在他的提议下，朝廷调抗倭名将戚继光北上，守卫蓟门要塞，派李成梁镇辽东，整饬东北防务。在西起居庸关、东至山海关的长城上，筑敌台3000多座，巩固了北段边防。

经过上述改革，强化了中央集权，国家的经济形势有了好转，财政收入有所增加，在国防上增强了反侵略的能力。当然，作为一个封建地主阶级的政治家，他的改革不可能触动地主阶级的根本利益，只能做一些非根本性的、修修补补的改良，它做不到挽狂澜于既倒，不能拯救正在走下坡路的明帝国。

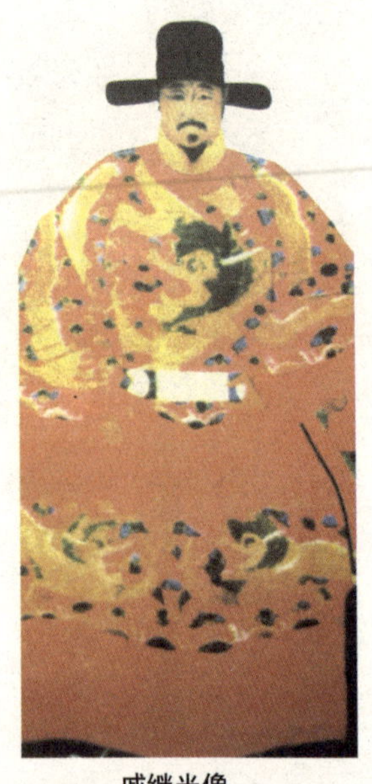
戚继光像

## 六、戚继光抗倭和援朝战争

14世纪，日本进入南北朝时期，为了争夺土地和人口，各封建诸侯割据一方，争战不休。在战争中失败的一些大大小小的封建统治者，为寻找出路，就网罗失意的武士、商人、浪人、无业游民等结成组织，到中国沿海进行武装走私和劫掠，沦为海盗，中国人称其为“倭寇”。

明朝初年开始，倭寇就开始侵扰辽东到广东的广大中国沿海地区，但由于当时明朝政府注重加强海防，才没有酿成大的倭患。明英宗正统以后，政治腐败，军力薄弱，海防废弛，无力对倭寇进行强有力的打击，由此形成了比明初更为严重的倭患。而在国内，为了从走私贸易中牟取暴利，一些富商大贾、豪门巨室，甚至包括一些地方官吏，开始同这些海盗相勾结。于是，倭寇的成分日益鱼龙混杂，活动更肆无忌惮。他们登陆后烧杀抢掠，无恶不作，激起沿海人民的无比愤慨。正当倭患愈演愈烈的时候，明朝军队中涌现出了一位抗倭名将戚继光，在他和其他抗倭将领的领导下，军民英勇抗击，最终铲除了倭患。

戚继光（1528—1587），字元敬，山东蓬莱人，出身于将门家庭。明嘉靖前期，他世袭登州卫指挥佥事，专门防备倭寇。他豪情万丈，曾用“封侯非我意，但愿海波平”的豪言壮语来表达自己消除倭患的坚定志向。后来，戚继光被调任浙江。当时，卫所官兵缺乏训练，战斗力弱，而当地居民热爱乡土，剽悍勇敢。因此，戚继光特意招募浙江义乌的矿工和农民3000人，组成了一支新军。对这些新招募的士兵，戚继光精心训练，严明纪律。他还根据江南地多沼泽、不宜大规模用兵的特点，创制出著名的“鸳鸯阵”。士兵12人为一队，分别使用盾牌、长枪、叉、耙、棍、刀等长短兵器，战斗中混同使用，各尽所能，密切配合，自成战斗单位。如遇情况有变，此阵法还可变换阵形，做到攻守自如，大大提高了部队的战斗力。戚继光号令

倭寇图

严格，赏罚分明，所率军队士气高昂，勇敢善战，屡立战功，成为抗倭斗争中的一支劲旅，被人们亲切地誉为“戚家军”。

1561年，倭寇数千人焚掠浙江东部的台州、桃渚、圻头等地。戚家军英勇出击，九战九捷，扫除了浙东倭寇。次年，福建告急，他又率军入闽，破横屿，攻牛田，然后荡平兴化的倭寇，连战连捷。不久，戚继光和其他抗倭将领俞大猷等连手，再次对福建境内的倭寇予以歼灭性打击。由于战功显赫，戚继光被擢升都督同知，任福建总兵官。此后，戚继光继续率军剿灭倭寇，经过大小80余战，到嘉靖四十五年，终于将为害已久的倭患最后平息。

戚继光阵演鸳鸯

“倭寇”在东南沿海地区的侵扰遭到失败后，就把劫掠的目标指向朝鲜。万历十一年（1583），丰臣秀吉被天皇任命为关白（丞相），赐姓丰臣，让他统率百官，辅佐朝廷。没几年丰臣秀吉就战胜其他诸侯，基本统一了日本全国，开始向外扩张。万历二十年，丰臣秀吉纠合水陆军共10万人，从釜山登陆进攻朝鲜。当时的朝鲜承平已久，兵不习战，日军很快就占领了汉城、开城、平壤。日军入侵，简直如晴天霹雳，情急之下，朝鲜国王连续派出数拨使臣到明廷告急求援。

朝鲜与中国封建中央政府的密切关系由来已久，何况中国历代封建政府多把朝鲜当作自己的藩属看待，附属国有难，岂有不救之理？明政府很快组织了一支先头部队。由于没有充分准备，加上地理不熟、兵力单薄，结果失败。同年八月，明政府决定派兵部侍郎宋应昌为经略，都督同知李如松为东征提督，统领马、步军进援朝鲜。十二月，李如松率军4万余人渡鸭绿江抵达平壤。次年（1593）正月，明军向平壤城发动攻击。李如松身先士卒，奋勇冲杀，日军大败。明军乘胜追击，日军残部被迫退守汉城。

釜山城战斗图

然而，由于明廷的战略方针游移不定，打击敌人的态度不够坚决，使前线部队时战时和，失去了许多决胜的良机，战局一度僵持。不久，日军提出议和的建议，并放弃汉城，退至釜山。事后证明，丰臣秀吉并非真正想议和，而是缓兵之计，阴谋引诱明军撤兵，自己

李舜臣像

积蓄力量，准备东山再起。明廷朝议时，也有大臣认为不可轻信敌人的表白，应做好继续战斗的准备，但决策高层一意孤行。结果，1594年9月，中日签订了停战和约，大部明军按约撤回国内。这下，丰臣秀吉赢得了时间，日军加紧备战，准备发起第二次攻击。1597年2月，日军卷土重来，再次大举入侵朝鲜。仓促之间，明政府命兵部尚书邢玠等再次率兵入朝作战。6月，倭军乘船数千艘渡海，步步北逼。在关键时刻，邢玠亲临前线，率军与日军在汉城、庆州、蔚山一带展开激烈的拉锯战，其间互有胜负，呈胶着状态。

为求得战局有新的突破，1598年，邢玠请求朝廷增派水军。明政府一方面在江南增加水兵的招募数量，一方面临时急调两广、四川、浙江的部分水军增援前线。国内援军到达后，明军分四路水陆并进，向日军发起总攻，虽然明军有较大的伤亡，但战局还是向着有利于中国军队的方向发展。恰在这时，丰臣秀吉于7月病死，日军军心大撼，开始全线退却，中朝两国军队乘机发动更大的攻势。明水军将领邓子龙与朝鲜大将李舜臣督率水军，在海面上与撤退的日军展开激战，击沉和烧毁日舰数十艘，日军溃败，而邓子龙、李舜臣亦在这次海战中阵亡。至此，由日本权臣丰臣秀吉挑起的长达7年之久的侵略朝鲜的战争，以失败而告终。

## 七、从后金到清朝的建立

清朝的前身是后金，而后金则是女真族首领努尔哈赤在统一女真各部后，以建州女真为主体融合其他各女真部落建立的政权。16世纪末，居住在中国东北地区的女真族主要有建州、海西、东海三支，明朝政府为便于分而治之，不仅竭力阻挠他们统一，还利用各部之间的矛盾使其互相掣肘。他们互相攻伐，形成了恃强凌弱、以众暴寡，甚至骨肉相残的局面，女真人民痛苦不堪，渴望过上安定的生活。在这种历史条件下，努尔哈赤统一了女真各部。

努尔哈赤像

努尔哈赤（1559—1626），姓爱新觉罗，万历十一年（1583），他的祖父和父亲在建州诸部内争中为给明军作向导而被明军误杀。作为补偿，明廷让努尔哈赤袭建州左卫都指挥使之职，成为建州女真的首领。由于此前他为自谋生计经常与汉人接触，又在辽东总兵李成梁帐下当过兵，受汉族文化影响较深，对明朝的政治和军事虚实较为清楚。虽然早就有侵占大明江山的野心，但鉴于自己实力有限，他没有急于暴露，而是先以复仇为借口，举起了统一女真各部的大旗。5年后，他首先统一了建州女真的5个部落，又经过30多年的奋斗，终于将女真各部统一到自己旗下，结束了各部互相争斗、战事连年的分裂割据局面。至此，努尔哈赤控制了东到东海，北到蒙古、嫩江，南至朝鲜鸭绿江的广大地区。

在统一女真的过程中，努尔哈赤借鉴部落旧制，创立了一种兵民一体、军政合一的社会组织形式——八旗制度。每300人为一个最基本的单位，称为“牛录”。五牛录为一“甲喇”，五个甲喇组成一个“固山”，一固山就是一旗。各旗分别以黄、白、红、蓝四种颜色为标志。后又增设镶黄、镶白、镶红、镶蓝四旗与原有的正黄、正白、正红、正蓝合称八旗，正式确立了八旗制度。每旗有7500人，八旗共约60000人。各旗旗主均由努尔哈赤的子侄担任，称为“和硕贝勒”或“固山王”，八旗的最高统帅则是努尔哈赤本人。八旗战士并非职业军人，战争时期，他们是战士，在没有战事的时候，他们就成了从事生产的农牧民。

万历四十四年(1616)，努尔哈赤在赫图阿拉（今辽宁新宾）即位称汗，国号大金，建元天命，历史上将这一新生的奴隶制政权称为“后金”。

1618年，努尔哈赤以所谓的“七大恨”为由，誓师对明朝边城发动攻击。由于明军此前没有任何与后金作战的准备，战端一开，后金军队就迅速占领了抚顺城和明军的一些据点，掳掠大批人畜而去。消息传到北京，明政府认定新兴的后金是自己心腹大患，立即在全国加派“辽饷”，急调各地兵力，会合叶赫兵，达10万之众，准备向后金反攻。

1619年4月，明廷派杨镐为辽东经略，带领大军，号称40万，分兵四路，向后金首府赫图阿拉进发，意欲分进合击，使后金军队腹背受敌，聚而歼之。但是，这只是一厢情愿的纸上谈兵，由于各路明军的行军速度不同，难以按期集结协同作战，使明军很难发挥优势，在战略上失去了主动权。而努尔哈赤在强兵压境的严峻形势下，采取“恁尔几路来，我只一路去”的战略方针，决计集中优势兵力，各个击破。于是，努尔哈赤将八旗全部兵力6万人集中起来，首先在萨尔浒（抚顺东南）设立战场，击败了山海关总兵杜松率领的明军主力，杀主帅杜松。首战告捷，努尔哈赤又迅速移师北上，在尚间崖击败明军，只有主帅开原总兵马林只身逃脱。尚间崖战火未熄，后金兵又马不停蹄地快速南下，在阿布达里冈伏击明军，歼灭明军和朝鲜联军2万多人，明辽阳总兵战死，助战的朝鲜军主帅投降。这样，明军在短短3天内，三路大军相继溃败，剩下的一路奉杨镐之命迅速撤回，才免遭被全歼的

孙承宗像

命运。这就是历史上有名的“萨尔浒之战”，努尔哈赤取得决定性胜利，明军大败而还。

此后，辽东军事形势为之大变，明朝在军事上转入战略防御，而后金则开始了战略进攻。努尔哈赤乘胜攻取了开原、铁岭，金军骑兵的铁蹄开始南下。虽然有熊廷弼、孙承宗、袁崇焕等忠臣猛将的浴血奋战，但由于明朝内部派别之争和明军将领之间的矛盾，面对强悍的女真战士的进攻，明边防军屡屡失利，丢失了数座边城。明天启五年(1625)，后金迁都沈阳。次年，努尔哈赤以13万大军大举进攻，在袁崇焕坚守的山海关外重镇宁远城下，后金势力遭到重创，努尔哈赤中炮负伤，愤恨而回。当年八月，近70岁的努尔哈赤死去。此后，后金诸王子争位不绝，同时明朝也加强了锦宁防线，使后金的进攻暂被遏止，在相当一个时期内形成了对峙局面。

皇太极像

努尔哈赤死后，其第八子皇太极继承了汗位。他锐意改革，刷新内政，顺应了时代和历史发展的要求。在经济方面，皇太极改变了努尔哈赤时期将汉人赏赐给满人官员为奴的做法，将汉人编为民户，使满汉分屯居住，并选择汉人负责管理。这一方面稳定了新征服地区的广大汉族的人心，有利于农业生产的发展，另一方面也限制了奴隶制度的发展，一定程度上削弱了贵族的势力，为后金社会向封建制过渡奠定了基础。

在上层建筑方面，为了改变大汗在军政大事决策上受制于八大和硕贝勒（或八大固山王）的局面，皇太极仿效明朝进行中央集权，发展封建君主专制。设立文馆，后改为内秘书院、内国史院、内弘文院（合称“内三院”），作为皇帝直接控制的咨询和办事机构。为进一步集权于中央，还设立了吏、户、礼、兵、刑、工六部，由八旗诸王贝勒充任各部首脑。这样，皇太极与各位贝勒的关系，就完全变成了封建制度下的君臣隶属关系。为抬高大汗的至尊地位而定朝仪，一改往日贵族合议制下大汗与三大贝勒平起平坐的局面，改为皇太极“南面独坐”，进一步从就座形式上强化了君臣名分的内容。又设立都察院，更定蒙古衙门为理藩院，与六部合称“八衙门”，进一步分散转移了八旗的实权，加大了中央的权力。同时，皇太极设立汉军八旗、蒙古八旗，并将正黄、镶黄、正蓝三旗收归自己统辖，防止各旗自成独立王国。

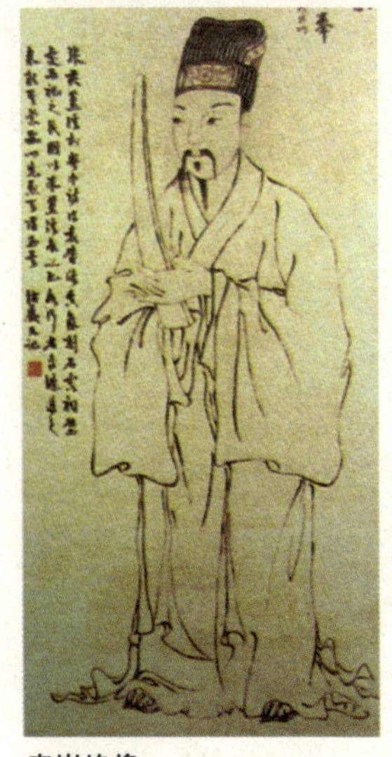
袁崇焕像

崇祯九年（1636）四月，皇太极在盛京沈阳称帝，改国号大清，改元崇德，改女真为满洲。随着满清政权的建立，一场大规模的民族征服行动即将开始。事实上，内政改革还在进行的时候，皇太极就已确定了进攻明朝的军事战略并有条不紊地逐步实施。

他首先消除来自东西两侧的朝鲜和蒙古的威胁，进而明目张胆地向明朝寻衅，并巧用反间计使崇祯帝处死了让女真人吃尽苦头的眼中钉袁崇焕。清朝建立后，为掠夺更多的财物与人口，野心勃勃的皇太极更是公然向大明朝叫板，屡次兴兵进犯，直到拥兵进关，入主中原。

## 八、东林党人

万历皇帝像

明末政治日趋黑暗。明神宗长期怠政，国政眼看着一天天地败坏下去。同时，由于缺乏一个强有力的权力中心，朝臣之间拉帮结派，党同伐异，形成了众多的政治利益团体，如宣党、昆党、浙党、齐党、楚党等。然而，只有以顾宪成、高攀龙为首的东林党还称得上是一个有朝气、有进步色彩的政治集团。东林党成员多是被反动的大官僚大地主集团所打击排斥的以江南地主阶级知识分子为主体的朝野内外正直敢言的士大夫，为了挽救越来越严重的封建统治危机，他们坚持不懈地与邪派政治势力相斗争，因而也被称为正直派。

顾宪成像

“东林党”这一名称的得来与顾宪成有直接的关系。顾宪成，字叔时，无锡人，万历四年中应天乡试第一名；八年，中进士，被安排在吏部做事。虽然他关心朝政，但由于他为人正直，敢言直谏，不阿权贵，因而仕途很不顺利。万历三十三年（1605），由吏部郎中任上被革职，回到原籍无锡，在弟弟顾允成和部分地方官员的支持下，修复了宋代杨时讲学的东林书院，邀请志同道合的高攀龙、钱一本、史孟麟、于孔兼等聚众讲学。他们在讲习之余，经常臧否人物，评论朝政，抨击反动当权派，引起了一些退处林野的失意士大夫甚至一部分在朝官吏的热烈响应，东林书院遂成为一个政治“晴雨表”，对政治导向产生了非同寻常的影响。从此，东林名声大著，朝廷内外正直的士大夫便逐渐被政敌们称为“东林党”。

高攀龙像

东林党中的主要人物，如顾宪成、高攀龙等，他们以“为民请命”的姿态，在政治方面，希望加强中央集权，反对宦官专权和阁臣个人独断专行，反对地方上的贵族以及豪强势力对正常统治秩序的任意破坏和非法干扰。经济上，要求富国富民，反对贵族皇戚等对土地的掠夺，反对横征暴敛以及反动当权势力对江南经济发展的限制与破坏。

东林党形成以后，腐朽的大地主集团的各派系互相勾结，共

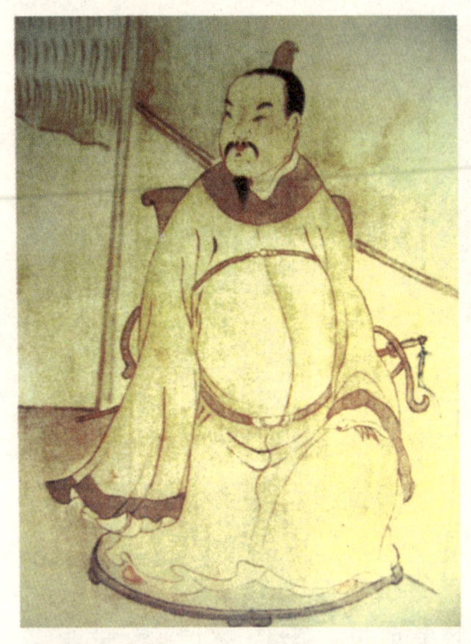
熊廷弼像

同反对东林，在争“国本”及“梃击”、“红丸”、“移宫”三案中，与东林党的斗争尤为复杂尖锐。明神宗皇后无子，王恭妃生子朱常洛，为皇长子，按旧例应当嗣位。但最受神宗宠幸的郑贵妃也生一子朱常洵，神宗在继位问题上犹疑，迟迟不立太子。由于东林党人的坚持督促，神宗于万历二十九年才册立朱常洛为皇太子，封常洵为福王。但神宗仍以种种借口不安排福王赴封地就藩，有夺嫡之嫌。在东林党人的力请下，到万历四十二年，福王才去洛阳就藩，这就是历时长达20余年的“国本”之争。所谓的“梃击”案，发生在万历四十三年，有一个男子，持枣木棒打进朱常洛住的慈宁宫，被抓住后供出系郑贵妃宫中太监指使。当时，神宗和首辅方从哲均庇护郑贵妃，东林党则指出此乃要害死太子的阴谋，要求彻查此案，严惩真凶。“红丸”、“移宫” 两案是指泰昌元年（1620），光宗朱常洛即位不久即病，内侍进泻药后，一昼夜连泻三四十次，传言是郑贵妃派人做了手脚。光宗病危，鸿胪寺丞李可灼连进红色药丸二粒，光宗服后即死。受光宗所宠的李选侍，与光宗同居乾清宫，因她与郑贵妃勾结，东林党人坚持要求李选侍移宫，以粉碎郑、李势力干政的图谋。

光宗死后，东林党人杨涟、左光斗与周嘉谟等拥立光宗的长子朱由校即位，是为熹宗，因拥立之功，东林党人一度得势。但此后不久，宦官魏忠贤成为司礼监秉笔太监，得势专权，一些东林党的反对派和依附于贵族大地主集团的官僚大多投靠了魏忠贤，结成阉党，开始对东林党发起了大肆进攻，首先逼迫高攀龙等人罢官。杨涟则上书揭露魏忠贤的二十四条“大奸恶”，以示回击，引起群僚响应，类似奏章接踵而至。魏忠贤对此嫉恨万分，借辽东经略熊廷弼等失陷广宁一事，极尽诬陷之能事。结果，熊廷弼被处死并传首九边，杨涟和左光斗也被酷刑折磨致死。随后，魏忠贤的爪牙“五虎”、“十狗”、“十孩儿”、“四十孙”等，像疯狗一样对东林党人进行了血腥反扑，明末党争达到白热化阶段。凡是从前在争“国本”及明宫三案上反对奸佞的东林党人，甚至一些无辜者都遭到阉党的残酷迫害，他们根据魏忠贤所定的“三朝要典”和爪牙所作的《东林点将录》、《同志录》等名单，对东林党人逐一捕杀、斥逐，东林党人几乎无一幸免。直到天启七年（1627），东林党才借熹宗死、魏忠贤失去依靠的机会，拥立皇五弟信王朱由检即皇位，是为崇祯帝。崇祯比较果断地铲除了魏忠

魏忠贤像

贤这一祸国殃民的巨奸大恶，重新进入政府的东林党人在南方结成“复社”，继续反对明统治集团内部的腐朽势力，直到明朝灭亡。

## 九、闯王灭明

明朝末年，赋役苛重，官吏贪暴，政治黑暗，民不聊生，社会矛盾日趋尖锐。天启七年（1627）二月，陕西澄城白水王二怒杀坐堂拷打农民催逼粮食的知县张斗耀，揭开了明末农民大起义的序幕。随后，起义迅速蔓延到甘肃、山西等省份。就在这一时期，李自成参加了起义。

李自成（1606—1645），陕西米脂人，曾做过牧童和驿卒。起义爆发后，他投奔了“闯王”高迎祥，成为其帐下的得力战将。崇祯四年（1631），明廷派洪承畴总督三边军务，调集重兵镇压义军。在敌人的强大攻势面前，农民军各部纷纷东进河南，在荥阳大会上，李自成渐露头角。1636年，高迎祥遭官军伏击被害，李自成被推为首领，继续打着“闯王”的大旗坚持与明军作战。1640年，李自成乘明军主力入川围剿张献忠、河南空虚之机，率部自陕南商洛进入河南。当时，河南刚发生了大饥荒，农民军到来后，饥民竞相归附，队伍很快就发展到几十万人。有些地主阶级知识分子如牛金星、宋献策、李岩等也参加了义军。闯王针对当时土地集中、赋役繁重、民生困苦的现实，接受归附的知识分子们的建议，不失时机地提出了“均田免粮”的口号，得到了农民更加广泛的支持。崇祯十四年(1641)初，李自成攻克洛阳，杀福王朱常洵，放粮赈济饥民。崇祯帝大惊，慌忙调集军队合力围堵李自成。义军灵活用兵，经过三围开封及项城、襄阳、朱仙镇、郏县、汝宁等几次重大战役，将大部分围堵义军的官兵歼灭，迫使对方转入战略防御，而义军却越战越勇，所向披靡，很快占据了几乎

李自成称王

闯王登殿　清武强年画

整个河南，连营500余里，军威大震。

1642年冬，李自成进军湖广，在襄樊百姓的引导下，夺取襄阳，进而攻占了除武昌以外的湖北沿江州县。次年，李自成改襄阳为襄京，号称“新顺王”，创建了新顺政权，手下将领各有封赏，初步建立了一套行政体系。随后，他便着手策划进攻明朝的统治中心——北京城。根据幕僚的建议，义军确定了先取关中作基地，然后经山西进攻北京城的战略计划。北伐军由李自成亲自率领，由襄阳向北一路攻击前进。农民军突破潼关天险后，明孙传庭主力被彻底消灭，随后，义军没有遇到像样的抵抗便浩浩荡荡地开进了西安城。崇祯十七年(1644)正月，李自成改西安为长安，称西京，建立了大顺政权，建元永昌，铸永昌钱，造《甲申历》，进一步完备了中央政府机构。二月，义军冒着凛冽的寒风东渡黄河，攻克了太原，又以破竹之势相继拿下大同、宣府、居庸关、昌平，兵锋直逼北京城。一路上，大顺军纪律严明，沿途秋毫无犯，同时檄告远近，“五年不征，一民不杀”，“平买平卖，蠲免钱粮”，得到沿途人民的热烈拥护。三月十九日，闯王率军攻进北京城，崇祯帝在煤山（今景山）上吊而死。至此，统治中国276年的大明王朝霎时倾覆在闯王义军的脚下，只有明十三陵还静静地卧在北京郊区，仿佛在向人们诉说着昨天的故事。

# 第十章 大清帝国

17世纪中叶，一个文明尚不先进的少数民族，挥舞着马鞭，闯入人们的视野，建立了中国历史上最后一个封建皇朝。“满族入主内地，中国仿佛又重回到三百六十多年前的旧梦。”著名历史学家钱穆曾经如是评价：“在惯性的驱动下，封建社会正沿着下坡，继续蹒跚地、颠簸地向着死亡缓慢滑行。但是，历史像是在同我们这个古老而多灾的民族开玩笑：就在封建制度已经进入僵死腐败的时期，却又由一个正富有活力的满族主宰了中原。满族的入主，着实给这个濒于死亡的制度注射了一针强心剂。”

清朝的统治者虽然是少数民族，但对中国传统文化却极为尊崇，将传统的儒家政治文明推到了历史的顶峰。顺、康、雍、乾之际，雄才大略的皇帝们借社会复苏之机，倾毕生之心力，期望着成就自己的文治武功。通过对汉文化的继承和吸收，满族统治者对治国之道有了更深刻的理解。他们从驰骋奔跑的战马上下来，软硬兼施，用怀柔的手段将反抗者收容，从心理上征服了大汉民族，这就为巩固其在中原的统治奠定了基础。清朝前期，边患不息，先是平定“三藩”叛乱，接着将台湾郑氏集团收归营下；在遥远的西疆，康熙皇帝甚至亲自出征，打击藏、蒙分裂势力。在经济生活方面，统治者调整赋役关系，放松了对人头税的限制，“摊丁入亩”，给人民以更多的自由。百姓有了生产的积极性，必然推动社会经济的迅速恢复和发展，清朝前期很快呈现出“康乾盛世”百余年的安定局面。

满清英主的几代努力，虽然创造了封建时代末期的盛世辉煌，但是，经过了两千多年发展的封建制度，在此时已经开始呈现出萎靡的趋势，封建社会的内外矛盾正在逐渐显现出来。狭隘的目光必然会遮挡人们的视线，在落后的生产关系下，纵然有英主，也不能预见到历史上将要发生的每一次剧烈变革。19世纪中叶，当西方帝国主义列强的炮火猛地打破古老东方的大门时，幽静闲适的小农社会再也找不到从前的平静，而只有血与泪的挣扎。沉睡的东方直到这时，才从“天朝上国”的迷梦中醒来，开始有意识地去接触和关注外面的世界。而这一切深刻的社会变化，距离康乾时代的太平盛世，仅仅只有几十年！

## 一、清军入关

明崇祯十六年（1643）八月，清太宗皇太极第九子6岁的福临即位，是为清世祖，改元顺治。由于福临年幼，由其叔父睿亲王多尔衮和从叔父郑亲王济尔哈朗共同辅政。不久，多尔衮专权，成为摄政王。当时，李自成的农民军已经完全控制了西北，并大举向北京进军。在这种急剧变化的政治和军事形势面前，多尔衮果断地改变了皇太极时期对明持重前进的战略，决定迅速行动，积极进取，尽快占领中原。

顺治皇帝像

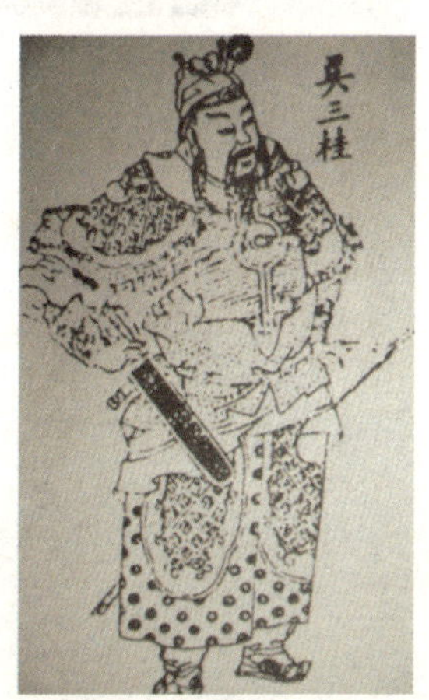


吴三桂像

清顺治元年（1644）三月，多尔衮侦知驻守宁远的明将吴三桂奉命赴京师勤王，立即下令让军队做好战斗准备。但内秘书院大学士范文程提出，清政权看似与明朝争夺天下，实际上是与农民军角逐，建议把战略意图由原来的联合农民军推翻明朝调整为窃取农民革命胜利果实，并且指出，清政权要统一华夏，非安定百姓不可，因此，应该严肃纪律，不得随意杀人。从后来多尔衮的所作所为来看，他是采纳了这一建议的。四月九日，多尔衮和阿济格、多铎领兵约十四五万人，向内地进发，准备夺取中原。4天后，李自成从北京率领6万兵丁，奔赴山海关。而所谓赴京“勤王”的吴三桂，实际上已接受了李自成的招降，正率领部众走在去京城归附大顺政权的路上。谁知，吴三桂在途中却接到家中密信，说其父被农民军拷问追赃，爱妾陈圆圆被掳走。盛怒之下，吴三桂回兵山海关，并投降清朝。同时，他向多尔衮发出了求救的书信。战局瞬息万变！多尔衮急忙改变既定行军路线，以急行军的速度赶赴山海关。四月二十一日，吴三桂再度派人向路上的多尔衮告急说：我已经带领精锐部队抵达山海关以西的险要处引诱大顺兵，希望你迅速整顿军队进关，我们前后夹击，必能大获全胜。多尔衮接信后进一步加快了行军速度，星夜兼程，一昼夜急进200多里。同一天，李自成大军到了山海关，立即与吴军展开激战。双方一直酣战到次日下午，吴军渐感不支，企图拼命突围，农民军则紧紧地将吴军围住，包围圈反复开合，双方都精疲力竭。在这一关键时刻，已经抵达战场外围蓄锐待机的清兵，以有生力量突然从阵外冲杀而入。面对清兵的突然出现，农民军毫无准备，被打了个措手不及，根本不是这支生力军的对手，被迫向西败退。多尔衮一方面令吴三桂尾追仓促西撤的李自成，另一方面亲自带兵继续向北京进发。多尔衮充分利用汉族地主阶级要向农民军复

多铎入京图

仇的迫切心理，宣布清兵入关的目的不是要来杀你们老百姓，而是要让你们的皇帝重登宝座，为你们报仇，我们要杀的只是闯王李自成。同时，他向汉族地主阶级表示：官吏来归附的官复原职，百姓来归附的各复其业，我们的部队纪律严明，绝不加害你们。李自成登基后，于四月三十日退出北京，多尔衮紧跟着抢占了北京。

当时，人心惶惶，国无宁日，阶级矛盾与民族矛盾相交织，形势相当复杂。清统治者针对实际，采取了比较策略的方式。首先为崇祯帝举行了隆重的葬礼；宗室王亲，不夺其爵，前明官员，照旧录用，地方官归顺，各升一级；设文武制科，开通仕路。这些措施有效地笼络了一部分关内汉族地主，争取了人心，稳定了政局。其次，减免赋税，招抚流亡，劝课农桑，奖励垦荒，以恢复农业生产。再次，严肃军纪。另一方面，清军继续打出“吊民伐罪”的旗号，再次，强调清军入关只是为了诛杀李自成，为崇祯帝报仇，把进攻的矛头指向李自成的农民军。顺治二年（1645）三月，农民军在满汉地主的追剿下，已无力反攻，败局已定。四月，领导明末农民大起义的杰出领袖李自成，在湖北省通山县九宫山察看地形时，遭到当地地主武装的围攻牺牲，时年39岁。一年后，大西军领袖张献忠亦兵败牺牲，时年40岁。清军不再遮遮掩掩地宣称“吊民伐罪”，而是突然由黄河流域挥师东下，兵锋直指南京的南明政权。在清大兵压境的严峻形势下，弘光小朝廷不但不思光复，反而苟且偷安，热衷于内部的争权夺势，勾心斗角，一些有才能的大臣相继罢去，马士英、阮大铖等庸碌之辈把持朝政。清顺治二年四月，清军破扬州，南京兵部尚书史可法被俘牺牲。清兵在扬州大开杀戒，10天之内有80万军民被杀，史称“扬州十日”。五月，正在看戏宴乐的弘光帝闻听清兵渡江，匆忙带领几十个太监仓皇出逃到芜湖，不久就被清军俘获并送到北京处死，弘光政权垮台。后来建立的绍兴和福州两个朱姓政权，都没能对清军构成多大威胁，反而因内争而迅速败亡。至此，满族统治者的征服行动更加肆无忌惮：清廷重申剃发令，并严厉施行；大量圈占民田为满人庄田；逼迫汉民充当旗人家奴。这些野蛮行径使民族矛盾空前激化，反清情绪迅速高涨，斗争连绵不绝，其中尤以江阴、嘉定军民的斗争最为惨烈。

史可法像

## 二、郑成功收复台湾

台湾与大陆的联系源远流长，早在三国时期，当时吴国孙权曾派将军卫温率船队到达台湾，此后与大陆的关系日益密切。毋庸置疑，台湾自古就是中国的神圣领土。但在17世纪初，这座宝岛却遭到世界上首先发展起来的、有“海上马车夫”之称的荷兰殖民者的侵占，他们修筑了台湾城和赤嵌城两个大据点，对台湾人民进行奴役和压榨，妄图使台湾成为其殖民地。不甘屈服的台湾各族人民对殖民者的野蛮侵略和残酷剥削深恶痛绝，反侵略反压迫的斗争风起云涌、前仆后继，但却先后遭到殖民者的严厉镇压。找不到出路的台湾人民把解放的希望寄托于当时在东南一隅叱咤风云的一位抗清志士身上。他，就是郑成功。

郑成功（1624—1662），名森，字大木，福建泉州南安人。其父郑芝龙为拥立南明的功臣，郑森被南明赐国姓朱，改名成功，委以御营中军都督之职。后来，郑芝龙降清，他气愤异常，很快就打出“背父救国”的旗号，走上了不屈不挠的拥明抗清之路。他招兵买马，积蓄力量，攻占了包括金门、厦门在内的闽南沿海许多地方，并以金、厦为抗清基地，多次北伐苏浙和南征闽粤。其中以顺治十六年（1659）的北伐声势最大，一度威胁到军事重镇南京。但由于麻痹轻敌，这次重大军事行动失败，郑成功败退金、厦。这时的郑军已经成为清军在国内的最后一个劲敌。清政府为孤立这支武装力量，下令沿海居民内迁30里，禁止船只出海。为扭转被动局面，寻求一个长期抗清的根据地，郑成功满怀爱国激情，决意驱逐荷兰殖民者，收复台湾。恰在这时，曾为荷兰人担任翻译的爱国人士何廷斌，向郑成功密献了一幅台湾地图，并透露了荷兰军队的军事部署情况。有了这一重要情报，郑成功更加坚定了驱逐殖民者、收复台湾的信心和决心。

郑成功对弈图

清顺治十八年（1661）四月二十一日，郑成功令其子郑经留守金门、厦门，以何廷斌为向导，亲自率领2.5万名士兵，驾驶大小战船数百艘，浩浩荡荡地向台湾进发，军容蔚为壮观。三十日，船队进入浓雾弥漫的台湾海面。在何廷斌的引导下，乘海水涨潮的时候出其不意地通过了泥沙淤积的鹿尔门航道，并取得了登陆战的胜利，顺利登上宝岛。台湾人民闻听祖国的军队来了，群情振奋，潮水般前来欢迎，并协助郑军做好各项进攻殖民者的军事准备工作。

郑成功像

驻守台湾的荷军当时有2000多人，凭借坚船利炮，在长官揆一的指挥下，从海陆两路发动疯狂反扑，被郑成功指挥军队击退，龟缩进赤嵌城。跟踪而至的郑军将该城团团包围，郑成功义正辞严地要求殖民者缴械投降，退出台湾，否则将受到严惩。但荷军在揆一的鼓动下负隅顽抗。郑成功一面命令猛烈攻城，一面采纳了当地群众的建议，截断了该城的水源，终于迫使殖民者投降。收复赤嵌城后，郑军又集中兵力攻打台湾城。为减少伤亡，他命令采取围城打援的战法，首先切断敌军水源，死死把城围住；同时，派水军成功地打败了从巴达维亚前来增援的殖民军数百人。从此，城内荷军外无援兵，城内食品、水源行将告罄，围城到8个月时，城中粮尽水绝，殖民者有半数被困死。1662年1月，郑军开始发起强攻。在巨炮的猛烈轰击下，走投无路的侵略者被迫在投降书上签字。中国军民经过9个月的战斗，终于结束了荷兰殖民者在台湾长达38年的殖民统治。郑成功也因此成为中国历史上著名的民族英雄，得到不同历史时期人民群众的景仰。

## 三、两位少年皇帝

1644年顺治即位时，还不过是一个6岁的小孩子，实际大权都掌握在多尔衮手里，年少的顺治完全被他控制。顺治七年(1650)十二月，多尔衮突然去世，其死因却记录不详。顺治帝迅速地清除了多尔衮的亲信阿济格，并宣布亲政，时年14岁。虽然没有处理国家大事的经验，但顺治机敏果敢，富有谋略，处理政事有条不紊。顺治亲政期间，他的母亲孝庄从中发挥了很大的作用。在顺治即位之初，就是她运用政治手腕争取到多尔衮的支持，才保住了顺治的皇位。她还不断地告诫顺治要亲贤臣，远小人，赏罚公允，勤学好问，这都显示了她的政治才能。

孝庄文皇后像

1651年，顺治下诏追议多尔衮的罪状，把被多尔衮迫害的大臣各复原职，明令废止一些扰民政策，并实行一些改革。正当顺治要施展抱负的时候，却感染了天花。对于顺治死后由谁接任皇位，朝廷内部也有争论。顺治共有8个儿子，长子和四子早亡，只有二子福全和三子玄烨（也就是康熙）合适。为此，顺治派人询问当时的钦天监监正、传教士汤若望。汤若望认为玄烨小时候已经出过天花，有了免疫力，而福全还没有出过天花，随时都有可能染上天花。为了大清国的长治久安，立玄烨更为合适。顺治接受了汤若望的意见，决定立玄烨为帝。

汤若望像

1661年，顺治病逝，年仅24岁。8岁的康熙即位，以索尼、苏克萨哈、遏必隆、鳌拜为辅政大臣，从此开始了长达61年的统治，他也成为中国历史上在位时间最长的皇帝。鳌拜是镶黄旗人，少年时就随军出征，屡立战功。成为辅政大臣后，他拼命扩大自己的权势，结党营私，蔑视皇帝康熙，打击异己，而且妄加罪名杀害了苏克萨哈，成为大权独揽的辅政大臣。同时他还推行圈地令，造成社会矛盾激化。康熙的皇位岌岌可危。

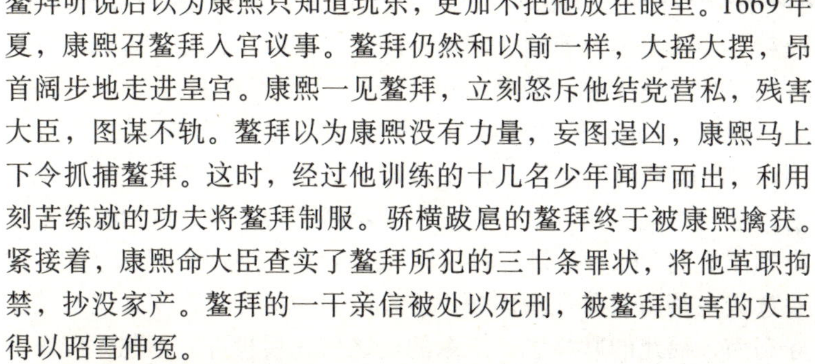
为了巩固康熙的皇位，太皇太后孝庄在康熙12岁时就迎纳索尼的孙女为皇后，争取了索尼家族对皇帝的支持。1667年，康熙亲政，开始着手剪除鳌拜的势力。他首先审处了得到鳌拜支持的钦天监监正杨光先，任命传教士南怀仁主持钦天监的工作。他还精心挑选十几名少年练习“布库”（满族人的角扑武术戏），并严格要求。鳌拜听说后以为康熙只知道玩乐，更加不把他放在眼里。1669年夏，康熙召鳌拜入宫议事。鳌拜仍然和以前一样，大摇大摆，昂首阔步地走进皇宫。康熙一见鳌拜，立刻怒斥他结党营私，残害大臣，图谋不轨。鳌拜以为康熙没有力量，妄图逞凶，康熙马上下令抓捕鳌拜。这时，经过他训练的十几名少年闻声而出，利用刻苦练就的功夫将鳌拜制服。骄横跋扈的鳌拜终于被康熙擒获。紧接着，康熙命大臣查实了鳌拜所犯的三十条罪状，将他革职拘禁，抄没家产。鳌拜的一干亲信被处以死刑，被鳌拜迫害的大臣得以昭雪伸冤。

16岁的康熙智擒鳌拜，加强皇权的斗争，表现了他的胆略、勇气和智慧，也让大臣们看到了新君的英明。国家大权集中到了康熙手中，也开始了他文治武功的赫赫一生。

## 四、平定三藩之乱和统一台湾

所谓“三藩”，就是清朝统一过程中被封为藩王、镇守南方的三名汉族投降将领，即平西王吴三桂、平南王尚可喜、靖南王耿精忠（袭祖父耿仲明），他们靠镇压农民起义、消灭明朝残余势力起家，分别被封在云南、广东、福建等地，他们掌握地方政权，各自拥兵自重，形成割据一方的独立王国。

康熙皇帝像

康熙十二年（1673）二月，年届七旬的尚可喜上书康熙帝，请求回到辽东故乡养老，由儿子尚之信留在广州袭封平南王。尚可喜此举意在试探朝廷，没想到康熙竟然很爽快地同意了他的请求，命令尚可喜父子把其兵丁与家眷带回北方，移到海城去驻扎，不许其子袭爵，撤销他在广东的“藩领”。康熙的这一御旨，惊动了吴三桂和耿精忠。吴、耿二人为了试探康熙对自己的态度，便也先后上书，谎称他们也想告老辞官，情愿“撤藩”。没想到康熙也满口答应，而且马上派钦差大臣到昆明，督促吴三桂早日启程。事情弄假成真，弄巧成拙，吴三桂经再三考虑，决定杀掉云南巡抚朱国治，扣留钦差，正式起事。他发布了“兴明讨虏”檄文，称自己奉崇祯帝三太子的御旨，任“总理天下水陆大元帅、兴明讨虏大将军”，定于甲寅年（康熙十三年）元旦，弃清改元。吴三桂起事后，耿精忠、尚之信及贵州、湖南、四川、陕西、湖北等省的一些汉将也举起反清大旗。战火遍布江南等半个中国。

面对危局，年轻的康熙决意平定这场叛乱。为孤立吴三桂，他下令“停撤平南、靖南二藩”，分遣军队到前线的各个险要之地驻防，互相策应，并打破常规重用汉籍将领为主将。陕西提督王辅臣初战失利，接受了朝廷的招抚，重新归附。西北的威胁消除，清军遂集中精力对付江南的叛军。在清军的猛烈攻击下，吴三桂困守湖南，福建的耿精忠、广东的尚之信先后投降，福建、广东和江西先后平定。为鼓舞士气，孤军苦战的吴三桂于康熙十七年（1678）三月，在衡州（今湖南衡阳）称帝，改国号为“大周”，建元“昭武”。八月，随着清军战线的不断推进，忧急交加的吴三桂暴病身亡，其孙吴世璠继位，改元“洪化”，退守贵阳。康熙十八年开始，清军先后收复了湖南、广西、四川，分三路向吴军的最后根据地云南进击。康熙二十年，清三路大军会攻昆明，城破后，吴世璠自杀，云贵悉平。

由于康熙帝态度坚决、措施得当、指挥有方，而清军将领又人尽其才，物尽其用，群策群力，历时八年的“三藩之乱”终于被平定，使中国避免了一次可能发生的大分裂，维护了国家的统一。

清政府在取得平定三藩之乱的胜利后，立即筹备攻台事宜，准备消灭割据台湾的郑氏集团，统一台湾。

郑成功死后，其子郑经嗣立。康熙三年（1664），清军攻占金、厦，郑经率部退守澎台。清廷派人招抚，郑经以保持独立为条件表示愿意称臣入贡，遭到清廷拒绝。三藩之乱期间，郑经曾在耿精忠的策应下派军打进东南沿海地区，但双方因争夺广东泉、漳、潮诸州不时发生冲突。康熙十五年（1676），耿精忠降清后，郑经仍继续与清廷作对。1681年，郑经死，诸子争立，最后次子郑克塽嗣延平王位。郑克塽年幼，实权被郑经的部将冯锡范掌握，台湾统治集团内部拉帮结派，互相倾轧，政治日益腐败。这为清政府统一台湾提供了有利条件。

现在，三藩之乱被平定了，台湾岛内一片混乱，机会真的来了，焉能放过？康熙二十二年（1683），康熙同意了施琅关于速办军饷、先取澎湖、直捣台湾的作战计划，授予其以攻台全权，并紧急谕令福建总督姚启圣做好战争所需的军需物资的供应工作。一切准备妥当后，同年六月，施琅率2万水师精锐，乘坐300多艘战舰，由福建铜山（今东山）出发，进攻澎湖，澎湖守将刘国轩战败。清军随后进攻台湾，台湾统治集团顿时手足无措，经再三权衡，不得不派出使者乞降。施琅代表中央政府表示接受，对郑克塽和放弃抵抗前来投诚的将官一律采取了宽大优容的政策，全部予以妥善安置。八月，清军顺利进驻台湾。

台湾统一后，如何对待这块疆土和子民，清廷内部出现了不同意见，甚至有人主张“宜迁其人、弃其地”。施琅坚决反对这种短见，认为台湾地域广袤，人口众多，物产丰饶，决不可随意舍弃；另外，台湾邻近江浙闽粤，为东南国土的天然屏障，舍弃它必会招致大祸，留下则有助于巩固边防。康熙帝认为施琅的意见很有道理，完全予以采纳。康熙二十三年（1684），清政府设立台湾府，府下设台湾、凤山、诸罗三县，隶属福建省管辖。从此，台湾与大陆的联系更加密切，促进了宝岛的进一步开发。

## 五、雅克萨之战

明清之际，由于清军主力进入关内，东北边防一度空虚。从16世纪80年代开始，欧洲的沙皇俄国越过乌拉尔山向东扩张，并把侵略魔爪伸入中国东北领土。由于垂涎于中国黑龙江流域的富饶，沙俄先后派出三批侵略军，潜入东北地区。他们烧杀抢掠，无恶不作，激起东北各族人民和地方驻军的强烈愤慨，军民多次出击，给入侵者以沉重打击。到顺治十七年（1660），黑龙江中下游的沙俄侵略军全部被赶走。然而，沙皇政府侵华之心不死，旋即又派出两拨殖民者，分别占领了黑龙江边的重镇尼布楚和雅克萨。他们以这两城为据点，用武力向周围扩张。清政府多次对其发出警告，要求其撤出中国领土，但侵略者置若罔闻。康熙二十年（1681），清政府在平定“三藩之乱”后，开始着手部署，准备与沙俄侵略军展开针锋相对的军事斗争。

1682年，康熙帝以“谒陵”为名，亲赴东北，视察边防形势；派副都统郎谈以围捕鹿为掩护，侦察雅克萨一带的地形和水陆交通状况。次年，任命萨布素为黑龙江将军，坐镇瑷珲，负责指挥收复雅克萨的军事行动。长期遭受俄匪欺凌的当地各族人民，望见祖国大军的旌旗，群情振奋，纷纷拿起简陋的武器，配合清军打击敌人。清军一个个地拔掉了雅城外围的俄军据点，为反击战的打响准备了条件。盘踞在雅克萨的俄匪成了瓮中之鳖。万事俱备，在最后一次警告无效后，康熙二十四年，3000清军以彭春为统帅，水陆并进，开赴雅克萨，并消灭了从上流乘船来援的一队俄军。再次和平规劝无效后，彭春下令架起“神威无敌大将军”铜炮，向雅克萨城猛烈轰击。侵略军死伤累累，乱作一团，很快便宣布投降。彭春、郎谈等以宽大的态度发给俘虏们马匹、食物，并允许他们携带财物和轻武器返回尼布楚。

然而，清军刚回撤不久，仍不死心的侵略者再次重整旗鼓进占雅克萨，并构筑城堡，妄图长期据守。康熙帝大为恼火，1686年，又派萨布素、郎谈、班达尔沙率2000余名士兵再次讨伐，毙敌百余名，侵略军头子托尔布津也被击毙，迫使俄军阵前易帅。但是，清军除有少数几尊火炮外，只有几十支火枪，作战主要靠传统的冷兵器，很不适合城池攻坚，攻击一度陷入僵局。为避免无谓的牺牲，主帅萨布素决定停止强攻，断绝城内的水源和城外的援助。这一着很快奏效了。经过数月的围困，城中物资严重匮乏，加上疫病流行，原先的800多俄兵除战斗减员外，人数一下子锐减到66人，雅克萨城已如清军的囊中之物，收复只是时间问题了。

尽管清军在军事上胜利在望，但为了谋求边境上的持久和平，仍力图和平解决边界问题。康熙二十五年（1686）八月，清政府先后委托即将离华回国的荷兰使臣和葡萄牙传教士设法带信给俄国沙皇，建议两国罢兵言和。沙俄眼见军事失利却远水救不了近火，加上内部统治不够稳固，无奈之下接受了中国政府的建议。清政府于是下令解除了对雅克萨的围攻，并为城内的俄国人提供食品、医疗救助。次年八月，俄使团抵达边境，清军奉朝廷命令主动后撤。至此，历时两年多的两次雅克萨之战彻底结束。康熙二十八年（1689）八月，中、俄双方谈判代表索额图、戈洛文在尼布楚签订了《尼布楚条约》，明确划定了中俄东段的边界，雅克萨、尼布楚归入中国版图。

## 六、清帝国的版图

在康熙帝平定三藩之乱、统一台湾时，居住在中国西北方的厄鲁特蒙古的准噶尔部上层贵族噶尔丹乘机发动了一场大规模的武装叛乱，康熙在统一台湾后不久即腾出手来，集中力量平定噶尔丹叛乱。

元朝时，居住在新疆北部的蒙古人分为准噶尔、和硕特、杜尔伯特、土尔扈特四部，在今天伊犁一带的准噶尔是其中势力最强大的一个。它在明朝末年，逼迫土尔扈特西迁至俄国境内的伏尔加河流域一带，势力愈加壮大。清康熙年间，该部首领噶尔丹逐渐吞并了和硕特和杜尔伯特，统一了新疆北部。噶尔丹还在俄军的协助下，打败了外蒙的喀尔喀蒙古，成为地跨外蒙与新疆的大霸主，随时准备南下，气焰十分嚣张。卧榻之侧，岂容他人鼾睡？清廷决意清除这一威胁。

康熙二十九年（1690），时机终于来了。这年七月，喀尔喀蒙古三个汗各率自己的臣民共数十万，分路向大漠南边出逃，并向清中央政府求援。康熙帝对他们表示欢迎，紧急调拨粮草救助，并划拨科尔沁牧地为各部放牧之所。噶尔丹则率领2万多骑兵，在难民队伍的后面穷追不舍。康熙帝责令噶尔丹退兵并归还喀尔喀牧地。噶尔丹非但不听，还在沙俄的支持下，公然向内蒙大举进犯，前锋到达了距京城900多里的热河林西县的乌珠穆沁旗。形势紧迫，清廷大震。为了维护国家的统一，巩固封建统治，康熙帝决定亲征，打垮大清这个潜在的敌人。康熙带兵出了长城，任命同父异母兄长裕亲王福全为抚远大将军，带领主力迎击噶尔丹。两军在乌兰布通相遇，展开激烈战斗。叛军依林傍水，把骆驼四腿捆扎结实，在上面堆垛箱子杂物，再蒙上浸湿的毡毯，围成“驼城”，由内向外射击。在清军强大火力的攻击下，这道特殊的防线被摧毁，噶尔丹一面派人求和，一面舍弃辎重，向漠北狂逃，数万精骑只剩下了几千人。

康熙三十五年三月，康熙又派三路大军进攻噶尔丹，这次战斗中，全副武装的噶尔丹之妻阿努中炮身亡，数十万头驼畜和大

平定准噶尔图（局部）

批辎重被清军缴获，万余骑兵只剩下了几十人。然而，噶尔丹贼心不死，依旧继续作乱，因此，康熙帝于次年进行了第三次亲征。这时的噶尔丹，已经风光不再，不仅势单力孤，而且众叛亲离。一直想利用他扩大自己侵略的俄国，见他大势已去，也不再理会他了。在走投无路的情况下，曾扰得清朝北边乌烟瘴气的噶尔丹又急又气，最后服毒自杀了。康熙帝三次亲征，平定噶尔丹叛乱，粉碎了俄国策反、侵略的阴谋，巩固了祖国的统一，在中国历史上有着不可磨灭的功绩。

清太宗崇德年间，西藏宗教界首领达赖五世曾遣使至盛京，呈献文表和特产，皇太极也遣使回函。顺治九年（1652），达赖五世又长途跋涉，历时年余，亲自到北京拜谒顺治帝。顺治帝册封他为“西天大善自在佛领天下释教普通瓦赤喇怛喇达赖喇嘛”，并专门为他修建白塔。这是“达赖喇嘛”的由来。康熙年间，达赖五世圆寂，西藏的“第巴”（行政官）桑结等秘而不宣，长期操纵西藏政府，桑结还暗地里勾结准噶尔部首领噶尔丹反清，阴谋暴露后又擅立达赖六世。1705年和硕特部首领拉藏汗率军入藏杀死了桑结，并解送达赖六世赴京，途中达赖六世去世。青海各部另立达赖六世。清廷当即对拥护中央政府的拉藏汗予以回应，承认新立的达赖六世。1716年，西藏叛乱分子又勾结准噶尔叛军进入西藏，杀害了拉藏汗，在藏地大肆烧杀抢掠。清政府紧急派兵入藏，经过两年的征剿，打败了叛军，起用拉藏汗的旧部康济鼐和颇罗鼐二人分别管理前、后藏事务。为加强管理，康熙帝还赐予另一个喇嘛教首领五世班禅以“班禅额尔德尼”的称号。这就承认了达赖和班禅在政治上的地位，并规定以后历代达赖和班禅都要经过中央政府的册封，进一步巩固了西藏地方政府和中央政府的隶属关系，加强了对西藏的管辖，维护和巩固了国家统一。

西方人眼中的康熙帝

经过康熙朝及其后二朝的经营，清朝成为中国历史上疆域最大的大帝国，也是当时亚洲东部最大的国家。清朝极盛时期的疆域，西起巴尔喀什湖北岸，西北至唐努乌梁海，东北包括库页岛、黑龙江以北的外兴安岭，东南到台湾、澎湖列岛、钓鱼岛等，南达南海东沙、西沙、中沙、南沙群岛等。在这辽阔的疆域内，全

康熙南巡图（局部）

国分为直隶、山西、山东、河南、陕西、甘肃、江苏、安徽、浙江、江西、福建（包括台湾诸岛）、湖北、湖南、四川、贵州、云南、广东、广西18个省和盛京、吉林、黑龙江（包括库页岛）、伊犁、乌里雅苏台5个将军辖区和西藏、青海两个办事大臣辖区。这些辖区都由清朝中央政府直接控制。周边许多国家为清的强盛所压服，或为属国，或为朝贡国。当时生活在大清帝国镜内的民族有50多个，各族人民在长期的共同劳动和相互交往中，在政治、经济、文化等方面，形成了相互依存、一起发展、共同繁荣的一个中华民族。

以前各朝代实际控制的疆土，与康熙朝时的1300万平方公里根本不可同日而语。这个时候的清帝国，人口众多，经济富庶，文化繁荣，疆域辽阔，国力强盛，宛如巨人一般屹立在世界的东方。当然，清朝的疆域不是一个静止的概念，它是不断变化的，尤其在鸦片战争后被动挨打、任人宰割的70多年里，疆土不断被蚕食，到满清灭亡时，中国还保存有1100多万平方公里的国土。

康熙凭借其杰出的政治军事才能，控制了如此大的土地，按说这个时候他可以松一口气了。实际上他并没有这样做，而是将精力放在了整顿内政上面，其中南巡就是一项重要的政治举动。康熙南巡是清朝由乱入治、始成盛世的重要标志。康熙帝自康熙二十三年（1684）九月首次南下巡视江浙始，又先后于康熙二十八年正月、三十八年二月、四十二年正月、四十四年二月、四十六年正月进行了第二至第六次南巡，前后长达24年之久。其间最长的一次是第六次南巡，首尾合计118天；最短的是第四次南巡，首尾合计59天。

历史上曾经巡游过的皇帝有秦始皇、汉武帝、隋炀帝以及康

熙的孙子乾隆等。秦始皇东巡主要是为了寻找长生不老的仙药；汉武帝巡行大多搞一些祭天封禅的宗教活动；隋炀帝纯粹是为了吃喝玩乐，炫耀皇威；至于乾隆南巡，积极意义较大，但是失于铺张浪费。康熙与诸帝王相比，其南巡有这样几个目的：一个是为了督促治河；另一个是尽力团结和笼络江南汉族地主、士大夫；再一个就是近距离深入民间，体察民风民俗，咨访吏治民情。康熙这六次南巡还是比较成功的，为社会的进步作出了贡献。

## 七、雍正朝政事

在中国封建社会末期出现了历史上少见的连续百余年的隆盛景象，中外史学家把这一段历史称为“康乾盛世”。两头的康熙和乾隆各在位60余年，他们中间有一位在位时间较短的雍正容易被人忽视，其实雍正的历史功绩同样显赫，只是由于他处在两座大山之间，光环容易被遮住。雍正虽然在位时间只有13年，但他前承康熙后启乾隆，对于成就“康乾盛世”起了至关重要的作用。康熙一生文治武功均显赫于世，在他晚年的时候，中国的政局已经趋于稳定，但同时也遗留下来大量问题，其中最突出的便是诸皇子之间因为争夺皇位而造成的朋党之争，官吏腐败也很严重。由于这些原因，雍正在位期间一直同各种反对他的势力进行着激烈的斗争，在政治上以一位改革者的面目出现。

雍正皇帝像

雍正即位时威望与其父康熙相比，无法望其项背，为了打击其他弟兄的势力，不得不借助别人的帮助。雍正将能够威胁到皇位的多位兄弟或囚禁，或发配边疆，或杀害，初步保住了皇帝的宝座。但他原先的一些亲信，如大将年羹尧、大臣隆科多等，恃宠骄横，引起雍正的猜忌，均被杀害。经过严厉的打击，潜在的危险势力均被消灭，雍正坐稳了皇位，大权集于一身，从而将精力更多地放在了改革内政上。雍正的改革可以说是全面的，政治、经济、军事无所不包。

政治上他以整顿吏治为中心，一方面严厉惩治贪官污吏，另一方面选用贤才，使清朝的政治继续向着好的方向发展。雍正即位时，户部内库亏空巨大，各省州县情况也好不到哪里去。雍正认为这主要是由于官员侵吞、地方豪强串通官吏不交或拖欠造成的，于是决定以这个问题为整顿吏治的切入点，以图整肃政风，振兴经济，增加收入。于是便派自己最信任的大臣允祥主管户部事务，负责清查工作，对于查出来的违法官员严惩不贷。这场打击贪官污吏的运动声势浩大，措施得力坚决，使康熙晚年以来的官场腐败之风得到一定程度的遏止，为雍、乾年间社会经济的继续繁荣打下了基础。

乾清宫皇帝宝座

在经济方面最重要的政策是实行了“摊丁入亩”。在封建社会的大部分时期，农民赋税一般包括租（田租）、庸（力役）、调（丝帛）三种，清朝初年对力役的征发基本上采取按人口征丁银的办法，但因为当时社会动乱以及商品经济的发展致使人口大量流动，造成丁银分担不均，雍正便决定将丁银摊入田亩中征收。这项政策的实行是中国历史上非常重要的一项改革，它首先均平了赋税，提高了农民的积极性，其次统一了全国的赋税制度，简化了征税手续，实际上取消了对贫苦农民的徭役征发；再次进一步松弛了劳动者的人身依附关系，促进了商品经济的发展。除此之外，雍正还大力奖励垦荒、兴修水利、修缮海塘等，确实给老百姓带来了不少实惠。

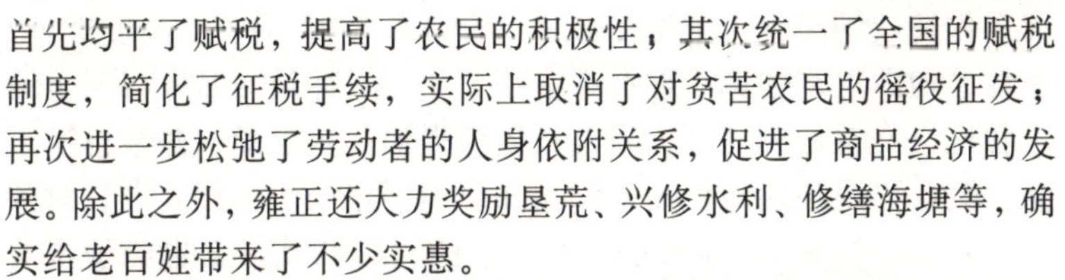

雍正用武力镇压边疆叛乱分子，但他没有停步于此，为了长久地维护边疆的稳定，他在周边少数民族聚集的地方推广“改土归流”政策。历代政府由于受政治军事力量的限制，往往无力直接统治边远地区，便给当地少数民族的首领一定的世袭官位，由他们代中央政府管理部族，征收赋税，这叫做“土司制度”。这种制度起过一定的积极作用，但是它的弊端相当突出，容易滋长一些少数民族上层分子的政治野心，造成国家分裂。为此，雍正软硬兼施，坚决推行“改土归流”政策，由中央政府派遣官员到各地去管理事务，这种官员叫做“流官”。历史证明，改土归流政策大大有利于维护国家的统一与安定。

雍正在位的时间虽然不长，但他非常勤于政务，一直未曾离开京城，始终在紧张地处理着国家大事，他自己曾说过：“我从早上到晚上，在殿堂上凝坐，阅览各处的奏章，目不停视，手不停批，写下的训谕每天不下数千百言。”这足以说明雍正的勤奋。应该说，乾隆继位后国家经济和社会发展之所以能够达到一定高度，呈现盛世局面，其父雍正帝是功不可没的。

## 八、乾隆朝政事

雍正帝在位期间秘密建储，选定的继位者是弘历。从少年时期，弘历便在专职师傅的指导下熟读古代经书，接受传统思想教育，同时兼习武功，为以后登基执政打下了良好基础。

乾隆即位之初，宽严并济，对父亲雍正时的治国方略进行了一定调整。为了收揽人心，以“亲亲睦族”为旗帜，释放了被圈禁的宗室；对于年羹尧、隆科多两案的遗留问题，也重新作了处理。对雍正朝因文字狱而兴的案件，责成大员普遍复查，处理过重的，尽可能地予以纠正。对前朝财政制度上的弊端也先后下令革除。他还将皇宫内的僧道全部逐回原籍，尔后不久，又在全国颁发度牒，限制出家人的数量，禁止擅造寺观。对于雍正期间陈奏祥瑞的歪风，乾隆极为反感，也进行了彻底革除。

乾隆时期，在政权日益巩固的同时，还采取了一系列促进经济文化发展的措施。他对农业这一治国之“本”给予了高度重视，登基之初即反复强调“重农务本”。5年后，针对当时人口与土地矛盾这一严重社会问题，异常积极地提倡劝垦农桑，并亲自抓了驻京旗兵移垦和西域屯田两项工作。为了进一步发展农业，对各地大小水利工程的兴修，乾隆帝也给予了高度关注。对于不断为患的黄河，更是将其摆到重要位置，先后拨出巨额库银，对险工险段进行重点治理。

乾隆皇帝像

在文化方面，乾隆三十八年（1773），清廷开设四库全书馆，选派侍读学士纪昀为总纂，组织了359位学者按经、史、子、集开始编辑《四库全书》。乾隆四十七年书成，共收书3457种，计79070卷，装订成36275册。它保存了大量的中国古代文献资料，确实弥足珍贵。

乾隆十五年（1750），藏王发动叛乱，旋即被镇压，清政府由此废止了藏王制度，直接在达赖下面设置四名噶布伦，管理不同的行政区。噶布伦由清朝中央政府任命，有事要请示达赖和驻藏大臣（雍正朝设）。乾隆五十八年（1793）前后，清政府颁布了《钦定西藏章程》，明确规定“驻藏大臣督办藏内事务”，其地位“与达赖喇嘛、班禅额尔德尼平等”；各级地方教俗官吏的任命，一概由驻藏大臣与达赖喇嘛协商；其他的如财政、外交、国境巡视等，也都由驻藏大臣经管。达赖、班禅以及其他活佛圆寂后所要举行的认定“灵童”的“金瓶掣签”仪式，也要由驻藏大臣监督进行。按藏传佛教，达赖、班禅及其他活佛圆寂后要转生，因此要按预示方向寻找圆寂时出生的数名新生男婴，以认定转生后的化身。具体做法是，由驻藏大臣将“灵童”的姓名，用满、汉、藏三种文字写在签上，放进大昭寺金瓶内，诵经后在驻藏大臣的监督下抽签确定，将结果呈报清廷批准方为有效，进一步加强了清廷对西藏的监控。

纪昀像

自18世纪中期开始，沙皇俄国企图控制土尔扈特部，使之永远臣服并接受其奴役。乾隆三十五年（1770）十一月，该部成员在首领渥巴锡领导下发动起义，走上了归国的艰难历程。途中，他们遭到沙俄军队的围追堵截，每前进一步都要付出巨大的代价。经过8个多月的长途跋涉，终于在次年夏胜利地返回祖国，但部众损失严重，原先的17万人仅剩下7万多人。乾隆三十六年（1771）九月，乾隆帝在木兰围场亲自接见这支特殊的队伍，并在承德避暑山庄万树园赐宴款待。很快，该部被安置在他们的故乡，由伊犁将军统辖。从此，土尔扈特开始结束了居无定所、漂泊流离的动荡生活，过上了衣食无忧、安居乐业的日子。沙俄对土尔扈特部的出走大为光火，妄图以武力威胁清廷交出土尔扈特人。清政府向来使明确表示：交战也好，和好也罢，我们大清帝国悉听尊便！沙俄权衡再三，最终未敢轻举妄动，只好作罢。土尔扈特不远万里、历尽艰险回到祖国母亲身边的英雄事迹，印证了中华民族强大的凝聚力，表达了各族人民向往祖国统一的共同心愿。

盛世滋生图（局部） 清·徐扬

综观乾隆一朝政事，在肯定政绩的同时，也应该看到乾隆帝好大喜功、穷兵黩武的一面。他在位期间，多次到处巡游，特别是六次南巡，浪费

香妃（乾隆妃）戎装像

乾隆南巡图(局部)

了大量人力、财力和物力；在多场战争中，士兵伤亡严重，军需耗费巨大，他却洋洋自得，自诩“十全武功”，本人更以“十全老人”自称。这还不算，统治后期乾隆任用大贪官和珅，滋长了贪污受贿之风，使政治更加腐败。

乾隆帝围猎图

和珅本是皇宫里銮仪卫里的一个小小差人，因偶然机会得到乾隆帝的赏识。由于他巧言令色，很快便升任户部侍郎兼军机大臣，累官至文华殿大学士，加上乾隆帝的宠信，使他逐渐成为权倾朝野的重臣。他外结封疆大吏、领兵大员，内掌官吏任免、财政收支、刑法诉讼、谏议策划、政令公文，其亲戚故旧也借其势纷纷入仕或荣升。和珅权越大，胆量和贪欲就越大，榨取钱财和收受贿赂可谓是他的最大嗜好，就连皇子永锡要承袭亲王的爵位也要将闹市的两所铺面送给他才能遂愿。更为严重的是，在他的影响下，官员贪污成风，上起总督巡抚，下至书吏库丁，可谓是无人不贪。后来嘉庆帝恨其专横，刚刚亲政就立即予以诛杀。查抄的和氏家产有田产、房屋、店铺、古玩器物、皮衣、金银等，按梁启超的估算，全部家财有8万万两之多！怪不得当时民间有“和珅

跌倒，嘉庆吃饱”的说法。和珅其实是乾隆末年贪婪官吏众生相的缩影，集中反映了清朝官场的腐败。

## 九、专制统治和文字狱

综观有清一代，以满洲贵族为主体的满汉地主阶级的联合统治一步步得到加强，封建专制主义中央集权的国家机器更加庞杂严密。

清朝的决策机构先是议政王大臣会议，一切重大事情，先由满洲王公大臣受理，再呈报努尔哈赤。皇太极上台后，设立“文馆”，后改为内三院，分散了王公大臣们的权力。顺治统治晚期，改内三院为内阁。康熙时，由于不少议政王大臣不懂军政，加上不利于笼络各族地主阶级而获支持，又在宫内设南书房，皇帝的谕旨多由南书房的翰林撰拟，大大削弱了内阁和议政王大臣会议的权力，加强了皇权。雍正即位后，首先收回诸王对下五旗的统帅权，使其失去与皇帝相抗衡的能力，随后又从内阁挑选精干大学士，另设军机房（处），承旨办理机务，从而剥夺了诸王参政的权力。军机大臣都是皇帝的亲信，完全听命于皇帝。军机大臣的辅助人员有“章京”等官员，具体负责撰写谕旨、记载档案、查核奏议等，由于章京也参与机要，故有“小军机”之称。军机处的设立，使皇帝通过它直接将密旨传给地方督抚，皇上信任的地方大员也通过军机处将重大问题直接呈交皇帝审批，都不再经过内阁，皇帝集军政大权于一身，进一步加强了君主专制。

清代文官像

清朝的地方行政机构分为省、道、府、县四级。省级最高官员是总督和巡抚，一般每省都设巡抚一名，一省或几省设总督一名，执掌所辖省份的军政大权。另外，每省还设提督学政一人，会同督抚主管一省的教育、科举考试等事务，其地位与督抚平等，俗称学台。督抚之下，是布政使（藩台）、按察使（臬台），前者主管民政、财政和人事；后者主管司法、刑狱、驿传等。道设道员，是主管一省某一方面专门事务的，如粮储道、后备道、河工道等。省下设府，府设知府一人，领导所属州县的官员。清代全国共有215个府。与府平行的还有直隶州和直隶厅。县设知县一人，是最基层的政府官员，主管一县政事。清代

全国共有1358个县。县以下设有里社和保甲两种最基层的组织。为严密控制人民，清政府在州县城乡普遍实行保甲制（又称牌甲制）。该制度规定，每十户立一牌长，十牌立一甲长，十甲立一保长。各家各户门上挂一个木牌，上书该户的户口情况，以便查验。地主、私营业主对所属雇工等人员严加看管，如有造反案件发生，业主要一并治罪。

为了巩固封建政权，随时镇压人民的反抗，清政府入关后不断加强军事力量，完善军事部署。军队主要有八旗兵和绿营兵，前者又分满洲八旗、蒙古八旗和汉军八旗，分驻京师和各省重地，由中央八方旗都统衙门掌握，地方大员无权征调。绿营兵主要是明朝降兵和各省的地方部队，配合八旗兵驻防。

清朝统治者还从思想文化上大力加强对民众的统治。他们一方面大倡程朱理学，积极进行思想诱导，以推广忠孝思想，麻痹人民的斗志。另一方面，对不利于封建统治的思想言行，严厉镇压，毫不手软。据野史记载，清雍正年间，有一天，翰林官徐骏在奏章里把“陛下”的“陛”字误写成“狴”字，雍正帝发现后，马上把徐骏革职拿问。后来再派人一查，在徐骏的诗集里找出了两句诗“清风不识字，何故乱翻书”，便硬是说诗中的“清风”就是暗指清朝。这样一来，徐骏可就犯了诽谤朝廷的大罪，被处以死刑。我们暂且不去考证此事的真实程度，但这种由于吟诗、作文而无意触犯了当局而招致灾祸，被投入监狱甚至被戮尸枭首、株连亲友族人的案件，正史中确实不乏记载，这类案件，史称“文字狱”。

文字狱古已有之，但在清朝前期的康熙、雍正、乾隆年间，文字狱为数之多，规模之大，在历史上可以说是空前的。当时的封建统治者为了压制汉族知识分子的排满反清思想，不断采取政治的、军事的、思想的手段，巩固其专制统治。文字狱就是清朝专制政权在思想文化领域内采取的措施之一。有名的文字狱大案有康熙时的“明史案”、戴名世的《南山集》案；雍正时的曾静、吕留良案；乾隆时的胡中藻案、徐述夔案等。乾隆在位60余年，就兴文字狱70多次。就是几篇游戏文章、几句风花雪月的诗词，也往往被加上某种悖逆之罪而招致灭门之祸。文字之狱搞得人人自危，惟恐一不小心陷入罗网，祸从天降，时人谈及文字狱大有谈虎色变的味道。文字狱之滥，使士子文人莫不“以文为戒”，三缄其口，即使做学问，也局限在考据学等屈指可数的几个领域。文字狱钳制了人们的思想，在当时的中国文化领域产生了严重的不良影响。

# 十、闭关政策

18世纪以来，英、法、美等西方国家的资本主义不断发展，资产阶级企图通过商业贸易打开中国市场，倾销工业品，掠夺中国的财富。而当时的中国，占统治地位的仍是自给自足的自然经济，对国外商品的需求量极小。更为重要的是，清政府的闭关政策限制了外国商品的渗入。

清政府之所以闭关锁国，一方面是担心老百姓在与西方国家以及传教士的接触过程中，会产生与专制政治相悖的新思想，威胁皇权，难以驾驭。另一方面，西方列强在中国沿海港口的种种侵略行径，已引起清政府的警惕和防范。还有一个比较重要的原因恐怕是心态问题。上起清军入关，下至康熙、雍正、乾隆，军队可以说是攻无不克，战无不胜，所向披靡，粉碎了沙俄、英国对东北、北部、西北边疆的侵略阴谋，平定了一些少数民族贵族的叛乱，周边一些小国也诚惶诚恐地前来归附纳贡。再加上统治者对于外来思想文化疏于了解和吸收，闭塞视听，大都盲目自大，目空一切，认为世界上唯我“天朝”独尊，只有大清才是世界的中心，它万事不求人，西方国家要求贸易，这是他们慑于“天朝”的虎威主动来进贡。由于以上几个主要原因，使清朝决策者逐渐

葡萄牙人首次在广州登陆

晚清时的澳门

采取了限制对外交往的闭关自守政策。

顺治时期，为从经济上孤立在东南沿海坚持抗清的郑成功军队，断绝其物资供应，实行“海禁”，禁止一切船只下水。即使有外国商人来华，也只允许在澳门一地停泊。康熙二十二年(1683)，清朝统一台湾后，解除了海禁。次年，英商请求在广州建立商馆被批准。1684 年，清政府在广东澳门、福建漳州、浙江宁波等地设立海关，作为对外通商的口岸。但事隔不久，由于英国等西方殖民者在中国沿海进行多种非法活动，清廷遂于乾隆二十二年(1757) 下令封闭了大部分海港，仅留广州一地与英法等国进行贸易。即使在广州，外国人也不能自由贸易，清政府制定了许多条规和章程加以层层限制。如最早规定外商在每年的五、

广州十三行

六月份登陆，九、十月份离港。后来，又把外国人的居留时间限制在夏、秋两季，并且没有资格与政府官员洽谈商务，交易只能经过政府特许的“十三行”这一中介性质的商业机构进行。外国商人的人身自由同样也受到一定限制，只许住在“夷馆”，不能随便进出城门或四处游览，确要外出，也只能在初八、十八、二十八这几天，由中方的翻译带领逛一逛“花地”。除此之外，还有一项颇为特别的规定，即外国妇女不许进入广州。曾有记载说，有三名“洋妇”混入城内并住在英国商馆内，被地方官发现后，毫不客气地将其驱逐到了澳门。

面对这样的商务外交局面，急于进入中国的列强，尤其是处于资本主义上升阶段的英帝国，并非忍气吞声，他们先是很斯文地据理以争。除广州外的其他通商口岸被关闭后，英商曾跑到天津申诉，结果被押回广州后又投入监狱，3年后才得以释放。乾隆五十八年（1793），英使马戛尔尼受英王乔治二世派遣，以为乾隆帝祝寿为名出使中国，提出了关于拓展商务、获取更多经商权的要求。尽管清政府官员单方面固执地认为对方是来进贡的，并把马戛尔尼所乘坐的海船称为贡船，但这些黄头发、蓝眼睛的“贡使”却着实与其他毕恭毕敬、俯首帖耳的使者不同，他们的言行不但不像祝寿的使团，竟然还提出了开埠通商等十分过分的要求。结果当然是被一一拒绝，马戛尔尼一行终于在一个多月后被敕令离京。英国人似乎也学会了中国一贯奉行的“先礼后兵”，在和平式的请求无效后，便开始诉诸武力了。嘉庆十三年（1808），英国军舰炮击澳门并护送英人强行进入了广州。嘉庆二十一年，英国印度总督阿美士德又一次率领使团出使中国。不同的是，这次外

乾隆帝乘轿子去迎接马戛尔尼率领的英国使团

乾隆帝会见英国使团

交行动有武装舰船护航，大有不答应不罢休的架势。英使自不是清国的藩属，谈不上什么进贡，面见天子自然不愿屈尊行三跪九叩的大礼，到了面圣这天，阿美士德和副使都托病不见。“天国”君臣好不尴尬，只好自己找个台阶下了了事。

英国的气焰越来越嚣张，逐渐露出了侵略者的真实嘴脸。道光十四年（1834），两艘英舰突然闯入虎门军事要塞和黄埔港。1836年，义律担任驻华商务监督后，英帝国开始磨刀霍霍，随时准备寻找借口切割中国这块肥肉。1840年，英国终于挑起了蓄谋已久的“鸦片战争”，西方列强纷纷效仿，逼迫清政府签订了一系列丧权辱国的不平等条约。清政府被迫开埠通商，中国国门被强行打开，“闭关”政策荡然无存。

# 第十一章 近代中国

近代中国的大门为来自西方的坚船利舰猛然撞开，从此，西方势力一拥而入，在中国辽阔的领土上肆意侵略。面对这前所未有的局面，腐朽的清王朝束手无策，曾经驰骋草原的八旗军队在侵略者面前竟是如此颓废！“整个中国无力地残喘于帝国主义的利爪之下。”两次鸦片战争开启了近代中国灾难的先河，中法战争、中日甲午战争以及八国联军侵华战争，接踵而至，把中国社会一步步推向半殖民地半封建的深渊。孕育和蓄积于康、雍、乾社会的种种矛盾至此暴露无遗。弱国被瓜分的危机，已经深深地刺痛了一批爱国士大夫的心；百姓因沉重的生活而失去了对前景的希望，捻军起义、边疆民族起义、太平天国起义，此起彼伏，一浪高过一浪，深深触动了清王朝的统治根基。

“西洋人之入中国是天地之一大变局。”西方列强的长枪火炮，对东方的中国人是极大的震撼。“莽莽神州，蒙受鲸吞虎视；芸芸众生，饱尝血雨腥风。”作为一个中国人，生长在这样一个严峻之秋，有谁会无动于衷呢？为了拯救国家和民族，一批批有志之士走出茅庐，投笔从戎，无不把心力倾注到清王朝的“强兵”、“富国”之路上。他们以各式各样的思想、评论、译著来介绍西学，以各自不同的方式来唤醒国人的爱国心。“中国的变化是多彩的，又是多层次的；从器物引进到政治革新，乃至文化传播，无不充斥着新旧的斗争。”而这时期思潮的多元化，恰恰反映出了当时人们面对西方侵略者的无奈与迷茫，充斥着人们痛苦的思索和挣扎！

时至晚清，康梁领导发起的“维新运动”，深深地触到了保守势力的痛处，将社会的弊病展示无疑。因此，双方之间的新旧对抗将在所难免。但是，封建保守势力毕竟占据上风，他们倾全力来保祖宗的旧法，对维新派领袖进行了残酷的镇压，这一震撼神州的运动终以悲剧收场。随后，中国资产阶级登上历史舞台。为了挽回危局，清朝统治者集结皇室成员，假意推行“新政”，以骗取民心；然而，结果却适得其反，他们这些毫无诚意的政治举措，根本无益于时局的改善。于是，以孙中山为首的资产阶级革命派聚众而起，向着腐朽的清朝政府，发动了一次又一次冲击，终于推翻了延续两千多年的腐朽帝制，建立了资产阶级共和体制，将西方的政治理论付之以大胆的行动，显示了革命先行者的气魄和胆识。“辛亥革命承继了康、梁的近代化精神而向前跨进了一步”，然而，中国资产阶级政治上的软弱性，也导致了其革命的不彻底性。封建王朝虽然被推翻，但阶级矛盾和民族矛盾仍未缓解，中国的民主之途依然前路漫漫。

近代社会在中国漫长的历史长河中，也许只是瞬间闪过的一束星光，但却于黑暗中为后人揭开了新的黎明。

## 一、虎门销烟与鸦片战争

东印度公司鸦片仓库

光辉灿烂的儒家文明曾使古老的中华民族长久沐浴着“华夏至上”的荣光。时至清末，中国人依然沉浸在这种优越文化的神圣光环之下，过着田园般与世隔绝的农业生活，重复着几千年不变的历史轨迹。可是，“日之将夕，悲风骤至”，蹉跎岁月写满了历史沧桑；清王朝的浮华盛世，已经掩饰不住封建社会的没落与衰微。

然而，外面的世界却是另一番景象。正当清王朝国势日渐衰微的时候，英、法、美、俄等欧美资本主义国家却正值蓬勃发展的上升阶段。一夜之间膨胀起来的物质财富，大大刺激了西方人征服东方的欲望。18世纪初，中国自给自足的封建经济和对外长期“闭关”，使英国工业品无法在中国畅销。这样，在中英正常贸易中，中国出超，英国入超，大量白银流入中国。英国工业资产阶级当然不会甘心，为了捞取高额利润，英国殖民者绞尽脑汁；“东印度公司”更是费十年之力，建立起了一整套对华走私鸦片的制度和政策，使非法的鸦片贸易如同一股汹涌的黑色毒流向中国大地倾泻而来，中国对英贸易也由顺差变为逆差，至鸦片战争前的40多年中，英国靠鸦片走私，就从中国掠走白银三四亿两。

在鸦片流毒泛滥神州的危难之际，林则徐愤然而出，频频上奏朝廷，极言禁烟，情真意切，感人肺腑。他那句“若犹泄泄视之，是使数十年后，中原几无可以御敌之兵，且无可以充饷之银”的名言里，充满了儒家知识分子愤世嫉俗的豪情，展现了一个封建士大夫忧国忧民的博大襟怀。林则徐的上书，深深地感动了当朝的道光皇帝。他先后八次在紫禁城召见林则徐，与其共商禁烟事宜，对于林则徐的建议也积极地加以采纳。1838年12月，林则徐被道光帝任命为钦差

抽鸦片烟的清朝官吏

道光像

大臣、右都御史，驰驿前往广东，全权负责查禁鸦片走私。

林则徐到达广州后，便以《收呈示稿》和《关防示稿》公告天下，并与两广总督邓廷桢、广东水师提督关天培等爱国将领通力合作，大刀阔斧地开始了他在广州的一系列禁烟行动。在此期间，英国商贩曾经极力阻挠中国人民的正义斗争，但林则徐义正辞严地表示："若鸦片一日未绝，本大臣一日不回，誓与此事相始终，断无中止之理。"足见其禁烟救国的决心。在林则徐的禁烟决心和魄力的感召下，广州的爱国市民纷纷行动起来，同仇敌忾，掀起了禁烟运动的热浪。在外国商馆的外面，昼夜都有群众在巡视；许多渔民也纷纷主动要求协助水师官兵，监视零丁洋上的鸦片走私船。在中国人民正义行动的强压之下，英国的烟贩被迫缴出鸦片2万余箱，美国烟贩也缴出1000余箱，共计200多万斤。

林则徐像

1839年6月3日至25日，林则徐在虎门要塞主持销烟。此时的虎门海滩，喧嚣异常，中国百姓与各国的来客共同见证了中国历史上这一振奋人心的时刻。林则徐事先已派人在海滩上挖成两个15丈见方的销烟池，将盐撒进池水中，制成盐卤；然后把一箱箱鸦片切开捣碎，投入池中浸泡，再撒下石灰。就在这顷刻之间，池中的盐卤沸腾起来，滚滚的浓烟弥漫在虎门海滩的上空。等到海水退潮时，士兵们再将池前的涵洞打开，让销溶后的鸦片冲入大海。虎门义举惊天地，锤动山河震四妖。面对这样一幕大快人心的场景，海滩上拥挤的人群顿时沸腾起来。禁烟的消息一传到英国后，英国资产阶级在感到震撼的同时，也找到了入侵中华的借口。1840年，英国当局以"虎门销烟"为借口，发动了蓄谋已久的侵华战争。

1840年6月，英军总司令懿律及义律等率领英舰船48艘，士兵4000余人，开抵广东海面，封锁了珠江口，中英之间的第一次鸦片战争正式爆发。因广州防务坚固，英军遂北犯厦门，被邓廷祯打败后又北上，8月抵达天津大沽口，并照会清政府，提出了赔款、割地、鸦片贸易合法化等一系列无理的侵略性要求。道光帝面对着内忧外患的局面，束手无策，在英军的武力恫吓

虎门销烟图

之下，命直隶总督琦善前去天津海口与英军谈判。琦善一味退让，答应英军只要退回广州，其他事都可商议。英军感到满意，眼看已近深秋，遂于9月中旬南返。不久，道光帝就撤换林则徐，改派投降派的琦善为钦差大臣，赴广州与英方继续谈判。琦善十分昏庸，到达广州后，便不切实际地一反林则徐所为，不顾战事所需，竟然自行裁减水师，遣散水勇，镇压民众自发的抗英斗争。英军看到中方官员如此无能，暗中窃喜，更加胆大妄为。1841年1月，琦善私自与义律签订了包括割让香港、赔偿烟价、开放广州等条款的《穿鼻草约》。

侵略者企图蚕食中国的险恶目的已经暴露无遗。迫于中国民众的压力和维持大清王朝的尊严，道光帝终于在1841年1月27日正式对英宣战。但是，清政府实际上却没有真正抵抗之决心，朝政也正为一批投降派分子所控制着。不到一个月，义律就攻陷虎门的两个炮台，关天培战死。清政府便将琦善治罪，改派御前大臣、皇侄奕山为靖逆将军，率军1.7万人开赴广东同英军作战。奕山身为皇亲国戚，但却是一个不懂军事、顽固昏庸之徒。他随意指挥，派兵进攻时却无功而收，面对敌人的疯狂进攻又只知龟缩乞和，失去许多有利的战斗时机。1841年5月27日，在广州城被围的形势下，中英《广州和约》订立，清朝在向英军赔偿了巨款之后，无奈地退驻到广州城外60里处。不久，英军为表姿态，亦退出虎门。

5月29日，一队英军来到广州城北约5里外的三元里一带抢劫行凶，愤怒的三元里人民同仇敌忾，一拥而上，当场打死英军10余名。为进一步防止英军的寻衅报复，三元里附近103个乡的乡亲们纷纷组织起来，共同对付英国侵略者。5月30日清晨，三元里人民按照事先的安排，将英军司令卧乌古率领的英军诱至牛栏冈等处，团团围住。面对突如其来的中国百姓，英军无处躲避，

英舰在炮击

三元里讨英檄文

仓促应战；而恰在此时，大雨倾盆而下，英国人的西式军火全被淋湿，所带枪炮大都失灵。英国人一筹莫展，而三元里人民却挥舞刀矛，愈战愈勇。经过一天激战，三元里人民打死打伤英军多人，其余的英军不得不逃回到四方炮台中躲藏起来，惟恐生事。三元里人民的抗英斗争在当地震动很大，附近的番禺、南海、花县、增城、佛山等县的400余乡群众纷纷赶来支援，包围了英军盘踞的四方炮台。消息传来，奕山闻之大骇。为了讨好英国人，维护自己的利益，奕山使出种种伎俩，将群众驱散，英军才得以退走。三元里人民自发掀起的这场抗英爱国斗争，显示了中国人民的英雄气概，毋庸置疑地成为中国人民反帝斗争胜利的先声。

然而，帝国主义的贪婪本性总是无休止的。虽然英国方面获得了巨大的收获，但对于《穿鼻草约》还嫌所得好处太少。于是撤换义律，改派陆军上校璞鼎查为新一任英方全权代表，全面指挥这场侵华战争。璞鼎查率舰队于8月26日至10月之间，先后攻陷了厦门、定海、镇海、宁波。道光帝不得不派皇侄奕经从内地几省调集大批清军去浙江作战。奕经一路上游山玩水，4个月后才到绍兴，结果一战即溃。英军咄咄逼人的进攻态势以及清军的一败涂地，迫使道光皇帝不敢言战，急于寻求妥协议和，但却被璞鼎查拒绝。为进一步逼迫清政府接受英国方面所提出的侵略要求，英军又先后攻占吴淞口、镇江，于1842年8月侵入到南京江面，控制了清朝长江下游的航运要道，截断了京城的漕粮供应，实际就是控制了清政府的经济命脉。这对于日衰的清政府来说，确实是个致命的打击。京城一度出现了供给短缺的紧张局面。在如此强悍的敌人面前，清政府已经无力摆出曾经高傲无比的“天朝”姿态。

耆英像

1842年8月29日，清朝派出的钦差大臣耆英、伊里布与英国全权代表璞鼎查在南京下关江面的英国军舰“皋华丽”号上谈判。弱国无外交，在英方炮火的威逼之下，这次谈判根本无平等可言。谈判当中，英国人完全无视清政府代表的存在，根本不给清朝代表以任何发言的机会，他们只能任由英国人随意摆布，并在毫无反抗的情况下签字。这次谈判的结果即是《中英江华条约》的出笼。《江华条约》又名《南京条约》，共有13款，其主要内容包括：(一)割让香港岛，从此使香港沦于英国殖民统治之下，这是对中国领土主权的极大侵犯。(二)赔偿鸦片烟价、商务欠费及军费等，

签订《南京条约》

共计2100万元。这一项使得深陷财政危机的满清政府，更是债务累累。(三) 开放广州、福州、厦门、宁波、上海为通商口岸，即通常所说的“五口通商”，英国可以在这些地方派驻领事。“五口通商”使中国东南沿海门户大开，资本主义世界的廉价商品开始汹涌而至，直接冲击了国内市场。(四) 协定关税。此项使中国关税自主权遭到破坏。失去关税的保障，外国资本主义就如同进入到一个没有设防的地方，这就为他们在中国倾销商品、掠夺原料大开方便之门，加速了中国半殖民地化的进程。(五) 废除“公行制度”，准许英商与华商自由贸易。所谓的“自由贸易”并非具有实际意义，而是英国人的一种强盗逻辑。条约中规定，英国商人在通商口岸“无论与何商贸易，均听其便”。这项规定在事实上剥夺了清朝政府在对外贸易中独立享有的支配权，使英国人分享了中国的对外贸易主权，大大地便利了英商在华的非法贸易。这也为中国近代买办阶级的出现培育了土壤。第一次鸦片战争遂以此为标志，宣告结束。第一次鸦片战争是新旧社会制度的一道分水岭——在这场洗练之后，中国开始由一个完全封闭的封建社会逐步沦为半殖民地半封建社会。

1843年7月22日和10月8日，为了议定关税税率及其他相关问题，英国要求中国继续与之“洽谈”。于是中方代表耆英在广东与英方全权代表璞鼎查继续进行谈判。谈判的结果是签订了中英《五口通商章程》和《虎门条约》。他们共同作为《南京条约》的补充条款。《五口通商章程》共15款，附有《海关税则》。主要内容：(一) 明确地承认英国享有领事裁判权；(二) 双方协定海关税率值百抽五。这两项关系到中国海关的主权问题，对中国的打击是致命的。这个章程后来又成为《虎门条约》的一部分。《虎门条约》共16款，英国从中又取得了领事裁判权、片面最惠国待

遇、在通商口岸租地建房等权利。

不久，西方各国仿效英国，接踵而来，中美《望厦条约》、中法《黄埔条约》等一系列不平等条约，在清朝政府毫无反抗的形势下，被强加于中国。从此，帝国主义堂而皇之地在所谓的“合法形式”下，步步侵吞中国的利权，把中国一步步推向黑暗的深渊。

长路漫漫，上下求索。鸦片战争以后，在“欧风美雨”的狂飙之中，中国社会必然要踏着“血”与“火”蹒跚前行。帝国主义的坚船利炮，唤醒了一批先觉者——林则徐、魏源发出了外抗强敌、“师夷长技以制夷”的呼声；更多的知识分子开始走出茅庐，放眼长空；一批介绍西方的著作相继出现——这些也正是鸦片战争在中国传统的思想界所激起的最初的火花。

## 二、太平天国运动

清政府的黑暗统治和西方侵略势力所造成的民族灾难，激化了中国社会固有的矛盾。人民群众不甘于被奴役的地位，纷纷走上反抗之路。在鸦片战争之后的起义浪潮中，影响最为深广的是由洪秀全发动的“太平天国”农民运动，其开始的标志就是1853年发生在广西的“金田起义”。

洪秀全像

“太平天国”的领导人洪秀全（1814—1864），出身农民家庭，自幼熟读四书五经，接受的是传统的封建教育。1829年，洪秀全赴广州参加科考，但名落孙山。此后，他多次考试却未中第。于是洪秀全有感于西方列强侵略扩张和他个人科考屡次失败的愤恨，逐渐皈依了西方世界的精神舶来品——基督教。他创立“拜上帝会”，自称是“天父耶和华之子”、“耶稣基督之弟”，下降凡间，拯救世人。用神学的权威迅速聚集了一大批民众。洪秀全的“拜上帝会”，对于身处水深火热之中的中国劳苦大众来说，仿佛是救世的福音；尤其在“民心思乱，亡命草泽者处处窃发”的广西，“拜上帝会”颇得人心。很快，“拜上帝会”组织迅速扩展，形成了以洪秀全、冯云山为首的领导核心，以及以紫荆山地区为中心的五大革命基地。

1848年初，冯云山被当地的权贵势力诬陷入狱。“拜上帝会”因冯云山的突然入狱而顿时变得群龙无首；这给敌对势力以可乘之机，他们煽风点火，蓄意制造混乱，企图趁机动摇民众军心。然而就在这时，“拜上帝会”的两位早期领导人杨秀清和萧朝贵，从大局出发，先后出面，假托“天父”和“天兄”下凡，用这种宗教形式稳定住了众心，并成功地营救冯云山出狱。此举救“拜上帝会”于危难之际，同时也成就了二人在“拜上帝会”内部微妙的地位和代“天父”、“天兄”的传言身份。1850年7月，洪秀全下达“团营”命令，准备以武装斗争形式公开反对当时恶霸地主。他要求各地会众按照自愿原则，于11月4日前到金田村会合。军令一出，各地起义队伍纷纷冲破阻拦，怀着虔诚的信念和革命的热情，奔赴金田。此时的紫荆山区，风雨交加，形势骤然紧张起来，一场史无前例的农民大起义一触即发。清政府闻声之后，急忙从各地调动兵力，前往广西镇压。但是，“拜上帝会”会众意气风发，他们同心协力，众志成城，先后给清军以两次重创。

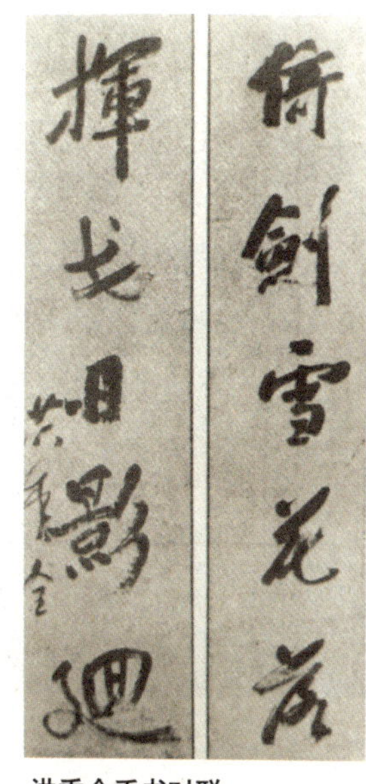

洪秀全手书对联

1851年1月11日，洪秀全率领1万多人在金田起义，建号“太平天国”，起义军称“太平军”。为了保证起义军旺盛的士气和战斗力，洪秀全颁布了作为“天命诏旨”的“军令”五条：一是要遵条命，绝对服从军事指挥；二要划分男营、女营，实行严格的禁欲主义；三是秋毫无犯，不允许占用百姓财物；四是要求各营所获财物均要交公，服从起义军各头目的命令；最后是要求各个团营同心合力，不得临阵脱逃，以严格的军纪加强起义军的团结和战斗力。此外，洪秀全还正式称“天王”，同时封杨秀清为中军主将，萧朝贵为前军主将，冯云山为后军主将，韦昌辉为右军主将，石达开为左军主将。“太平天国”的组织基本定型。

太平军出金田以后，转战武宣、象州、平南各地，所向披靡。1851年9月，太平军在浔州山区迂回作战八九个月之后，攻克永安城。这是自金田起义之后，太平军攻占的第一个城镇。在永安，太平军封王建制，整顿军旅，肃清内奸，颁布《太平礼制》等书，使人民情绪平静下来，初步建立起“太平天国”农民政权。永安建政后，太平军从永安突围北上，攻克全州、道州、郴州等城。然而，在攻打全州时南王冯云山不幸中炮身亡。不久，在进攻长沙时，西王萧朝贵牺牲。在连失两员大将的情况下，洪秀全、杨秀清在危难之际亲率大军，经益阳、岳州，水陆并进，一举攻克汉阳、汉口、武昌。由于太平军劫富济贫，在民众中间颇得人心，各地人民踊跃加入到太平军中来，革命队伍迅速发展到50万。1853年2月9日，太平军撤离武昌，水陆两军浩浩荡荡地顺江而下，很

太平军水陆两路进军南京

快于3月20日攻克南京。洪秀全改南京为“天京”，太平天国在此定都。此后又颁布了太平天国的纲领性文献《天朝田亩制度》。

定都天京之后，洪秀全、杨秀清决定待江南稳定后，再徐图北上。于是在接下来的一段时期里，保卫和巩固天京就成为太平军的中心任务。为了遏制太平军的攻势，清廷早已派钦差大臣向荣尾追太平军来到孝陵卫，并在此扎下了江南大营。而清朝另一钦差大臣琦善在扬州建立了江北大营。此外，清政府还急忙征调了各路清军增援江南、江北大营。为了防止陷入被动局面，设法阻止清军南下，太平军主动出击，同时进行了北伐和西征的战争。北伐最首要的战略目的，是牵制北方清军主力。如果北伐军能够插入直隶，清军北方的主力就会无暇顾及南方形势，天京防御战争的格局就会大为改观。1853年5月，北伐军将领林凤祥、李开芳率领2万多人，从扬州出发，经仪征、六合到浦口，与春官副丞相吉文元、殿左三检点朱锡琨的部队会合；然后由浦口北上，经安徽、河南、山西，出太行山。太平军一路行程几万里，连战连捷，势如破竹，突入直隶地区，京城震动，就连咸丰帝都准备逃往热河行宫。10月30日，北伐军进攻天津，离城仅十里。地主团练惊恐万分，拼死抵抗，甚至决运河堤岸放水，结果淹没天津周围良田几万亩。时值深秋，衣粮弹药供应不上，北伐军被迫在天津附近的静海、独流两镇等待后援，后又被迫退守连镇、高唐州。北伐本来是一步好棋，但天京领导人由于轻敌而错估了形势，太平天国派出的援军，行至山东就已被清军击溃。北伐军孤军深入，浴血奋战，虽有出色的将领，却无坚强的后援力量。最后，林凤祥、李开芳率各部奋勇突围，全部壮烈牺牲。

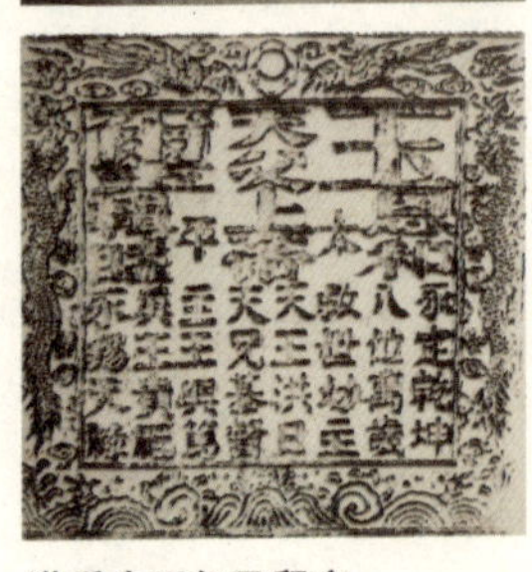

洪秀全玉玺及印文

与北伐相呼应的是西征。西征的战略目的在于确保天京，夺取安庆、九江、武昌三大军事据点，控制长江中游。1853年5月，胡以晃、赖汉英、曾天养等率太平军自天京出发，溯江西上。先后攻克安庆、九江、汉口、汉阳、庐州（今合肥）、武昌，进入湖南。在这里，太平军遇到劲敌——曾国藩的湘军。初战，湘军大败，曾国藩欲投水自杀。但是湘军经过整顿之后，又向太平军反扑；西征军终因兵力分散，指挥失误，在湘潭战败。此后，武昌、汉阳、田家镇相继失守，水师方面也损失惨重。

曾国藩像

面对这种局势，天京派出英勇善战的翼王石达开主持西征军务，他采用“诱敌深入和灵活机动”的战术，先后在湖口和九江重创湘军，使其“辎重丧失，不复成军”。曾国藩走投无路，欲再跳水寻死。湖口、九江大捷使西征军扭转了湘潭战役之后的被动局面，太平军士气大受鼓舞。之后，秦日纲等人率部三克武昌，又率军克江西50余县。至1856年7月，历时三年的西征取得重大胜利，不仅攻取了长江两岸的九江等重镇，而且开辟了安徽、江西和湖北东部的广大战场，巩固了太平军在长江中下游的防务。太平军西征的胜利为太平军攻破清军对天京的围困创造了有利条件。1856年4月，秦日纲率陈玉成、李秀成等部攻破江北大营。6月，杨秀清从天京派出的太平军和从安徽回师的石达开部会合，一举攻破了江南大营。至此，保卫天京的战斗初步告捷，太平天国在军事上达到了全盛。

太平天国的巩固及全盛，固然是大快人心；但是，相对安逸的环境也助长了太平天国领袖们的享乐欲望。短短数年时间，追求权力名位、追逐奢华的腐败之风在太平天国领袖中间迅速蔓延起来，他们大搞封建等级制，勾心斗角，最终酿成了内讧的悲剧——“天京变乱”的发生。太平天国后期的洪秀全，深居简出，一道天王府的宫墙将他与普通的太平天国民众隔绝起来。他一面注释基督教的经典《圣经》，另一方面通过制订太平天国的规章礼仪，来宣扬封建道德，步步向封建化的道路退却。洪秀全已无心处理天国的朝政，于是将天下大事全权交给了东王杨秀清来处理。杨秀清不满足于生活在洪秀全的政治阴影之下，他开始逐渐独揽军政大权，居功自傲，生活腐化，大讲排场；又动辄以“天父下凡”的名义，装神弄鬼，甚至挟制洪秀全服从自己的意志。1856年8月，杨秀清假托天父下凡，传洪秀全假东王府封他为“万岁”。此举使洪秀全对自己的统治威望产生了怀疑，危机感油然而生。他密诏当时正在江西瑞州作战的韦昌辉、在丹阳的秦日纲和在武昌前线的石达开回京“勤王”，以挽救当前太平天国之中的统治危机。由于北王韦昌辉早已对东王的专权怀恨在心，因此密诏一到，他便率亲军3000人星夜火速赶回天京。 9月1日深夜，在先期回京的秦日纲的配合下，韦昌辉迅速包围东王府，将东王及东殿将吏全部杀害；又乘机扩大事态，用阴谋手段，杀害杨的部属2万多人。9月下旬，石达开自湖北赶回天京，指责韦昌辉杀人过多的

“不义”之举，韦昌辉根本不听劝告，又要杀石达开。石达开闻讯连夜逃走，但韦昌辉仍残忍地杀害了石达开全家。石达开逃到安庆，召集4万大军，起兵回援。这时，韦昌辉却越发疯狂，公然围攻天王府。韦昌辉滥杀无辜的暴行，在太平天国内部造成了极恶劣的影响。最后，在洪秀全的主持下，全朝同心一致，于11月初处决了韦昌辉以及参与肇事的秦日纲等200余人。这场中国农民战争史上空前未有的大悲剧，终于在血腥中结束了。

“天京变乱”虽然维持了洪秀全的领袖地位，但也使得洪秀全的实际威望大大下降，而石达开由于在事变中的义举，威信大为提高，成为太平天国后期力挽狂澜、挽救时局的理想人选。为解燃眉之急，洪秀全在经过反复思考之后，急忙召石达开回京辅政。在石达开辅政的半年里，太平天国政治安定，人心团结。他大胆重用人才，尤其是起用19岁的小将陈玉成，并委以重任，显示出他用人的魄力。面对清军的全面进攻，石达开用“固守”的方针挫败了敌人的攻势，稳定了长江以南的形势，初步争回了战场的主动权。石达开以其出色的治国才能，使天国局势转危为安。形势稍有转机，洪秀全又把权利斗争提上议程，对位高权重的石达开产生猜忌。他从维护洪氏集团的统治地位出发，先后起用了昏庸无能的哥哥洪仁发、洪仁达，分别加封为安王、福王，干预国政，以牵制石达开。石达开已深感自己眼前的压力，有了怀才不遇的悲愤感叹！

面对徒有理政虚名、实则权柄不归的局面，石达开内心非常矛盾。为了避免内部再度相互残杀，1857年6月，石达开率太平军数十万精锐出走天京。一时间，“太平天国”出现了“国中无人”、“朝中无将”的局面。石达开出走，造成了天国军事力量又一次重大分裂，成为太平天国衰亡的先兆。清军乘机反扑，天京周围地带很快为清军包围。洪秀全见此情景，多次派人请石达开回京，石达开却不理睬。石达开率军队先后辗转于湖南等地；1859年7月，石达开又回师广西，进入云贵地区。他艰苦征战4年之久，已经完全脱离了太平天国主战场。石达开军队与清军作战百次之多，但每次都是且败且走，疲于奔命，没有自己的军事根据地。攻下江西南安府之后，石达开又错误地决定由湘入川，孤军远征，以卵击石。1863年5月14日，部队在大渡河紫打地（今安顺场）被围，最后石达开带着他5岁的儿子入清营，想要“舍命以全三军”，结果被害于成都，全军覆没。

李秀成像

1858年8月，陈玉成、李秀成汇集各路将领，在安徽枞阳镇召开军事会议，决定联合作战，集中兵力解除清军对天京的层层

包围。10月，太平军击溃江北大营，取得浦口大捷；11月，太平军打退清军对庐州三河镇的进攻，取得三河镇大捷。这两次大捷初步稳定了天京上游的战局，保证了天京的粮源。1859年，洪仁玕从香港辗转来到天京，被封为干王，总理朝政。同年，陈玉成、李秀成也被封为英王、忠王。大家振奋一心，共同扭转了太平天国的危局。1860年5月，太平军打破清军江南大营，解除了其对天京的威胁。随后，太平军进军江浙地区，使其成为太平天国后期的又一重要根据地。

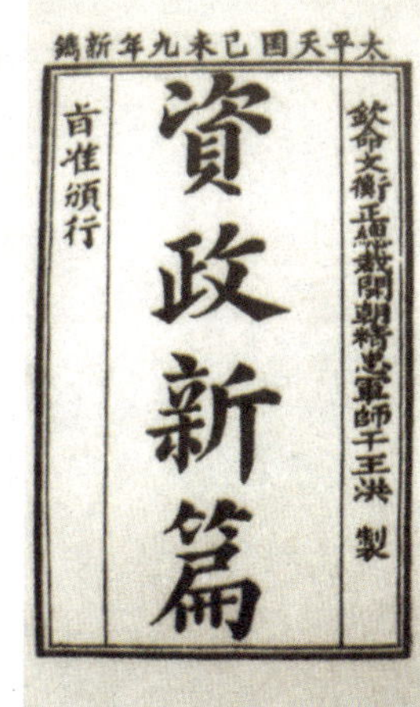
太平天國己未九年新鐫

欽命文衡正總裁開朝精忠軍師干王洪 製

資政新篇

旨准頒行

《资政新篇》书影

倡导西方近代文明的洪仁玕，是太平天国公认的改革家和中国近代化的前驱者。洪仁玕是洪秀全的族弟，金田起义后，洪仁玕流寓香港，身处资本主义文化和西方传教士之中，从大量的西方书籍中接受了西方知识，从而对西方资本主义文明有了更直接而深刻的认识。作为太平天国后期的重要领袖，洪仁玕一度总理朝政，辅佐洪秀全；并通过深刻思考和艰苦求索，撰写了《资政新篇》，作为太平天国实施新政的纲领性文献。洪仁玕为当时的中国人绘制了一幅堪称完整而具有前瞻性的近代化变革方案和经济蓝图，但可惜的是在特殊的状态下，这个力图挽救太平天国的方案终究还是被搁置了。

太平军的东进迅速取得了胜利，清政府命曾国藩前往苏浙救援。时任两江总督的曾国藩却按照他“先占安庆，再图下游”的战略，加紧对安庆的进攻，上游的形势日益紧张。天王、干王遂命陈玉成、李秀成分北、南两路大军西进，会师武昌，迫使曾国藩西上，以解安庆之围。但是，由于太平军将领们发生了战略分歧，再加上英国殖民者的干涉，结果，陈玉成和李秀成在西征时“会剿失约”，1861年9月5日，安庆失守，西线溃败，天京暴露在湘军兵锋之下。陈玉成突围后，兵力单弱，最终受骗被俘，壮烈牺牲。

李鸿章的淮军

由于曾国藩等封疆大吏在镇压农民起义中大发奇威，使得清朝政府对汉族地主力量格外倚重。1862年春，统辖四省军务的曾国藩布置了“三路夹

清军攻破天京

击”太平天国的战略：一路由曾国藩的弟弟曾国荃率领湘军主力由安庆沿江东下，主攻天京；一路由李鸿章（1823—1901）的淮军伙同“洋枪队”进攻苏州、常州；一路由左宗棠（1812—1885）率领湘军一部，进攻浙江。

1862年5月，曾国藩率湘军顺流东下，直逼天京。他把陆师驻扎在雨花台，而水师停泊在护城河口。“太平军”负责保卫天京的洪仁发、洪仁达，根本不懂得如何进行有效的防卫。洪秀全眼见天京形势危急，在一天之内向正在松江奋战的李秀成连发三道诏书，命他火速救援。当时，李秀成的军队在东线正杀得李鸿章的淮军和洋枪队龟缩在上海城内不敢出战。但在洪秀全的严厉逼迫下，李秀成不得不回师救援，被迫在敌人锐气正盛时，被动地发动进攻。从10月13日至11月26日，双方的战斗极其激烈。曾国藩命令湘军拼死抵抗。前敌统帅曾国荃智穷力竭，被太平军打伤。太平军先后共打死湘军5000多人，差一点攻破敌人的阵地。然而，由于天冷无粮，军需不济，太平军未能攻破湘军大营，不得不撤回天京城内，从此陷入了被动应战的不利局面。而此时的苏浙战场上，清军在外国侵略军的配合下，对太平军的反攻已经开始了。

天京解围失败，洪秀全大怒，将李秀成的爵位削去，又命令他马上率军渡江北上，开展“进北攻南”的防御战略，企图诱使围攻天京的湘军回援。李秀成明知不对，又不敢力争，只好奉命冒雪而行。然而，曾国藩却坚持原定计划，不为所动；结果，太平军所到之处，“攻又不下，战又不成”，再加上沿途转战，疲劳过甚，士气低落。不久，太平军在天京雨花台的营垒被湘军攻破，天京城内一片慌乱，洪秀全急忙催促李秀成火速回援。经过这次北征波折，太平军损失惨重，洪秀全解围天京和“进北攻南”的战略计划均遭到重创。

李秀成回到天京，眼看天京即将被清军合围，于是他从挽救天国危局出发，向洪秀全提出了“让城别走”的建议，实行战略转移。李秀成的建议非常正确，是洪秀全摆脱困境的唯一办法。然而，洪秀全却仍然幻想与上帝、天国同在，拒绝李秀成的建议，严辞训斥："朕铁桶江山，尔不扶，有人扶。尔说无兵，朕之天兵多过于水，何惧曾妖者乎！"他下令以后不准李秀成过问政事，李秀成只好委曲求全，固守天京。

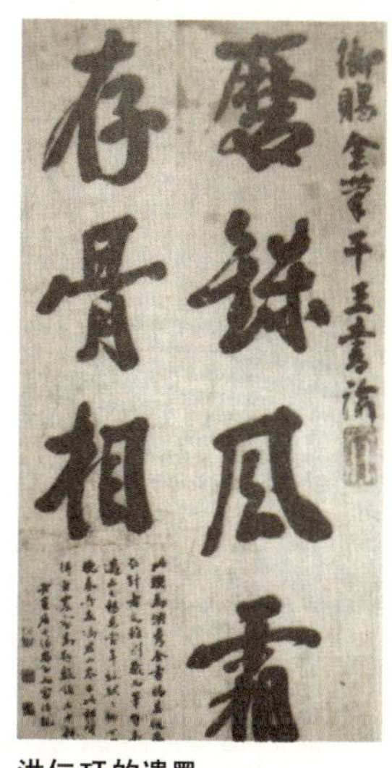

洪仁玕的遗墨

1864年6月1日，洪秀全病逝，其长子洪天贵福继位，称"幼天王"。7月19日，湘军从地道轰塌天京城墙，冲入城内。守城的太平军仅有几千，他们面对数万敌军，毫不畏惧，抱着与天京共存亡的决心，与敌军展开肉搏战，天京顿时陷入一片火海。"天京失陷"上演了"太平天国"运动空前的悲剧。至此，"太平天国"政权宣告覆亡。

"太平天国"运动历时14年，其兴也遽，其亡也速。天京失守以后，李秀成带幼天王突围而出，但却与主力军队失去了联系。不久，幼天王、李秀成、洪仁玕相继被俘，惨遭杀害。而分布在长江南部的太平军余部，则以不同方式加入到了天地会、哥老会、斋教等秘密组织中，继续斗争到1868年左右。曾经一度席卷大江南北的"太平天国"运动就这样失败了。

## 三、第二次鸦片战争

鸦片战争后，英、法、美等国不满足既得利益，妄图进一步打开中国市场，扩大侵略权益。1853年以后，他们相继提出"修约"要求，却遭到清政府的拒绝。为了进一步打开商品销路，英、法两国悍然发动了对华的"第二次鸦片战争"。

大沽海战

咸丰像

1856年10月，广东水师逮捕了“亚罗号”走私船上的两名海盗和10名有嫌疑的水手，英国驻广州领事巴夏礼借口该船曾在香港登记过，要求放人，并向英方赔礼道歉。两广总督叶名琛为息事宁人，将人犯送至英领事馆，巴夏礼却拒不接受，蓄意扩大事态。23日，英国以“亚罗号事件”为借口，出动3艘军舰进攻广州，揭开了第二次鸦片战争的序幕。英军攻破广州外城，并一度冲进内城。由于广州军民奋力抵抗，英军才于次年1月27日撤出广州，在珠江口要塞设防固守。在英国首相巴麦尊的操纵下，英国通过了扩大侵华战争的提案，并授命前加拿大总督额尔金为全权大臣组织侵华远征军，还怂恿法国出兵参战。1857年，法国以广西西林县令处死非法潜入广西传教的法国天主教神甫马赖，即所谓的“马神甫事件”为借口，派出全权大臣葛罗统率侵略军队。10月，英法两军会集香港，组成侵华联军。

从战争一开始，俄、美两国就对战争采取了表面“调停”、实际支持的态度。而清政府害怕事态扩大，完全寄希望于俄美两国的“调停”。11月，英法联军封锁了广州。12月中旬，英、法照会叶名琛，进行要挟。不久，广州失守，广东巡抚柏贵、广州将军穆克德讷开始为英法联军效力，成为中国近代史上一个傀儡政权。

1858年初，英法联军在俄美“调停”的掩护下继续北上，到达大沽口外。5月，英法联军攻陷大沽炮台，溯河而上，直逼天津，并扬言攻打北京。咸丰帝惊慌失措，急忙派大学士桂良、吏部尚书花沙纳赴津议和。俄、美代表以“调停人”斡旋，结果诱使清政府与俄、美、英、法四国分别签订了《天津条约》。其中，中英、中法《天津条约》，不仅实现了提出“修约”时的全部要求，而且还勒索到大宗赔款。从这些条约中，侵略者获得了在中国更广泛的权益，如外国公使长驻北京，十口通商，允许教士自由传教，设立教堂、医院、仓库等设施，规定了领事裁判权等等。之后，各方代表又在上海继续谈判，签订了《通商章程善后条约》，作为《天津条约》的补充条款。1859年6月，英国公使普鲁斯、法国公使布尔布隆各率舰队至大沽口，准备进京换约。清政府以大沽设防为由，要求换约代表由北塘登陆；但英、法

《天津条约》签订仪式

公使坚持从大沽口溯河进京，结果遭到僧格林沁所率清军的重创，换约未成。美国公使华若翰认清了形势，在英、法军退走后按清政府指定路线入京，在北塘与恒福互换了中美《天津条约》。中俄《天津条约》则随着边疆领土问题的纷争，而于4月提前互换。

“大沽事件”后，英国政府叫嚣对中国“实行大规模的报复”，法国也不甘落后，于是两国又组成新的联军，从1860年4月开始北犯，先后攻占舟山、大连、烟台、大沽口、天津。9月21日，英法联军大败清军于八里桥，逼近北京城，咸丰帝携后、妃、皇子及贵族大臣仓皇逃往承德避暑山庄。10月6日，英法侵略军自朝阳门外经东北郊迂回，直扑圆明园。7日晚，额尔金、格兰特、葛罗等人会集圆明园，“分派园内之珍物”，遂使亿万珍藏惨遭洗掠。之后，英法联军又自海淀镇一路烧杀抢掠，先后洗劫了畅春园、清漪园（今颐和园）、静明园，又以“郊游”为名洗劫了香山静宜园。至此，北京西郊一带的皇家园林无一幸免。然而，英法侵略军并不罢休。英国公使额尔金坚持要把圆明园夷为平地，于是，圆明园顷刻间黑烟腾空，圆明园内的千百座殿阁亭榭顿时化为灰烬。随后，侵略军又将畅春园、清漪园、静明园、静宜园一起焚烧。这五座御苑连成一片，浓烟蔽日，一直延续了三天三夜。在北京城内的人都能望见浓浓的烟尘，闻到松柏木燃烧时散发的气味。英法联军的这次大洗劫不仅毁灭了“东方迷梦般”的圆明园，破坏了北京所有的皇家御园，而且掠夺和损毁了积淀着华夏几千年灿烂文化的园内珍藏，使古代东方的大量文明精华毁于旦夕之间。圆明园记录着一个民族的耻辱，对世界文化也是不可估量的损失。

10月13日，英法联军占领安定门，控制了北京城。10月24、25日，留京的钦差大臣奕䜣在俄使伊格那提也夫的“斡旋”下，与英、法全权代表分别签订了中英、中法《北京条约》，《天津条约》批准书同时交换。《北京条约》承认《天津条约》仍然有效，这就使得西方殖民特权进一步扩大。

圆明园残迹

在战争中，沙俄趁火打劫，逼迫清政府于1858年5月签订了中俄《瑷珲条约》，将黑龙江以北、外兴安岭以南60多万平方公里的领土据为己有。1860年11月，中俄签订《北京条约》，俄国割占中国乌苏里江以东包括库页岛在内

恭亲王奕䜣像

僧格林沁像

的40万平方公里的领土。此后于1864年10月签订的中俄《勘分西北界约记》，俄国又侵吞了中国巴尔喀什湖以东以南44万平方公里的领土。俄方成为19世纪侵占中国领土最多的国家，是第二次鸦片战争的最大受益者。

## 四、辛酉政争，慈禧听政

1861年8月22日，咸丰皇帝在热河病逝，之前传诏其6岁的儿子载淳继位，并遗诏其亲信怡亲王载垣、郑亲王端华、御前大臣景寿、户部尚书肃顺及军机大臣穆荫、匡源、杜翰、焦佑瀛8人为顾命大臣，协助幼帝，辅佐朝政。而载淳生母叶赫那拉氏（1835—1908），则由贵妃而尊为“皇太后”，加“慈禧”徽号。在封建专制时代，幼帝即位实际上意味着最高权力的真空，这就很容易引起野心家的权利欲望。各派政治势力便暗中展开了较量。

早在咸丰帝避难热河期间，恭亲王奕䜣奉命为钦差便宜行事全权大臣，留京与英、法等国交涉。其间，奕䜣不但得到外国的支持，而且在朝廷中结成自己的势力集团，其重要成员包括大学士桂良、户部左侍郎文祥、礼部侍郎宝鋆、大学士周祖培以及兵权在握的僧格林沁等人。载垣、肃顺等八大臣是旧派势力的代表，他们顽固守旧，排斥新事物，对于奕䜣等人严加限制，不让奕䜣分享权柄，仅命他在京办理部分对外事宜。此外，双方在对外态度和学习西方等问题上，思想上也分歧很大，这必然加深矛盾。但是，咸丰的去世却给了奕䜣一个契机，他再也用不着像惧怕咸丰帝那样惧怕这些迂腐大臣了。统治阶层内部正发生着微妙的变动。

一个更为重要的事实是，咸丰的去世，点燃了皇太后慈禧心中的权欲之火。慈禧是一个权力欲极强的人物。她拉拢慈安皇太后，暗中与外国侵略者所支持的奕䜣相勾结。1861年10月26日，慈禧、慈安两太后偕幼帝载淳与载垣、端华等离热河回京，肃顺等则护送咸丰帝灵柩后发。11月1日，两太后抵京后，立即召集奕䜣和其他亲信大臣秘密部署。第二天，奕䜣示意大学士贾桢、周祖培等再次奏请两太后“垂帘听政”，胜保亦请以近支亲王辅政。当日太后下诏，历数载垣、端华、肃顺等罪状，又下诏将三人革职拿问。几天后，载垣、端华、肃顺被处死，其余五大臣被革职治罪，从而一举铲除了政敌。11月3日，慈禧任命奕䜣为议政王，掌管军机处，桂良、沈兆霖、文祥、宝鋆并为军机大臣。12月2日，慈禧正式实行“垂帘听政”，并将皇帝年号“祺祥”改为“同治”。由于这一年是辛酉年，故称这次政变为“辛酉政变”，又称“祺祥政变”或“北京政变”。

慈禧太后像

“辛酉政变”之后，满清政局为之一变。慈禧太后与恭亲王奕䜣一同成为晚清政治中的核心人物。在给载淳举行了徒具形式的登极典礼后，两宫皇太后即以皇帝名义发出上谕，汇编以往各代皇太后临朝预政事迹，赐以美名曰《治平宝鉴》，作为“垂帘听政”的历史依据。她们仿效古代垂帘旧制，设两太后宝座于皇帝宝座之后，中间以八扇黄屏风隔开。此外，恭亲王等人还制定了《垂帘章程》，为垂帘听政制造合法依据。

1873年，载淳已成年，两宫皇太后被迫撤帘归政。但同治帝亲政不及两年就病死了。因其无子嗣位，慈禧便精心设计，择立载淳的兄弟载湉继位。1881年，慈安皇太后暴死，只剩慈禧一人垂帘听政。光绪帝成年亲政后，因支持戊戌变法而遭慈禧等顽固派的嫉恨。慈禧发动政变，解除光绪实权，将光绪囚禁，从而再度听政，自称“慈恩训政”。

作为一个权术家，慈禧太后唯一理解的东西是权力而非政治。她心狠手辣，排斥异己，独揽大权；她还善于利用各派矛盾，对各派政治势力恩威并施，防范与利用并举；再加上既有的太后身份以及晚清复杂的社会背景，慈禧太后便足以从容地将大清的命运控制于手掌之中。慈禧就是靠着这样的“垂帘听政”之途，操纵了同治、光绪两朝皇帝，确立了对中国近半个世纪的统治。

同治皇帝像

## 五、洋务图强

洋务运动是一场封建统治集团在半殖民地的社会条件下，欲借西法以图自强的运动。它从19世纪60年代兴起到90年代淡出，历时30余年，在工业、交通、邮电、海防及文化、教育等诸多方面都颇有建树。但是，洋务运动秉承“中学为体，西学为用”的经世观念，并没有走出传统的窠臼，衰旧的政治体制依然如故。他们所倡导的“自强”、“求富”的洋务目标，也因甲午战争的失败而不得实现。中国近代化的初步尝试，最终还是在国内外双重压力下无声凋零。

李鸿章像

张之洞像

洋务派在中央以奕䜣为代表，在地方以曾国藩、李鸿章、左宗棠、张之洞等封疆大吏为代表。洋务运动初期，正值“辛酉政变”之后，统治集团暂时出现了空前团结，清政府在诸多方面给予洋务派以支持。中央和地方分别设有总理衙门和南、北洋通商大臣，使清廷有了具体的机构来推进洋务运动。在政策方面，清廷基本上支持洋务派的改革主张：所有军事工业一律由政府出资兴办，委任官员管理；积极搜寻了解西方科学技术的知识分子，并以高薪聘用外国人才；创办新式学堂，培养新式人才，向国外派遣留学生。由于政局的暂时稳定，洋务运动得以兴起并相应发展。

前期的洋务运动以“自强”为目标。1861年，曾国藩在安庆创办了军械所，仿制洋枪洋炮，用以镇压太平军。此后，江南制造局、福州船政局、金陵制造局、天津机器局等一批军事骨干企业相继创办；京师同文馆、上海广方言馆、福州船政学堂等一批培养外语、科技和军事人才的新式学堂也得以相继开办。他们还从来华的外国企业经营者、管理者和科技人员那里学习科学技术和经营管理经验，引进乃至仿制机器设备，逐渐开始与洋人展开竞争。至19世纪70年代，洋务运动呈现出少有的生气。

总理各国事务衙门

从19世纪70年代起，清王朝利用爱国官绅兴办近代工业的愿望和热情，以“官督商办”、“官商合办”等方式又支持了新式民用企业的兴办。然而，创办民用工业远比军事工业要艰难得多，清廷对它的重视也远不如军事工业。不过，各地洋务派依然冲破阻力，进行了颇具成效的摸索：采用股份制，广泛向民间筹资；扩大商品市场，增加企业盈利。洋务派从“自强”进而提出“求富”，从而使上海轮船招商局、开平矿物

金陵制造局制造的大炮

局、天津电报局、上海纺织机器局等一批民用工业得以陆续开办。此外，兴办各类学校、培育新式人才、聘用外国技术人才等方面的政策仍在延续。这一时期，洋务派还同时创办了北洋、南洋、福建三支近代海军，极大地推动了中国军队的近代化进程。

洋务派的主张和实践适应了晚清统治集团御侮自强、复仇雪耻的愿望。奕䜣、曾国藩、李鸿章、左宗棠和张之洞等人虽为封建势力的代表，却在近代化道路上迈出了意味深长的一步。但是，洋务派作为地主阶级的改革派，对西学的引进还只是停留于物质层面，不可能带来根本的社会变革，无法真正完成近代化。光绪帝继位后，社会朝野给予洋务派以越来越多的希望；但是30余年政局的变化，却使洋务运动在军事工业、民营企业和海防建设等方面，步履艰难。甲午战争中，北洋海军战败，宣告了洋务运动在事实上的破产，这是对“中体西用”最残酷、最无情的批判。

轮船招商局

左宗棠像

## 六、收复新疆和中法战争

第二次鸦片战争之后，新疆的局势已经变得十分复杂。为攫取新疆，俄、英展开了激烈争夺。1865年，中亚地区浩罕汗国的陆军司令阿古柏在英国支持下，借新疆内乱之机，率军侵入新疆，攻陷天山南路各城。1867年，阿古柏在新疆建立所谓“哲德沙尔汗国”，又开始投靠俄国。1871年，俄军占领伊犁，势力不断渗透到清朝的领土之内，西北边疆遂出现严重的危机。19世纪70年代以来的“新疆危机”，引起了左宗棠的极大关注。当时，李鸿章主张“海防”，放弃新疆；而左宗棠认为“海防”与“塞防”应并重。出于对国家的责任与使命感，他毅然上奏朝廷，请求收复新疆。

1876年，左宗棠将清军大营设于肃州（今甘肃酒泉），制订了周密的作战计划和“先北后南”、“缓进速战”的战略方针。左宗棠认为，“自古边塞战事，屯田最要”，于是在战争伊始就募兵于关外屯田。外国人起初都笑其迂腐，但“乃今观之，左钦帅急先军食，谋定而往，老成持重之略，绝非西人所能料”。不久，左宗棠兵克乌鲁木齐，然后整军挺进南疆。1877年春，左宗棠接连收复吐鲁蕃、托克逊等八城。5月，阿古柏在其首府喀什率兵应战，大败而逃，在绝望中自杀，英俄企图利用阿古柏瓜分新疆天山南北的罪恶阴谋彻底破产。

曾纪泽像

左宗棠写下了大振国威的一页，足令“欧人一清醒也”。之后，清政府乘左宗棠西征胜利的有利形势，与俄国进行了收复伊犁的交涉。1880年，清政府派曾纪泽赴彼得堡谈判，与次年2月与俄国签订中俄《伊犁条约》，付俄代守伊犁兵费900万卢布，收回伊犁地区。1884年，清政府在新疆建省，西北形势逐渐稳定。

中越两国山水相连、唇齿相依，并且通过地缘建立了传统的“宗藩关系”。但是，随着中国国力日衰，清朝对藩属国的“保护”已经名存实亡。从19世纪中期起，法国势力侵入越南，并企图以越南为跳板，侵略中国。早在1862年3月，法国便乘中国内忧外患、无力顾及越南之际，派舰队进攻越南南部，并于1862年6月和1874年3月，强迫越南当局两度接受《西贡条约》，使其沦为法国的殖民地。1883年7月，法军进攻越都顺化，不久又威逼越南当局接受《顺化条约》，承认是法国“保护国”。

冯子材像

1883年12月11日，法国侵略军从河内出发，水陆并进，向驻扎在越南的中国军队进攻，正式挑起中法战争。战争爆发后不久，负责守卫山西和北宁的清军将领不战而逃，造成两地失守。不久，法国又攻陷兴化，完全占领了红河三角洲。越南的败绩令朝野震动。慈禧乘机把责任推给奕䜣等人，改组了军机处，由奕劻主持总理衙门。1884年6月中旬，法军又在谅山附近挑衅，被清军击退后恼羞成怒，于8月4日转而进犯台湾基隆。在一系列外交努力无法奏效的情况下，清政府遂准备与法国“决战”。在基隆，台湾军务大臣刘铭传率军民奋起还击，击毙击伤法军100多人，挫败了法军的侵台阴谋。之后，法军转攻福州，派军舰驶入闽江口马尾军港。由于被清政府的“静以待之，衅不自我先开”绊住了手脚，中国军队遂失去了主动权。法国军舰突然发动袭击，中国军舰只好被动抵抗，先后有11艘军舰被击沉，官兵伤亡达700多人。“马尾海战”对于中国的损失是十分惨重的，因为在这场海战中，作为近代中国海军先锋之一的福建水师，遭到了毁灭性的打击。福建水师的覆灭是洋务运动失败的先声，也预示着清政府的腐朽统治即将走向尽头。

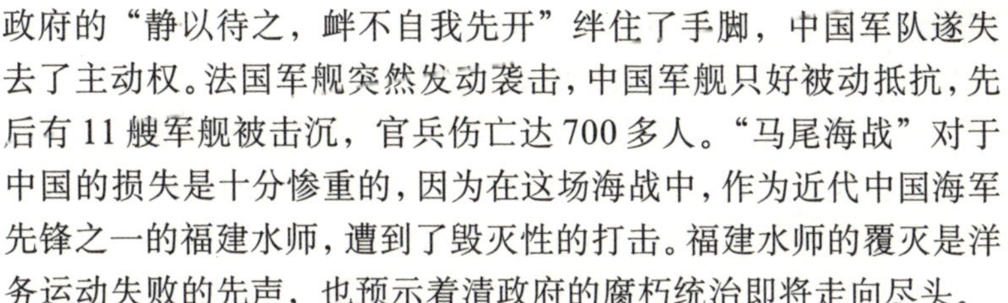

刘永福像

当清政府看到一味地妥协退让已经无法自我保全的时候，1884年8月26日，清政府终于被迫下诏，对法宣战。法军依然将台湾作为主要的攻击目标，舰出闽江口，炮击基隆。清朝军民沿海反击，围绕着“保台”、“援台”、“救台”，展开了一系列斗争。次年2月，法军再次增兵越南，进攻谅山。驻守的清军却放弃了谅山，经镇南关逃回广西。3月，清政府起用老将冯子材，率部赶赴越南前线。29日，冯子材等各军联合克复谅山，给法军以重创。与此相呼应，刘永福率黑旗军和越南人民密切配合，在越南临洮大败法军，收复了10多个州县。

镇南关大捷沉重打击了法国侵略者的气焰。法国茹费理内阁闻声倒台，法方急于同清政府议和。而手握主动权的清政府却再一次乘机妥协，令清军全线停战撤军，抛出了用“乘胜即收”来实现“保全疆土”的荒谬逻辑。结果，“中法战争”以中国“不败而败”、法国“不胜而胜”的结局告终。1885年6月9日，李鸿章在天津同法国代表签订《中法会订越南条约》。从此，法国侵略势力毫无阻拦地伸向了中国西南。“中法战争”的荒唐收场以及《中法会订越南条约》的仓促签订，毋庸置疑地成为了见证中国半殖民地化的标志。

左宝贵像

# 七、甲午烽烟起，瓜分狂潮至

日本从“明治维新”以后，迅速走上军国主义道路，并制定了所谓“大陆政策”，伺机发动侵略战争。1894年1月朝鲜发生东学党起义，朝鲜国王李熙向清政府乞援。日本政府也同时以“保护在朝日侨”为借口，调遣部队开赴朝鲜。待朝鲜局势平稳之后，清政府建议中日双方撤兵；但日方却借口“监督朝鲜改革内政”，增兵朝鲜，并不断向中国军队挑衅，中日战争已迫在眉睫。

邓世昌像

面对日本的威胁，清政府内部出现了分歧，以光绪为首的“帝党”积极主战，但他们手中却无实权；以慈禧太后为首的“后党”主和，但寄希望于俄、美等国出面干涉调停。然而，西方列强为了各自的利益，自然不会为清朝说话，他们全都沆瀣一气，倒向了日本，致使清政府希望调停的幻想破灭。7月20日，清政府命卫汝贵、马玉昆、左宝贵、丰升阿率兵万余人入驻平壤。23日，日军攻占朝鲜王宫。25日，日舰在牙山口外丰岛海面向中国海军发动袭击，中国海军被迫还击，中国的“广乙”、“济远”两舰负伤，运输船“高升”号被击沉。28日，日陆军向牙山清军驻地发起攻击，牙山失守。8月1日，清政府被迫对日宣战，甲午（这一年是中国农历的甲午年）中日战争爆发。

9月中旬，中日两军会战平壤，清军回族将领左宝贵，誓与平壤城共存亡，但不幸中炮牺牲。清军统帅叶志超弃城逃跑，平壤陷落。“平壤战役”后，北洋舰队在黄海上遭遇日本舰队的截击。水师提督丁汝昌下令北洋水师列队迎战。北洋舰队将士面无惧色，奋勇杀敌。致远舰管带邓世昌在炮弹用尽、舰体严重倾斜的情况下，命令开足马力，向敌主力舰吉野号猛撞过去，不幸被鱼雷击中，全舰250多人壮烈殉难。经远号管带林永升在军舰中弹起火时，仍带领官

致远舰部分官兵

兵继续战斗，直至沉没。黄海之战持续了5个多小时。在这次战役中，北洋舰队虽受损失，但主力尚存。可是李鸿章为保存实力，下令北洋舰队退守在威海卫军港，不能随便行动。黄海海面的制海权遂为日本控制。

丁汝昌自杀殉国

黄海大战后，日军兵分两路，一路渡鸭绿江，攻占九连城；一路袭击大连、旅顺。日军未经大战而轻取大连；11月22日，旅顺失陷。日军占旅顺后屠城四日。1895年1月，日本决定组成“山东作战军”，在山东荣成湾登陆，包抄威海卫后路；同时又以全部日本海军封锁威海卫海口，使北洋舰队处于腹背受敌的境地。在极为不利的情况下，丁汝昌和广大爱国官兵同仇敌忾，先后打退敌人八次进攻，击沉敌舰七艘。但终因敌众我寡损失惨重。不久，日军占据刘公岛，北洋舰队全军覆灭，渤海门户，尽入敌手。爱国将领丁汝昌、刘步蟾等人宁死不降，自杀殉国。

前线的失利使清政府加紧了乞降活动。1895年1月，清政府已派总理衙门大臣张荫桓、湖南巡抚邵友濂为全权大臣，赴日求和。日本政府以两人资格不够而拒绝谈判；之后，日本首相伊藤博文又向清政府要求让李鸿章任全权代表，方准议和。清政府为尽快结束战争，便听从日方意见，遂授李鸿章以议和全权大臣，携其子李经方、美国顾问科士达乘船赴日。3月20日，李鸿章与伊藤博文、外相陆奥宗光在马关春帆楼举行谈判。4月17日签订了空前辱国的中日《马关条约》。在条约中，清政府承认日本对朝鲜的控制；割辽东半岛、台湾全岛及所有附属各岛屿、澎湖列岛给日本；赔偿日本军费白银2亿两；开放沙市、重庆、苏州、杭州为通商口岸；允许日本在通商口岸开设工厂等。

日本公告吞并台湾

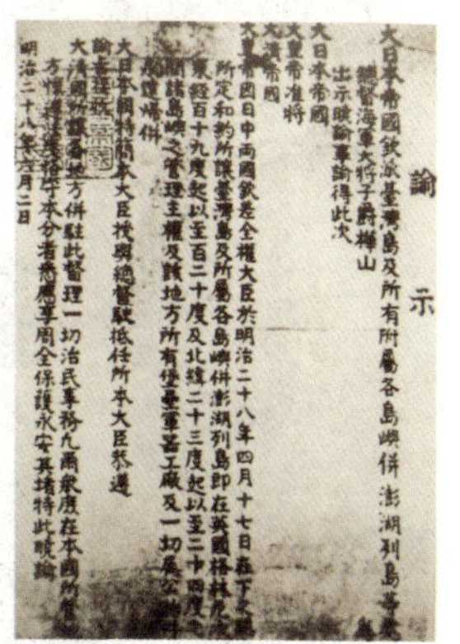

諭示

大日本帝國欽派臺灣島及所有附屬各島嶼併澎湖列島等處[illegible]
總督海軍大將子爵樺山
出示曉諭事諭得此次
大日本帝國
大皇帝准將
大清帝國
大皇帝因日中兩國欽差全權大臣於明治二十八年四月十七日在下關[illegible]
所定和約所讓臺灣島及所屬各島嶼併澎湖列島即在英國格林尼次
東經百十九度起以至百二十度及北緯二十三度起以至二十四度之
間諸島嶼之管理主權及該地方所有堡壘軍器工廠及一切屬公物件
永遠讓與併
大日本國特簡本大臣授與總督駐抵任所本大臣恭遵
諭旨[illegible]
大清國所讓各地方併駐此暫理一切治民事務凡爾衆庶在本國所管[illegible]
方[illegible]本分者均處事周全保護永安其境特此曉諭
明治二十八年六月二日

甲午战败震动了中国社会，引发了空前的社会危机。台湾是清朝海疆的一个重要组成部分，清朝初年，借祖国荫护，台湾百年太平。但自近代以来，西风突然袭来，国难当头，台湾也与祖国大陆一起屡遭侵劫。割台噩耗一经传出，全台同胞无比悲痛，那种远离祖国、难以抑制的悲愤，笼罩着宝岛上下。在清朝统治中心，先后有翰林院174名官员陈奏赔款之大谬，力言日本侵略之罪行；上至王公大臣，下至应试举子，无不极陈利害。反割台声

德国在青岛的总督府

浪不仅弥漫于朝廷，并且沸腾于民间。然而，清廷对海峡两岸的抗议声浪充耳不闻，仍派李经方前往台湾办理割台手续。在日军强行占领台湾的过程中，台湾人民自动组织起来，进行了坚决抵抗，作战范围北起台北，南到凤山，坚持斗争长达七年之久。就连日本官员后来也不得不承认，日本在台湾的统治其实相当困难，“土匪”横行，行政无法贯彻。日本朝野甚至出现了想要将台湾卖给法国的想法。在与日本侵略者的抗争中，台湾军民激情如潮，充满了壮志豪情。他们以无畏的精神，谱写了一曲爱国篇章。

中日战争的结果彻底暴露了清政府的无能和近代中国积贫积弱的残酷现实，大大刺激了各列强对中国的野心，中国遂成为列强激烈争夺的场所。西方列强通过夺取矿权与铁路修筑权、强占港湾和租借地等方式，疯狂地在中国划分势力范围，掀起了瓜分中国的狂潮。

由于割辽东半岛影响了俄国在中国的利益，于是俄国伙同法、德联合干涉，日本政府权衡再三，最后向中国政府索取3000万两“赎辽费”，把辽东半岛退还给中国。俄国自视干涉有功，邀李鸿章赴彼得堡，通过签订《中俄密约》，把中国东北全境、长城以北及西北地区纳入自己的势力范围。

时局图

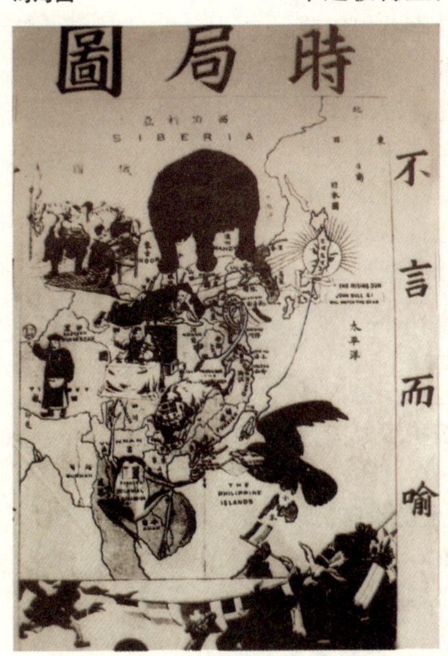


德国垂涎胶州湾已久。1897年，德国借口在山东发生的“曹州教案”，出兵强占胶州湾，迫使清政府订立《胶澳租界条约》。通过这个条约，胶州湾完全由德国管辖，允许德国在山东境内修建铁路及开采矿山。山东便成为了德国的势力范围。法国在1895年已取得在广东、广西、云南开矿的优先权。1898年，法国又通过《广州湾租界条约》，强租广州湾，并且拥有在云南、两广境内的铁路和邮政权。这样，云南、两广实际上沦为法国的势力范围。英国也不示弱，它迅速夺取中国西南边境的部分领土，又在1898年2月迫使清政府承认长江流域为其势力范围，后又逼迫清政府订立《展拓香港界址专条》和《订租威海卫专条》，并巩固了它在长江下游及华南地区的势力范围。

极富军国主义色彩的日本也并不完全满足于从

中日战争中取得的利益。1898年4月22日，日本通过驻华公使向清政府照会，要求清政府向日本方面作出保证，声明不将福建省让与别国。清政府无奈，即表同意。福建就成了日本的势力范围。意大利也于1899年3月向中国提出租借浙江沿海的三门湾，只是后来因列强间的矛盾和清政府的拒绝，而使得意大利在中国划定势力范围的阴谋没有得逞。

上海海关大楼

就在帝国主义列强分割中国的盛宴中，颇具实力的美国却是一个迟到者。当时，美国正忙于与西班牙进行争夺殖民地的战争，无暇顾及远东局势的变化。1898年初，美西战争结束，美国当即把对外殖民扩张的视线转向了东方。虽然其他列强的势力范围早已划定，但美国并不甘心处于一个向隅不问的被动地位。

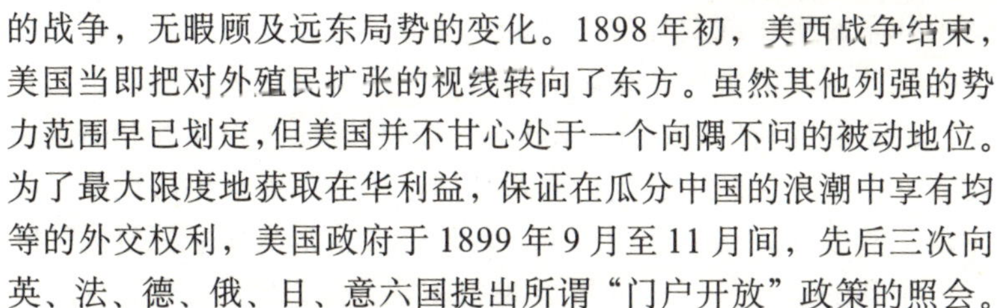

为了最大限度地获取在华利益，保证在瓜分中国的浪潮中享有均等的外交权利，美国政府于1899年9月至11月间，先后三次向英、法、德、俄、日、意六国提出所谓“门户开放”政策的照会。

“门户开放”政策的主要内容是谋求商业上的“机会均等，利益均沾”以及政治上的“保全中国”。美国承认各国在中国的“势力范围”或各自在租借地内所分得的任何既得利益；还冠冕堂皇地要求各国运往“势力范围”内各口岸货物，须由中国政府按现行的约定关税率征收税款；同时要求中国内地全部开放，使帝国主义国家都享有投资权利。美国的“门户开放”政策事实上维护了西方列强的在华利益，缓和了它们之间的在华矛盾。帝国主义之间的吵吵嚷嚷，终究不会改变他们共同瓜分中国的殖民愿望；这种掩人耳目的欺骗性做法，却将中国推向了黑色的漩涡。各国对此当然表示默认。这就为美国向中国渗透打开了方便之门。

康有为像

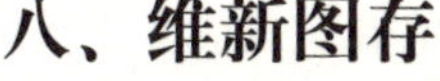

## 八、维新图存

“吾国四千年大梦之唤醒，实自甲午战败。”近代中国大梦已醒的重要标志便是维新运动的勃兴。丧权辱国的《马关条约》签订的消息传来，举国哗然。时值京城会试，各省举人群情激愤。1895年5月2日，康有为（1858—1927）、梁启超（1873—1929）等人联络1300余名举人联名上书请愿，要求光绪帝“下诏鼓天下

梁启超像

严复像

光绪皇帝像

翁同龢像

之气，迁都定天下之本，练兵成天下之势，变法成天下之治”。在他们的奏疏中，康梁二人提出了“拒和、迁都、练兵、变法”的主张，强调中国的根本出路在于变法，并要求光绪帝改革封建体制，建立议会制度，“凡内外兴革大政，筹饷事宜，皆令会议于太和门，三占从二，下部施行”，进行全面改革。这就是历史上著名的“公车上书”。

“公车上书”并没有被上呈到光绪帝手中，却“遍传都下，士气愤涌”，引起朝野各界的巨大震动。“公车上书”不胫而走，刊行万余部，在知识分子中间极受欢迎，《戊戌变法》一书中讲，有人“刻其文及姓氏以告天下”，盛赞其文“惊天地，泣鬼神”，士子们互相传抄，争先目睹。“公车上书”很快传遍大江南北。

“中国维新之萌蘖，自中日之战生。”“公车上书”是中国传统知识分子对甲午战败痛恨之情的总爆发。以康有为、梁启超为代表的维新派，突破洋务思想的藩篱，广泛地宣传变法维新、救亡图存，使得维新思潮迅速高涨起来。面对顽固派和洋务派的联合攻击，维新人士毫不畏惧，奔走呼号，反复申述灭种的危机，痛斥地主阶级保守派的因循守旧。他们把甲午战败作为契机，痛陈变法维新的迫切性与必要性。梁启超认为：“中国之有群众的政治运动，实自此始。”他们建立以民主参政为主要目标的学会，通过“集群”促进思想一致和组织团结，把晚清社会上那些涣散的力量，召集在一起，逐渐凝聚成具有崭新生命力的社会力量，以达到“广开民智”的目标。

1895年8月，康有为在北京创办《中外纪闻》，并联合朝中大臣文廷式等，组织强学会，定期集会讲演。他们以学堂作为传播维新思想、培养维新运动骨干的基地。青年士子因康有为富于情感的演说而热血沸腾，又因思想变化而波及亲朋好友。各种新式报刊如雨后春笋般出现，1896年1月，《强学报》创刊，影响巨大。由梁启超主笔的上海《时务报》和严复在天津创办的《国闻报》，则居于南北舆论界的领导地位。光绪二十一年至二十四年3年间，全国出现了约60种报纸。这些报刊猛烈地批判封建主义的旧文化，鼓吹资产阶级的新文化，形成举国上下“家家言时务，人人谈西学”的壮观景象。“物竞天择，适者生存”，人类进化的思想也深入人心。张之洞称赞《时务报》“为中国创始第一种有益之报”，可见维新思想在官员中也颇有影响。

1897年底，康有为上第五书。尽管慈禧太后已“归政”光绪，但实际仍然操纵着晚清的内外大权。一些中央和地方的高官显宦趋炎附势，跟随慈禧太后，形成了“后党”集团。年轻的光绪帝不甘心于傀儡皇帝的处境，意欲图治，振兴国家。于是，活跃在光绪帝周围的翁同龢、志锐、文廷式等官员，看到了施展才能的机会，便渐渐组成了“帝党”，“帝党”与“后党”的政权斗争是非常尖锐的。甲午战后，光绪帝忧危之心愈切，急求自强雪耻之方。当听说康有为等发起维新运动，光绪帝为之兴奋不已。他欲召见康有为，但奕䜣以康有为非四品以上官员为由阻止召见。1898年初，光绪帝命翁同龢、李鸿章、荣禄等人与康有为会谈。尽管康有为受到李鸿章、荣禄的刁难，却得到了帝师翁同龢的赏识。1月29日康有为遵旨上第六书。此后又呈上《日本明治变政考》、《俄罗斯彼得变政记》，还上呈第七书。光绪帝从康有为等人的变法奏疏中深受启迪，思想大进。在民族危机刺激和维新运动的影响下，光绪帝决意维新变法。6月11日，光绪帝颁布了“明定国是”诏书，宣布变法。在维新派、帝党和洋务派地方人员的联合参与下，维新运动进入了高潮。

刘光第像

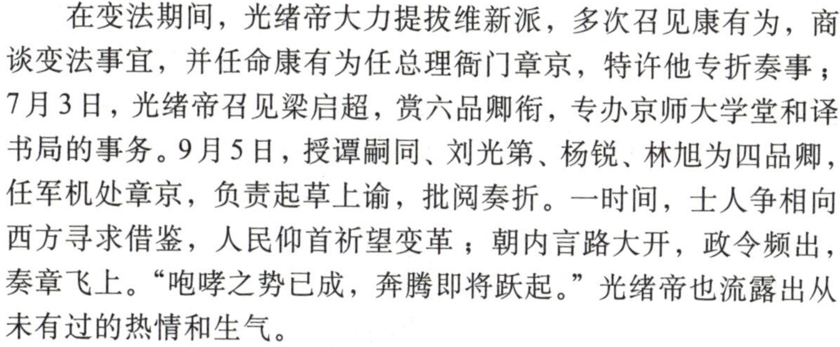

在变法期间，光绪帝大力提拔维新派，多次召见康有为，商谈变法事宜，并任命康有为任总理衙门章京，特许他专折奏事；7月3日，光绪帝召见梁启超，赏六品卿衔，专办京师大学堂和译书局的事务。9月5日，授谭嗣同、刘光第、杨锐、林旭为四品卿，任军机处章京，负责起草上谕，批阅奏折。一时间，士人争相向西方寻求借鉴，人民仰首祈望变革；朝内言路大开，政令频出，奏章飞上。“咆哮之势已成，奔腾即将跃起。”光绪帝也流露出从未有过的热情和生气。

作为新兴资产阶级的代表，维新派所倡导的这次变法运动颇具有近代资产阶级政治改革的色彩。他们从洋务派的实践中吸取教训，逐渐转向政治体制改革。其主要内容包括：广开言路，准许民众自由上书言事，严禁官吏加以阻拦；裁减绿营，裁汰冗员，撤销官府中的闲散机构；新法练兵，允许满洲旗人自谋生路；设立译书馆，编译新书。维新派本来想达到“革旧维新”的改革目的，以“救亡图存”。然而，由于封建守旧派根深蒂固，“君权至上”思想是难以动摇的，诏令中亦未提及君主立宪的内容。变法只能“托古改制”，政令仍出于皇帝。

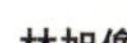

林旭像

维新派极力倡导了资本主义近代化的建设方案，这在其经济政策中显得尤为突出：在中央设立农工商总局，鼓励私人创办近代实业；鼓励民间筹资，商办铁路等国家基础设施；创立新式邮政体系，裁撤驿

站；规划国家预算、决算，开办近代银行；鼓励民间投资、开办矿业等等。维新派代表谭嗣同认为，“为君”之本在于为“民”办事，因此其经济措施中对民间经营大为提倡，并力图通过建设起国家金融机制，来支持新式的经济发展。

在维新之前，康有为就冲破封建统治“独尊”、“一统”的牢笼，为西学的输入和科学文化的发展开辟了道路。他写成《新学伪经考》、《孔子改制考》，攻击“新学”，指斥“伪经”，引导知识分子去怀疑古代经典，掀起了批判旧文化的热潮。与此相对应，维新派在文教政策中，也体现出对封建教育的反叛精神。维新派把改革教育、兴办学校置于极高的地位，集中体现了维新派的教育特色。梁启超曾大声疾呼：“变法之本在育才，人才之兴在开学校。”他们提出了一系列推进中国教育近代化的主张，如废除八股，提倡西学，改革旧学，倡办女子学校，积极派遣留学生等等。此外，他们还在各地兴办学堂，用西式的教育理念，对近代教育进行改革。在这些学校中，走出了一批批先进的爱国知识分子，后来成为推动近代社会发展的骨干力量。在这些新式学堂中，尤为夺目的是“京师大学堂”（北京大学前身）的创办。它汇聚了各界的优秀人才，成为近代教育的楷模。在此期间，清政府还设立了译书局，翻译外国新书；允许自由创立报馆、学会；其目标就是介绍传播西学，抨击封建纲常伦理，揭露八股取士制度的弊端，实现“新民”理想。

荣禄像

此外，在军事方面，维新派倡导裁汰冗军，力行保甲，训练海陆军，用西法操练，使用洋枪，对中国军队的近代化建设也大力提倡。

光绪帝的一系列变法举措受到开明人士的热烈欢迎，满朝上下一时“欢声雷动”。但是同时，维新派和守旧派的斗争、帝党和后党的矛盾冲突也随着变法运动的高涨而变得更为尖锐，国内的政治局势变得异常严峻。变法触动了顽固守旧派的既得政治利益，因此遭到他们顽固的抵制和疯狂的反对。变法开始没几天，慈禧太后就迫令光绪罢去积极支持变法的户部尚书翁同龢之职；规定朝廷二品以上命官完全听从太后旨意；提拔荣禄为直隶新任总督，全面掌管京城禁卫军队。这三道命令一发，光绪帝及“帝党”主要成员顿时束手无策，因为他们手中的军权、行政大权都被剥夺了。这样一来，精锐的北洋三军为“后党”牢牢控制。维新派的处境非常艰难，随时有被擒杀的危险。军队的整顿，为顽固派发动政变完成了准备工作。

袁世凯像

9月，康有为鼓动光绪皇帝改官制，开懋勤殿，立刻激化了帝

南海瀛台

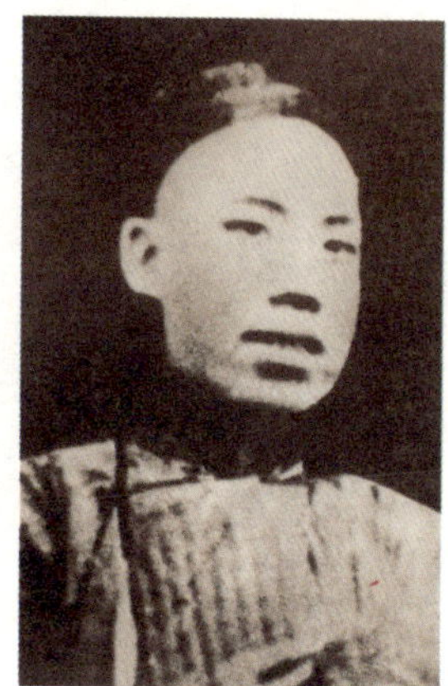
杨深秀像

后两党的矛盾，新旧党争顿成水火之势。光绪皇帝赴园请示开懋勤殿，即遭太后严斥，变法形势急转直下。9月15日，惊慌失措的光绪帝授密诏给杨锐，要求他们迅速商讨对策。在此危急关头，维新派决定拉拢掌握新建陆军的袁世凯来对付慈禧太后和荣禄。16日，光绪帝召见袁世凯，赏以侍郎衔，专办练兵事宜，顿时引起朝野震骇。后党迅速作出反应，“即调聂士成守天津，以断袁军入京之路，调董福祥军密入京师，以备大举”。新旧两党似要大动干戈。18日深夜，谭嗣同面见袁世凯，劝其杀掉荣禄。袁世凯信誓旦旦，当即答应。20日，慈禧太后自颐和园还宫。光绪帝再召袁世凯，令其保护新政。可是袁世凯却赶回天津向直隶总督荣禄告密。

9月21日凌晨，慈禧太后突然发动政变，光绪帝被迫发布诏书，宣布即日起太后临朝训政。光绪皇帝被软禁瀛台。“百日维新”至此结束，变法运动宣告失败。之后，后党下令搜捕维新党人。康有为、梁启超逃往海外；谭嗣同甘为变法流血牺牲；28日，谭嗣同、杨锐、林旭、刘光第、康广仁、杨深秀6人，被杀于北京菜市口，时人称之为“戊戌六君子”。其他维新派和大批参与维新及倾向变法的官员，也多被放逐。这就是近代史上著名的“戊戌政变”。“新法”内容除京师大学堂外，全部被保守派推翻。

“戊戌变法”虽然中途夭折，但光辉永照人间。“戊戌维新”作为一场社会变革运动，是对19世纪中期以来洋务派思想的重大突破和发展。维新派鼓吹变法改革，敢于突破传统观念，大力宣扬西方政治改革，在一定程度上打击了封建官僚制度，给资产阶级提供了参政机会。他们提出的“开民智，新民德，厚民力”体现

谭嗣同像

康广仁像

了资产阶级的“改革”和“进化”思想，是对国人民族性改造的先声，体现了特殊时代下的特殊要求。“戊戌变法”也是一场由资产阶级领衔发起的近代思想文化运动，“体现了国人追求近代化的最初自觉”。维新志士“以罹杀身灭族之祸来从事改革”，俨然是时代的斗士。他们于国难最重之时挺身而出，用自己的躯体“搭起了一座由改良导引到革命的桥梁”，为社会带来了启蒙与觉醒。这将是“百日维新”对于中国的最伟大的意义。

## 九、义和团运动与八国联军侵华

中日甲午战争后，帝国主义在向中国大量输入资本的同时，大肆强占“租借地”和划分“势力范围”，掀起了瓜分中国的狂潮。在这个列强瓜分中国、教会势力日益猖獗的危急关头，广大农民、手工业者等阶层纷纷行动，继资产阶级维新派发动“戊戌变法”运动之后，发起了规模空前的反帝反侵略爱国斗争。“义和团”就是其中最著名的反帝爱国运动。

“义和团”原名“义和拳”，由义和拳、八卦教、梅花拳、大刀会等民间秘密组织，经过长期的融合而结合成的。“义和团”的参加者主要来自社会最底层，但也有相当一部分人是手工业者、城市贫民、小商贩。作为民间自发产生的团体，“义和团”体现了中国社会一些传统的观念。其基本组织被称为“坛”，作为发号施令的领导机关，也是“义和团”内部团聚群众、烧香拜神的场所。在“义和团”的每一“坛”里，都供奉着许多神仙，诸如玉皇大帝、洪钧老祖等等。这是支持他们的共同信仰。在他们的内部，也有一定的等级层次，比如，“义和团”首领称“老师”或“大师兄”、“二师兄”。这些“坛”之间，彼此关系平等，互不统属，各自决断内部事务；惟有在大家需要联合行动时，他们才会“写帖约集起事”，号召民众为共同的目标和“义和团”的切身利益而斗争。

义和团民

众所周知，“义和团”当中有许多非常杰出的领袖人物，如山东的朱红灯、北京的李来中、天津的张德成等。这些组织者，本人武艺高强，侠肝义胆，通过练习拳棒，念咒降神，将广大会众集合在一起。“义和团”更大的特色是，其中不乏英勇的女子，她们组成了“红灯照”组织。在她们当中，大者有十七八岁，小者十岁左右。成年妇女还组成了“蓝灯照”。此外还有其他妇女练拳组织。由于红灯照人数最多，所以，“红灯照”就成为了“义和团”妇女组织的总称。

山东是“义和团”的发源地，这与其深刻的历史背景有着密切的联系。早在甲午战争期间，山东人民就备受日本侵略者的蹂躏。在帝国主义瓜分中国的狂潮中，山东更是成为外国列强竞相争夺的目标。19世纪末，外国教会势力相继深入到山东各地。不少传教士通过窃取情报，霸占田产，无耻地掠夺中国百姓的财产，并纵容教徒为非作歹，肆意逞恶。帝国主义通过这些教会深入到中国城市和乡村，进行侵略活动，而清政府的一些官吏却站在帝国主义势力一边，“护教抑民”，以致人民备受传教士的欺凌。这样，“反洋教”斗争就很自然地成为了近代中国人民反帝爱国斗争的导火索。

在这场反帝反封建的革命浪潮中，各地义和团曾先后提出“顺清灭洋”、“助清灭洋”、“兴清灭洋”、“保清灭洋”的口号，而最终的口号则是“扶清灭洋”。但是，由于农民阶级自身的落后性，“义和团”的这一口号既有爱国反帝性质，同时也表现出落后的封建意识和笼统的排外情绪。1899年，朱红灯率领义和拳在山东西部和西北部进行反洋教斗争，附近各县纷纷响应。声势浩大的“义和团”自然引起了清廷的密切关注。清政府下令把义和团镇压下去，但未见成效。1899年3月，清政府撤换镇压义和团不力的山东巡抚张汝梅，改派毓贤，全权负责山东地区镇压义和团的行动。毓贤在镇压义和团的军事行动遭到失败后，认为应对“义和团”软硬兼施，于是他建议清廷招抚义和团。这一建议最终得到了清廷的默许，战事稍稍平息。

然而，“义和团”运动在山东的蓬勃发展，使在华的帝国主义列强感到了危机。他们要求清政府严禁义和团活动，用强制手段镇压义和团。清政府于是改派北洋的头目袁世凯担任山东巡抚。1899年12月，袁世凯带领他的“新建陆军”7000人到济南，疯狂地屠杀义和团。“义和团”民众在袁世凯的陆军面前，寡不敌众，为保全实力，各地民众开始秘密地离开山东，纷纷北上，向京津地区汇聚。

1900年初，“义和团”主力渐渐集中到直隶的天津、保定、通州一带，另一部分到了山西。同年夏天，义和团进入北京。“义和团”进入北京和天津后，老百姓和清军许多士兵纷纷参加。北京城里顿时呈现出一派革命的新景象，参加义和团的群众不下10万人。在清末的京城和天津城里，满街都是反帝的标语、“灭洋”的旗帜。人们完全被一股反帝灭洋的激情包围着，京城地区的反洋教斗争已经渐进高潮。

面对声势浩大的义和团反帝灭洋运动，帝国主义各国十分仇视和害怕。各国驻华公使纷纷向本国政府告急，要求直接出兵维护其在华利益。在这种情况下，帝国主义又一次走到了一起。英、美、俄、法、德、日、意、奥等八国迅速组成侵华“联军”，由英国海军司令西摩尔率领。“八国联军”以镇压“义和团”运动为借口，浩浩荡荡地奔杀而来。中华民族又一次面临着严峻的考验。

6月6日，一部分侵略军从大沽口登陆，在天津城外和义和团遭遇。6月10日，联军拼凑2000多人，向北京进犯；但在廊坊附近遭到义和团民的阻击，不得不败归。而联合舰队则在6月17日攻占了大沽炮台，随后向天津进犯。在曹福田、张德成的率领下，义和团分别在老龙头车站和紫竹林地区与八国联军展开了激战。

6月21日，清廷发布宣战上谕，声称要与列强“一决雌雄”。但随后，慈禧太后又马上向各国使节发出电报，请求各国政府对这一事件的谅解。这种乞降的行动，无非是想缓和清廷与列强的矛盾，从而共同打击“义和团”。她极尽能事，不断地向东交民巷使馆赠送礼品。但是，帝国主义却愈发疯狂。不久，天津、北京相继被攻陷。在国朝危急的形势下，惊慌失措的慈禧太后身着一套村妇服装，与光绪、皇后及一班大臣，趁夜从紫禁城里逃了出来，在经过半个月的奔波之后，到达西安，以躲避京师的风浪。

八国联军从大沽口登陆

义和团与联军鏖战图

9月间，侵略军改由德国元帅瓦德西任总司令，借口搜捕义和团，

八国联军进入紫禁城

慈禧太后在轿中

继续扩大侵略。10月，英、德、法、意四国侵略军由北京出发；另一支法、德侵略军由天津出发，侵占了保定，进至山西。11月，德、意侵略军由北京出发向张家口一带进攻。与此同时，沙俄还单独出兵10余万，侵占了东北三省。侵略军每到之处，都无一例外地进行烧杀淫掠，肆虐无度。

在逃往西安的途中，惯于耍两面派的慈禧太后仍然不忘剿杀义和团，甚至无耻地请求八国联军“助剿”。一味地卖国求荣，其结果只能是国家的沦丧。当议和全权代表李鸿章、奕劻把列强拟好的条款传送给慈禧后，慈禧见其中没有将她作为祸首加以惩办，就命二人尽快签约。1901年9月7日，英、俄、德、法、美、日、意、奥、比、荷、西等十一国迫使清政府签订了《辛丑条约》。通过该条约，外国侵略者向中国勒索巨额赔款，在华势力大大增强，而中国则陷入半殖民地半封建社会的深渊。从此，帝国主义控制和操纵了中国的政治、财政和贸易。以慈禧太后为首的清政府，从此政治上更为黑暗腐朽，充当了西方列强控制中国的工具，成为事实上的“洋人的朝廷”。

## 十、清末新政

“戊戌政变”之后三年，颇具创新意义的变革再度波及全国。这就是为晚清人所津津乐道的“清末新政”。

“八国联军”侵华战争使微服出逃的慈禧太后颠沛流离、威严

丧尽。风雨飘摇中的清王朝，更让她震撼颇深；而朝廷之中已不乏议政改革之人。光绪二十七年，张之洞、刘坤一联衔会奏《变通政治人才为先遵旨筹议折》、《遵旨筹议变法谨以整顿中法十二条折》和《遵旨筹议变法谨以采用西法十一条折》，即“江楚会奏三折”。慈禧太后看后，极为满意，当即认为“事多可行”，有助于清政府恢复元气。于是，她命令大臣以这“江楚会奏三折”为范本，发起了大规模的社会改革运动。

1901年，慈禧太后与光绪发布“变法”上谕，堂而皇之地声称“世有万古不易之常经，无一成不变之治法”，准备实施“新政”。4月，清政府筹划了一个督办政务处，作为负责新政的专门机关。然后，清政府又多次颁布诏书，声称挽救清朝上下的唯一之举，在于变法自强，别无他法。这样，近代有名的清末改革运动就急匆匆地被搬上了历史的舞台。

作为新政重要内容的军制改革，其要点在于编练新军。1901年，清政府下诏停止武科举，淘汰绿营。1903年设立练兵处，以奕劻为总理大臣，计划在全国编练陆军常备军。各省成立督练公所，作为领导编练新军的机构。1905年，清政府在中央成立巡警部，派徐世昌为巡警部尚书，较之旧式湘淮勇营，新军编制均采用西法，连指挥也多由军事学堂出身或赴国外学习军事归来者担任，这就使军队的战斗力大大增强。这一切都标志着“新政”在军事近代化方面有了质的飞跃。

清政府还着力强化中央政府效能，提出要改革行政机构，改总理各国事务衙门为外交部，改刑部为法部；首设商部、邮传部；整饬吏治，简化各官署公文形式，取消书吏；削弱地方势力；加强财政与金融的集中与统一。这些措施意味着清政府已在某种程度上突破了相沿已久的“祖制”，开始朝着近代化的国家建制推进。

清政府对振兴工商实业也非常重视。商部的地位仅次于外交部，由皇族宗室担任尚书，并聘请资产阶级上层人物张謇等为顾问。商部以“保护开通”工商实业为宗旨，力革“耻言贸易”的旧观念，奖励工商实业。清政府在经济改革上的转轨，极大地鼓舞了民族资产阶级投资实业的热情。“民之投资于实业者若鹜”，这对中国近代化进程起了推波助澜的作用。

这些变动亟求大批新式人才。1901年，清政府通令各省书院一律改为大学堂，各府州县学改为中、小学堂。1903年，清政府颁布各类学堂章程，统一全国学制。1905年，清政府正式废除科举制度，成立学部。此外，清政府还令各省派遣官费留学生，为

中国现代教育奠定了基石。

1903年以后，“立宪”呼声渐渐高涨。国内立宪派、大大小小的地方掌权人物纷纷奏请“立宪”。这迫使清政府采取“预备立宪”措施，以缓解压力，消弭革命。1905年底，清廷首先派出了载泽等五大臣出洋考察宪政；1906年9月1日，清廷颁布“预备仿行宪政”的上谕；但又以“目前民智未开”为幌子，宣称不能立即实行宪政，当务之急是改革官制，广兴教育，整顿武备，作好预备立宪准备；待各项措施初具规模之后，再参用各国成法，议定立宪时间，“仿行宪政”实际上仍是一纸不能兑现的空头支票，在当时的环境中根本不可能实现。

溥仪像

1908年8月，清政府颁布了《钦定宪法大纲》23条。这个大纲公布不久，体弱多病的光绪皇帝在无奈的叹息中去世，慈禧太后于是指定醇亲王载沣年仅3岁的儿子溥仪入继大统，年号宣统(1909—1911)。然而，历史总是充满了戏剧性的变化，就在光绪死后的第二天，统治中国半个多世纪的慈禧太后也离开了人世。宣统帝年幼继位，在这样一个激烈变动的时代，他注定要成为历史的牺牲品。就在继位典礼上，年仅3岁的溥仪被钟鼓齐鸣和三呼万岁声吓得直哭。他的父亲、摄政王载沣只好不停地安慰他说：“快完了，快完了！”这句话似乎与历史也有很大的巧合。满清覆灭之后，那些顽固不化的遗老遗少仍然在怪罪摄政王，指责他在登基大典上的那句“快完了”，把大清朝的江山给葬送了。

载沣像

1909年10月，各省“咨议局”成立；次年9月，中央“资政院”成立，同时宣布缩短“预备立宪”的期限为5年，定于宣统五年召开国会。1911年5月8日，清廷裁撤军机处，设置责任内阁。在内阁总理、协理和各部大臣13人当中，满族贵族9人，汉族官僚仅4人；而9个满族贵族中，皇族又占7人，汉族大臣比例大大减少。在整个清朝统治的200余年中，从来没有出现过这样的现象。所以，当时人们讽之为“皇族内阁”。清朝政府的背信弃义使得立宪派纷纷抛掉幻想，很多人从此走上了反抗清政府的政治道路，成为辛亥革命中一支强大的右翼力量。1911年10月，武昌起义爆发，清廷为挽救局势，又颁布了《宪法重大信条十九条》，但此时已无法挽救它灭亡的命运。

皇族内阁

孙中山像

## 十一、中国同盟会与辛亥革命

中国同盟会是第一个全国性的统一的资产阶级政党。早在1894年冬，其创立者孙中山（1866—1925）就怀着推翻清朝统治、建立资产阶级共和国的远大抱负，到檀香山华侨中宣传革命，联合20多位华侨成立了中国第一个资产阶级革命团体“兴中会”。在“兴中会”入会的秘密誓词中，孙中山明确地规定了革命的目标是：“驱除鞑虏，恢复中国，创立合众政府。”兴中会的成立标志着中国资产阶级革命派的初步形成。

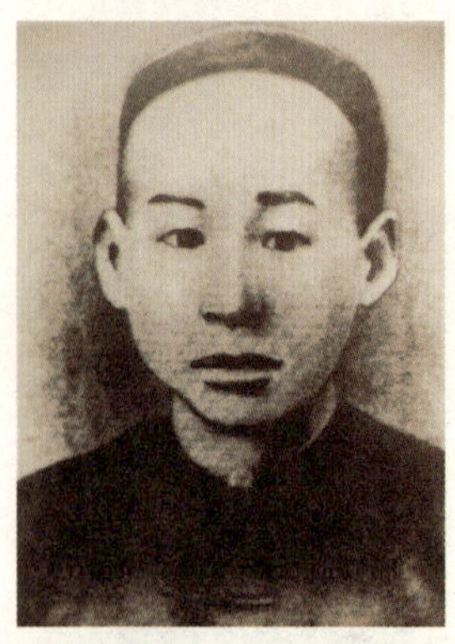
陆皓东像

兴中会成立后，孙中山就策划举行了广州起义，因消息泄漏而失败，陆皓东等人牺牲。1900年10月，孙中山又策划了惠州起义，起义虽然失败，但赢得了人们的同情和支持。与此同时，孙中山、章太炎、邹容、陈天华等资产阶级革命宣传家与保皇改良派的康有为、梁启超等人展开了论战，迅速占领思想阵地，使民主革命思想得到了更广泛的传播，进一步壮大了革命派的力量。他们所撰写的一些宣传民主革命的著作和文章，如《驳保皇党》、《驳康有为论革命书》、《革命军》、《警世钟》、《猛回头》等在广大青年当中，尤其是青年学生与新军士兵当中，备受欢迎，促使他们走上了资产阶级民主革命的道路，民主革命的风潮即将到来。

章太炎像

到1904年前后，资产阶级革命团体相继在国内出现。其中影响较大的有湖南以黄兴为会长的“华兴会”、浙江以蔡元培为会长的“光复会”等。1905年7月，孙中山经南洋到达日本，倡导将全国的革命团体联合起来，推动民主革命运动的蓬勃发展。他的倡议得到了黄兴、宋教仁、陈天华等人的赞同和支持。7月30日，华兴会、光复会、兴中会等革命团体70多位代表在日本东京召开筹备会议，决定成立一个联合团体，定名为“中国同盟会”，并以孙中山提出的“驱除鞑虏，恢复中华，创立民国，平均地权”十六字纲领作为同盟

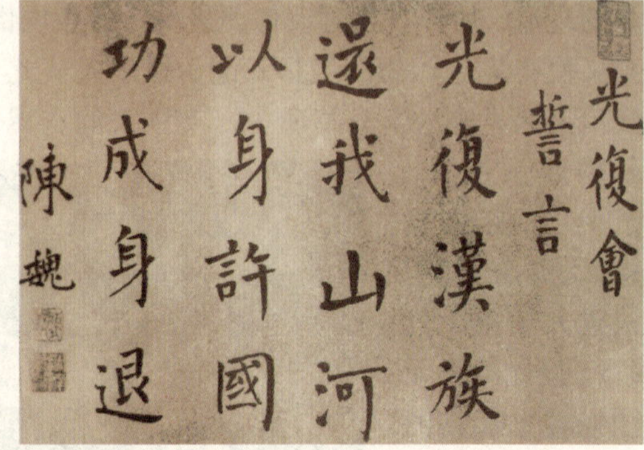

光复会誓词

会的宗旨。大会一致推举孙中山为总理，建立了领导机构，通过了《中国同盟会章程》，同时决定按照黄兴的提议，将《二十世纪之支那》杂志改名《民报》，作为同盟会机关报，用以宣传革命。8月20日，中国同盟会在东京举行成立大会。

蔡元培像

1905年11月，孙中山在《民报》发刊词中，进一步把同盟会的政治纲领阐发为“民族、民权、民生”三大主义，即资产阶级民主革命的旧“三民主义”。民族主义，是指纲领中的“驱除鞑虏，恢复中华”的内容，也就是要推翻清朝贵族集团在中国的统治，解除满族贵族集团对汉族的民族压迫，变半殖民地的中国为民族独立的中国。民权主义，是指纲领中的“创立民国”的内容，也就是要推翻君主专制政体，建立一个资产阶级民主共和国。民生主义，是指纲领中的“平均地权”，就是要逐步改变封建土地所有制，实行“土地国有”。三民主义虽然不可避免地带有时代和阶级的局限，但它毕竟充分体现了资产阶级在政治经济上的要求，反映了当时中国人民要求民族独立、民主权利和追求幸福的迫切愿望，在中国资产阶级民主革命运动中起了积极作用。

黄兴像

同盟会本部设在东京，按三权分立的原则，总理之下设执行、评议、司法三部。执行部由总理直接管辖，下设庶务、内务、外务、书记、会计、调查六科。六科中以庶务科最为重要。第一任庶务总干事由黄兴担任。评议部设评议长一人，评议员数人，评议长为汪精卫。司法部设判事长、判事和检事长，判事长为邓家彦，检事长为宋教仁。同盟会还有设于香港的南方支部和设于上海的中部支部。国外设四个支部，即南洋支部、欧洲支部、美洲支部、檀岛支部。支部之下设立分会。同盟会在国内各省区都有分会，黄兴、宋教仁、秋瑾等人都曾被推举为主盟人。中国同盟会成员中小资产阶级及其知识分子遍及农业、工业、商业等各领域，具有较广泛的群众基础。同盟会成立不到一年，入会者已逾万人。

黄兴（前排左一）、宋教仁（前排左四）等合影

同盟会的成立，使中国有了一个全国性的资产阶级革命政党。在它的领导下，资产阶级民主革命出现了崭新的面貌。

成都血案

同盟会成立后最重要的实践活动，就是策划和发动了一系列反清武装斗争。1906年，在湘、鄂、赣交界处爆发的“萍浏醴”起义，是同盟会成立后的首次发难，起义部队一度达到3万多人。此后，孙中山、黄兴等人在广东地区又连续发动了多次武装起义。徐锡麟、秋瑾在浙江发动起义时被捕遇害。革命党人总结了起义失败的经验教训，把起义的主要力量从会党转向新军，发动了安庆、广州新军起义。1911年4月27日，“黄花岗之役”爆发，震动了全国。由于缺乏充分的群众基础，发难条件也不够成熟，以及领导不力等种种原因，革命党人所领导的多次起义都以失败告终。但是，这是一股扑不灭的烈火，正向中国政治权力的中心袭来，清政府的封建统治已危在旦夕。

吴玉章像

“皇族内阁”成立后，清政府正式宣布铁路干线国有政策，并且同四国银行签订借款合同，使四国掌握了路权。于是，由立宪派发动的“保路运动”风潮涌起。“保路运动”的烈火首先从湖南点燃，而以四川的“保路运动”最为激烈。由于四川总督赵尔丰下令开枪射杀民众数十人，制造了震动一时的“成都血案”，使保路运动发展成武装暴动。9月25日，同盟会员吴永珊（玉章）、王天杰带领东路同志军在荣县宣布独立，建立了全国第一个革命政权。清政府急忙调集湖北的新军前往四川镇压起义，从而造成湖北守备空虚，间接地导致了辛亥革命的爆发。从这个意义上说，“保路运动”也可以作为埋葬清王朝的革命之导火索而载入史册。

1911年，正当四川“保路运动”日益高涨的时候，湖北的革命团体在同盟会的推动下，开始积极准备起义。革命党人在武昌设立起义总部，由蒋翊武任总指挥，孙武任参谋长。1911年10月9日，孙武等人在汉口俄租界制造炸弹时，引来巡捕搜查。汉口指挥部遭破坏，刘复基、彭楚藩等革命党人被捕。

孙武像

蒋翊武像

10月10日，湖广总督瑞澂下令杀害被捕人员，实行全城戒严。武汉三镇顿时一片恐怖，只见军警在市井间呼啸而过。但是，起义军毫不退缩，趁着星夜临时策划起义。7时许，革命党人打响了起义的

**武昌起义** 现代 · 王征骅

**黎元洪像**

第一枪！共进会会员、工程营士兵熊秉坤率队起义，首先冲向楚望台军械库夺取弹药。军械库守军中的革命士兵闻风响应，一举占领了楚望台。随后，他们汇集各营队和军校学生，直奔总督衙门。经过浴血奋战，总督府被攻陷，瑞澂等官员狼狈逃窜。11日清晨，起义军控制了武昌，建立湖北军政府。12日晨，起义军又占领汉口和汉阳。资产阶级革命在武汉三镇的胜利，大大地增强了革命党的斗争信念，然后，他们着手军政府的建设，新军协统黎元洪被革命党人用手枪逼着做了军政府的都督。

“武昌起义”的胜利旗帜，召唤着全国革命党人和人民群众投入埋葬清王朝的战斗。到11月下旬，全国已有湖北、湖南、陕西、山西、云南、贵州、浙江、江苏、广西、安徽、福建、广东、四川13个省和上海市，相继起义，宣布独立，迅速形成了资产阶级民主革命的高潮。1911年是农历辛亥年，因此以10月10日“武昌起义”为标志的革命，被称作“辛亥革命”。

**湖北军政府**

11月，起义各省代表在汉口英租界举行会议，着手中央政府的筹备工作，制定了《临时政府

各省代表在南京开会

组织大纲》。12月14日，会议改在南京召开，准备举行大总统选举。但不久，革命党听到了袁世凯赞成共和的消息，于是决定暂缓选举。在临时政府准备的过程中，革命党内部并未风平浪静，一些潜藏在革命内部的旧势力代表不断地制造事端，企图夺权。他们来势汹汹，一时间对革命震撼很大。正在此时，孙中山于12月25日由海外回到上海，极大地声援了革命党人的气势，使革命形势大为好转。由于孙中山在革命党人中享有崇高的威望，遂被与会代表选举为临时大总统。大会还改国号为“中华民国”，定1912年为民国元年。

孙中山当选临时大总统

1912年元旦，孙中山在南京宣誓就职，宣告“中华民国”正式成立。1月3日，各省代表会议通过了孙中山提出的各部总长9人名单及各次长名单，并选举黎元洪为临时副总统，1月28日，临时参议院在南京成立。至此，以孙中山为首的、包括资产阶级革命派、立宪派和旧官僚三种势力联合组成的中华民国临时政府，正式确立下来。

临时政府成立后，颁布了一系列新政策和法令：人民享有言论、出版、请愿、结社的自由；公民有选举权和被选举权；废除封建等级制度，革除前清官吏称呼，废除跪拜礼；鼓励兴办实业；废除旧式教育，提倡德育、美育等。

孙中山召开第一次内阁会议

南京临时政府是基本依据三权分立的原则，按照美国模式建立的总统制的中央政权。临时大总统在国家政权中负有实际政治责任，行使国家最高行政权。总统虽然要受临时参议院的限制，但临时参议院并不具有对总统的弹劾权和实际上的制约权。南京临时政府的立法权由临时参议院行使。临时参议院由各省都督府分别选派参议员3人组成。根据《中华民国临时政府组织大纲》规定，参议员职权为立法权、财政权、任免权、顾问权、外交权等五项。

辛亥革命是中国近代史上一

次伟大的反帝反封建的资产阶级民主革命，它建立了“中华民国”，并在古老的中国传播了资产阶级民主共和的思想，使之深入人心。但是，资产阶级革命派所建立起来的南京临时政府存在着严重局限性，主要表现在没有满足农民对土地的要求，对帝国主义抱有极大幻想，甚至公开申明承认帝国主义同清政府签订的不平等条约和外债。由于资产阶级政治上的软弱性和革命的不彻底性，它不可能充分依靠和发动广大群众，致使这次革命没有完成反帝反封建的革命任务，没有改变中国半殖民地半封建社会的性质，仍然属于旧民主主义革命的范畴。

临时参议院成立

## 十二、袁世凯窃国

袁世凯是晚清的一个实力派人物。“八国联军”入侵中国后，中国政坛动荡不宁，只有袁世凯的新军独自保存下来，这为他日后独揽军政大权保留了资本。李鸿章死后，袁世凯受命署理直隶总督、北洋大臣。在以后几年里，他还兼任了练兵处会办大臣、政务大臣等要职。袁世凯正是借编练新军、强兵保种之机，进一步扩充了武装力量，逐渐形成为近代一个颇具实力的武装政治集团，即北洋军阀集团。从此，袁世凯集清政府的内政、外交、军事等大权于一身，成为左右清廷的重要人物。袁世凯势力的强大使清政府深感不安，1907年，清廷为削减他手中的权力，采用“明升暗降”的办法，任命他为军机大臣兼外务会办大臣。但是，形势又很快发生了变化。宣统皇帝即位后，摄政王载沣以其有“足疾”为由，命其回原籍养病，解除了袁世凯的一切职务。但老谋深算的袁世凯并未回原籍，而是躲在交通便利的彰德，操纵旧部，伺机再起。

“武昌起义”爆发后，清政府派荫昌率北洋军队去武昌镇压革命，但北洋军主要将领多不服从荫昌指挥，清政府只好再度起用袁世凯。袁世凯趁机跟清政府讨价还价，并以武力相要挟。清政府终于同意袁世凯来担任内阁总理，重掌军政大权。11月1日，袁世凯在得到满足后，指挥北洋军攻陷汉口，然后又带领大队人马回到北京，并于11月16日组成袁世凯“责任内阁”，掌握了全国统治权。面对全国形势，袁世凯看到清朝统治已经濒临危亡，而想要靠自己的力量扑灭革命烈火，也并不容易。于是，他决定利用革命党人的软弱性，派人南下与革命党人谈判，准备窃取辛亥革命果实。

12月18日，袁世凯的代表唐绍仪和南方各省军政府的代表伍廷芳，在上海开始了和平谈判。同时，袁世凯又勾结伪装革命的旧官僚和某些立宪派分子，对革命党人进行攻击，而立宪派也希望袁世凯出山维持秩序，稳定动荡的局面。孙中山对袁世凯的为人早有认识，但是在革命的关键时刻，资产阶级革命派却需要借袁之手推翻清廷，迅速实现“民族”、“民权”主义，这才是孙中山及革命党人所迫切希望的。因此，孙中山及革命派从一开始就对袁世凯抱有某种程度的幻想；在对封建势力的斗争中，也逐渐放弃了革命的主动权。袁世凯在获得南京临时政府让他当临时大总统的承诺后，于1912年2月12日，威逼清帝溥仪退位，中国两千多年的封建君主政体宣告终结。但清帝逊位后仍享受着非常优厚的优待条件，比如，溥仪及身边的宫女、太监仍被允许住在紫禁城内，清王朝的金银财宝全部算作溥仪私产，民国政府每年付给溥仪“优待费”400万元，宣统年号仍允许在宫中沿用。由此可见，在清帝退位问题上，民国政府作出了巨大的让步与妥协，更说明了“辛亥革命”的不彻底性。

袁世凯像

2月14日，袁世凯宣布赞成“共和”，孙中山提出辞职。2月15日，临时参议院在南京选举袁世凯为“中华民国临时大总统”。为限制袁世凯的权力，孙中山提出新大总统须到南京就职及遵守《中华民国临时约法》等条件。但袁世凯又施展诡计，表面上表示自己极愿南下就职，暗地里却指使亲信制造兵变，迫使南京方面不得不同意他在北京就职。3月10日，袁世凯就任临时大总统。4月1日，孙中山正式宣布解除临时大总统职务。

宋教仁像

在袁世凯窃据“临时大总统”一职之后，孙中山决定从事实业，宋教仁继续领导了同盟会的工作。他主张通过改组同盟会，建立第一大党，组织“责任内阁”，以限制袁世凯，实现资产阶级民主政治。8月25日，同盟会与几个小党合并，在北京改组为“国民党”，仍然推举孙中山为理事长，黄兴、宋教仁等为理事，但实权掌握在宋教仁手中。1912年12月至1913年初，全国举行第一

袁世凯与各国使节合影

次国会选举。为阻止宋教仁南下，袁世凯曾试图以金钱贿赂宋教仁。但耿直的宋教仁始终不为所动，毅然南下，周游长江中下游各省，开展了积极而有成效的竞选活动。竞选的结果是，国民党在众参两院中获得了392个议席，远远超过其他党派的总数，以绝对优势胜出。宋教仁兴奋不已，随即宣布将以多数党资格，成立责任内阁。国民党的胜利和宋教仁的政治抱负，引得袁世凯切齿痛恨。1913年3月20日，宋教仁在上海车站被袁世凯指使的刺客暗杀，时年32岁。

“刺杀宋教仁”的真相很快水落石出，原来幕后操纵者正是现任大总统袁世凯。“宋案”即是袁世凯镇压国民党的开始。真相大白之后，全国震惊。为了阻止人民反抗的声浪，袁世凯决心先发制人，于当年4月即取得帝国主义的支持，同俄、英、日、德、法5国银行团签订了《善后借款合同》。合同条目中规定，中国方面以盐税收入为抵押，借款2500万英镑，即所谓“善后大借款”，作为对内镇压的军费。袁世凯冒天下之大不韪，公然向共和制度发起进攻，激起了全国一致的声讨。孙中山坚决主张以武力对抗武力，用革命的行动来推翻袁世凯的反动统治。

6月初，袁世凯借口国民党籍的江西都督李烈钧、广东都督胡汉民、安徽都督柏文蔚“不服从中央”，下令免去其职务。国民党在北洋军重兵压境的情况下，被迫应战。7月15日，黄兴在南京组织“讨袁军”，并迫使江苏都督程德全宣布独立。随后，安徽、广东、福建、湖南、上海和重庆相继宣告独立。但是，由于北洋军先发制人，而革命派内部涣散，独立的各省也互不统属，孙中山虽有革命领袖的地位，却无统一的实权。8月，湖口、南昌相继陷落。9月1日，北洋军占领南京，革命的核心地带遭到重创，自然影响到周围地区的革命热情。在江苏地区为敌人控制之后，其他各省孤军难支，相继取消独立。轰动一时的“二次革命”仅持续两个月，便以失败而告终。革命派掌握的地方政权很快丧失，北洋军阀势力迅速扩大到了整个长江流域。孙中山、黄兴、李烈钧、胡汉民等再度流亡日本。

## 十三、军阀争权与旧民主主义革命的终结

袁世凯是清末民初封建军阀的代表人物。他窃取了“辛亥革命”的果实，又很快上演了一幕“洪宪帝制”的历史丑剧。在他残酷地镇压了国民党人发动的“二次革命”、以武力实现了他所谓的“统一”之后，便急于把“临时大总统”的称号变为“正式大总统”。于是，他指使党徒发表通电，要求先选总统，后制宪法。在他的淫威之下，国会议员在短短 的几天里，居然炮制出了一个《大总统选举法》。

1913年10月6日，袁世凯令国会匆匆进行选举。选举当天，他为了威逼国会议员，公开唆使数千地痞流氓，在选举大厅外堵截。议员们筋疲力尽，饥肠辘辘，从早上8点一直选到晚上10点，连续三次投票，才勉强“选”出袁世凯为“中华民国”首任“正式大总统”。袁世凯当选之后，那些雇来的地痞流氓也领了酬金，一哄而散。这个场景生动地表明“国民选举”是由袁世凯一手策划的一场政治骗局。10月10日，袁世凯身着戎装，煞有介事地在紫禁城太和殿前举行了“大总统”的就职仪式。

随即，袁世凯开始向国会和《中华民国临时约法》开刀。他借口国民党议员与“二次革命”有牵连，于11月4日悍然下令解散国民党，撤销国民党党员的议员资格。这样就使国会不足法定开会人数，名存实亡。他还授权御用机构政治会议召集约法会议，炮制了一个所谓的《中华民国约法》，并于1914年5月1日公布施行。约法的中心内容是改“责任内阁制”为“总统制”，规定总统可以无限制连任，可以指定继承人；设政事堂于总统府，作为协助总统掌管行政的办事机构。这个《中华民国约法》把大总统的权力扩大到和皇帝的权力一样。这样，袁世凯不仅可以终身做总统，而且可以传之子孙，俨然是一个封建帝王的作风。至此，袁

**"二十一条"签字仪式** 左排一、二分别为外交部次长曹汝霖、总长陆徵祥

世凯的野心暴露无遗，辛亥革命的成果丧失殆尽，"中华民国"只徒有虚名而已。

然而，袁世凯并不甘心，为了坐上梦寐以求的皇帝宝座，他不惜出卖国家和民族的利益，几乎全部接受了日本旨在灭亡中国的"二十一条"。袁世凯的亲信还组织了所谓的御用团体"筹安会"、"公民请愿团"，要求召开国会，解决国体问题。袁世凯故作姿态，经过一番表演之后，于1915年12月12日宣布顺应"民意"，接受帝位。次日，在北京居仁堂接受百官朝贺，大加封赏。31日，袁世凯废除"民国"年号，宣布改1916年为"洪宪元年"，并准备于元旦正式登基，史称"洪宪帝制"。

**蔡锷像**

袁世凯的复辟帝制活动，激起了全国人民的无比愤怒。在全国武力讨袁的斗争中，影响最大的是"护国运动"。1915年12月25日，蔡锷、唐继尧、李烈钧等联名通电各省，宣布云南独立，并组织了"护国军政府"和"护国军"。1916年元旦，"护国军"发布"讨袁檄文"，并分别向四川、贵州和两广进军。护国军锐不可挡，势如破竹，所到之处，频频告捷。同时期，由孙中山组织的中华革命党、国民党也在各省策动起义。袁世凯四面楚歌，深陷人民声讨的海洋，惶惶不可终日。

3月22日，袁世凯被迫宣布取消帝制。6月6日，袁世凯众叛亲离，忧疾交加，在全国人民的唾骂声中死去。次日，黎元洪依法就任正式大总统。29日，黎元洪宣布遵守《临时约法》，继续召集国会，恢复国务院，任命段祺瑞为国务总理。10月底，冯国璋被补选为副总统。

**李烈钧像**

孙中山、宋庆龄、廖仲恺、何香凝等在日本庆贺帝制取消

袁世凯死后，北洋军阀在帝国主义支持下，分裂而成三大派，加之原先一些地方势力的不断发展扩充，便形成了民初军阀林立、割据的政治局面。北洋军阀中最大的三个派系，一个是英美帝国主义支持的“直系”军阀，以冯国璋为代表，控制着苏、赣、鄂等长江流域最富庶的地区，以及北方的直隶、河南等省；一个是日本帝国主义支持的“皖系”军阀，以段祺瑞为首，控制着安徽、山东、陕西、甘肃、浙江、福建等省的广大地区；另一个是日本支持的、以张作霖为首的“奉系”军阀，控制着东北的庞大地盘。

大小军阀群龙无首，竟然给满清复辟势力以可乘之机。当时，总统黎元洪与国务总理段祺瑞正在为中国是否要参加“一战”发生了“府院之争”。张勋是一个梦想恢复清王朝统治的复辟狂，他和他的军队都一直保留着辫子，因而被时人戏称为“辫子军”，张勋本人则被称为“辫帅”。1917年5月，“府院之争”白热化，黎

段祺瑞内阁

元洪下令免去段祺瑞的国务总理职务。段祺瑞遂决心以武力倒黎。黎元洪无兵，处境十分危险。这时，割据徐州的张勋向黎元洪表示愿意入京调停“府院之争”。段祺瑞也暗中支持张勋，借机赶走黎元洪。6月7日，张勋带领3000多“辫子军”从徐州出发，第二天便到达了天津。张勋强迫黎元洪解散国会，入京后，加紧准备复辟。听说了张勋准备复辟的消息，各地王公贵族和清朝余孽喜出望外，纷纷上奏，欲请宣统皇帝溥仪复辟称帝。“保皇党”领袖康有为在接到张勋的邀请后，带着已经拟好的“复辟登极诏”等古文诏书兴冲冲地赶到北京。经张勋和康有为等人秘密策划以后，7月1日晨，张勋身穿朝珠蟒服，率领文武官员拥戴清逊帝溥仪复辟。当日，溥仪除发布“复辟诏”外，连发“上谕”八道，宣布把民国六年（1917）7月1日改为宣统九年五月十三日，取消公元纪年，恢复清朝旧制度。

张勋像

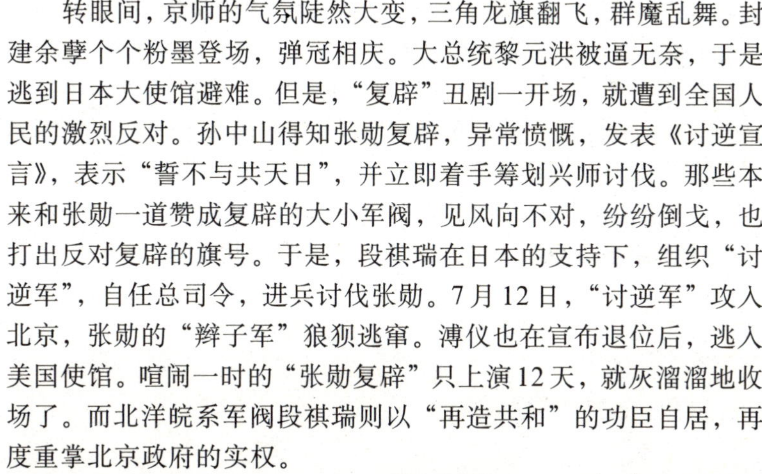

转眼间，京师的气氛陡然大变，三角龙旗翻飞，群魔乱舞。封建余孽个个粉墨登场，弹冠相庆。大总统黎元洪被逼无奈，于是逃到日本大使馆避难。但是，“复辟”丑剧一开场，就遭到全国人民的激烈反对。孙中山得知张勋复辟，异常愤慨，发表《讨逆宣言》，表示“誓不与共天日”，并立即着手筹划兴师讨伐。那些本来和张勋一道赞成复辟的大小军阀，见风向不对，纷纷倒戈，也打出反对复辟的旗号。于是，段祺瑞在日本的支持下，组织“讨逆军”，自任总司令，进兵讨伐张勋。7月12日，“讨逆军”攻入北京，张勋的“辫子军”狼狈逃窜。溥仪也在宣布退位后，逃入美国使馆。喧闹一时的“张勋复辟”只上演12天，就灰溜溜地收场了。而北洋皖系军阀段祺瑞则以“再造共和”的功臣自居，再度重掌北京政府的实权。

张勋“复辟”失败后，冯国璋继任代理总统，但实权在皖系段祺瑞手中。段祺瑞上台之后，继续推行独断专行的统治，并将《中华民国临时约法》视为独裁统治的障碍。他准备另行召集由各省军阀指派的代表组成的“临时参议院”，重定国会的组织法和选举法，召集新国会。孙中山认为段祺瑞废除《临时约法》和旧国会是对民国的背叛，因此再次举起了“护法”的旗帜。孙中山的主张很快得到了在野军方的支持，当然，这与其各自的政治利益是有很大关系的。北洋军阀政府的海军总长程璧光，西南军阀唐继尧、陆荣廷很快起而响应。8月25日，孙中山在广州召开“非常国会”（因议员不足法定人数，故名）。

9月1日，孙中山被选举为“大元帅”，成立“护法军政府”；又选唐继尧、陆荣廷为“元帅”。10月6日，“护法军”与段祺瑞

“政府军”在湖南、四川交战，“护法战争”开始。战争之初，“护法军”节节胜利，在短短的三四个月内，“护法战争”的烽火就燃遍了全国10余省区。继云南、湖南独立之后，全国又有湖北、陕西、山东、河南、浙江、安徽、福建等省相继宣布独立。但是，北京政府内部对“护法运动”的态度不一。总理段祺瑞坚持以武力征服各省，冯国璋则企图利用西南军阀节制段祺瑞，于是革命形势再度起了变化。正当孙中山踌躇满志，准备大举北伐时，冯国璋与西南军阀唐继尧、陆荣廷暗地勾搭，提出“南北议和”。西南军阀事实上也只是在利用孙中山的威望，以达到巩固自己的目的，其与北洋政府在本质上是一致的。

1918年1月，两广、云贵等省军阀在广州成立“西南自主各省护法联合会”，开始公开与孙中山领导的“护法军政府”相对抗。孙中山的卫队也遭到反动势力的追捕。5月，在反动政客和国民党右派议员的操纵下，“护法军政府”改“大元帅”制为“七总裁制”，改组后的“军政府”完全被西南军阀所把持，“护法运动”在事实上已宣告失败。毫无实权的孙中山愤然离开广州，他在行前特发表宣言，痛切指出：南北军阀实“如一丘之貉”，由此可见以军阀打倒军阀的路是行不通的。

“护法运动”的失败，说明资产阶级领导的旧民主主义革命已完全陷于绝境，也标志着旧民主主义革命时代的终结。

华中国政治发展 (seal)

# 第十二章 现代中国

民国政坛，新旧并存；政党纷争，国会与约法横遭践踏；大小军阀，混战不已，继续把中国推向黑暗的深渊。然而，民主斗士悲情激越，凛然屹立，为在中国实现民主共和政治，浴血奋战，进行了艰苦卓绝的斗争。他们奔走呼号，鼓励着艰难逆境中挣扎的人们不断抗争、不断觉醒。声势浩大的民主洪流，使北洋军阀政府颇感震惊，为了达到各自的政治目的，他们一面走着专制独裁的道路，一面又不得不摆出民主共和的架势，手举屠刀，高喊"民主"。恐怕只有在北洋军阀统治时期才会出现如此可笑、荒诞的事情！

民国时期，钳制着人们思想的封建权威日渐衰落，各种学说远舶而来，在民初的思想界展开了热烈的争鸣。五四新文化运动，高举"民主"、"科学"的旗帜，集中全力抨击传统文化对人们的束缚，在社会思想界掀起了革命的飓风。然而，民国政坛的纷纷扰扰，并没有使民主与科学在中国真正扎下根来。共和肇兴，曾经呈现在人们面前的，是一幅亘古未见、前所未闻的感人景象，然而，它金玉其外，败絮其中；辛亥革命，曲高和寡，空留"革命尚未成功，同志仍须努力"的遗憾；"二次革命"，风云激荡，但仍然在封建军阀的联合抵制下而失败。

大浪淘沙，只有马克思主义在众多思潮中脱颖而出，并在中华大地扎下了根。“十月革命”一声炮响，给中国送来了马克思主义，苏俄的胜利使东方沉睡的雄师为之振奋——坚韧顽强的中国人民于茫然之中顿生希望。“怅寥廓，问苍茫大地，谁主沉浮？”年轻的中国共产党人找到了民族振兴的道路，革命的“星星之火”在他们的胸中熊熊燃起，拯救国难的重担已经被他们勇敢地挑起。“为有牺牲多壮志，敢教日月换新天。”在中国共产党的领导下，工农运动如火如荼地开展起来，一块块革命根据地也随之建立，革命的武装终于汇聚成了红色的海洋。

长征是中国革命史上的一座丰碑，是中国人民不屈精神的象征。四渡赤水，强渡金沙江，飞夺泸定桥，英勇的共产党人以其天才的智慧，创造了军事史上的一个个神话。当“九一八”的隆隆炮火震撼神州大地的时候，中华民族终于同仇敌忾，奔赴抗日救国的战场，谱写了一曲曲感人泪下的英雄赞歌。七七事变后，国共两党以民族大义为重，于国家危亡之时，再度合作，民族精神在顷刻间得到了锤炼和升华。每当我们忆起杨靖宇、左权、张自忠以及无数先烈的名字，缅怀之情便会油然而生。

抗战的胜利使中国赢得了短暂的和平，它配合了世界反法西斯战争的进程，对推动人类历史进步发挥了积极的作用。为了争取中国的光明前途，中国共产党戳穿了国民党反动派“假和平、真内战”的谎言，领导人民经过三年的浴血奋战，彻底推翻了压在中国人民头上的三座大山，成立了中华人民共和国。从此，中国人民真正地握住了自己的命运，一个透射着民主光芒的新时代到来了……

## 一、新文化运动和五四运动

陈独秀像

新文化运动的产生，正值中国社会急剧动荡的年代。伴随北洋军阀反动统治的建立和封建复辟势力的反扑，在当时的中国思想文化领域中，出现了一股“尊孔复古”的逆流。在这股思潮面前，软弱的资产阶级败下阵来；但是，一批新的革命力量却挺身而出，勇敢地担任了新时期革命的领路人，向着封建“复古主义”发起了猛烈的攻击。

李大钊像

新文化运动肇始于1915年，以《青年杂志》（后改为《新青年》）的创刊为主要标志。当时的知识精英高举“民主”、“科学”大旗，对传统思想与制度重新进行了反思和声讨，陈独秀、李大钊、鲁迅、胡适等人充当了思想的先锋。新文化运动的基本内容是：提倡民主，反对专制；提倡科学，反对愚昧；提倡新道德，反对旧道德；提倡新文学，反对旧文学。“民主”和“科学”的口号是陈独秀在《青年杂志》第1卷第1号的《敬告青年》一文中提出来的。当时提倡的“民主”，主要是指资产阶级的政治制度和民主思想，就连当时的陈独秀也主张仿效西方国家的资产阶级革命，实现中国的共和政体。

胡适像

新文化运动是告别封建时代的思想革命。在提倡“新道德”、反对“旧道德”方面，新文化运动扛起了“打倒孔家店”的大旗。封建礼教是新文化运动的集中指向，如果不从思想上肃清封建流毒对人民思想的侵蚀，反封建的斗争永远只具有表面的形式，而不能找到解决中国社会落后问题之根本。1918年5月，鲁迅在《新青年》上发表了他的第一篇白话文小说《狂人日记》，猛烈地向封建宗法礼教制度发起挑战，号召人们起来革命，推翻那个“吃人的社会”，以其犀利的笔锋直指这个让人窒息的社会。

鲁迅像

从1918年下半年起，新文化运动发生了变化。俄国“十月革命”后，以李大钊为代表的先进分子，对“十月革命”表现出无限的向往。他们逐渐从对西方文明的膜拜中走出，转而向马克思主义寻求良方；从一味地标榜资产阶级民主革命，转而效法俄国社会主义革命。1918年11月，李大钊的《庶民的胜利》、《布尔

什维主义的胜利》两篇著名论文发表，标志着中国人民的新觉醒。

第一次世界大战后，1919年1月，27个战胜国在巴黎召开“和平会议”，拟定对战败国签订和约。但这事实上却是一个由美、英、法三国操纵的帝国主义分赃会议。中国作为战胜国之一也派出了代表，并向“和会”提出了“取消帝国主义在华特权”的七项希望和废除“二十一条”、归还山东等正义要求。但是，帝国主义国家却对中国的合理要求给予了严酷的拒绝。4月30日，“和会”操纵者私下议定了关于山东问题的条款，决定将德国在山东的各项权益全部让与日本。中国在“巴黎和会”上外交失败的消息传到国内，郁积在中国人民心底的怒火，像火山一样喷发出来——一场反帝爱国运动轰轰烈烈地展开了！

五四运动 现代·周令钊

上海各界声援北京学生

5月4日下午，北京大学等13所学校的3000多名学生，冲破军警官吏的阻挠，到天安门前集会。他们手执小旗，高呼口号，宣读了《北京学生界宣言》，怒斥帝国主义的强盗行为。先锋的旗帜高高扬起，抗击便意味着流血。集会讲演后，学生们举行游行示威，首先向东交民巷外国使馆区进发，遭到外国巡捕阻拦。学生们怒火满腔，转而奔向东城赵家楼胡同，火烧了卖国贼曹汝霖的住宅，痛打了正在曹宅的卖国贼章宗祥。军阀政府派军警镇压，捕去32人。北京学生遂开始了总罢课，他们结团讲演、抵制日货，并组织“护鲁义勇队”，准备参加战斗。6月3日、4日两天，反动政府对上街讲演的学生实行大逮捕，捕去学生近千人。军阀政府对北京学生的大逮捕，激怒了全国人民。从北京开始的爱国运动，迅速演变成为席卷全国的政治运动。天津、济南、太原、上海、武汉、广州、南京等地

的学生，纷纷罢课、集会、示威游行。许多城市召开了各界人士参加的“国民大会”，有力地声援了学生的爱国行动。

6月5日以后，运动进入新的阶段，逐渐发展成为以工人阶级为主力，包括城市小资产阶级、民族资产阶级在内的政治斗争，运动的中心也由北京移到上海。上海工人罢工，商人罢市，并很快扩展到全国。6月10日，在全国民众的强大压力下，北洋军阀政府被迫释放了被捕学生，免去了曹汝霖、陆宗舆、章宗祥三人的职务。6月28日是“和约”签字之日，中国代表没有出席会议，并拒绝在对德“和约”上签字。至此，五四爱国运动实现了惩办卖国贼和拒签和约两个直接的斗争目标，初步取得了运动的胜利。

五四爱国运动是一场不折不扣的反帝反封建的革命运动，表现了彻底的反帝反封建精神。英雄的中华儿女用自己的生命和不渝的信念向世人展示了顽强的斗志和赤诚的爱国心。这种自古以来的文化积淀终于以排山倒海之势，激荡出一幅波澜壮阔的历史画面。天安门广场上那振臂高呼、席卷山河的气概连同那一张张满是悲壮的鲜活面孔，将永远定格在“爱国救亡”的里程碑上。

五四爱国运动进一步推动了新文化运动的发展，此后马克思主义开始广泛传播，并在百家争鸣中逐步占据主导地位。1919年5月，《新青年》刊载了李大钊的《我的马克思主义观》一文，系统介绍了马克思主义的唯物史观、政治经济学和科学社会主义的有关原理，《新青年》从此变成宣传马克思主义的阵地。此外，其他报纸，如《晨报》副刊，也开辟了马克思主义研究专栏；《国民》杂志开始刊登《共产党宣言》等马克思主义著作和宣传介绍社会主义的文章；《每周评论》在“五四”以后，也不断刊登介绍十月革命的文章。马克思主义的传播，很快使一批有志青年成为马克思主义的信仰者。

以五四运动为标志，中国工人阶级作为独立的政治力量登上了政治舞台，表现出伟大的力量。中国革命逐渐地融会为世界无产阶级革命的一部分。五四运动促使马克思列宁主义与中国工人运动相结合，揭开了中国新民主主义革命的序幕，中国革命从此走上了一条崭新而辉煌的道路。

## 二、中国共产党的诞生

旧民主主义革命的一次次失败，已经无可非议地证明，资产阶级旧民主主义革命的方式不能领导中国革命取得完全的胜利。

毛泽东像

张国焘像

随着工人运动的蓬勃发展，中国革命的深入亟待新的领导阶级和新的领导核心——无产阶级革命政党的出现。十月革命一声炮响，使更多中国人的眼前为之一亮。特别是“五四”以后，马克思主义在中国的广泛传播和工人阶级的成长壮大，更为中国建立一个无产阶级政党奠定了思想基础和阶级基础。在当时的共产主义知识分子中间，党组织的创建正在紧锣密鼓的酝酿之中。

1920年2月，陈独秀由李大钊陪同，由北京南下。他们在天津话别，相约在京、沪两地分别筹建共产主义组织。同年4月，共产国际派威金斯基等人来华，协助党组织的筹划与建设。威金斯基到京之后，与李大钊交换了意见，李大钊还介绍他去上海会见了陈独秀。7月19日，在有共产国际代表参加的座谈会上，陈独秀等人非常热心地听取了共产国际的意见，并着手进行建党工作。

1920年8月，中国第一个共产主义小组在上海正式建立，主要成员有陈独秀、李汉俊、陈望道、沈雁冰等。在上海共产主义小组的联络和帮助下，许多城市的共产主义小组也相继建立。10月，北京共产主义小组成立，成员主要有李大钊、张国焘、邓中夏、刘仁静、张太雷等。1920年秋，湖北共产主义小组在武汉成立，成员有董必武、陈潭秋、包惠僧等。1921年春，山东共产主义小组在济南成立，成员有王尽美、邓恩铭等。同年，湖南共产主义小组成立，成员有毛泽东、何叔衡等。此外，在日本和法国的中国留学生中，也相继建立起了共产主义小组。这些早期活动

何叔衡像

董必武像

李汉俊像

陈潭秋像

王尽美像

邓恩铭像

包惠僧像

刘仁静像

陈公博像

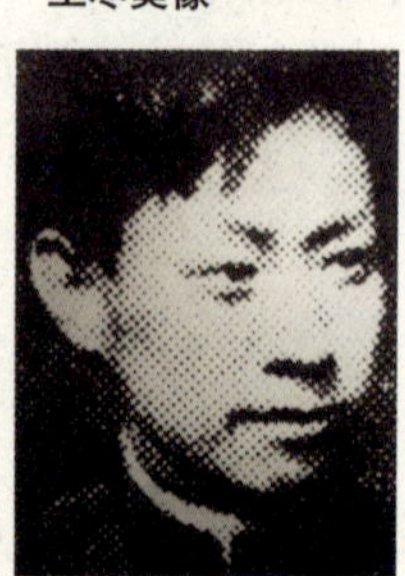
周佛海像

家后来有很多人把毕生的精力献给了共产主义事业。

各地共产主义小组的建立及其活动，表明建立全国统一的无产阶级政党的条件已经成熟。1921年7月23日晚8时，中国共产党第一次全国代表大会在上海法租界望志路106号举行。与会者有毛泽东、何叔衡、董必武、陈潭秋、王尽美、邓恩铭、李达、李汉俊、张国焘、刘仁静、陈公博、周佛海、包惠僧以及共产国际代表马林。7月24日，各地代表向大会报告各自的工作情况。27日开始，大会连续三天集中讨论了由李达等人起草的党纲和党的工作计划，在党的性质、纲领和组织原则等主要问题上取得了基本一致的意见。30日晚会议，遭到法国巡捕的破坏，临时停止。后来又转移到嘉兴南湖的一艘画舫上继续开会。

李达像

在这次会议上，代表们通过了党的第一个纲领和第一个决议。党纲中规定，党名定为“中国共产党”；党的奋斗目标是“以无产阶级革命军队推翻资产阶级，由劳动阶级重建国家，直至消灭阶级差别”。党纲还规定了民主集中制的组织原则和党的纪律。大会确定了党成立后的中心任务是组织工人阶级建立工会，出版书报刊物，开办工人夜校以提高工人觉悟，加强对工人运动的研究和领导。在对待其他党派的态度上，应采取独立的进取的政策，以维护无产阶级的利益。大会选举陈独秀为书记，张国焘和李达分别负责组织和宣传工作。

中国共产党第一次全国代表大会宣告了中国共产党的诞生。中国共产党的诞生具有划时代的伟大意义，它给灾难深重的中国人民带来了光明和希望。中国共产党的建立，是中国历史上开天辟地的大事。自从有了中国共产党，中国革命的面貌为之焕然一新。

1922年，出席远东共产党及民族革命团体第一次代表大会的中国共产党人先后回国，将大会的精神向各地的组织作了汇报。7月16日至23日，中共“二大”在上海召开。出席大会的有陈独秀、李达、蔡和森、邓中夏、向警予、高君宇、项英、张国焘、张太雷、王尽美、邓恩铭、施存统等12人，代表全国195名党员。大会根据当时的国际形势和中国社会的实际状况，讨论了党的方针和政策，通过了《世界大势与中国共产党》、《民主的联合战线》、《中国共产党加入第三国际》、《中国共产党章程》等决议案，发表了《中国共产党第二次全国代表大会宣言》，并把制定党的革命纲领作为会议的中心问题。

《宣言》分析了国际形势和国内政治状况，详细阐明了中国的社会性质、革命性质和革命对象。《宣言》明确指出中国共产党是中国无产阶级的政党，目的是要用阶级斗争的手段，建立劳农专

京汉铁路工人大罢工的领导人林祥谦（上）、施洋（下）

政的政治，铲除私有制度，实现共产主义社会。这就是人们常说的党的最高纲领。同时，《宣言》还提出了党的最低纲领，即反帝反封建的民主革命纲领：消除内乱，打倒军阀，建设国内和平；推翻国际帝国主义的压迫，统一中国为真正民主共和国。会议选举了中央执行委员会，陈独秀被推选为委员长。

中共“二大”初步解决了中国革命必须分“两步走”的问题，首次在全国人民面前提出了彻底反帝反封建的民主革命纲领，为中国人民指明了争取解放的正确方向。这个民主革命纲领的制定，是中国共产党把马列主义同中国革命实际进一步结合的重大标志。民主纲领的不足之处，在于没有明确指出无产阶级在民主革命中的领导权问题，没有提出武装夺取政权和彻底的土地革命纲领，这也为以后革命的发展造成了重大的决策性失误。

中国共产党成立后，着重致力于发动工人进行革命斗争。从1922年1月到1923年2月的一年多时间，中国工人运动席卷全国，罢工斗争达100多次，罢工人数达30万以上，形成了工人运动的第一次高潮。其中影响较大的有香港海员大罢工、安源路矿工人大罢工和京汉铁路工人大罢工。工人阶级的罢工斗争充分显示了无产阶级的伟大力量，极大地提高了中国共产党的政治威信。通过运动，中国工人阶级已经逐渐成长为具有较高觉悟的革命阶级。

## 三、国共合作

**1920**年**8**月，孙中山命令他在第一次“护法运动”中亲自培植起来的粤军将领陈炯明发动了对桂系的进攻，10月，陈炯明部队占领广州，桂系退回广西。孙中山任命陈炯明为广东省长兼粤军总司令。11月，孙中山在广东军民欢迎下重新回到广州，重建“护法军政府”。1921年5月，广东召开“非常国会”，选举孙中山为“非常大总统”。5月5日，孙中山就职后，再次举起“护法”旗帜，这就是第二次“护法运动”。1921年6月，战争爆发，粤军步步为营，节节胜利，9月即平定广西。然而，就在北伐军乘胜前进时，陈炯明却从中阻挠破坏，最后竟发动武装叛乱，包围总统府，炮击孙中山住所粤秀楼。1922年8月，孙中山被迫离粤赴沪，第二次“护法运动”亦失败。

陈炯明像

在历次斗争失败后，孙中山孤立无援，苦苦寻求着革命的新出路。正在孙中山陷入困惑的时候，共产国际、苏联政府和中国共产党及时向他伸出了援助之手。孙中山同中国共产党虽然阶级

孙中山就任非常大总统

立场不同，但出于对国家独立、统一、民主、富强的共同愿望，他便很快与共产党在革命方法上达成一致。孙中山积极向苏俄学习，“以俄为师”；在革命力量的动员上，开始关注工农大众的斗争。同月，陈独秀、李大钊和共产国际驻中国代表马林拜访了孙中山，提出共产党关于两党合作的主张，并向他建议依照民主的原则改组国民党，孙中山欣然同意。

从1922年9月开始，孙中山为改组国民党进行了大量的思想、组织准备工作。他委派蒋介石、张太雷率团去苏俄考察，邀请苏俄派鲍罗廷等人来华充任顾问，还在国民党内做了大量的说服动员工作，双方合作趋势日趋明显。

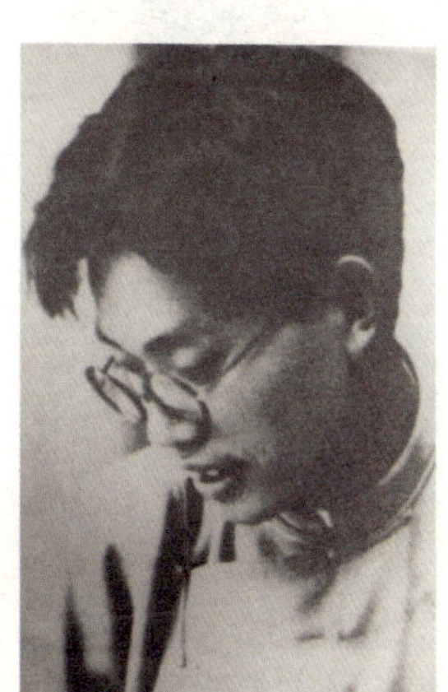
张太雷像

国共合作即将开始，共产国际根据中国革命和国共两党的实际，对中国革命给予了适时的指导。1923年6月12日至20日，中国共产党在广州召开了第三次全国代表大会。出席中共“三大”的代表有陈独秀、李大钊、毛泽东、蔡和森、瞿秋白、张太雷、陈潭秋、向警予、张国焘等30人，代表了全国420多名党员。共产国际代表马林也出席了大会。大会的中心议题是讨论国共合作的方式问题。多数代表批评了张国焘等不愿积极同国民党合作的“左”倾观点，但也不同意马林、陈独秀提出的“一切工作归国民党”的右倾观点。

向警予像

在两种意见争执不下的情况下，大会最终接受了共产国际关于国共合作的决议，即决定全体共产党员以“个人名义”加入国民党，建立各民主阶级的统一战线，同时保持共产党在组织上、政治上的独立。会议还选出陈独秀、李大钊、毛泽东、蔡和森、罗章龙、谭平山等9人为中央执行委员会委员，由陈独秀、毛泽东、谭平山等人组成中央局，陈独秀任中央执行委员会委员长，毛泽东为秘书。中共“三大”标志着在共产国际帮助下中共关于“国共合作”的统一战线政策正式形成。

1924年1月，中国国民党第一次全国代表大会在孙中山的直

孙中山、宋庆龄在黄埔军校阅兵台上

接领导下召开。共产党员李大钊、谭平山、于树德、毛泽东、林伯渠等人出席了会议。大会通过了由共产党人参加起草的《大会宣言》。《宣言》分析了“中国之现状”，正式提出了“联俄、联共、扶助农工”三大政策，接受了中国共产党反帝反封建的政治主张，重新解释了“三民主义”，使旧“三民主义”发展为新“三民主义”。关于“民族主义”，增加了“对外反对帝国主义，对内主张民族平等”的新内容。关于“民权主义”，主张“普遍平等的民权，而对帝国主义及封建军阀则实行专政”。关于“民生主义”，提出了“平均地权”和“节制资本”。新三民主义适应了新的历史时代的需要，与中国共产党在民主革命阶段的纲领在基本原则上相同。因此，这个宣言成为国共合作的政治基础，成为各阶级建立革命统一战线的共同纲领。

黄埔军校校长蒋介石像

国民党“一大”标志着以国共合作为基础的革命统一战线的正式建立。5月，在苏联和中共的帮助下，孙中山创办黄埔军校，并热情地欢迎中国共产党从全国各地选派共产党员、青年团员和革命青年到军校工作或学习。周恩来还担任了军校的政治部主任。黄埔军校在短时间内卓有成效地培养了大批军事人才，为建立国民革命军，开展革命的武装斗争打下了坚实的基础。

周恩来像

1924年，北洋政府的统治愈加黑暗，全国掀起了反对曹锟贿选总统的斗争浪潮。这对于各派军阀来说都是一个扩张势力的绝好机会。一时间，以张作霖为首的各派军阀乘机而起，将矛头指向北京的直系。在这种形势下，曹锟急忙委任吴佩孚为“讨逆军总司令”前往山海关迎战，这便引发了规模空前的第二次“直奉战争”。10月10日，直系将领吴佩孚离京赴山海关。正当直奉双方的几十万大军激烈交战的紧要关头，吴佩孚手下的第三路军总司令冯玉祥突然掉转枪口，反戈回击。冯玉祥在第一次“直奉战争”中曾为直系立过大功；但是，军功并不能为他带来应有的回报。他由于实力雄厚，因而受到吴佩孚的排挤。出于对吴的不满和对南方革命的向往，他决心发动政变。10月23日，冯玉祥由热河前线回师北京，囚禁了贿选总统曹锟，还把上演过复辟闹剧的末代皇帝溥仪赶出了故宫；24日，他又逼迫曹锟下令解除吴佩孚的职务。这就是有名的“北京政变”。

曹锟像

吴佩孚像

张作霖像

北京的政局变化在全国范围内引起了轩然大波，以曹锟为首的直系政权迅速倒台。全国人民要求立即召开国民会议，以制定宪法，建立民主共和政权。10月25日，冯玉祥召开军事政治会议，电请孙中山北上议政。但他同时又请段祺瑞出面改组政府，以稳定时局。东北军阀张作霖表面上也作出了欢迎孙中山北上的政治姿态。然而不久，由于决策失误及张作霖的背信，“北京政变”成果很快被张作霖、段祺瑞攫取，冯玉祥的救国志向未能达到，便不得不引退政坛。

1924年11月，孙中山带病北上，他在途中发表了《北上宣言》。在宣言中，他提出废除不平等条约，反对帝国主义，反对军阀政治，召开国民会议，得到了人民的广泛支持。12月31日孙中山的到来使京城人心振奋，群众都自发地前来欢迎。但是，他很快就看穿了当时北京的黑暗政局。由于段祺瑞政府坚持卖国政策，准备召开“善后会议”来抵制声势浩大的“国民会议运动”，孙中山大为失望。1925年3月12日孙中山因病在北京辞世。在孙中山逝世前夕签署的遗嘱中，他总结了40年的革命经验，得出结论说：“必须唤起民众，及联合世界上以平等待我之民族，共同奋斗。”孙中山发出

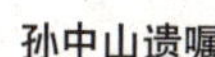
孙中山遗嘱

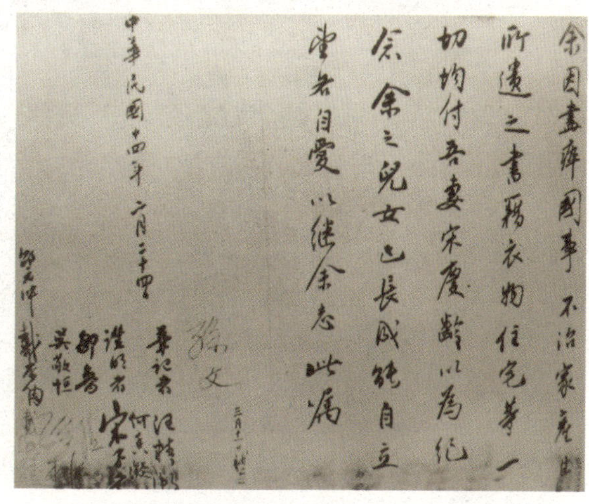
余因盡瘁國事不治家產
所遺之書籍衣物住宅等
一切均付吾妻宋慶齡以為紀
念余之兒女已長成能自立
望各自愛以繼余志此囑
孫文
中華民國十四年二月二十四日
筆記者 汪精衛
證明者 宋子文 孔祥熙
邵元冲 吳敬恒 戴恩賽

了“革命尚未成功，同志仍须努力”的号召。这位为中国革命和民主共和奋斗了一生的先行者，直到生命的最后时刻依然惦念着中国人民的革命事业，对革命的后继者充满着热情的期望，对中国革命的未来满怀着无限的憧憬！

为了推动全国革命形势的高涨，中国共产党于1925年1月在上海召开了第四次全国代表大会。大会明确提出了无产阶级领导权问题，指出：“中国的民族革命运动，必须有最革命的无产阶级有力的参加，并且取得领导地位，才能够得到胜利。”为了配合工人阶级的运动，“四大”又提出了农民同盟军的问题，明确了加强党对各种群众运动领导的必要性。

顾正红像

大会之后，革命群众的爱国运动，特别是工人阶级的反帝斗争迅猛发展起来。5月15日，上海内外棉纱厂的日本资本家枪杀了工人顾正红，同时还打伤工人10余名。这一暴行激起了广大群众的极端愤怒。5月30日，上海工人、学生2000多人在公共租界各马路散发传单，抗议枪杀顾正红，再次遭到军方的大规模逮捕。这时聚集在南京路老闸捕房外的万余群众忍无可忍，高呼“打倒帝国主义”，要求马上释放被捕的学生。但是凶残的英国巡捕竟然向手无寸铁的群众开枪射击，当场就打死4人，重伤数十人，逮捕40余人，制造了震惊中外的五卅惨案。席卷全国的五卅爱国运动由此发端。5月31日，上海总工会成立，李立三、刘华任正副委员长，宣布总同盟罢工。由上海掀起的五卅反帝爱国运动，得到了全国各地人民的支援，迅速波及全国。全国直接参加五卅运动的约有1300万人。其中，以共产党员邓中夏、苏兆征等领导的广东省港工人大罢工规模最大，影响最深，时间也最长。同工人运动相呼应，农民运动也蓬勃兴起。特别是在彭湃、毛泽东等人的领导下，农民运动出现了新的气象。

苏兆征（左五）、邓中夏（左六）等省港罢工委员会成员合影

1925年初，广东军阀陈炯明乘孙中山在北京病危之机，在帝国主义和段祺瑞的支持下，进攻广东革命政府。在此情况下，

1925年2月，广东革命政府决定东征。东征军以黄埔学生军和粤军许崇智部为主力，由军校校长、粤军参谋长蒋介石统率，周恩来为政治部主任。学生军中以共产党员和共青团员为骨干。彭湃领导的海陆丰农民武装也给予东征军以密切配合。3月底，东征军打败陈炯明的主力，使革命形势转危为安。

国民政府成立

1925年6月15日，国民党中央政治委员会决定将“大元帅府”改组为“国民政府”。7月1日，中华民国国民政府在广州正式成立。国民政府实行委员制，选举汪精卫、胡汉民、廖仲恺、张静江等16人为委员。其中，汪精卫、胡汉民、谭延闿、许崇智、林森为常务委员，汪精卫任主席，下设财政、军事、外交等部。许崇智为军事部长，胡汉民为外交部长，廖仲恺为财政部长，又聘鲍罗廷为高等顾问。国民政府发表宣言，宣布其唯一职责即在于履行先大元帅遗嘱；当前任务是对外着手废除不平等条约，消灭帝国主义势力；对内开展国民革命运动，消灭军阀势力。为此，国民政府积极整顿内政，训练军队，为革命准备了坚实的后备力量。7月6日，国民政府军事委员会在广州成立。8月，将所辖军队统一改编为“国民革命军”。许多国民党左派及共产党员担任了军队中的政治领导工作。1925年11月，在周恩来等人的努力下，由中国共产党直接领导的唯一的正规军队——叶挺独立团成立，这是一支战斗力十分坚强的革命军队。广州国民政府的成立，促进了广东革命根据地的巩固，为北伐战争创造了条件。从1925年冬到1926年春，国民政府又组织了东、北、南三路战役，广东境内的军阀势力全部被肃清，两广统一，国民政府及革命根据地得到进一步巩固。

廖仲恺像

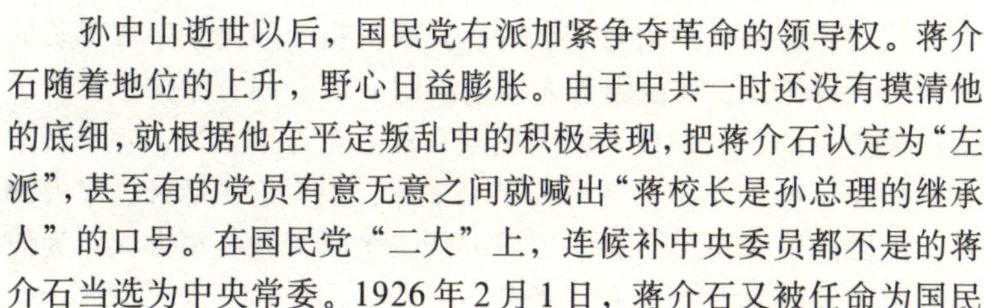

孙中山逝世以后，国民党右派加紧争夺革命的领导权。蒋介石随着地位的上升，野心日益膨胀。由于中共一时还没有摸清他的底细，就根据他在平定叛乱中的积极表现，把蒋介石认定为“左派”，甚至有的党员有意无意之间就喊出“蒋校长是孙总理的继承人”的口号。在国民党“二大”上，连候补中央委员都不是的蒋介石当选为中央常委。1926年2月1日，蒋介石又被任命为国民

李之龙像

革命军总监。

然而，蒋介石的反共活动已经在秘密策划当中。3月18日，黄埔军校驻省办事处通知海军局，称“奉蒋介石命令”，调派“得力兵舰二艘，开赴黄埔，听候差遣”。海军局代理局长、共产党员李之龙即派出“中山”、“宝璧”二舰前往。19日凌晨，当军舰到达黄埔后，蒋介石却声称并无调舰命令。李之龙在请示蒋之后，又将“中山”舰调回。“中山”舰的往返开动，本是奉命行事，但蒋介石却说这是“扰乱政府之举”，诬蔑共产党阴谋暴动，要将他绑架到苏联。蒋介石以此为借口，于3月20日凌晨擅自宣布戒严，逮捕了李之龙，扣捕了黄埔军校和国民革命军第一军中的共产党员，并包围了苏联顾问团住宅和省港罢工委员会，接着又强迫第一军中以周恩来为首的50多名共产党员退出该军。中共中央派张国焘至广州协调问题，张却采取妥协退让政策，同意共产党员退出第一军。这就是“中山舰事件”，亦称“3 · 20”事件。这件事对国共合作产生了恶劣影响。

当时还是以左派身份出现的汪精卫，虽身为党政军最高领导，却没有自己的军队，他得知事变时，当即指责蒋“造反”，声称要制裁蒋介石。可是，在22日召开的国民党“中委会”上，汪的指责却无人响应；当蒋介石向汪精卫的政治权威发起挑战时，汪精卫却卧病不起。蒋介石正是利用这一事件，排斥了汪精卫，逼汪出国，大大加强了自己在政治、军事上的地位。

同年5月，蒋介石以“改善中国国民党与共产党间的关系”为名，提出所谓“整理党务案”，并在国民党二届二中全会上通过，规定“共产党员在国民党高级党部任执行委员的人数不得超过总数的三分之一；共产党员不能担任国民党中央各部部长；共产党须将加入国民党的共产党员名册交国民党中央执行委员会主席保管；共产党发给加入国民党的共产党员的指示须交国共两党联席会议通过”。蒋介石企图对共产党员在国民党内的任职和活动作出种种限制，以此削弱中国共产党在统一战线中的地位。

陈独秀、张国焘为了继续与蒋合作，一味地妥协忍让，表示完全接受。“整理党务案”尽管遭到国民党左派柳亚子、何香凝等人的反对，但还是被通过了。这样，原来担任国民党中央部长的共产党人谭平山、林祖涵等人被迫辞职；而一些右派分子窃取了国民党中央的部长职位，使国民党右翼力量占了上风，蒋介石本人则担任了国民党中央常务委员会主席、中央组织部长、军人部长、国民政府军事委员会主席等要职，垄断了党政军大权，为他以后发动反革命政变准备了条件。

“中山舰事件”及“整理党务案”发生于五卅运动后中国革命处于低潮的时期。为了扑灭革命的烈火，直奉军阀已经在帝国主义撮合下化仇为友。在这种“非常紧急”时期，中共的根本出路在于争取“北伐”的胜利；而如果此时，中共全面反击蒋介石，不仅会导致国民革命的夭折，也不利于革命力量的积蓄。蒋介石正是充分地利用了中共的这一心态和矛盾处境，制造了一系列反动事变，逐个夺取革命阵地，把大权一步一步集中到自己手中。在革命的矛头指向北洋军阀的同时，革命的新敌人也已浮出水面。“北伐战争”即将开始，革命却已潜伏危机。

## 四、北伐战争

国共第一次合作的实现，推动了革命形势的不断高涨。为“建设统一之国民政府”，1926年6月初，国民政府通过国民革命军出师北伐案。7月9日，国民革命军在广州誓师，北伐战争正式开始。

邓演达像

当时，国民革命军方面，总数约10万人，编为8个军，由蒋介石任总司令，李济深为总参谋长，白崇禧为总参谋次长，邓演达为总政治部主任。而北伐战争要消灭的北洋军阀势力主要有三支：一是直系军阀吴佩孚，盘踞于湘、鄂、豫、陕、冀一带并控制京汉铁路，拥有兵力20万人；二是从直系军阀分化出来自成一派、亲英美的孙传芳，占据江、浙、皖、赣、闽五省，拥有兵力20万人；三是亲日的奉系军阀张作霖，占据东北和京、津地区及津浦路北段，并控制北京政权，节制山东的张宗昌，共有兵力35万人。

蒋介石北伐誓师阅兵

就兵力而言，敌众我寡，但军阀统治已经失去民心，而且内部貌合神离、力量分散。张作霖想借北伐军削弱吴佩孚势力，在战争开始时采取观望态度；而孙传芳为保存实力，以“五省联帅”身份打出“保境安民”旗号保持中立。据此，北伐军采纳了以加伦为首的苏联顾问的建议，制定了集中优势兵力、各个击破的战略方针，决定首先全力攻取湖南、湖北，消灭吴佩孚势力，占领长江中游，同时派军钳制江西、福建敌军，争取张作霖和孙传芳部在一段时间内保持中立；继而把主力转向江西等东南各省，消灭孙传芳势力，占领长江下游；最后相机除掉张作霖及其他军阀，

北伐军中部分政治工作人员郭沫若、朱克靖、李富春、林伯渠、李一氓等合影

攻取北方，实现全国统一。

在两湖战场，第四军和第七军主力于7月初到达湖南攸县，会同唐生智率领的第八军，以叶挺独立团为先锋，兵分三路，进攻长沙。在广大工农群众的大力支持和配合下，北伐军于11日胜利进入长沙。8月中旬，北伐军总司令部迁往长沙，决定兵分三路进攻武汉。自8月19日起，北伐军连克平江、通城、岳州等地，进入湖北战场，直逼湖北南部第一门户汀泗桥。

汀泗桥三面环水，一面为高山，地势险要，易守难攻。正在北方指挥同国民军作战的吴佩孚星夜南下，纠集2万多主力部队，亲自指挥，以大刀队督战，死守汀泗桥。8月26日，担任正面主攻的第四军与敌激战终日，双方呈胶着状态。27日，叶挺独立团在当地农民引导下抄道绕至敌人侧背，突然袭击，发动猛攻，突破敌人的阵地。北伐军其他部队一起猛攻，敌人全线崩溃。拿下汀泗桥后，独立团乘胜追击，在敌人主力增援部队赶到之前一举攻克咸宁，使敌人大为被动。在其他部队配合下，独立团又于30日拿下鄂南另一战略要地贺胜桥，从而打开了通往武汉的最后一个门户。紧接着，北伐军于9月初相继拿下汉阳、汉口，10月10日攻克武昌，全歼敌军2万多人，完全占领武汉三镇。至此，吴佩孚的主力基本上被消灭，北伐军取得两湖战场上的决定性胜利。在历次决定性战斗中，叶挺独立团纪律严明，视死如归，英勇善战，屡破强敌，为第四军赢得了“铁军”称号。

汀泗桥战役

北伐军在两湖战场取得的重大胜利，使孙传芳大为震惊，有唇亡齿寒之感。于是他在8月底突然改变中立立场，派重兵向两湖侧翼进攻，妄图解吴佩孚武昌之围，并切断北伐军退路。9月上旬，孙传芳将主力集中在江西，准备同北伐军决一死战。江西战场局势骤然紧张。国民革命军第二、三、六军和第一军第一师等部队向江西进攻，曾一度攻入南昌，但由于各军协作不力，孤军深入，在孙传芳的猛烈反扑下，21日被迫退出。进入南昌的第一军第一师是蒋介石嫡系部队，师长王柏龄贪生怕死，率先逃跑，第一师几乎全军覆没，第六军也遭受重创。两湖战事结束后，第四军主力支援江西战场，加上已经进入江西的第七军，兵分三路于11月初发动总攻，5日占领九江，8日重新攻下南昌，孙传芳主力大部被歼。

孙传芳像

在福建战场，由于孙军主力在江西，加之军阀内部矛盾重重，在北伐军节节胜利的形势下，孙军纷纷倒戈，故北伐军第一军未经大战即于12月18日占领福州，继而收复福建全省。1927年初，北伐军兵分三路乘胜向长江下游的浙江、安徽、江苏进军，中心目标是占领南京和上海。1927年3月，西路军攻入河南，东、中两路军也先后进占浙江、安徽、江苏，抵达上海。东路军于2月18日攻占杭州，3月中旬抵达上海郊区。3月22日，上海工人在周恩来、罗亦农、赵世炎、汪寿华等人的领导下，举行了第三次武装起义，占领上海。3月24日，中路军进占南京。

在北伐进军过程中，冯玉祥于1926年9月从苏联回国，在苏联政府和共产党人刘伯坚、邓小平帮助下，于9月17日率所部在绥远五原誓师，宣布全军加入国民党，改编为国民革命军联军，随后挥军南下，经甘肃、陕西进入豫西，策应配合南方国民革命军的北伐。

冯玉祥在绥远五原誓师

国民革命军自广州誓师北伐，不到10个月的时间，席卷大半个中国，消灭了数倍于己的吴佩

上海武装起义工人在操练

彭湃像

孚、孙传芳的主力部队，占领了湘、鄂、赣、闽、皖、苏、浙等省的全部或一部，把国民革命由珠江流域推进到长江流域，同时推动了工农运动的蓬勃发展，沉重打击了帝国主义和封建军阀的反动统治。但是，在北伐战争胜利的同时，蒋介石等右派势力得以壮大，加上当时共产党的领导还不成熟，对中国现实缺乏深刻的认识，国民大革命潜伏着巨大的危机。

北伐战争开始以后，全国农民运动迅猛发展。1926年9月，毛泽东发表《国民革命与农民运动》，指出："农民问题乃国民革命的中心问题；农民不起来参加并拥护国民革命，国民革命不会成功。"11月上旬，中共中央制定了《农民政纲》，提出了推翻农村中的劣绅政权、没收大地主军阀劣绅的土地等主张。同月，为了加强对农民运动的领导，中国共产党成立中央农民运动委员会，由毛泽东、彭湃等7人组成，毛泽东任书记，在汉口设立办事处，就近指导湘鄂赣豫等省的农运工作。为了回击地主阶级、资产阶级和国民党右派等对农民运动的种种污蔑和攻击，澄清对农民运动的认识，毛泽东于1927年1月4日至2月5日在湖南湘潭等五县实地考察农民运动，据此写成《湖南农民运动考察报告》，充分肯定农民运动的重要意义，指出建立农村革命政权和农民武装的重要性，同时分析了农民中的各个阶层及其革命态度，提出党在农村中的工作路线。这篇报告后经瞿秋白作序并出版，推动了农民运动的发展。

## 五、国共分裂与南京政府

北伐战争推进到长江流域后，为了适应革命重心转移的需要，1926年11月，国民党中央决定将国民政府和中央党部从广州迁往武汉，并挫败了蒋介石迁都总司令部所在地南昌、妄图以军权控制政权和党权的阴谋。次年3月，国民党在汉口召开的二届三中全会废除了主席制，取消了蒋介石中央常委主席和军委主席职务，重申要坚持孙中山三大政策，吸收共产党人加入国民政府。4月初，在武汉"迎汪复职"的呼声中，曾被蒋介石排斥出走的汪精卫回国担任武汉国民政府要职。然而，蒋介石仍是总司令，握有军权。在北伐中势力大增的蒋介石逐渐成为国民党新右派的代表人物，他一方面阴谋篡夺革命果实和领导权；一方面抓紧勾结帝国主义，争取列强支持。在帝国主义和买办资产阶级的利诱和支持下，蒋介石暴露出真实面目，开始疯狂镇压工农运动，打击共产党和国民党左派。他从南昌开始，一路杀向上海和南京。

国民党二届三中全会在汉口召开

1927年3月26日蒋介石到达上海后，开始和帝国主义分子、大买办、大地主、帮会流氓头目一起策划反革命政变。上海的大资产阶级慷慨解囊，给予巨额经济资助。上海帮会头子黄金荣、杜月笙、张啸林等人许诺为蒋提供打手。为了掩人耳目，麻痹工人，蒋介石向上海总工会的代表担保不缴工人纠察队一枪一械，并向工人纠察队送去亲笔题写的“共同奋斗”锦旗。

在做了一系列的周密计划后，4月11日，蒋介石下达“清党”密令。4月12日凌晨，全副武装的大批青红帮打手从租界冲出，冒充工人，向分驻上海总工会等处的工人纠察队发动突然袭击，工人纠察队立刻奋起自卫。这时，反动军队以“调解工人内讧”为借口，对工人纠察队强行缴械，打死打伤工人纠察队员300多人。为抗议蒋介石的暴行，当天下午，上海总工会发出全市总同盟罢工命令。第二天上午，上海工人和市民在闸北青云路召开10万人的群众大会，抗议蒋介石的反动暴行。会后工人群众进行游行示威，当行至宝山路三德里附近时，早已埋伏好的反动军队突然冲出，用机枪向密集的人群扫射，当场打死百余人，伤者无数，时值大雨如注，宝山路顿时血流成河。同时，上海总工会被查封，共产党员和革命群众被大批屠杀，整个上海笼罩在白色恐怖之中。这就是骇人听闻的四一二反革命政变。

汪精卫像

除上海外，蒋介石统治的地区，都开始对共产党员和革命群众进行血腥屠杀，神州大地顿时血雨腥风，乌云遍布。与此同时，北方的奉系军阀张作霖也在捕杀大批共产党员和革命群众。4月28日，中国共产党的创始人之一李大钊在北京被张作霖绞杀。1927年4月18日，在镇压革命的血泊中，蒋介石在南京举行定都典礼，建立国民政府，开始同以汪精卫为首的武汉国民政府争夺国民党的最高领导权，造成了“宁汉分裂”的局面。

随着形势的变化，武汉国民政府中号称“左派”领袖的汪精卫等人日趋“右”转。首先是反动军官夏斗寅、许克祥发动叛变。面对如此严重的局势，在武汉召开的中共第五次全国代表大会上

冯玉祥与蒋介石在徐州

继续担任总书记的陈独秀却一再妥协退让。7月15日，汪精卫召开“分共会议”，宣布正式与共产党决裂，公开叛变革命。汪精卫集团喊出“宁可枉杀千人，不可使一人漏网”的血腥口号，大肆屠杀共产党员和革命群众。这就是七一五反革命政变。汪精卫集团的叛变，标志着第一次国共合作的全面破裂，轰轰烈烈的大革命失败了。

与此同时，手握重兵的冯玉祥，斡旋于宁汉双方，提议召集会议，讨论党务，解决党内争执。武汉方面此时仍然力主倒蒋，在宁的桂系李宗仁、白崇禧等与蒋介石也是貌合神离，想取蒋以代之；加之亲自督战的津浦线战事失败，蒋介石见形势不利，于8月13日“以退为进”，宣告下野。南京方面的实权主要落在桂系手中，李宗仁、白崇禧等立即通电汪精卫等人提议宁汉联合。8月25日，武汉政府宣布迁都南京。汪精卫到南京后，即以国民党中央的“正统”自居，与桂系发生纠纷。后来，孙科提出成立特别委员会代行中央职权的建议，得到宁、汉、沪（原西山会议派）三方赞同。9月17日，南京国民政府和军事委员会进行改组，并发表宁汉合作宣言，宣告武汉政府和南京政府合并，国民党“统一”完成。

“宁汉合流”以后，国民党各派利害冲突并没停止，反而愈演愈烈，汪精卫跑到广州另立中央。奉系军阀张作霖趁机南下进攻国民党。国民党各派怀着不同动机，纷纷要求从日本回来的蒋介石复职。1928年初，蒋介石重新上台，担任国民革命军总司令。2月初，蒋介石在南京主持召开了国民党二届四中全会，改组南京国民政府。这次会议全面背叛孙中山的“三大政策”，贯彻了蒋介石提出的“共同一致反对共产党”的主张，选举蒋介石为国民党中央执行委员会常委、国民政府军事委员会主席。3月，蒋介石又担任中央政治会议主席，李济深、李宗仁、冯玉祥、阎锡山分别担任广州、武汉、开封、太原政治分会主席。这样，国民党的党政军大权全部落入蒋介石之手，并暂时协调了各派军阀的冲突。汪精卫在这场权力斗争中失败，离开上海出走欧洲。

胡汉民（中）、孙科（左）、汪精卫合影

1928年4月，国民政府继续“北伐”，号称“统一中国”，实为与奉系军阀争夺地盘。北洋军阀节节败退，5月1日，国民党军队占领济南。为了把北伐军阻止在黄河以南，维持苟延残喘的北洋政府，日本于5月3日悍然出兵进攻济南，制造了“济南惨案”。蒋介石妥协退让，命令部队“绕道渡河，继续北伐”。5月底，国民党军迅速逼近京津。张作霖见大势已去，下令撤军东北。日本决定抛弃张作霖，于6月3日深夜，当张作霖专列秘密返回沈阳，途经皇姑屯时，预先埋设炸药将其炸死。6月8日，国民党军进入北京，12日进入天津。16日新疆军阀杨增新宣布“易帜”，服从国民政府。20日，改直隶省为河北省，北京市为北平市。7月19日，热河军阀汤玉麟通电“易帜”。

蒋介石（右）、张学良在中山陵合影

皇姑屯事件后，东北政局错综复杂。张作霖之子张学良秘密潜回沈阳，就任东北保安总司令，于7月宣布与南京方面停止军事行动，进行谈判。日本威逼张学良宣布东北“独立”。张学良身负国耻家仇，毅然于12月29日通电全国，宣告东北三省“遵守三民主义，服从国民政府，改易旗帜”，史称“东北易帜”。于是，到1928年底，国民政府在形式上完成全国统一。但是，这种“统一”并没有带来中国政局的安定，不过是以新军阀代替旧军阀进行统治。随后，国民党新军阀混战又起，蒋桂战争、蒋冯战争、中原大战等相继上演，给中国人民带来了沉重的灾难。

## 六、中国革命新道路

南昌起义 现代·黎冰鸿

在反动派的白色恐怖中，中国共产党并没有被吓倒，他们高举革命的旗帜，继续领导人民坚持革命。1927年7月12日，中国共产党根据共产国际的指示，停止了陈独秀的总书记职务，改组中共中央，成立临时中央政治局常务委员会。

为挽救革命失败，7月下旬，中共中央果断决定在南昌举行起义。周恩来临危受命，被派往南昌组织和领

贺龙像

朱德像

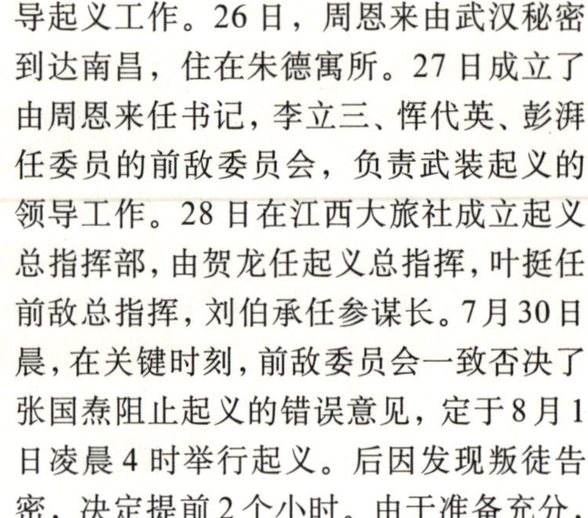

导起义工作。26日，周恩来由武汉秘密到达南昌，住在朱德寓所。27日成立了由周恩来任书记，李立三、恽代英、彭湃任委员的前敌委员会，负责武装起义的领导工作。28日在江西大旅社成立起义总指挥部，由贺龙任起义总指挥，叶挺任前敌总指挥，刘伯承任参谋长。7月30日晨，在关键时刻，前敌委员会一致否决了张国焘阻止起义的错误意见，定于8月1日凌晨4时举行起义。后因发现叛徒告密，决定提前2个小时。由于准备充分，布置严密，仅5个小时就解决了战斗，全歼南昌守敌，缴枪万余支，胜利占领南昌城。起义胜利后，选举产生了以共产党人为核心、国民党左派人士参加的中国国民党革命委员会，由周恩来、贺龙、叶挺、朱德、林伯渠、吴玉章、彭湃、宋庆龄、何香凝、邓演达、谭平山等25人组成，推谭平山任主席。

叶挺像

南昌起义是大革命失败后中国共产党首次发动的武装暴动，加上规模较大，又在敌人中心城市举行，国民党反动派各个集团大为震惊，一片恐慌。蒋介石、汪精卫和广东军阀立刻纠集重兵向南昌围攻。8月3日，起义军开始按原定计划撤离南昌，南下夺取广东为革命根据地。后起义军在潮汕地区遭受重大损失，被敌人各个击破。突围出来的革命力量，一部分进入海陆丰地区，与彭湃领导的农民武装结合，加入了东江地区的革命斗争。另外一部分在朱德、陈毅率领下，在湘粤赣开展游击战争，于1928年春发动了“湘南起义”。随后转兵井冈山，与毛泽东率领的工农革命军会合。

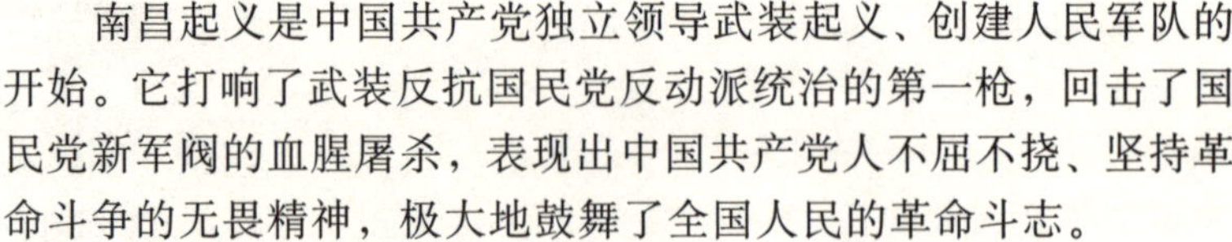

南昌起义是中国共产党独立领导武装起义、创建人民军队的开始。它打响了武装反抗国民党反动派统治的第一枪，回击了国民党新军阀的血腥屠杀，表现出中国共产党人不屈不挠、坚持革命斗争的无畏精神，极大地鼓舞了全国人民的革命斗志。

大革命失败后，中国革命处于低潮。为了挽救革命，总结经验教训，纠正陈独秀的右倾机会主义错误，确定新形势下的行动方针和任务，1927年8月7日，在共产国际的帮助下，中共中央在汉口召开中央紧急会议。在会上，毛泽东、邓中夏、蔡和森、罗亦农、任弼时等纷纷发言对陈独秀的右倾投降主义错误进行了批判。毛泽东还就“统一战线”、“武装斗争”、“农民土地”等根本问题进行了精辟的论述，指出了党在新时期的斗争方向，强调共产党必须解决农民的土地问题，深刻指出“以后要非常注意军事，须知政权是从枪杆子中取得的”。会议撤销了陈独秀在党中央的领导职务，选举苏兆征、向忠发、瞿秋白、罗亦农、顾顺章、王荷波、李维汉、彭湃、任弼时等9人为政治局委员，邓中夏、周恩来、毛泽东、彭公达、张太雷、张国焘、李立三等7人为政治局候补委员，瞿秋白、苏兆征、李维汉3人为常委。会议确定了土地革命和武装反抗国民党反动派的总方针，决定发动秋收起义，并制定了相应的计划。

瞿秋白像

八七会议后，根据会议部署，毛泽东以中央特派员的身份到湖南，领导改组湖南省委和策划组织秋收起义。1927年8月18日，毛泽东在改组后的中共湖南省委第一次会议上，传达了八七会议的精神，并讨论和制定了秋收起义的计划。会议决定集中力量在湘东、赣西发动以长沙为中心的起义，成立秋收起义的最高领导机关——前敌委员会，毛泽东任书记。会议上，对于秋收暴动的目标，毛泽东指出是要夺取政权；对于土地问题，毛泽东主张既要没收大地主的土地，也要没收中小地主的土地，以满足广大贫苦农民对土地的要求，同时对地主给予妥善安置。

毛泽东像

9月初，毛泽东在安源张家湾召开军事会议，具体讨论了秋收起义的军事部署问题。会议正式决定起义不再打左派国民党的旗帜，部队统称为“工农革命军”，以体现共产党的独立性。参加起义的队伍主要是原武汉国民政府第二方面军的警卫团、安源煤矿工人、萍乡和浏阳等地的农民自卫军，约5000余人，统一编为工农革命军第一军第一师，由卢德铭任总指挥，余洒度任师长，下辖三个团，起义前又收编夏斗寅的残部编为第四团。确定起义计划是：兵分三路进攻醴陵、浏阳、平江，然后合兵攻取长沙。

1927年9月9日，湘赣边界秋收起义爆发。第一团从修水出发，取道长寿街，进攻平江。在长寿街附近，收编的夏斗寅残部临阵叛变，第一团腹背受敌，被迫转向浏阳前进。第二团从安源出发，相继攻克醴陵、浏阳，由于指挥失当在浏阳未能及时撤出，遭到敌军反扑，损失重大。第三团由铜鼓西进，攻打浏阳东门市，由于缺乏配合，受到敌人夹攻，战斗失利后向上坪转移。仅仅几天时间，全军遭

秋收起义 现代·马常利

广州起义　现代·何孔德、郑洪流

受严重挫折，5000多人锐减到1000多人，夺取长沙的目标无法实现。关键时刻，毛泽东当机立断，命令部队停止向长沙方向前进，退到浏阳的文家市。9月19日，在文家市召开了前委会议，讨论部队进军方向。毛泽东审时度势，果断决定放弃攻取长沙的计划，转向敌人统治力量薄弱的农村山区。经过激烈争论，会议采纳了毛泽东的主张，开始向湘赣边界的井冈山进军。

在湘赣边界秋收起义的影响下，广东、江西、湖北等地也相继爆发了秋收起义。秋收起义是中国共产党抛弃国民党旗帜，独立树起工农武装旗帜的开始，为中国革命从城市转入农村、建立农村革命根据地，开拓以农村包围城市、武装夺取政权的道路揭开了序幕。

叶剑英像

1927年11月，粤系张发奎和桂系李济深、黄绍竑争夺地盘，爆发了粤桂军阀混战，粤军主力离开广州作战，广州城内兵力空虚。根据中共中央的指示，中共广东省委决定利用有利时机，发动武装起义。广东省委决定成立革命军事委员会领导和组织起义，由张太雷任委员长。同时还成立了起义军总指挥部和参谋部，叶挺任总指挥，叶剑英任副总指挥，徐光英任参谋长。12月11日凌晨，起义爆发。在张太雷、叶挺、恽代英、叶剑英、周文雍、聂荣臻、杨殷等领导下，起义军向敌人发起进攻。经过两个多小时的激战，起义军迅速占领并控制广州市区的绝大部分。随即成立广州苏维埃政府，又称“广州公社”，这是中国第一个城市工农民主政权。

广州起义震惊了中外反动派，粤桂军阀立即停止内战，同帝国主义势力迅速勾结起来，向起义军发动疯狂反扑。因敌我力量悬殊，叶挺曾主张在粤军主力没有返回前撤离广州。这个正确意见遭到共产国际代表诺伊曼的反对，未被采纳。诺伊曼认为起义只能以城市为中心，“进攻、进攻、再进攻”。起义军浴血奋战了三天三夜，最后失败。总指挥张太雷和多名指战员壮烈牺牲，数千革命群众惨遭杀害。广州起义的失败再次证明：在敌我力量悬殊的中国，企图靠城市武装暴动夺取政权的道路是行不通的。广州起义是继南昌起义和秋收起义之后，向反革命势力进行的又一次英勇反击，也是中国共产党领导工农武装夺取政权的一次重要尝试，在中国革命史上留下了光辉的一页。

毛泽东率领的队伍行至江西萍乡芦溪时，遭敌伏击，总指挥卢德铭牺牲。鉴于军队思想混乱，旧习较多，1927年9月29日到达永新县三湾村后，毛泽东领导了著名的“三湾改编”，把队伍缩编，在军队中建立党的各级组织，“支部建在连上”，全军由以毛泽东为书记的前敌委员会统一领导；建立民主制度，实行官兵一致。三湾改编确立了党对军队的绝对领导，初步奠定了建立新型人民军队的基础。行进途中，起义军逐步改造了袁文才和王佐领导的地方武装农民自卫军。10月27日，毛泽东率领部队到达井冈山的中心茨坪，开始了创建农村根据地的艰苦卓绝的工作。一方面恢复和重建了党的组织，使之成为革命的领导核心；一方面发动群众打倒土豪劣绅，分田地，开展土地革命，建立工农政权。

被捕的周文雍与陈铁军在刑场上举行婚礼

1928年4月，朱德、陈毅带领南昌起义保留下来的部队和湘南暴动的农民自卫军到达井冈山，在宁冈砻市与毛泽东领导的队伍会师。5月4日，会师部队正式组建中国工农革命军第四军（6月改称工农红军第四军），朱德任军长，毛泽东任党代表，王尔琢任参谋长，陈毅任政治部主任。12月11日，彭德怀、滕代远率湖南平江起义组建的红五军主力到达井冈山，与红四军会师，进一步壮大了井冈山革命根据地的红军力量。井冈山革命根据地是中国共产党领导创建的第一个农村革命根据地。它点燃了工农武装割据的“星星之火”，为其他革命根据地的创建起到了示范作用，为中国革命开辟了一条以农村包围城市、最后夺取城市的正确道路。

袁文才像

就在国民党新军阀混战和派系纷争不断之时，由井冈山革命根据地点燃的星星之火很快发展成遍布全国的熊熊烈火，形成燎原之势。到1930年上半年，全国已建立起十几个革命根据地，主要有：毛泽东、朱德、陈毅等开辟的赣南闽西革命根据地；彭德怀、滕代远等开辟的湘赣革命根据地；黄公略等开辟的湘鄂赣革命根据地；徐向前等开辟的鄂豫皖革命根据地；方志敏等开辟的闽浙赣革命根据地；邓小平、张云逸、韦拔群等开辟的左右江革命根据地；贺龙、

井冈山会师 现代 · 林岗

方志敏像

周逸群等开辟的湘鄂西革命根据地；彭湃开辟的广东海陆丰革命根据地；冯白驹等领导的海南琼崖革命根据地；谢子长和刘志丹领导的陕甘革命根据地等。

邓小平像

张云逸像

“星星之火，可以燎原。”农村革命根据地的建立和发展，促使以毛泽东为代表的中国共产党人开创和形成了农村包围城市的革命道路理论。这是中国共产党人创造性地把马克思列宁主义关于武装夺取政权的原理同中国具体实践相结合的光辉典范，是中国人民革命的一个创造。

谢子长像

然而，由于党的工作重心转入农村，党和军队的成分发生了变化：工农红军的主体是农民，党员也主要来自于农民和小资产阶级，各种非无产阶级的思想和作风带到红军队伍中来，妨碍了党的正确路线的贯彻，削弱了军队的战斗力。毛泽东主张党对军队的绝对领导，加强政治教育。可是，毛泽东的正确主张没有被采纳，而且他的前委书记落选，仅当选前委委员，陈毅当选为红四军前委书记。会后毛泽东被派往闽西开展地方工作。1929年7月，陈毅前往上海向中央汇报工作。当时，许多人对混乱状况不满，转而希望毛泽东返回复职。8月29日，中共中央政治局召开会议听取陈毅关于红四军情况的汇报。9月28日，中央发出给红四军前委的指示信，即“九月来信”。信中肯定了毛泽东的红军建设思想，支持毛泽东“应仍为前委书记”。10月下旬，陈毅从上海返回，在前委会上传达指示精神，随后写信给毛泽东请其马上返回复职。11月下旬，收到陈毅的诚恳来信和中央“九月来信”指示后，毛泽东回到红四军主持工作。

刘志丹像

12月下旬，在毛泽东等精心筹备下，红四军第九次党的代表大会在福建上杭县古田镇召开。会议总结了红四军建军以来的经验教训，批判了红四军党内存在的各种错误思想，提出“要以无产阶级思想建设人民军队”；强调党对军队的绝对领导是红军建设的根本原则，阐明红军是一个“执行革命的政治任务的武装集团”；规定红军除了要进行打仗消灭敌人的军事活动之外，还要担负起宣传、组织、武装、帮助群众建立革命政权以至于建立共产党的组织等重大任务；另外还阐明了必须在军内外建立起正确的官兵平等、军民团结关系，对待敌军应该采取的正确政策。在党的建设方面，强调要把党的思想建设放在首位，指出当时各种非无产阶级思想的表现、来源及纠正方法，应从政治教育入手，提高党员思想政治水平；另外指出必须加强党的组织建设，坚持民主集中制，反对极端民主化和非组织观点等。“古田会议”解决了在农村游击战争的条件下，如何从加强党的思想工作入手保持党的无产阶级先锋队的性质和建设新型人民军队的根本问题，以新的经验丰富了马克思列宁主义的建军学说，成为党和军队建设史上的里程碑，是党和红军建设的纲领性文献。

陈毅像

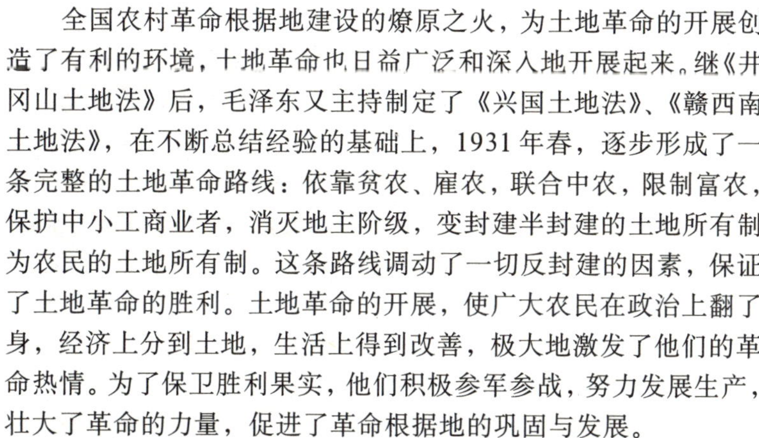

全国农村革命根据地建设的燎原之火，为土地革命的开展创造了有利的环境，土地革命也日益广泛和深入地开展起来。继《井冈山土地法》后，毛泽东又主持制定了《兴国土地法》、《赣西南土地法》，在不断总结经验的基础上，1931年春，逐步形成了一条完整的土地革命路线：依靠贫农、雇农，联合中农，限制富农，保护中小工商业者，消灭地主阶级，变封建半封建的土地所有制为农民的土地所有制。这条路线调动了一切反封建的因素，保证了土地革命的胜利。土地革命的开展，使广大农民在政治上翻了身，经济上分到土地，生活上得到改善，极大地激发了他们的革命热情。为了保卫胜利果实，他们积极参军参战，努力发展生产，壮大了革命的力量，促进了革命根据地的巩固与发展。

红军和革命根据地的不断壮大，使国民党反动派坐卧不宁，必欲除之而后快。1930年10月，蒋与阎、冯、桂之间的中原大战刚刚结束，蒋介石便迫不及待地调集约10万人的兵力，采取“分进合击，长驱直入”的作战方针，向中央革命根据地发动了第一次“围剿”。毛泽东、朱德根据敌强我弱态势，采取“诱敌深入，待机歼敌”的作战方针，以优势兵力向进入伏击圈的敌人发动猛烈进攻。经过半天激战，全歼张辉瓒师9000余人，活捉张辉瓒，干净利索地粉碎了国民党的第一次“围剿”。

1931年4月，不甘失败的蒋介石又调集20万大军，以军政部长何应钦为总司令，兵分四路，向中央革命根据地进行第二次“围剿”。他们吸取上次长驱直入的失败教训，采取“稳扎稳打，步步为营”的战术，同时实行严密的经济封锁。毛泽东、朱德等采取“集中优势兵力，先打弱敌，并在运动中各个歼灭敌人”的方针，共歼敌3万余人，缴枪2万多支，痛快淋漓地取得第二次反“围剿”的胜利。时隔仅一个月，恼羞成怒的蒋介石，又调集30万兵

毛泽东与红军战士合影

力，聘用德、日、英军事顾问，自任总司令，于1931年7月对中央革命根据地进行第三次大规模“围剿”。蒋介石以优势兵力，采取“长驱直入”、“分进合击”的战术，迅速深入革命根据地。毛泽东、朱德采取“避敌主力，打其虚弱，乘胜追歼”的作战方针，共歼敌3万余人，缴枪1.4万余支，胜利粉碎了国民党军队的第三次“围剿”。

在大好形势下，11月7日至20日，中华苏维埃第一次全国代表大会在江西瑞金召开。大会宣布成立中华苏维埃共和国临时中央政府，通过了《中华苏维埃共和国宪法大纲》。大会选举毛泽东、项英、张国焘、周恩来等64人为中央执行委员，组成中央执行委员会。毛泽东为临时中央政府中央执行委员会主席，项英、张国焘为副主席。中央执行委员会下设人民委员会和中央革命军事委员会。毛泽东任人民委员会主席，项英为副主席。朱德任中央革命军事委员会主席，王稼祥、彭德怀为副主席。至1932年底，中华苏维埃共和国临时中央政府下属7个省苏维埃政府，即江西省、福建省、湘赣省、湘鄂赣省、闽浙赣省、湘鄂西省、鄂豫皖省。

**中共苏区中央局委员合影** 左起：顾作霖、任弼时、朱德、邓发、项英、毛泽东、王稼祥

1933年2月，蒋介石纠集50万大军，任命顾祝同为总司令，再次采取“分进合击”的战术，兵分三路，发动对中央革命根据地的第四次“围剿”。此时，由于受到王明“左”倾错误领导的排挤和打击，毛泽东已经离开了军事领导岗位。红一方面军在朱德、周恩来的指挥下，采用“声东击西、大兵

取得第四次反“围剿”胜利的红军部分领导人合影

团伏击和集中优势兵力歼灭敌人”的方针，取得了第四次反“围剿”的胜利。其他根据地也捷报频传，战果累累。红军队伍在斗争中日益壮大，全国红军发展到30万人，并逐步形成了一整套战略战术原则。

## 七、长征

1931年1月，中共中央在上海召开了六届四中全会，在共产国际代表米夫的支持下，王明等人取得党中央的领导权，在政治、组织、军事等领域开始全面推行“左”倾错误主张，排挤毛泽东在中央苏区对党和红军的领导，给中国革命造成了严重危害。

1933年10月，蒋介石调集了百万大军和200架飞机，自任总司令，对中央革命根据地以及邻近的湘赣、闽浙赣等根据地，发动进攻。此次，蒋介石吸取德国军事顾问意见，采用“持久战”和“步步为营，堡垒推进”的新战术，在根据地周围修筑几千座碉堡，逐渐收缩包围，最后寻求红军主力决战，以消灭红军。毛泽东业已离开红军领导岗位，临时中央负责人博古和共产国际派来的军事顾问李德成为实际上的最高军事指挥者。一开始，博古和李德就全面否定和抛弃了毛泽东的正确军事路线，实行进攻中的“冒险主义”，坚持“御敌于国门之外”、“不丧失寸土”，主张“全线出击”，结果屡战不胜。到11月中旬，红军辗转于敌人重兵和堡垒之间，连续作战近两个月，陷于被动境地。1934年3月，敌人主力开始向根据地的北大门广昌推进。这时的博古、李德在进攻受到挫折以后，又主张全线防御的“保守主义”，处处设防，节节

王明像

博古像

王稼祥像

抵御，以堡垒对堡垒，打阵地战和消耗战，实行所谓的短促突击，进行广昌保卫战。4月，广昌失守。7月，国民党军分兵向中央根据地中心突进。10月初，国民党军队已推进到中央根据地的腹地，兴国、宁都、石城相继失守。

在“左”倾错误的指导下，红军奋战一年，非但未能打退敌人的进攻，反而遭受很大损失。1934年10月开始，中共中央机关和中央红军实施战略大转移，离开中央根据地，向红二、六军团所在地湘西进军，走上了漫漫长征路。

长征开始以后，博古、李德等又犯了退却中的“逃跑主义”错误，红军的处境更加被动。广大红军浴血奋战，连续突破国民党军队构筑的三道封锁线。在突破第四道封锁线的湘江战役中，面对重兵逼近，博古等一筹莫展，命令部队硬攻硬打，激战7天才渡过湘江。红军折损过半，由出发时的8万余人锐减至3万余人。

中央红军渡过湘江后，向湘西前进，继续执行与红二、六军团会合的原订计划。蒋介石此时已经判断出红军意图，于是在湘、黔、桂边境地区构筑四道碉堡线，纠集数十万重兵布防，只待红军自投罗网，围歼红军。在紧急关头，毛泽东力主放弃同红二、六军团会合的计划，改向敌人力量薄弱的贵州进军。经过激烈争论，毛泽东的建议得到大多数领导人的支持。随后红军迅速攻占贵州黎平、猴场等地。1935年1月7日，红军强渡乌江，解放了贵州重镇遵义城。

自从第五次反“围剿”以来，一连串的失败和挫折，促使大家从切身经历的对比中，进一步思考军事路线上的是非。毛泽东敏锐地抓住机会，在行军途中，积极开展疏导工作，促使当时的核心领导成员王稼祥、张闻天的思想转变，统一了多数人的认识。毛泽东、张闻天、王稼祥都认为应尽早召开会议，以解决军事领导权问题。周恩来、朱德等积极支持纠“左”，召开会议纠正错误的条件逐渐成熟。

1月15日至17日，中共中央政治局扩大会议在遵义召开。中央政治局委员、候补委员和有关人员共20余人参加了会议。会议首先由博古作第五次反“围剿”的总结报告，回避了军事领导错误是造成失败的主要原因。随后周恩来作副报告，分析军事领导错误并主动承担责任。张闻天在会议上作了系统的批判博古和李德“左”倾军事路线的报告。毛泽东作了长篇发言，切中要害地分析和批评李德和博古的军事错误，阐明今后应采取的战略战术和方针。王稼祥、朱德、刘少奇等多数与会人员相继发言，都明确支持毛泽东。仅有政治局候补委员凯丰一人为博古、李德辩护。

遵义会议 现代·沈尧伊

会议原则通过以毛泽东发言为基础、委托张闻天起草、经常委审定的《中共中央关于反对敌人五次“围剿”的总结决议》，肯定了毛泽东等人关于红军作战的正确主张。会议还改组了中央领导机构，推选毛泽东为中央政治局常务委员，解除了博古、李德的最高军事指挥权，取消了原来由博古、李德和周恩来组成的军事决策机构“三人团”，决定仍由中央军委负责人周恩来、朱德指挥军事。会后常委之间进行分工，由张闻天负总责。军委设置前敌司令部，朱德为司令员，毛泽东任政治委员。后来又成立毛泽东、周恩来、王稼祥组成的三人军事指挥小组，行使最高军事指挥权。

遵义会议后的毛泽东

遵义会议是中国共产党历史上生死攸关的转折点，它集中全力解决了当时最为紧迫的军事问题和组织问题，结束了王明“左”倾冒险主义在中共中央长达4年的统治，确立了以毛泽东为首的新的中央的正确领导。它在危急关头挽救了党，挽救了红军，挽

飞夺泸定桥 现代·雷坦

救了中国革命。它体现了中国共产党独立自主分析和解决中国革命问题的能力，是中国共产党走向成熟的重要标志。

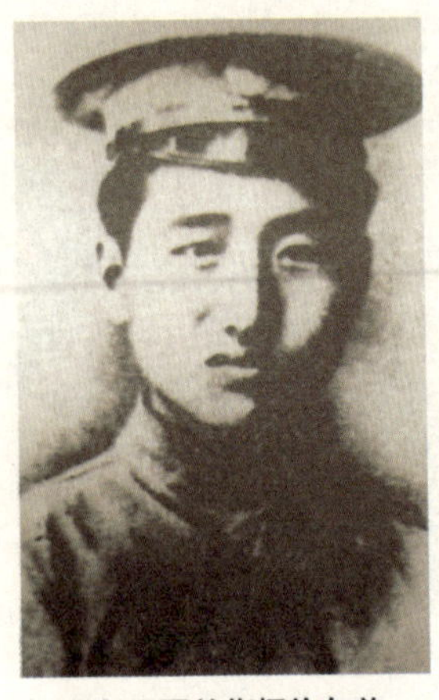
红四方面军总指挥徐向前

遵义会议后，在毛泽东、周恩来、朱德等正确领导下，红军由被动转为主动。1月19日，红军离开遵义，挥师北上。29日，红军一渡赤水，杀入川南，准备北渡长江。蒋介石急调四川军阀封锁长江。红军回师向东，2月19日二渡赤水，趁贵州空虚之际，重返遵义，消灭敌军2个师又8个团，取得长征以来的首次胜利。3月中旬，红军三渡赤水，以少部兵力摆出渡江北上姿态，诱敌密集川南，主力则于3月下旬四渡赤水河，又以少部兵力摆出东进湖南之势，主力则南渡乌江，佯攻贵阳。在贵阳督战的蒋介石急调云南军队保驾。红军乘机插入云南，直逼昆明。虚晃一枪后，迅速折向西北，于5月初到达金沙江畔。仅靠7只小船，经过9昼夜，数万红军奇迹般渡过水深浪急的金沙江。从此红军跳出几十万敌军围追堵截的包围圈，取得了战略转移的主动权。巧渡金沙江后，红军执行了正确的民族政策，顺利通过四川彝族居住区，于5月29日飞夺泸定桥，强渡大渡河，然后北上翻越海拔4000多米的大雪山夹金山，于6月中旬到达四川懋功（今小金县），与从川陕根据地退出的、由张国焘率领的红四方面军胜利会师。

野菜　现代 · 张文源

两军会师后，就“北上”和“南下”问题发生分歧。中共中央于6月26日在两河口召开政治局会议，确定继续北上、创建川陕甘根据地的战略方针。会上经过讨论，主张南下到川康藏少数民族地区的张国焘勉强同意北上。红一、四方面军混编成左右两路军北上。右路军在毛泽东、周恩来等率领下，战胜困难，穿越荒无人烟的茫茫草地，到达四川巴西地区。左路军由张国焘率领，主力穿越草地到达阿坝地区后，张国焘再次拒绝执行北上方针，要挟右路军和党中央南下，甚至企图危害党中央。中共中央迅速率右路军的一、三军团和军委纵队约8000人脱离险境，继续北进。9月12日到达俄界后，中共中央召开政治局扩大会议，作出《关于张国焘同志错误的决定》，发电催促张国焘改正错误，继续北上。会后，红军突破天险腊子口，翻越岷山、六盘山，于10月19日到达陕北吴起

贺龙、任弼时、关向应合影

长征到达陕北后的毛泽东、朱德、周恩来、秦邦宪（博古）

镇，与陕北根据地的红十五军团胜利会师。11月下旬，毛泽东和周恩来亲自指挥红军作战，在直罗镇歼灭敌军一个师，粉碎了敌军对陕北根据地的第三次围剿。

张国焘则一意孤行，率左路军和右路军的四军、三十军共约10万人南下，并于10月5日在卓木碉另立中央，自封主席。对于张国焘的分裂行为，随左路军行动的红军总司令朱德和总参谋长刘伯承等人进行了坚决抵制。在张国焘的错误领导下，南下红军屡遭强敌围攻，损失过半，锐减至4万人，退却到西康东北部的甘孜地区。1936年6月初，张国焘被迫宣布取消“第二中央”。

1935年11月，贺龙、任弼时率领的红二、六军团从湖南桑植开始长征，于1936年7月1日，到达甘孜与红四方面军会师。之后，红二、六军团奉中央之命，改编为红二方面军，贺龙任总指挥，任弼时任政委。在朱德等人的坚决斗争和红四方面军指战员的要求下，张国焘被迫放弃反党分裂活动，同意与红二方面军共同北上。红二、四方面军从甘孜出发，8月到达甘南，10月，同前来接应的红一方面军在甘肃会宁会师。红军三大主力的会师，宣告了举世闻名的红军长征胜利结束。

在两年时间内，红军纵横10余省，行程25000里，粉碎了国民党军队的围追堵截，使中国革命转危为安。尽管红军由原来的30万锐减到不足3万，却保存和锻炼了革命的骨干力量，显示了不屈不挠的斗争精神。毛泽东对此予以高度评价：“长征是历史记录上的第一次，长征是宣言书，长征是宣传队，长征是播种机。”中国革命新局面从此开始。

溥仪登基后留影

# 八、日本侵华与国共第二次合作

日本侵华蓄谋已久。早在1927年6月27日，时任内阁首相兼外相的田中义一在东京主持召开了臭名昭著的 “东方会议”。不久就将一份题为《帝国对满蒙之积极根本政策》的极其露骨的秘密侵略计划，密奏天皇，称“田中奏折”。对于此“奏折”究竟出于何人之手，史学界尚未达成共识，但不可否认的是，后来日本对华侵略的步骤和行动都恰似以田中奏折作为蓝本一步步展开的。田中奏折正是日本军国主义侵略野心的写照，是日本侵华的基本方针。田中奏折提出日本侵略世界的新大陆政策的总战略是：欲征服中国，必先征服满蒙；欲征服世界，必先征服中国。

蔡廷锴像

1931年9月18日夜，日本驻东北的关东军事先经过精心策划，命令它的守备队炸毁了南满铁路沈阳近郊柳条湖的一段路轨，反诬中国军队所为，并以此为借口，炮轰东北军驻地北大营，袭击沈阳。同时，南满铁路沿线日军向沈阳城发起攻击，这就是震惊中外的九一八事变。正集中力量发动内战的蒋介石政府采取了消极的“不抵抗政策”，密令驻守沈阳及东北各地的国民党军队撤退到山海关内。于是，日本侵略军在19日占领了沈阳，接着分兵进攻辽宁、吉林、黑龙江等地。在不到4个月的时间内，东北三省100多万平方公里的国土全部沦陷敌手。次年3月，在日本扶持下，东北成立以清废帝溥仪为首领的伪“满洲国”。

1932年1月28日深夜，日本驻上海的海军陆战队按照预定的作战计划，又向驻闸北的国民党十九路军阵地发起猛攻，蓄意制造了一二八事变。十九路军在军长蔡廷锴、总指挥蒋光鼐的率领下，奋起抵抗，英勇杀敌，坚持抗战1个多月，杀伤日军1万多人，迫使声称只要4小时就可占领上海的日军三易统帅而毫无建树。但由于国民党政府顽固坚持“不抵抗政策”，致使十九路军弹尽粮绝、腹背受敌，被迫于3月初撤离上海。5月5日，经英美调停，国民党政府同日本签订了丧权辱国的《淞沪停战协定》，承认日军可继续驻留上海，规定上海为非武装区，上海

日军攻击北大营

市区不许中国军队设防。

十九路军在闸北与日军巷战

其实，早在九一八事变之前，蒋介石在南昌讲话时就说：“中国亡于帝国主义，我们仍能当亡国奴，尚可苟延残喘，若亡于共产党则纵肯为奴隶亦不可得。”道出了其“攘外必先安内”，推行不抵抗政策，一意孤行地进行“剿共”的反动实质。面对日本帝国主义的步步紧逼，国民党政府一味妥协退让，更加助长了侵略者的嚣张气焰，进一步刺激了其灭亡中国的野心。1935年夏，日本帝国主义又制造了以吞并河北、山东、山西、察哈尔、绥远五省为目的的“华北五省自治运动”，中华民族危机空前加深。

察哈尔抗日同盟军前敌总指挥吉鸿昌

在这国家民族生死存亡的危急关头，8月1日，中国共产党驻共产国际代表团草拟了《为抗日救国告全体同胞书》，即《八一宣言》，呼吁“停止内战，共同抗日”，正式提出了建立全民族抗日统一战线的号召，得到了全国人民的热烈响应和拥护。广大的爱国学生又一次走在了时代的前列，北平和天津的广大青年学生，对于时局的变化，尤为敏感和关切。12月9日，北平几千名爱国的大中学校的学生，冲破了国民党当局军警的封锁和拦堵，汇合在新华门前，高呼“停止内战，一致对外”、“打倒日本帝国主义”、“反对华北自治”等口号，向国民党政府行政院驻北平办事长官何应钦请愿，要求国民党政府进行抗日。当示威游行队伍行至王府井大街南口时，遭到大批国民党武装军警的镇压。在一二九运动的影响和感召下，抗日救亡的呼声，响遍了全国，掀起了全国抗

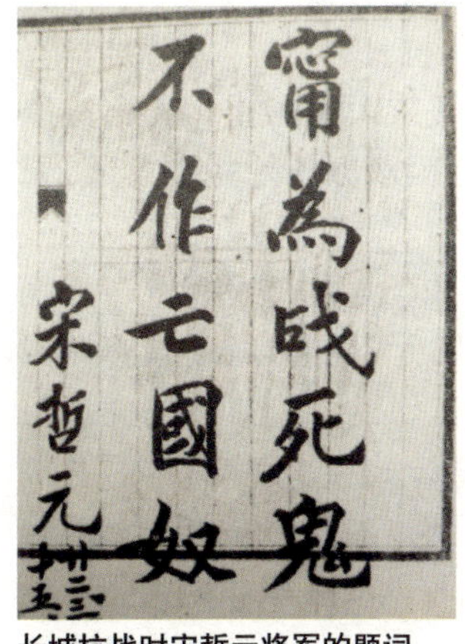


长城抗战时宋哲元将军的题词

领导绥远抗战的傅作义与部将合影

日救亡运动的新高潮。

12月25日，中共中央在陕北瓦窑堡召开了中央政治局扩大会议。这次会议主要分析了华北事变后国内形势的新变化，决定了建立抗日民族统一战线的策略方针。会后，毛泽东根据决议精神，在党的活动分子会议上作了《论反对日本帝国主义的策略》的报告，从理论和实践上进一步阐明了建立抗日民族统一战线的可能性和必要性及中国共产党在统一战线中的领导作用。

在中国共产党抗日民族统一战线的推动下，全国抗日救亡运动蓬勃高涨。1936年5月31日，由沈钧儒、邹韬奋等人发起，在上海成立了“全国各界救国联合会”，要求国民党停止内战，释放政治犯，并与中共谈判，建立统一的抗日政权，得到了广大爱国人士的拥护和支持。11月23日，南京国民党当局却以“危害民国”的罪名在上海将全国各界救国联合会领导人沈钧儒、章乃器、邹韬奋、李公朴、沙千里、史良、王造时逮捕入狱，制造了“救国有罪”的“七君子”事件。事件发生后，宋庆龄、蔡元培、马相伯等各界爱国人士立即掀起声势浩大的营救活动，得到了全国各地各界人士的广泛响应，促进了抗日爱国运动的发展。

蔡元培像

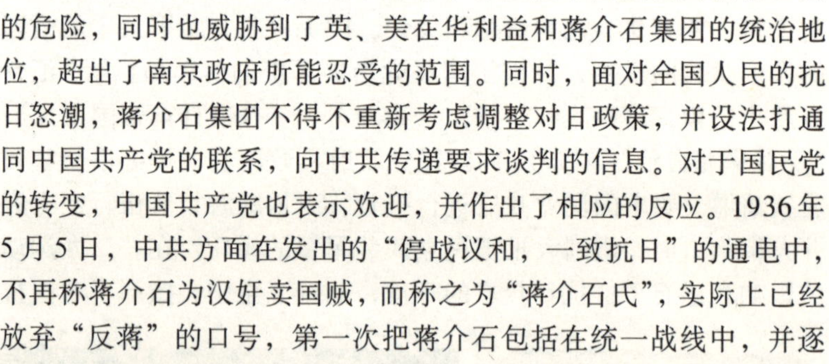

日军在华北地区的侵略和扩张，不仅使中国人民面临着亡国的危险，同时也威胁到了英、美在华利益和蒋介石集团的统治地位，超出了南京政府所能忍受的范围。同时，面对全国人民的抗日怒潮，蒋介石集团不得不重新考虑调整对日政策，并设法打通同中国共产党的联系，向中共传递要求谈判的信息。对于国民党的转变，中国共产党也表示欢迎，并作出了相应的反应。1936年5月5日，中共方面在发出的“停战议和，一致抗日”的通电中，不再称蒋介石为汉奸卖国贼，而称之为“蒋介石氏”，实际上已经放弃“反蒋”的口号，第一次把蒋介石包括在统一战线中，并逐步由过去“反蒋抗日”改为“逼蒋抗日”。中国共产党以民族大义为重，作出有原则的让步，但终因双方条件相距太远，无法达成协议。

七君子出狱后与马相伯等合影

因受中国共产党抗日民族统一战线政策及人民抗日运动的影响，被蒋调到陕甘一带进攻红军的张学良和杨虎城与红军实现了停战，并要求蒋介石“联共抗日”。蒋不仅拒绝了张、杨的要求，而且于12月4日飞往西安督战，威逼张、杨加紧“剿共”。7日，张学良到临潼华清池向蒋"苦谏"，希望以至诚来感动和谏服蒋介石"停止内战，联共抗日"，遭蒋拒绝。12日凌晨，张学良、杨虎城发动兵谏，在华清池武装扣留了蒋介石，囚禁陈诚等10余人，宣布取消"西北剿匪总部"，成立抗日联军西北临时军事委员会，并通电全国，提出改组南京政府，停止内战，共同抗日，实行民主政治。这就是震惊中外的"西安事变"，也称"双十二事变"。

张学良像

杨虎城像

12月16日，南京政府下令讨伐张、杨，并任何应钦为总司令。亲日派汪精卫、何应钦企图借机扩大事态，夺取蒋介石的统治权力，进一步和日本妥协。中共中央从民族利益出发，应张学良、杨虎城电请，派代表周恩来、秦邦宪、叶剑英等到西安调停。周恩来等于16日到达西安。经过多方努力，蒋介石被迫于24日接受停止内战、联共抗日的主张，西安事变和平解决。西安事变的和平解决，成为时局转换的关键。它粉碎了亲日派和日本帝国主义的阴谋，促成了中共中央"逼蒋抗日"方针的实现。从此，十年内战的局面基本结束，预示了"联蒋抗日"新局面的到来。

此后，国共两党都及时调整了政策。1937年2月10日，为了实现国共两党合作抗日，中共中央致电国民党，提出停止内战、实行民主自由、召开各党派会议、迅速准备抗日和改善人民生活等五项要求；并向国民党作出停止武装暴动、红军改变名称、根据地实行民主制度和停止没收地主土地等四项保证，得到了全国人民的拥护。2月15日，在南京召开的国民党五届三中全会上，宋庆龄、何香凝、冯玉祥等积极响应中共的建议，提出恢复孙中山"联俄、联共、扶助农工"三大政策的紧急议案，并同亲日派汪精卫进行了激烈斗争。全会实际上接受了国共两党合作抗日的政策，标志着国共合作抗日统一战线的初步形成。

1937年7月7日晚，驻丰台日军河边旅团第一联队第三大队第八中队，在卢沟桥以北地区举行以攻取卢沟桥为假想目标的军事演习。夜11时左右，日军诡称"失落日兵一名"，要求进入宛平县城搜索。中国方面断然拒绝了日方这一无理要求。日军立即调动丰台驻军，利用夜幕包围宛平城。7月8日晨，双方正交涉间，日军突然向宛平城开枪射击，接着又炮轰卢沟桥。驻守宛平的二十九军吉星文团奋起还击，歼灭进攻卢沟桥的日军100多人。这就是震惊中外的"卢沟桥事变"，又称"七七事变"。七七事变是日本帝国主

西安事变后张学良在看蒋介石的顾问端纳带来的宋美龄的信

蒋介石在庐山发表抗战演讲

义大规模进攻中国的开始，中国驻军在卢沟桥的英勇抵抗，揭开了全民族抗战的序幕。随后，大批日本关东军开抵天津，并以重兵进犯北平郊区。29日，北平沦陷。30日，天津失守。

卢沟桥事变的爆发，把国民党政府从有限妥协推上了抗战的道路，标志着国民党政府对日方针的根本性转变。7月15日，中共中央向国民党递交了《中共中央为公布国共合作的宣言》(即《共赴国难宣言》)。17日，国共第二次庐山谈判开始。蒋介石在庐山发表了有名的“最后关头”的长篇演讲，表示坚决抗战的决心。

为了达到迅速征服中国的目的，日军在华北调集重兵积极备战的同时，也在积极准备出兵上海，以图把战争由华北扩大到华中。8月9日下午，日本海军陆战队一中尉和一水兵驾车强行冲入虹桥军用机场寻衅，窥探中国军队情况，并开枪打死机场卫士一名。中国保安队忍无可忍奋力还击，日本官兵二人被当场击毙。日方以此为借口，悍然向中国军队进攻，中国军队被迫还击，八一三事变爆发，淞沪会战由此开始。8月14日，国民政府正式发表《自卫抗战声明书》，向全世界庄重宣布：“中国为日本无止境的侵略所逼迫，兹不得已实行自卫，抵抗暴力。”“中国决不放弃领土之任何部分，遇有侵略，惟有实行天赋之自卫权以应之。” 8月15日，日本大本营下令组成上海派遣军，侵华战争规模更加扩大。

周恩来、朱德、叶剑英出席南京政府国防会议时与张群等合影

8月18日，蒋介石在“红军改编”问题上同意中共方案。8月22日，国民党政府正式发布改编令，将红军改编为国民革命军第八路军(9月11日改称第十八集团军)。9月22日，国民党中央社正式发表中共的《共赴国难宣言》。23日，蒋介石发表了《对中国共产党宣言的谈话》，公开表示接纳共产党为国效力，承认中共的合法地位。至此，以国共合作为基础的抗日民族统一战线正式成立。国难当头，国共两党弃前嫌，达成谅解，团结抗日，得到了全国人民和各

党派的热烈欢迎和支持。全民族投入了雄壮激烈的抗日洪流之中。

## 九、中华民族的抗战

抗日战争全面爆发后，面对敌强我弱的战争局势，国民党制定了“以空间换时间”、“持久消耗”的军事战略和指导方针。抗战初期，正面战场上的国民党军队英勇抗战，先后进行了平津会战、淞沪会战、忻口会战、徐州会战、太原会战、武汉会战等重要战役，并取得了台儿庄战役的胜利，给日军以重创，阻滞了日军的推进，涌现了许多可歌可泣的英雄事迹。

蒋介石与中国战区总司令部参谋长史迪威合影

淞沪会战是抗日战争时期中日军队之间的首次主力会战。交战双方总共投入兵力近百万，日军投入12个师团及海空军、特种兵部队近30万人；国民党方面投入70余个师，近70万人。在三个多月的时间内激战于以上海为中心的长江三角洲地区，是抗战八年中规模最大、时间最持久的战役之一，震惊世界。广大爱国官兵面对来势凶猛、不可一世的日本侵略者，激于民族义愤和爱国热情，前赴后继，表现出了极大的牺牲精神，涌现出许多可歌可泣的抗日英雄。驻守宝山县的中国官兵坚守阵地，全部壮烈牺牲。谢晋元团长率领战士死守四行仓库，孤军奋战四昼夜，使日军不能前进。11月，日军占领上海，淞沪会战结束。此役中国国力和军力虽不如日本，但军民拼死杀敌，终以25万人伤亡的代价，共毙伤日寇约6万人，坚决地打击了侵略者的气焰，粉碎了日本三个月之内灭亡中国的迷梦！在中华民族抵御外侮的历史上，写下了辉煌壮烈的一笔！

谢晋元像

上海是南京的内门户，上海被占，南京政府所在地完全暴露在日军的枪口下。攻占上海后，日军侵略气焰更为嚣张，从上海兵分三路，从东南北三面合围南京。国民党政府迁往重庆、武汉。12月1日日军正式发起进攻，12日南京失守。日军进城后，肆意烧杀淫掠，无恶不作，制造了震惊世界、惨绝人寰的“南京大屠杀”，充分暴露了日本帝国主义的凶残本性。但是，日本法西斯强盗的兽行，并没有征服中国人民的抵抗意志；相反，更激起全中国人民同仇敌忾，奋起抗战。

冯玉祥、张治中、张发奎在淞沪前线指挥部

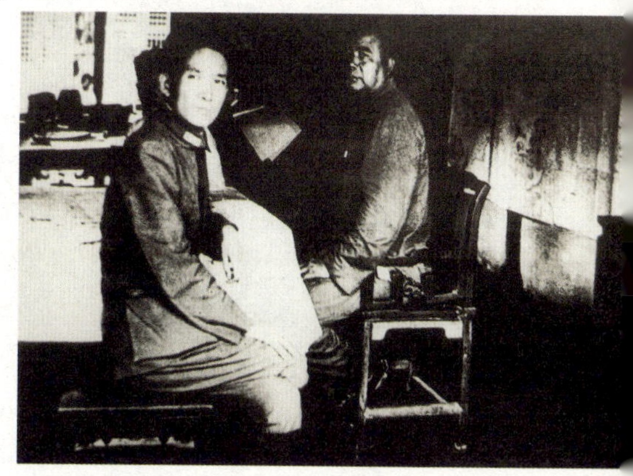

日军占领南京后，为沟通南北战场，打通津浦路，会师武汉，把徐州作为他们攻取的首要目

南京大屠杀（局部） 现代·许宝中、李如、高国芳

标。南京政府决心全力防守，组织“徐州会战”，阻击日军，由第五战区司令长官李宗仁指挥作战。1938年3月下旬，中国军队与日军在台儿庄激战，击溃日军第五、第十两个精锐师团的主力，歼灭日军万余人，缴获大批武器弹药，这是抗战以来国民党军取得的首次重大胜利，坚定了国人抗战胜利的信念。不久，日军集结30余万人再攻徐州，5月19日，徐州陷落。在华北战场，日军占领平津后，又攻陷了张家口、石家庄、太原、济南等城市。

在攻占徐州后，日军调集南北两个战场上的兵力，沿陇海路大举西侵，进攻中原，会战武汉。双方在纵横千里的战场上进行了大小战斗数百次，中国军队进行了顽强的抵抗。日军在进攻武汉的同时，为牵制中国军队的兵力，又进攻广州。10月21日，广州失陷。10月25至27日，武汉三镇沦陷。武汉会战是抗日战争初期中国投入兵力最多、战线最长、坚持最久的一次战役，历时长达4个月，消耗了日军的有生力量，致使日军的“速战速决”战略宣告失败。从此，日本帝国主义被迫转入与中国军民长期作战的战略相持阶段。

李宗仁在台儿庄

抗战初期日军的主力被吸引在了正面战场上，这为共产党领导的敌后抗日战场的开辟创造了条件。1937年9月，八路军一一五师在师长林彪率领下，按照八路军总部的指示，决定利用平型关险要地形，从侧背打击进攻忻口、进逼太原的日军。9月25日拂晓，日军精锐部队板垣师团一部进入预伏地区，八路军立即发起攻击。经过一天激战，歼灭日军千余人，击毁汽车100余辆，并缴获了大量军需物资，取得了抗战以来歼灭战的第一次大胜利。它打破了“皇军不可战胜”的神话，打击了日本帝国主义的嚣张气焰，提高了中国共产党和八路军在全国军民中的威信。

至战争相持阶段到来之前，八路军和新四军已经从配合正面战场作战，发展到独立自主的抗日游击战争，并把游击战争从山地发展到平原，相继占领了晋东北、晋西北、晋东南三大山区的战略要地，创建了一系列敌

平型关大捷 现代 · 任梦璋

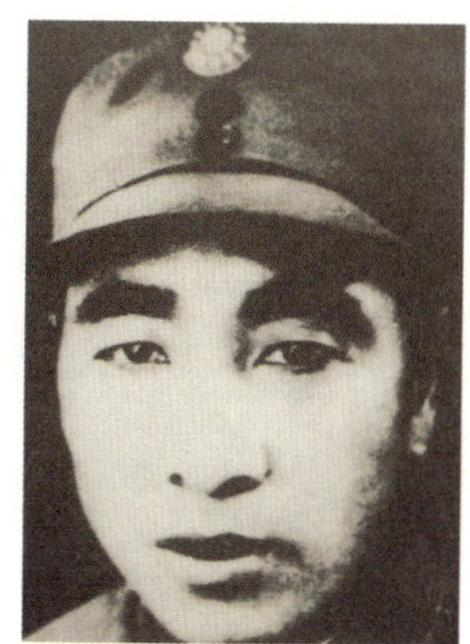
林彪像

后抗日根据地，如晋察冀抗日根据地、晋绥抗日根据地、晋冀鲁豫根据地、山东抗日根据地、江北根据地等。此外，在东北，在杨靖宇、周保中、赵尚志等人的指挥下，抗日联军在艰苦的环境中与日军周旋，取得了许多胜利。抗战期间，海外华侨和国际社会提供了有力支援，为抗日战争的最后胜利和中华民族的独立解放立下了不朽的历史功勋。

八路军副总司令彭德怀在前线

八路军、新四军广泛开展的游击战争，扰得敌人心神不宁，加上抗战初期国民党在正面战场的顽强抵抗，使得日本在坚持灭亡中国的前提下，开始调整对华政策。1938 年 11 月 3 日，日本近卫内阁发表第二次对华声明，提出所谓“日满华三国合作”、“建立东亚新秩序”的国策，由过去的“速战速决”、“武力征服”，改为“以战养战”、“以华制华”策略，通过“政治诱降”，以分化国民党。国民党副总裁、国民党内“亲日派”首领汪精卫，自抗战伊始，就与周佛海、高宗武、梅思平等组织“低调俱乐部”，大肆宣扬“失败主义”，并暗中进行投降活动。在日本帝国主义的诱降下，12 月 18 日，汪精卫及亲信周佛海、曾仲鸣、陈璧君、陶希圣等潜离重庆，次日，叛国逃往河内。22 日，日本发表第三次近卫声明，不久汪精卫就发表“艳电”，响应该声明，公开叛国投敌。1939 年 8 月底，汪精卫等在上海召开伪“国民党第六次代表大会”，以“和平反共建国”为纲领，承认日本的“善

加拿大医生白求恩在为伤员做手术
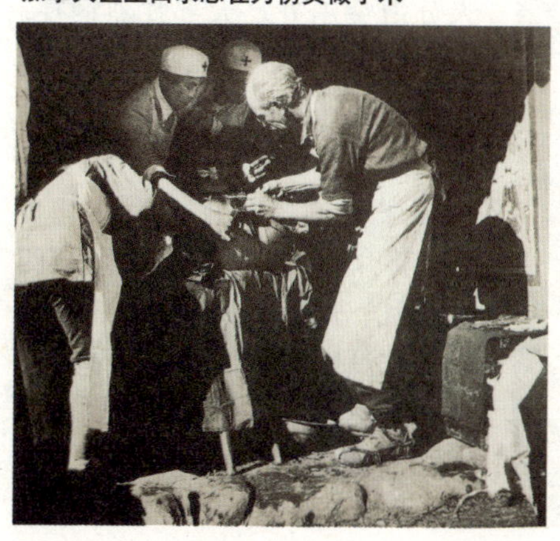

杨靖宇像

伪国民政府在南京成立

邻友好”、“共同防共”、“经济提携”三原则。此后，汪精卫即以国民党中央委员会主席身份进行组建伪中央政权的活动。自此，群奸粉墨登场，1940年3月汪伪“国民政府”在南京宣告成立。

抗日民族统一战线建立以后，蒋介石集团不断制造反共摩擦。抗战进入相持阶段后，在日本加强政治诱降的攻势下，加上对共产党武装力量迅速壮大的恐惧，国民党顽固派掀起新的“反共”浪潮。1940年10月19日，国民党政府军事委员会正、副参谋总长何应钦、白崇禧，致电八路军正、副总司令朱德、彭德怀和新四军正、副军长叶挺、项英，限令在一个月内全部开赴黄河以北。中国共产党据理力争，但为顾全抗战大局，答应将皖南新四军部队移驻江北。中共中央东南局书记兼副军长项英对执行皖南部队迅速北移的指示迟疑不决，寄希望于同第三战区司令长官顾祝同谈判。12月10日，蒋介石密令顾祝同按事先制定好的计划安排部署兵力。

形势危急，在中共中央一再督促下，1941年1月4日，皖南新四军军部直属部队等9千余人，在叶挺、项英率领下开始北移。1月6日，当部队到达皖南泾县茂林地区时，遭到国民党8万余人的重兵包围袭击。新四军激战7昼夜，终因众寡悬殊、弹尽粮绝而陷入绝境。除傅秋涛率2000余人分散突围外，大部壮烈牺牲。军长叶挺前往上官云相总部谈判时被扣留，项英、参谋长周子昆突围后被叛徒杀害，政治部主任袁国平突围中牺牲。为推卸责任，蒋介石于1月17日污蔑新四军叛乱，宣布新四军为“叛军”，取消“新四军”番号，将叶挺交军事法庭审判，并下令进攻新四军江北部队。

周恩来与新四军领导人合影

“皖南事变”震惊了国内外。

周恩来挥笔写下“为江南死国难者志哀”的悼词和“千古奇冤，江南一叶；同室操戈，相煎何急”的挽诗，刊登于重庆《新华日报》上。1月20日，中共中央革命军事委员会发布了重建新四军军部的命令，任命陈毅为代理军长，刘少奇为政治委员，张云逸为副军长，赖传珠为参谋长，邓子恢为政治部主任。1月22日，毛泽东发表谈话，提出解决皖南事变的“十二条办法”。中国共产党的“有理、有利、有节”的斗争，得到全国广大人民、民主党派、海外侨胞以及国际舆论的同情和支持，纷纷通电对制造“皖南事变”的祸首予以谴责。蒋介石集团在政治上陷入被动与孤立。在国民参政会上，蒋介石被迫表示皖南事变“不牵涉党派政治”，保证“以后决无剿共的军事”。

叶挺像

项英像

刘少奇像

抗日战争进入相持阶段以后，日本回兵华北，对敌后抗日根据地进行了残酷的“大扫荡”。“大扫荡”具体是指野蛮的“烧光、杀光、抢光”的“三光”政策。针对敌人的进攻，解放区军民展开了英勇的反“扫荡”斗争。1940年春，华北日军实行以铁路为柱，公路为链，碉堡为锁，辅之以封锁沟、封锁墙，对根据地构成网状包围圈的“囚笼政策”，用“清乡”、“蚕食”、“扫荡”三种办法，企图将八路军一举歼灭。为打破敌人的“囚笼政策”，自8月20日开始，在2500公里长的战线上，八路军发动了举世闻名的“百团大战”。百团大战历时三个半月，八路军共进行大小战斗1824次，毙伤日伪军25800余人，俘日伪军18600余人；破坏铁路470多公里，公路1500多公里，桥梁、车站、隧道等260余处，使正太铁路停运月余；攻克日伪据点2993个，巩固和扩大了抗日军民占领区。此后，华北各解放区反“扫荡”斗争开展得有声有色，出现了著名的“狼牙山五壮士”这样可歌可泣的英雄事迹，以及令敌人头痛的麻雀战、地雷战、地道战。据统计，从1941年7月7日至1943年7月7日，八路军平均每天作战57次，毙、伤、俘日伪军30余万人，反“扫荡”斗争取

白洋淀湖上的雁翎队

民兵正在埋地雷

得重大成绩。

与此同时，中共中央号召各根据地军民，自己动手，发展生产，掀起了空前规模的大生产自救运动，出现了南泥湾、槐树庄、大风川等著名的屯田模范。从1941年5月开始，中共中央还利用抗战局面相对稳定之机，在全党范围开展了马克思列宁主义教育运动，即“整风运动”。这次整风运动的内容是：反对主观主义以整顿学风，反对宗派主义以整顿党风，反对“党八股”以整顿文风。贯彻的方针是：“惩前毖后，治病救人”，用“团结——批评——团结”的方式，达到既要弄清思想，又要团结同志的目的。采用的方法是：在精读马克思列宁主义基本文献的基础上，反省自己的工作、思想，实事求是地进行批评与自我批评，具体分析产生错误的原因和克服错误的方法。“整风运动”加强了党的团结，提高了全党的马克思列宁主义水平，为中共“七大”的胜利召开，为抗日战争的最后胜利，为夺取民主革命在全国的胜利，奠定了巩固的思想基础。

1945年4月，在世界反法西斯战争和中国抗日战争即将取得胜利的前夜，在中国面临着“两种前途、两种命运”斗争的关键时刻，为了团结全党全国人民，争取光明的前途，彻底打败日本侵略者，建立独立、自由、民主、统一与富强的新中国，中国共

王震带领359旅在南泥湾开荒

毛泽东在延安作整风报告　现代·罗工柳

毛泽东在党的七大上作政治报告

产党在延安召开了第七次全国代表大会。毛泽东在会上作了题为《两个中国之命运》的开幕词以及《论联合政府》的政治报告。大会通过的新党章明确规定：中国共产党以马克思列宁主义的理论与中国革命实践之统一的思想——毛泽东思想，作为自己一切工作的指针，反对任何教条主义或经验主义的偏向。“七大”确立毛泽东思想为党的指导思想，从而使全党有了在思想上、工作上取得一致的牢固的理论基础。大会选举毛泽东为中央委员会主席兼中央政治局、中央书记处主席，选举毛泽东、朱德、刘少奇、周恩来、任弼时为中央书记处书记。中共“七大”是民主革命时期中国共产党召开的规模最大的一次全国代表大会，是一次团结的大会，胜利的大会，它标志着全党在马列主义、毛泽东思想的旗帜下，实现了思想上、政治上、组织上的空前团结和统一，奠定了抗日战争和解放战争胜利的基础。

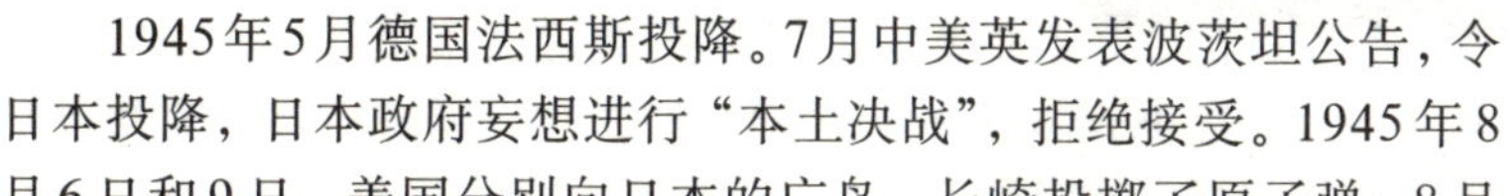

1945年5月德国法西斯投降。7月中美英发表波茨坦公告，令日本投降，日本政府妄想进行“本土决战”，拒绝接受。1945年8月6日和9日，美国分别向日本的广岛、长崎投掷了原子弹。8月8日，苏联宣布对日作战，苏联百万大军进入中国东北，使战局迅速改变。与此同时，毛泽东于8月9日发表《对日寇的最后一战》，朱德总司令命令新四军、八路军及其人民军队向敌人发起大反攻。在中国人民和世界反法西斯力量的联合打击下，8月15日，日本天皇正式宣布无条件投降。9月2日上午，停泊东京湾的美军“密苏里”旗舰见证了日本投降签字仪式这一伟大历史时刻。至此，历时八年的中国人民的抗日战争，终于取得了最后胜利。

日本投降签字仪式

抗日战争是中国人民近百年来无数次的反帝斗争中第一次取得完全胜利的战争。抗日战争的胜利是一个半殖民地半封建的弱国战胜一个帝国主义强国的光辉典范。八年抗战的胜利，中国不仅维护了自己的领土和主权，而且彻底废除了鸦片战争以来列强强加于中国的一切不平等条约，收回了被日本抢走的台湾和澎湖列岛。战后，中国以其在世

中国代表团参加《联合国宪章》签字仪式

界反法西斯战争中的杰出贡献，确立了自己作为世界大国的政治地位，同英、法、美、苏并列为联合国五大常任理事国，宣告了中国屈辱时代的过去和新生时代的到来。

## 十、重庆谈判

抗战胜利后，蒋介石要想全面发动内战，还需要一段时间予以准备资源、部署兵力，因此便玩弄起“假和谈、真备战”的两面手法。1945年8月14日、20日、23日，蒋介石连续三次致电毛泽东，邀请他赴重庆共商大计。蒋介石的这招煞费苦心，如果毛泽东不来，则陷共产党于不义之地；如果来，则诱使共产党交出军队。鉴于形势的变化，同时也为了争取和平局面的出现，8月25日，中共中央政治局决定由毛泽东、周恩来、王若飞为代表，赴重庆谈判，由刘少奇代理主席职务。8月28日，在国民党代表张治中、美驻华大使赫尔利的陪同下，毛泽东、周恩来、王若飞乘专机抵达重庆。毛泽东不顾个人安危、亲赴重庆的“弥天大勇”轰动山城，受到了各阶层人民的热烈欢迎，在国内外引起巨大的反响。

毛泽东抵达重庆

重庆谈判自8月29日开始，毛泽东就两党关系等重大问题同蒋介石直接进行面谈，具体问题由周恩来、王若飞和国民党代表王世杰、张群、张治中、邵力子谈判。双方斗争的焦点集中在解放区政权和人民军队的地位问题。蒋介石企图以政治上作些“开放、民主、自由”的许诺为幌子，在“政令军令统一”的名义下取消解放区政权和人民军队，中共代表则是予以坚决驳斥；同时也作出一些让步，但国民党坚持己见。会谈多次反复，一度陷入僵局。会谈过程中，毛泽东、周恩来等积极同各界人士交往，各民主党派和民主人士对中共的主张表示普遍同情和支持，推动了和谈的进行。

王若飞像

经过43天的反复协商，10月10日，国共双方签订了《国共双方代表会谈纪要》，即《双十协定》。在协定中，国民党政府接受共产党提出的“和平建国”的基本方针，双方同意政治民主化、

毛泽东在谈判期间与蒋介石合影

军队国家化及党派平等合法，为达到和平建国之必由途径；确认国民党应迅速结束训政，召开各党派代表和无党派人士参加的政治协商会议，保证人民享有一切民主国家人民应享之民主自由；还确定了取消特务机关、释放政治犯、推行地方自治、进行自下而上的普选等项。对于解放区政权和军队这些悬而未决的问题，双方将继续协商，或者提交政治协商会议解决。10月11日，毛泽东返回延安，周恩来留在重庆继续谈判。

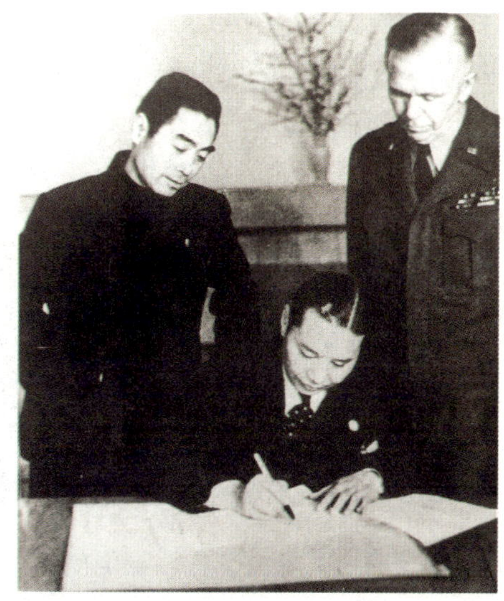
**签署停战协定** 左起：周恩来、张群、马歇尔

12月，美国总统杜鲁门特派陆军上将马歇尔为总统特使来华，"调解国共军事冲突"，既要马歇尔作为中立者在国共之间调停，又宣布只承认国民党政府为K合法政府，这就暴露了美国对华政策的真实意图。1946年1月，国民党政府的代表和中国共产党的代表签订了"停战协定"，发布了"停战令"。同月，政治协商会议在重庆召开，通过了关于《政府组织案》、《国民大会案》、《和平建国纲领》、《军事问题案》、《宪法草案》等5个方面的决议案。这些决议是中国共产党、民主党派和社会贤达共同努力的结果，也是全国人民施加压力取得的成果。

## 十一、解放战争

签订"停战协定"和召开政协会议，不过是蒋介石掩人耳目、借此争取时间进行内战准备的缓兵之计。与此同时，美国积极帮助蒋介石加紧向内战前线运兵。中国共产党在尽力争取和平民主的同时，对蒋介石可能发动的内战也保持了清醒的认识，把立足点放在加强自卫战争的准备上。

1946年6月，蒋介石集团在完成了内战的全面部署之后，公

毛泽东主动撤离延安

然撕毁了停战协定和政协协议，6月26日，以大举进攻中原解放区为起点，对全国各个解放区发动“全面进攻”，挑起了中国历史上空前规模的内战。战争初期，人民解放军处于战略防御地位，战争主要在解放区进行。8月，毛泽东在接见美国记者斯特朗时，提出了“一切反动派都是纸老虎”的著名论断。面对敌人的全面进攻，各解放区军民遵照中共中央的作战方针，主动避其锋芒，转入敌人侧翼，开展大规模的运动战。

中原解放军面临国民党军30万人的围攻，在李先念、王树声等领导下，突破了敌人的包围。7月，华东解放区军民在粟裕、谭震林等的指挥下，七战七捷，苏北部队进行的鲁南战役，创下解放战争一次歼敌7个整旅的光辉范例。晋冀鲁豫地区军民在刘伯承、邓小平等指挥下，连续作战8个月，共消灭敌军20个整编旅。东北战场上打响了著名的“三下江南，四保临江”战役，歼敌64000余人。晋察冀解放区军民在聂荣臻的指挥下，成功组织了张家口保卫战，歼敌22000余人。自1946年7月至1947年2月，解放军共歼敌71万。国民党军由于战线拉得太长，兵力分散，后方空虚，再也无力发动全面进攻了。

国民党“全面进攻”的计划被粉碎后，从1947年3月起，改为对解放区“重点进攻”的战略计划，重点进攻陕北解放区和山东解放区。3月13日，国民党军队20多万人在胡宗南指挥下，大举进攻陕甘宁解放区。由于敌我力量悬殊，中共中央于19日主动撤离延安。毛泽东、周恩来、任弼时等则继续留在陕北，指导全国战场的人民解放战争。西北野战军在彭德怀、贺龙率领下，执行毛泽东的“蘑菇”战术，同敌人周旋。经青化砭、羊马河、蟠龙、陇东、沙家店、川岔口等战役，共歼灭敌军3万多人，打退了蒋介石对陕北的重点进攻。3月底到4月上旬，国民党集结45万人，由顾祝同指挥，

蒋介石抵达被占领的延安查看

一位农妇正为攻打孟良崮的解放军指示方向

开始了对山东解放区的重点进攻，企图首先压迫华东野战军退出鲁南。陈毅等指挥华东解放军主力发动了“虎口拔牙”的“孟良崮战役”，全歼国民党最精锐部队之一的整编74师3万余人，毙敌师长张灵甫，给国民党以沉重打击。到7月中旬，解放军已经基本上粉碎敌军对山东的重点进攻。此间，东北、晋察冀、晋冀鲁豫等解放区的军民，开始发动了局部的反攻。

李公朴像

闻一多像

随着国民党发动全面内战以及“制宪国大”的召开，国统区政治经济危机加深，国内人民要求“和平、民主”的呼声很高，国统区的爱国运动进一步高涨起来。国民党顽固派对人民的民主运动进行了血腥的镇压，先后制造了“沧白堂事件”、“校场口血案”、“下关惨案”，特别是在昆明制造了骇人听闻的“李（公朴）闻（一多）血案”。而解放区则普遍深入地开展了土地改革运动，废除封建剥削制度，进一步调动了广大农民的革命和生产积极性。1947年7月至9月，中共中央在河北西柏坡召开全国土地工作会议，制定了彻底反封建的土地革命纲领——《中国土地法大纲》，各解放区迅速掀起了土地改革的高潮。通过土地改革，解放区农村经济迅速恢复发展，促使亿万农民积极参加革命战争，中共及其领导的人民军队由弱变强。

正是在这种情况下，中共中央审时度势，当机立断，决定从战争的全局出发，由战略防御转为战略反攻，将矛头直指大别山地区。大别山是国民党战略上最敏感、最薄弱的地区。它雄峙于国民党首都南京与长江中游重镇武汉之间，扼鄂豫皖三省交界处。如果解放军占领此地，就可以震慑南京、武汉，扼制长江，控制中原；而且，这里曾是革命老根据地，群众基础好。当时，国民党主力正集中在山东和陕北两翼实施进攻，而在中原地区凭借黄河天险，只以

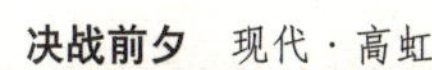

决战前夕　现代 · 高虹

刘伯承登上大别山

少数兵力防御。这如同一个人伸开两臂打人，却将胸脯暴露给对手。解放军挺进中原，正是直捣蒋介石的要害和薄弱部位。

为了实现“跃进大别山，夺取中原”的战略计划，中共中央制定了“三军配合，两翼牵制”的战略部署。三军配合，即由刘伯承、邓小平率领的晋冀鲁豫野战军主力在鲁西南强渡黄河，实施中央突破，直插大别山；以陈毅、粟裕率领的华东解放军主力为左后一军，挺进苏鲁豫皖地区；以陈赓、谢富治率领的晋冀鲁豫解放军两个纵队的兵团为右后一军，自晋南强渡黄河，挺进豫西。三路大军在江、淮、河、汉之间布成“品”字形阵势，互为犄角，逐鹿中原。两翼牵制，即以西北解放军出击榆林，调动进攻陕北之敌北上；以山东解放军在胶东展开攻势，把进攻山东之敌引向渤海边，以策应三路大军的作战行动。

1947年6月30日夜，由司令员刘伯承、政治委员邓小平率领的晋冀鲁豫野战军7个纵队，在鲁西南地区一举突破黄河天险，揭开全国性大进攻的序幕。蒋介石急忙调兵予以堵截。刘邓大军乘势发动鲁西南战役，经过近一个月的激烈战斗，共歼敌约56000人，打开了挺进大别山的通道。蒋介石又调集30个旅的重兵，分五路分进合击，妄图迫使刘邓大军渡河北返。刘邓大军按照中央“下决心不要后方，以半月行程直出大别山”的指示，于8月8日夜，甩开敌军，兵分三路南进，以锐不可当之势，粉碎国民党军队的前堵后追，先后跨越陇海路、黄泛区、沙河、涡河、洪河、汝河、淮河，终于在8月末到达大别山地区，开辟了大别山根据地。

蒋介石当选为总统

到10月底，刘邓、陈谢、陈粟三路大军基本上完成了在中原地区的战略展开，在长江、淮河、黄河、汉水之间纵横奔驰，密切配合，机动作战。12月底，三路大军在豫南会师，鄂豫皖、豫皖苏和豫西三个新的解放区连成中原解放区，极大地撼动了国民党的统治。与此同时，山东、西北、华北、东

李宗仁与孙科竞选副总统得票

北等其他战场的解放军也开始由内线作战转入外线反攻，形成全国规模的战略进攻态势。国共双方战略地位发生了根本转变，标志着中国革命战争已经到了一个新的转折点。

1948年3月底至5月初，国民党政府在南京召开“行宪国大”，因营私舞弊，会场内秩序很乱，代表们哄抢座席，甚至大打出手，叫骂声、呼呼入睡声不绝于耳。蒋介石曾提出让胡适做总统候选人，后来又参加竞选，当选为总统。副总统选举矛盾重重，一度休会，最终李宗仁当选。就在国统区乱哄哄地竞选时，人民解放军的大反攻号角吹响了。

时至1948年6月，人民解放军经过两年的战争，共歼灭国民党军队264万，解放军总兵力增至280余万人，敌我双方的力量对比发生显著变化。在全国政治和军事形势十分有利的条件下，中共中央决定同国民党军队展开战略决战。1948年下半年起，人民解放战争进入夺取全国胜利的决定性阶段，先后发动了辽沈、淮海、平津三大战役。

济南战役中解放军的炮兵阵地

1948年9月12日，根据中央军委指示，东北人民解放军在林彪、罗荣桓、刘亚楼等指挥下，集中了53个师，70余万人，发动了辽沈战役。9月16日至24日，华东人民解放军首先攻克战略重地济南，全歼守敌11万人，俘虏国民党第二绥靖区司令王耀武。济南战役的胜利，使华北和华东解放区连成一片，为辽沈战役的开展创造了有利条件。10月1日，东北解放军完全包围锦州、锦西、山海关，切断北宁线，截断了东了北和华北敌军联系。10月中旬，以部分兵力阻击蒋介石组织的东西两路援军，主力于15日一举攻克锦州，全歼守敌10万余人，俘虏东北“剿总”副总司令范汉杰。锦州解放，封闭了东北大门，造成“关门打狗”之势。10月17日，长春守敌曾泽生率部起义，19日，东北“剿总”副总司令、吉林省政府主席郑洞国被迫投诚，长春解放。随后，主力迅速回师，包抄企图重占锦州的廖耀湘兵团，10月28日将其全歼于辽西地区。11月1日，向沈阳发动总攻，2日解放沈阳、营口。辽沈战役历时52天，共歼灭国民党军47万余人，解放了东北全境。辽沈战役的胜利，使得人民解放军从此在数量上占据优势，同时获得巩固的战略后方。

林彪、罗荣桓（右）、刘亚楼（左）在前线指挥

淮海战役总前委粟裕、邓小平、刘伯承、陈毅、谭震林（左起）合影

1948年11月6日，刘伯承、邓小平、陈毅、粟裕、谭震林组成的总前委率领华东野战军和中原野战军60万精兵，以徐州为中心，发动淮海战役。此时，国民党军队60万人在徐州“剿总”总司令刘峙、副总司令杜聿明率领下采取“一点两线”（徐州和津浦、陇海两条铁路线）部署，企图扼守中原门户，屏障南京和上海。蒋介石又命令原驻东海附近的黄伯韬兵团西进向徐州靠拢，同时命令华中的黄维兵团东援徐州，国民党军队总数达80万人。11月6日至22日，华东野战军首战碾庄，围歼黄伯韬兵团17.8万余人，黄伯韬兵败自杀；同时切断敌人海上退路，完成对徐州的战略包围。11月23日至12月15日，中原野战军在华东野战军配合下，在宿县西南双堆集全歼黄维兵团12万人，生俘兵团司令黄维。1949年1月6日至10日，华东和中原两路大军在永城陈官庄地区全歼从徐州出逃的杜聿明集团25万余人，击毙第二兵团司令邱清泉，生俘杜聿明。淮海战役胜利结束。淮海战役历时65天，共歼敌55.5万人。淮海战役的胜利，基本上解放了长江以北的华东和中原广大地区，为以后的渡江作战创造了极为有利的条件。至此，蒋介石的统治中心南京、上海、武汉等地区，处于人民解放军的直接威胁之下。

东野、华野负责人林彪、罗荣桓、聂荣臻等合影

淮海战役方酣之际，中共中央果断决定组织平津战役。东北野战军挥师入关，联合华北野战军两个兵团作战，共100万大军。林彪、罗荣桓和聂荣臻（华北野战军司令员）组成总前委。根据中共中央军委制定的作战方针，对敌人实行分割包围。部署完成后，采取“先打两头，后打中间”的战法，1948年12月下旬先后解放新保安、张家口，1949年1月15日解放天津，活捉指挥官陈长捷，关闭敌人海上逃路。随后重重包围北平，经过争取和谈判，国民党华北“剿匪总司令部”总司令傅作义率领守敌20余万人接受和平改编。1月31日，北平宣告和平解放。平津战役历时64天，共歼灭和改编国民党军队52

万余人，解放了北平和天津，基本上解放了华北地区，并使东北、华北两大解放区完全连成一片。

毛泽东在七届二中全会上作报告

在全国革命即将胜利的前夕，中国共产党于1949年3月5日至13日，在河北省平山县西柏坡村召开了七届二中全会。会议指出，在全国胜利的局面下，党的工作重心必须由乡村转移到城市，城市工作以生产建设为中心任务。党的工作重心转移后，必须由城市领导乡村，必须城乡兼顾。在城市工作中，党必须尽最大努力学会管理城市和建设城市。面临前所未有的历史转折，全会对全党特别是领导干部的素质提出了更高要求。全会指出，中国的民主革命是伟大的，但是革命胜利以后的路程更长，工作更伟大、更艰苦。全会进一步阐明了民主革命在全国胜利以后阶级关系的变化和阶级斗争的特点问题，号召全党同志必须警惕党内的骄傲自满情绪，警惕资产阶级“糖衣炮弹”的攻击，务必继续保持谦虚、谨慎、不骄、不躁的作风，务必继续保持艰苦奋斗的作风。全会根据毛泽东的提议，决定禁止给党的领导人祝寿，禁止用党的领导人的名字作地名、街名、企业的名字，防止对个人歌功颂德。会后，中共中央告别西柏坡这个小村庄，迁往北平。临行前，毛泽东幽默地说：“我们进京赶考去！”

具有战略决战意义的“三大战役”，对国民党造成了巨大的冲击，国民党政府呈现出分崩离析之势。美国对蒋介石大为失望，想另找代言人，拒绝了蒋介石提出的迅速增加援助和发表声明予以支持的要求。而国民党内部桂系李宗仁、白崇禧等想取蒋以代之，打出“和谈”的旗号。日暮途穷的蒋介石内外交困，企图以谈判争取喘息时间，以便重整旗鼓，卷土重来，被迫于1949年初，发动了“和平攻势”。1949年元旦，蒋介石发表新年文告，表示“愿意”和共产党进行“停止战事恢复和平”的谈判，但谈判的条件则是保存伪宪法、伪法统和反动军队等。

为了粉碎蒋介石的“和平攻势”，毛泽东于1月14日发表《关于时局的声明》，戳穿了蒋介石玩弄求和的把戏，并提出了“八项条件”作为和谈的基础，这八项条件是：惩办战争罪犯；废除伪宪法，废除伪法统；依据民主原则改编一切反动军队；没收官僚资本；改革土地制度；废除卖国条约；召开没有反动分子参加的政治协商会议，成立民主联合政府，接收南京国民党反动政府及其所属各级政府的一切权力。毛泽东的声明得到各民主党派的一致拥护。

代总统李宗仁

在“和平攻势”的同时，蒋介石于1月8日请求苏联、美国、

英国、法国出面调停中国内战，遭到拒绝。1月21日，蒋介石被迫发布文告，以“因故不能视事”为名宣告“引退”，由“副总统”李宗仁代理“总统”职务。蒋介石则回到浙江奉化老家，进行幕后操纵，利用谈判，加紧战争准备，企图用3个月至6个月时间，在江南重新编练200万新军队，以图东山再起。李宗仁上台以后，以“代总统”的身份表示愿以共产党的“八项条件”作为和谈的基础。随后，制造和谈氛围。但李宗仁的真正目的仍然是企图阻止解放军渡江，确保长江以南各省，实现“划江而治”；同时巩固自己的地位，取代蒋介石。因此，李宗仁背地里仍然按照蒋介石的计划，积极备战。

为了早日实现和平，中国共产党对李宗仁进行了极大善意的争取。4月1日，以周恩来为首席代表的中共代表团、以张治中为首席代表的南京国民党政府代表团在北平举行和平谈判。4月15日，经过半个月的磋商，中共代表团在充分考虑南京国民党政府代表团提出的意见后，提出八条二十四款的《国内和平协定（最后修正案）》，要求南京国民党政府在4月20日以前答复。20日，南京国民党政府最终决定拒绝在协定上签字，还要求先达成《临时停战协定》，就地停战。至此，国民党政府“呼吁和平”的假面具被揭开。随后，20日夜和21日，中国人民解放军百万大军强渡长江，以摧枯拉朽之势，开始向全国进军。

在湖北宜昌至上海1800多公里的江防上，国民党部署了70万兵力。从宜昌至江西湖口由白崇禧指挥，兵力有40个师25万人；湖口以东至上海由汤恩伯指挥，兵力有75个师45万人。另外配有海军第二舰队120多艘舰艇和空军280余架飞机协助防守。

国共代表在会谈

百万雄师下江南　现代 · 董希文

国民党反动派妄想凭借长江天险，阻止人民解放军渡江南进。中共中央决定由刘伯承、陈毅、邓小平、粟裕、谭震林组成的总前委率领第二野战军（原中原野战军）和第三野战军（原华东野战军）渡江作战。总前委根据中央军委意图，制定了具体的作战计划，决定由粟裕、谭震林、刘伯承分别指挥东、中、西三路大军，实施突破。

“打过长江去，解放全中国”的号令一下，集结于长江北岸的解放军百万雄师在西起湖口东至江阴长达500余公里的战线上，以木帆船为主要航渡工具，在炮兵、工兵的支援配合下，兵分三路发动渡江战役。4月20日夜，炮火轰鸣，万船竞发。中路军首先发起渡江，锐不可当，突破了安庆、芜湖间的敌军防线。21日晚，西路军、东路军也发起强攻。在解放军英勇顽强的猛攻下，蒋介石苦心经营三个半月的“千里江防”瞬间土崩瓦解。23日，国民党海军第二舰队司令林遵率舰艇25艘在南京以东江面起义，另一部在镇江投降。解放军跨过长江天险，乘胜追击，23日晚，攻占南京。南京的解放，宣告长达22年之久的国民党统治的覆灭。

解放军冲进总统府时办公室的台历

南京解放后，人民解放军继续向南挺进，以迅猛之势追歼国民党残余部队。4月底，在郎溪、广德地区围歼逃敌5个军，5月3日，解放杭州。5月12日至27日，发动淞沪战役，解放全国最大的城市上海，除汤恩伯率5万人从海上逃走外，歼敌15万余人。5月14日，第四野战军（原东北野战军）在武汉以东强渡长江，于16日、17日先后解放武昌、汉口、汉阳三镇。在此期间，解放军还解放了南昌、温州、宁波等地。6月1日，解放了崇明岛。至此，渡江战役胜利结束。渡江战役历时42天，共歼灭国民党军43万

蒋介石退往台湾登机时的情形

余人，国民党“划江而治”的图谋彻底破产。

渡江战役进行的同时，华北野战军于4月24日攻克太原，第一野战军（原西北野战军）于5月20日解放西安。山东地区的解放军于6月2日解放青岛。渡江战役胜利结束后，人民解放军继续向西北、西南、东南、华南进军，歼灭湘桂一带的白崇禧集团，川、滇、黔、康的胡宗南集团以及广东的余汉谋集团等，长沙、福州、兰州、西宁、广州、绥远、新疆、贵阳、重庆、云南、西康、成都等相继解放。蒋介石集团凄然逃往台湾。1950年3月，“三野”发起渡海战役，解放了海南岛。1951年10月，人民解放军进驻拉萨，西藏和平解放。

## 十二、中华人民共和国成立

随着中国人民解放军的节节胜利，国民党政权即将灭亡，召开新的政治协商会议、建立新的全国政权的条件已经成熟。早在1948年9月，各民主党派代表和进步人士辗转来到东北解放区。11月25日，中共代表高岗、李富春与他们达成《关于召开新的政治协商会议诸问题的协议》。1949年1月22日，李济深、沈钧儒、马叙伦等55名民主人士联名发表《我们对于时局的意见》，声明为了“新中国之早日实现”，“愿在共产党领导下，献其绵薄，共策进行”。

新政治协商会议筹备会召开

1949年6月15日至19日，有134名代表参加的新政协筹备会第一次会议在北平中南海勤政殿召开。会议选出毛泽东、周恩来、李济深、沈钧儒、郭沫若、陈叔通等21人组成筹备会常委会，负责参加新政协的单位及代表名额的拟定、共同纲领等文件的起草、

国旗国徽国歌方案的设计等工作。

6月30日，毛泽东发表《论人民民主专政》，文章总结了中国革命的历史经验，指出建立人民共和国的必然性，阐明即将成立的新中国的性质、各个阶级在国家政权中的地位和相互关系、民主和专政的必要性及相互关系、新中国的基本政策。这篇文章为新中国的成立提供了指导思想和理论依据。

新政协筹备会选出的常务委员会

经过3个月紧张有序的筹备工作，9月17日筹备会召开了第二次全体会议。会议基本通过各项草案，并根据周恩来的提议，一致通过将“新政治协商会议”改称为“中国人民政治协商会议”。9月21日，中国人民政治协商会议第一届全体会议在中南海怀仁堂隆重开幕。中国共产党、各民主党派、无党派民主人士、各人民团体、人民解放军、各地区、各民族、海外华侨、宗教界及特邀代表662人出席了会议。毛泽东致开幕词，豪迈地宣告“占人类总数四分之一的中国人民从此站起来了”。

**政协女代表合影** 前排左起：何香凝、宋庆龄、邓颖超、史良。中排左起： 罗叔章、蔡畅、丁铃。后排左起：李德全、许广平、张晓梅、曾宪植

会议经过充分的讨论，确定在由普选产生的全国人民代表大会召开之前代行全国人民代表大会的职权，通过了《中国人民政治协商会议组织法》、《中央人民政府组织法》和《中国人民政治协商会议共同纲领》。《共同纲领》规定了中华

主席、副主席在主席台上

人民共和国的性质是工人阶级领导的、以工农联盟为基础的、团结各民主阶级和各少数民族的人民民主专政的国家。《共同纲领》为新中国制定了政权机关、军事制度、经济政策、文化教育政策、民族政策和外交政策的总原则，起到了临时宪法的作用。

关于政权机关，规定中华人民共和国的国家政权属于人民，人民行使民主权力的机关为各级人民代表大会和各级人民政府。各级政权机关一律实行民主集中制，各级人民代表大会由人民用普选方法产生。国家最高政权机关是全国人民代表大会，在其闭会期间，中央人民政府是行使国家政权的最高机关。关于军事制度，规定建立由中央人民政府革命军事委员会统率的军队，即人民解放军和人民公安部队，实行统一的指挥、统一的制度、统一的编制和统一的纪律。关于经济政策，确定五种经济成分：国营经济、合作社经济、农民和手工业者的个体经济、私人资本主义经济和国家资本主义经济，它们的关系是“各种经济成分在国营经济的领导下，分工合作，各得其所，以促进整个社会经济的发展”。关于文化教育政策，规定以提高人民文化水平，培养国家建设人才，肃清封建的、买办的、法西斯主义的思想，发展为人民服务的思想为宗旨。关于民族政策，规定在少数民族聚居地区实行民族区域自治，各民族一律平等，实行团结互助，友爱合作，既反对大汉族主义，又反对狭隘的民族主义。关于外交政策，规定其原则是：保障本国独立、自由和领土主权的完整，拥护国际的持久和平和各国人民间的友好合作，反对帝国主义的侵略政策和战争策略。

大会选出由180人组成的中国人民政治协商会议第一届全国委员会，毛泽东为主席。大会选举产生由63位委员组成的中央人

毛主席向全世界庄严宣读《中华人民共和国中央人民政府公告》

民政府委员会，毛泽东为中央人民政府主席，朱德、刘少奇、宋庆龄、李济深、张澜、高岗为副主席，周恩来、陈毅、董必武、贺龙、林伯渠等为委员。大会确定新中国采用公元纪年；国旗为五星红旗；国歌在未正式制定前，以《义勇军进行曲》为国歌；首都定于北平，改名为北京。此外，会议还通过了《宣言》、“向解放军致敬电”、在天安门广场建立人民英雄纪念碑办法以及毛泽东起草的碑文。9月30日，由朱德副主席致闭幕词，宣告大会胜利结束。中国人民政治协商会议的胜利召开，为新中国的成立和新中国的各项基本制度和政策规划了蓝图。

1949年10月1日下午2时，中央人民政府委员会举行第一次全体会议，主席、副主席及委员们宣布就职。委员会推选林伯渠为中央人民政府秘书长，任命周恩来为政务院总理兼外交部长，董必武、陈云、郭沫若、黄炎培为副总理，毛泽东为革命军事委员会主席，朱德为人民解放军总司令，沈钧儒为最高人民法院院长，罗荣桓为最高检察署检察长。会议决定以《共同纲领》为中央人民政府的施政方针，向全世界宣告：中华人民共和国中央人民政府为中国人民的唯一合法政府。

下午3时，首都30万群众兴高采烈，汇集天安门广场，隆重举行开国大典。毛泽东、朱德、刘少奇、宋庆龄、李济深、张澜、周恩来等领导人登上天安门城楼。盛典开始，乐队高奏《义勇军进行曲》，54门礼炮齐鸣28响。毛泽东主席向全世界庄严宣告：

天安门广场万众欢腾

“中华人民共和国中央人民政府成立了！”他亲自按动电钮，第一面鲜艳的五星红旗徐徐升起！此时此刻，万众欢腾，人潮涌动。雷鸣般的掌声和欢呼声回荡在天安门上空，经久不息。接着，毛泽东主席宣读了《中华人民共和国中央人民政府公告》，随后举行了盛大的阅兵式。入夜，首都人民举行盛大的提灯游行，灯火通明，礼花绽放，欢庆新中国的诞生。全国各地都举行了热烈的庆祝活动，举国为之欢腾鼓舞。

中华人民共和国的成立，标志着中国新民主主义革命已经取得基本胜利，结束了长达一百多年半殖民地半封建社会的痛苦和屈辱。中国人民从此站起来了，开始了一个人民群众当家做主的新时代。

# 后 记

《走进中国政治殿堂》是“中华文明之旅丛书”中的一部，它简明扼要，通俗易懂，生动有趣，图文并茂，体系完整。全书共分为十二章，大体上按照中国政治起源、发展和演变的顺序次第展开，力求对历代王朝的治乱兴衰、成败得失以及政治家经邦治国的风范和仁人志士前赴后继的壮举，进行深入浅出、重点突出而又系统全面的介绍。通过对该书以及该套丛书中其他图书的阅读和学习，将有助于全面了解中华民族悠久的历史传统，感知中华优秀传统文化的博大精深，体悟中华文明在世界文明史中的重要地位，增强民族文化自信和价值观自信，努力做中华优秀文化的传承者和弘扬者；将有助于读者开阔视野，优化知识结构，养成博大的学术胸怀，形成跨学科的贯通性思维，博采众长，勇于创新，更好地适应当今时代对人才全面发展的要求；将有助于公众理解中华优秀传统文化讲仁爱、重民本、守诚信、崇正义、尚和合、求大同的价值追求，增强国家认同，培养爱国情感，激发家国情怀，完善人格修养，树立远大志向，自觉把个人理想和国家梦想结合起来，为实现中华民族伟大复兴的中国梦而不懈奋斗。

这部具有较高品位、可读性很强的中华优秀文化通用素质教育读本，既可作为相关专业学生的入门读物，也可作为其他专业素质教育课或通识课的参考用书，同时也适合相关专业爱好者以及希望了解中国文化的公众阅读。

在本书的编写过程中，我们阅读参考了大量中国历史原著和国内外学者撰写的有关中国历史的著作，出于本书体例上的考虑，许多著作在书中未能一一注明。在此，我们向诸位作者深表感谢。为了配合和形象地说明书中的相应内容，我们选用了大量图片，凡能查到作者的均一一注明。但也有许多图片因所引出处未注明作者，一时难以查到而没有署名，对此，我们向这些图片的作者深表歉意。一些图片的原始出处和发表年代无法确定，或是无法与作者和版权拥有人取得联系，请在版权保护期内的图片的作者和版权拥有人及时与出版社联系，出版社将按有关规定向您支付稿酬。在此，我们向所有图片的作者深表感谢。

本丛书得到山东大学“国家大学生文化素质教育基地”经费资助。对此，我们深表感谢。

在该书的写作和出版过程中，我们得到了许多专家学者、同事、学友及学生的帮助，应该说本书是大家共同努力的结果。在此需要特别提及的是，山东大学出版社总编辑、博士生导师马新教授，山东大学出版社原社长、博士生导师孔令栋教授于百忙中对该书稿进行了修改和润色，并提出了许多很好的建议；刘旭东先生、林开甲先生、朱以青女士、谭学秋先生、肖健龙先生、牛钧先生、王钧女士、季明杰先生、葛焕礼先生、张厚程先生的出色工作也为该书增色不少。在此，我们对他们的支持和关心表示感谢。此外，沈士梅、迟涛、孙静琴、潘京、张玲玲、李欣、刘建华参加了部分内容的撰写和文稿校对，对他们的辛勤工作，我们也深表谢意。

因受时间和水平所限，尽管我们作了很大努力，书中的疏漏、错误和不妥之处在所难免，恳请广大读者批评指正，以便日后补充修正。

编著者

2014年6月